应用型本科系列规划教材

航空安全管理学

主 编 寇 猛 卢 娜

西北工业大学出版社

西 安

【内容简介】 本书共12章，分别为绪论、航空安全管理的理论基础、民航安全目标管理、航空行为安全管理、航空安全信息管理、航空安全管理体系、民航安全审计、航空安全预警管理、航空事故统计与分析、航空事故调查与处理、航空事故预防与控制以及安全管理方法的新发展等。

本书可以作为民航类高等院校交通运输、安全工程、航空服务艺术与管理等本科专业的教学用书和安全科学与工程专业研究生的辅助用书，也可作为民航安全管理人员和其他从业人员的培训教材和自学用书。

图书在版编目(CIP)数据

航空安全管理学/寇猛，卢娜主编．—西安：西北工业大学出版社，2020.5
ISBN 978-7-5612-7065-3

Ⅰ．①航… Ⅱ．①寇… ②卢… Ⅲ．①民用航空-航空安全-安全管理-高等学校-教材 Ⅳ．①F560.69

中国版本图书馆CIP数据核字(2020)第065458号

HANGKONG ANQUAN GUANLIXUE
航 空 安 全 管 理 学

责任编辑： 朱晓娟　　**策划编辑：** 蒋民昌
责任校对： 李　萍　　**装帧设计：** 李　飞
出版发行： 西北工业大学出版社
通信地址： 西安市友谊西路127号　　邮编：710072
电　　话： (029)88491757，88493844
网　　址： www.nwpup.com
印 刷 者： 陕西向阳印务有限公司
开　　本： 787 mm×1 092 mm　　1/16
印　　张： 17.25
字　　数： 453千字
版　　次： 2020年5月第1版　　2020年5月第1次印刷
定　　价： 55.00元

前　言

为进一步提高应用型本科高等教育的教学水平，促进应用型人才的培养工作，提升学生的实践能力和创新能力，提高应用型本科教材的建设和管理水平，西安航空学院与国内其他高校、科研院所、企业进行深入探讨和研究，编写了“应用型本科系列规划教材”系列用书，包括《航空安全管理学》共计 30 种。本系列教材的出版，将对基于生产实际，符合市场人才的培养工作起到积极的促进作用。

安全是民用航空的永恒主题！

航空安全管理学是一门学科交叉性很强的课程，是管理学、安全学、行为科学等学科理论和方法在民航业安全管理中的应用，是从事民航安全管理相关工作人员的必修课。

在编写过程中，笔者力求理论联系实际，从系统性观点出发，注重多学科的交叉，并突出民航特色；内容既注重对经典安全管理理论和方法的介绍，又重视对安全管理理论和方法新成果的反应，突出了航空安全管理方法的业务流程和操作规程，特别突出了航空安全事故的统计分析、处理和事故预防及控制；在表述上力求深入浅出，语言简练明了，案例生动有趣。

本书由西安航空学院寇猛（第 2 章，第 4 章，第 9 章，第 11 章，第 12 章）、卢娜（第 1 章，第 3 章，第 6 章，第 8 章，第 10 章）、张静（第 5 章）、董睿（第 7 章）编写。寇猛、卢娜任主编，承担全书的统稿工作。

在编写本书的过程中，参阅和引用了相关文献资料，在此对其作者表示感谢。本书的编写得到了西安科技大学田水承教授的悉心指导和帮助，在此表示衷心感谢，同时得到了中国民航西北地区空中交通管理局、长安航空责任有限公司和榆林榆阳机场的大力支持和帮助，在此一并表示感谢。

由于水平有限，书中难免存在一些不足之处，敬请专家、读者批评指正。

编　者

2019 年 12 月

目　录

第1章 绪　论

民用航空已成为我国国民经济发展的重要驱动力量。然而，航空灾害犹如挥之不去的幽灵，造成严重的人身财产损失和无形的伤害。当前，我国民航的安全形势相当严峻，面对跨入21世纪后面临的竞争和挑战，中国民航亟待改善安全管理的科学性和可靠性，进一步降低事故率，提高防灾减灾水平，促进民航业健康持续的发展。学习和研究航空安全管理，具有迫切的必要性和现实的可行性。

1.1 航空安全管理的界定

1.1.1 航空安全管理的定义及分类

安全是人的身心免受外界(不利)因素影响的存在状态(包括健康状态)及其保障条件。换句话说，人的身心存在的安全状态及其事物保障的安全条件构成安全的整体。安全不是瞬间的结果，而是对系统在某一时期、某一阶段过程状态的描述。

航空安全管理是管理者对民航安全生产进行的计划、组织、指挥、协调和控制的一系列活动。其目的是保护职工在生产过程中的安全与健康，保护国家和集体的财产不受损失，促进企业改善管理，提高效益，保障事业的顺利发展。

航空安全管理按照主体和范围的大小不同，可分为宏观的航空安全管理和微观的航空安全管理；按照对象的不同，又可分为狭义的航空安全管理和广义的航空安全管理。

宏观的航空安全管理泛指国家从政治、经济、法律、体制、组织等各方面所采取的措施和进行的活动。

微观的航空安全管理是将企业作为安全管理的主体，是指经济和生产管理部门以及企事业单位所进行的具体的安全管理活动。通俗来讲，微观的航空安全管理就是关于企业安全管理的学问。

狭义的航空安全管理是直接以航空生产活动过程为对象的安全管理，是指在生产过程或与生产有直接关系的活动中防止意外伤害和财产损失的管理活动。简单来说，狭义的航空安全管理就是安全生产管理。

广义的航空安全管理泛指一切保护劳动者安全健康、防止国家财产受到损失的，不仅以生产经营活动为对象，而且包括以服务、消费活动的管理活动。

1.1.2 航空安全管理的必要性

航空安全管理是民航业管理中的重点课题，现阶段，我国的民航业安全管理能力已经有了很大的提高，但与发达国家相比，我国的民航安全管理能力还存在着一定的差距，其中最明显的差距就是我国的民航安全保障能力与航空运输活动高速增长不相适应的矛盾。但是，在今后很长一段时间里，我国民航运输业在国民经济快速发展和国内外大环境的驱动下仍将保持高速增长的势头，这样一来我国的民航安全生产保障能力将面临更高的要求。

从民航业的特点来看，民航的发展速度过快可能引发安全问题，而民航业出现的安全问题反过来又会制约该行业发展的速度。在改革开放数十年来，尤其是近几年，我国民航的安全事故率总体上呈不断下降的趋势，但仍然与世界航空发达国家的水平存在较大的差距。在航空运输量高速增长的情况下，如果安全管理水平不能大幅度提高，或者不能有效降低民航安全事故发生的频率，将可能会发生更多的民航安全事故。当前，民航强国建设"三步走"战略正处在关键阶段，安全发展"瓶颈"问题亟须结构性突破；民航面临的外部形势正发生复杂且深刻的变化，防范化解安全风险和抵抗压力的能力亟待增强；制约行业安全发展的内部矛盾仍将长期存在，筑牢新时代民航强国的安全之基任重而道远。在这一现状之下，扎实推动安全治理体系和治理能力现代化，推广和使用民航安全管理系统势在必行。

(1)从国际民航组织的要求来看，我国作为国际民航组织的成员国，同时也是民用航空的大国，有责任和义务按照国际民航组织颁布的时间表完成安全管理系统的建设。近几年，国际民航组织对我国几个大型机场的安全审计，加快了我国机场安全管理系统的建设步伐，而要想在整个民航系统中加快安全管理系统的推广和实施是一项非常大的工程。

(2)从我国民航企业的要求来看，虽然目前国内民航企业实施完整的安全管理系统的还在少数，但国内外严峻的民航安全形势迫使我们要借鉴国外一些民航安全管理系统的实际经验，加强对民航企业安全管理系统的研究，建立一套符合自身实际的安全管理系统，提高我国民航安全保障水平。

(3)从我国民航企业改革的进程来看，目前正值我国民航企业的发展处于重要上升时期，传统的行政管理职能逐渐褪色，经验型、即时应对型的安全管理模式已不能适应日益严峻的安全形势。

因此，民航企业应利用建立安全管理系统的时机，重组安全管理机构，认真论证和再造安全流程，注重整合企业安全文化，克服治标不治本的安全管理模式。

1.2 航空安全管理学的研究对象和任务

1.2.1 航空安全管理学的研究对象

航空安全管理的研究对象涉及安全生产系统中人与人、人与物、人与环境之间在防止事故发生、避免人身伤害和财产损失方面所存在的关系。航空安全管理就是要认识和解决这些关系中的各种矛盾和问题。

航空安全管理学是研究航空安全管理活动规律的一门学科。它是运用现代管理科学的理论、原理和方法，探讨、揭示航空安全管理活动的规律，为安全生产法治建设、航空安全管理体制和规章制度的建立提供指导和帮助，以达到提高管理效益，防止生产事故，实现安全生产的目的。航空安全管理学是安全学的一个分支，也是管理学的一个分支，是安全科学技术体系中重要和实用的二级学科，其内涵既涉及管理学的一般问题，又涉及安全科学与工程的特殊现象，是管理学的方法论在安全领域的具体应用。通俗来讲，航空安全管理学就是研究应用于航空重大事故、职业危害预防和协调安全生产，包括安全管理的理论和原理、组织机构和体制、管理方法、安全法规等方面的学科。

航空安全管理就是以社会、人、机系统中的人、物、信息、环境等要素之间的安全关系为研究对象，通过合理有效地配置诸要素及其之间的关系，从而保证系统中安全状况的持续实现，保证人类社会活动中的安全生存、安全生活、安全生产。管理追求效率，强调目的，而航空安全管理则是在保证安全目标实现的前提下，对达到安全所需的人、物、信息、环境、时间等要素进行科学有效地协调和配置。效率和效益是一般管理追求的目标，效率与效益之间也是对立统一的关系。在安全、效率和效益三者中，任意两者既有相同的影响因素也有各自的影响因素。这些因素不仅取决于一般性的管理，更取决于具有特殊性的航空安全管理活动的协调，而归根到底管理活动的进行是由组织来协调的。因此，通过开展航空安全管理学学科建设、理论研究和实践，探讨科学的航空安全管理模式、方法和技术，不断总结和认识航空安全管理活动规律，为进行科学航空安全管理、重大事故预防、安全水平提升提供指导和参考。

没有科学的管理，就不可能实现持续的安全。安全问题、管理问题无时不在，无处不在；任何一个组织、任何一种活动都存在安全问题，也存在管理问题，从这个意义上说，航空安全管理学研究的是一种普遍现象，是人类活动中的一个普遍性问题。航空安全管理学与其他管理学科的不同主要在于航空安全管理学是专门研究协调安全生产系统中人与人、人与物、人与环境之间关系的管理问题，而其他管理学科则是研究各自领域中特有的管理现象，比如一般管理学研究管理共性问题，而企业管理学侧重于研究企业经营活动中的管理问题。当然，一个企业的整体活动中也少不了安全管理问题，只不过传统企业管理学通常对安全问题不展开讨论，或一带而过。

1.2.2　航空安全管理学的主要任务

作为安全管理学理论方法在航空业的应用，航空安全管理学的基本任务是运用现代管理科学的理论和原理，探讨、揭示我国航空安全管理活动的规律，建立、健全我国航空安全管理机构体制和航空安全管理的科学方法，以达到提高管理效益、实现安全生产的目的。具体来说，研究任务包括理论和实践两方面。

(1)理论方面：研究航空安全管理的本质规律，形成既体现个体人的不安全行为和物的不安全状态控制，又体现组织的不安全行为控制的安全管理学；研究航空安全管理学自身发展的学科理论，为总结、发展安全管理方法、措施、手段提供理论依据。

(2)实践方面：研究航空安全管理的决策和对策、系统科学的方法、控制论的方法、信息的开发和使用，以及研究安全法规、安全教育、安全监察等一系列管理方法和安全检查的技术等。

对于一个合格的民航运输专业学生而言，在学习航空安全管理学之后，应该达到下述要求：

(1)掌握航空安全管理原理，能比较熟练地运用这些安全管理的原理和方法，分析、认识实际生产中的各种隐患、危害、事故及其产生的原因，为制定预防、控制事故的管理和技术对策提供依据。

(2)正确地认识分析航空安全管理现象背后的本质规律,分析确定合理的安全管理措施和对策。

(3)掌握航空安全管理对策的实施原则,对各个环节上存在和出现的各种安全问题能事先做出比较准确的判断,分析出问题的症结所在,找出解决问题的办法或能够提出改善的意见,防止事故的发生。

(4)熟悉各种航空安全管理的方法,能针对不同情况,灵活地采取不同的方法、对策,提高自己和组织的安全管理能力。

航空安全管理的任务,简单来说,就是提炼、开发并传播航空安全管理理论与方法,提高未来航空安全工程师和管理者的安全管理能力,达到学以致用、防范事故及危害的目的。

1.3 航空安全管理学的主要内容和特点

1.3.1 航空安全管理学的主要内容

航空安全管理学的研究内容包括航空安全管理理论基础、航空安全管理方法、事故管理、航空安全文化及航空安全法规等。航空安全管理学的内容体系如图 1-1 所示。

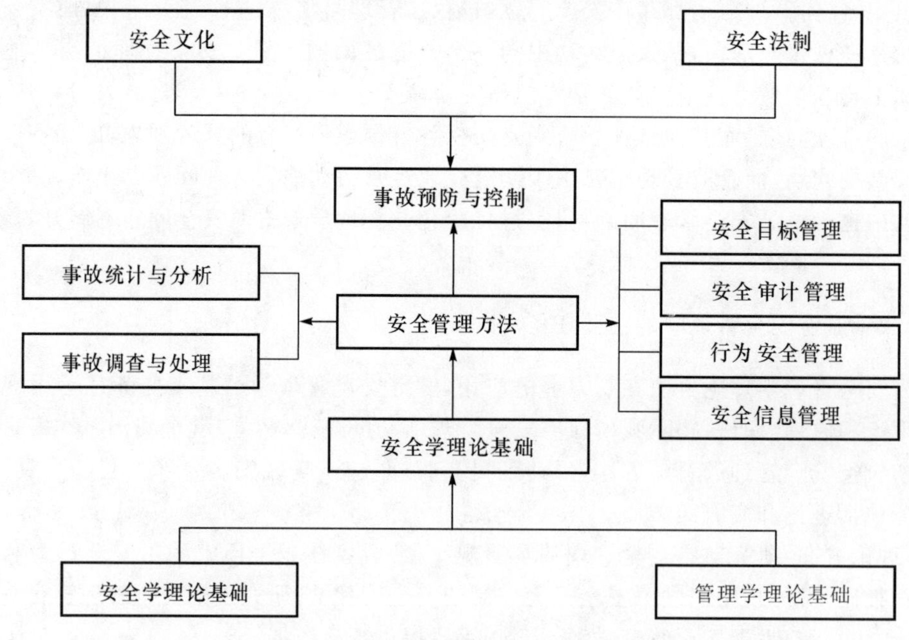

图 1-1 航空安全管理学的内容体系

航空安全管理理论基础包括各种有关的管理学理论基础、事故致因理论及安全学的基本原理等。

航空安全管理方法包括安全目标管理、系统安全管理、体系化安全管理、安全信息管理、事故统计与分析及事故调查与处理等。前四种属于系统科学方法论范畴,是在不同历史发展时期诞生的不同安全管理手段和方法。后面两种方法则主要是通过事故案例,进行相关事故发生原因和特征的统计与分析，反映事故发生的规律，积累安全管理经验。其宏观表现是统计分析，微观表现是调查处理，配合应用应急管理措施，最终目的是实现事故预防与控制。

事故管理包括事故统计与分析、事故调查与处理及事故预防与控制。其中，前两项属于安全管理中事故管理的方法，事故预防与控制也是安全管理要达到的主要目标之一。通过各种安全管理方法的实施最终达到事故预防与控制的目的。

航空安全文化、航空安全法规是实现系统安全的两种不同的、不可或缺的辅助手段。前者从文化、理念层面研究如何使人自主自觉约束不安全行为，实现个体人的安全，继而实现组织系统安全，是自主管理的基础。后者从行政角度规范人的行为，具有强制执行的性质，是法制管理的基础。两者相辅相成，不可或缺，都是从"软"的手段进行事故预防与控制，而安全科学技术是保证安全管理实施效果的"硬"手段。

1.3.2 航空安全管理学的特点

航空安全管理学是以安全生产和重大事故控制为应用领域，综合运用管理学和安全学理论和方法的实用性交叉学科，从研究方法上讲强调系统性、决策性和前瞻性，从学科本质上讲具有交叉性和实用性。

(1)系统性：安全与管理具有的一个共同属性，即系统性。安全管理需要着眼于宏观，既要"见树又要见林"，考虑系统的目标和整体功能，统筹人、机、环境，因此具有系统性。

(2)决策性：面对安全管理的种种复杂状况和多种方案选择，安全管理活动应建立在对安全管理理论及方法的科学认知的基础上，实现科学的安全管理决策，不断优化安全管理方案和对策。

(3)前瞻性：安全管理活动对系统未来的变化应保持足够的敏感性和预见性，要随着变化发展的新情况不断进行更新，要与时俱进，勇于接受新思想，尝试新方法。

(4)交叉性：集成安全科学和管理科学的基本原理和方法，兼具工程应用和理论研究的双重特点，具有学科交叉融合的特性。

(5)实用性：安全管理学所研究的内容带有较强的技术性和实用性，为安全管理活动实践提供技术和方法指导。

明确了航空安全管理学的主要内容及特点后，还要注意在学习这门学科时必须掌握客观性、实践性、系统性及前瞻性等原则，并善于在学习中将调查研究法、系统分析法、数学模型法、目标决策法及因素分析法等贯穿其中。

1.4 航空安全管理的现状

1.4.1 民航当前安全形势

1.世界航空安全形势

1999—2011年全球商业喷气式飞机重大事故率如图1-2所示，截至2011年11月1日，全球商业喷气飞机共发生13起重大事故，包括东西方制造的商业喷气飞机执行的定期和非定期运行，其中9起是进近和着陆事故，4起是可控飞行撞地(Controlled Flight Into Terrain,CFIT)事故和飞行失控(Loss of Control,LOC)事故。

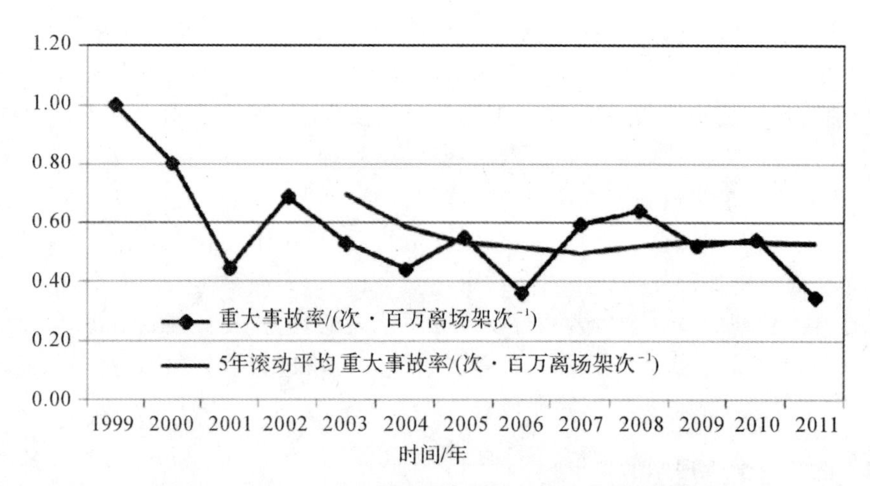

图 1-2　1999—2011 年全球商业喷气式飞机重大事故率

注：事故率的计算只包括西方制造的航空器（来源：ASCEND）。

2. 中国航空的安全形势

新中国成立后的数十年来，中国民航的安全水平不断提高，事故率总体呈现下降趋势。2001—2010 年，中国民航运输航空重大及以上事故率为 0.10 次/百万飞行小时，0.19 次/百万离场架次。

“十一五”期间我国民航运输飞行累计达 2 033 万小时，接近“十五”期间的 2 倍，运输飞行重大以上事故率为 0.05 次/百万飞行小时，较“十五”期间降低了 74%，大大好于世界平均水平。2004 年 11 月 22 日—2010 年 8 月 23 日，运输航空连续安全飞行 2 102 天、2 150 万小时，创造了我国民航历史上最长的安全周期。

如图 1-3 和图 1-4 所示，中国民航运输全损事故率为 0.1 次/百万离场架次，低于全球西制航空器运输全损事故率的 1.0 次/百万离场架次。这表明，我国民航安全水平明显优于全球平均水平，我国民航业步入了世界先进行列。近年来，随着我国民航不断加强对安全管理的投入和重视，中国民航的安全水平逐年提高，运输航空百万飞行小时重大事故率和公司千米死亡人数均呈明显的下降趋势。2005 年以来，我国运输航空百万飞行小时重大事故率已经低于航空发达国家。2009 年，中国民航重大事故率一年滚动平均值为 0.11 次/百万离场架次，而航空发达国家同期相应指标为 0.21 次/百万离场架次。2010 年，我国虽然发生了空难，但是中国民航运输航空重大事故率 5 年滚动平均值仅为 0.05 次/百万离场架次。与国际航空安全水平比较，表明中国民航安全水平已经有了很大程度的提高，我国民航业步入了世界先进行列。

尽管成绩斐然，但应清醒地看到，我国民航安全水平仍然存在一定的波动，安全态势尚不稳定，这暴露出我国民航安全管理缺乏系统性、持续性的改进措施与方案。未来，我国民航安全发展将面临前所未有的机遇和挑战，如何抓住机遇，应对挑战，解决安全生产中存在的各种问题，持续提高航空运输系统的安全性，降低事故率，减少损失，将是民航安全生产工作的重要课题。

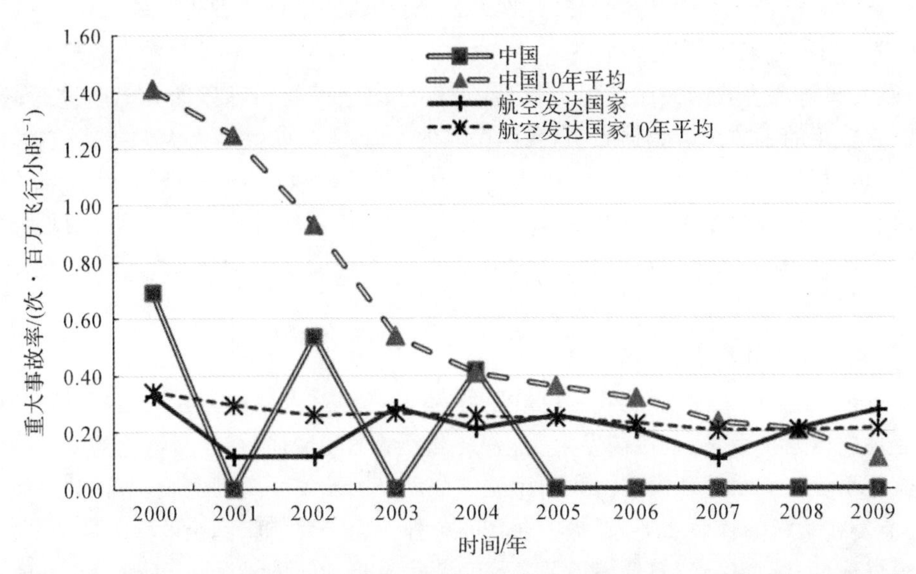

图1-3　2000—2009年中国与航空发达国家运输航空百万飞行小时重大事故率及10年滚动平均值比较

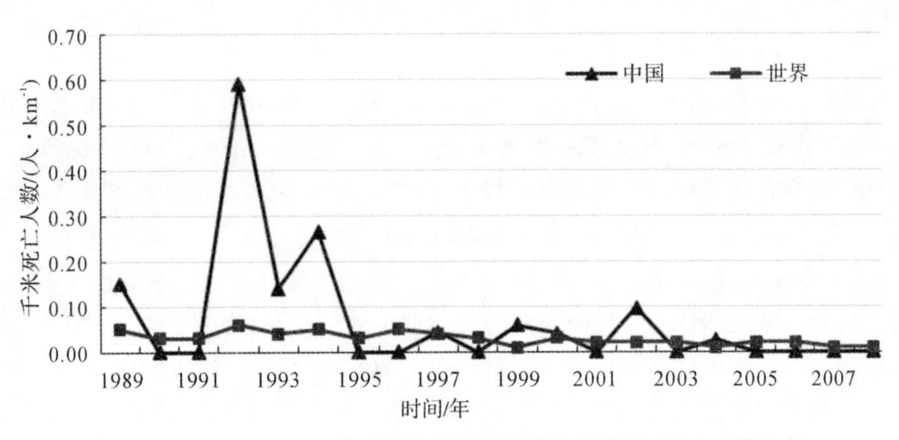

图1-4　1989—2007年中国与世界运输航空亿客千米死亡人数比较

1.4.2　中国航空安全管理的发展历程

我国民航安全管理经历了关注机械原因、人为因素和组织因素三个阶段。随着安全理念的发展，我国民航的安全管理方法也从传统的事后管理，转向了主动管理和预防，建立了航空安全管理体系。

1. 飞行技术安全管理时期

从我国民航诞生到20世纪90年代初，是一个由小变大的成长期，这一时期由于飞机改型和发展速度的矛盾十分突出，飞行安全规章标准不完善、不统一，助航设施建设落后于机队发展，飞行人员等从业人员缺少充分的训练，民航事故比较频繁。针对这些情况，我国民航加强全行业人员，特别是飞行员的技术管理，加大安全投入，引进先进的全自动模拟机，加强飞行员初始训练、复练和转机型训练等，加强规章标准建设，促使我国民航的快速发展。

2.人为因素安全管理时期

随着欧美飞机成为我国民航的主力机型，飞机自动化程度和可靠性大幅度提高，然而20世纪末期10多年的事故统计数据表明，我国民航的空难70%以上是人为差错造成的，而其中80%的事故是由飞行员的差错造成的，人为差错成为民航事故的主要原因。针对新的安全形势，我国民航把提高安全的重点放在了人的因素上，并取得了较好的成果。这一时期的特点是重视研究“个体”出错的机理，分析行为者个体出错的各种因素和原因，提出解决方案和安全对策。

3.组织安全管理时期

从20世纪90年代末到现在，我国民航业持续快速发展，这一时期我国民航在新的管理体制下，企业规模迅速扩大，经营机制发生变化，人员数量不断增加，行业系统化的要求越来越强烈，迫切需要系统的安全管理模式。我国民航借鉴世界民航安全管理经验，认识到事故链中绝大部分环节是在组织的控制之下，组织中存在的各种问题是对航空安全的最大威胁，需要从组织领导、规章标准、监督检查、教育培训及系统完善等方面全面加强安全管理。这一认识飞跃标志着我国民航安全进入了系统管理时期。

1.4.3 中国航空安全管理存在的问题

1.安全管理人才资源十分短缺

随着我国航空运输能力的不断提升，国民生活质量的逐步提高，国际化进程的不断加快，民航运输公司规模得以扩大，任务量逐渐增多，对专业化、技能型、高素质人才的需求不断增加。目前，我国民航公司普遍缺少安全管理类人才，由于安全管理人才资源的紧缺，所以导致民航安全管理水平较低，这不利于民航公司的健康发展。

2.法律法规体系不完善

我国现行的民航安全管理类法律法规、政策制度体系尚不完善，特别是一些制度配套不到位，法律法规适用性不强，缺少可行性和可操作性。同时，各民航公司安全管理工作开展过程中，缺乏统一的标准和规范，这些都是法律法规体系不完善的重要体现，也是影响我国民航安全管理的主要因素。

3.安全管理机制不健全

对于民航公司而言，安全管理机制主要包含内部约束机制、内部激励机制和内部监督机制。通过调查发现，我国民航公司普遍存在内部安全管理机制不健全的问题，主要表现为对工作人员的约束、激励和监督管理不到位，缺乏安全防范责任意识，工作人员的工作积极主动性难以被调动起来，在安全管理工作中的职能发挥不到位等。

4.安全管理信息化水平较低

现阶段，我国民航公司已经构建了安全管理信息化平台，并建立了安全管理信息报告制度，根据事件的严重程度，分别形成安全管理报告，对于工作差错、普通安全事件，基本上采取内部安全管理信息平台化解方法。然而，因为当前的安全管理信息化系统缺乏统一的标准和规范，各个民航公司由于发展规模存在差别，信息化方面的人才层次化差异较大，所以难以满足民航安全管理信息化建设基本需求，这在一定程度上影响了安全管理效率。

5. 安全管理文化建设不足

长期以来，我国民航公司始终将安全放在第一位，制定了一系列预防和防范策略。然而，与西方发达国家航空公司相比，我国民航公司安全管理文化建设不足，存在较大差距，特别是人为事故层出不穷，所引发的人为事故数量较多。高层管理人员忽视安全管理文化建设工作，甚至偏颇地认为安全管理不是自己该考虑的事情，应该由主管部门和专业机构去做，在这种思想观念下，安全管理工作难以落实到位。

1.5 中国航空安全管理面临的机遇和挑战

1.5.1 中国民航业近年来的发展形势

1. 中国民航业的发展成就

目前，面对国内外环境的复杂变化和各种风险挑战，全行业确保持续安全，增强保障能力，提升发展质量，较好地服务了经济和社会发展，为建设民航强国奠定了坚实的基础。

(1)发展质量稳步提升。目前，全行业未发生运输航空重大安全事故，安全水平世界领先。航班客座率、载运率和飞机日利用率持续处于较高水平，2015 年分别达到 82.1%，72.2%和 9.5 h。节能减排效果显著，吨千米油耗和二氧化碳排放五年平均下降 4.2%。

(2)保障能力不断增强。2015 年，民航运输机场数量达到 238 个(不含 3 个通勤机场)，通用机场 246 个，运输飞机 2 650 架，保障安全起降 1 166.05 万架次，航油储备能力 300 万立方米，不重复航线里程达到 948.22 万千米，较好地支撑了行业规模的持续增长。2015 年，运输总周转量、旅客运输量和货邮运输量分别是 2010 年的 1.6 倍，1.6 倍和 1.1 倍，通用航空生产作业小时年均增长 15.5%。

(3)战略地位日益凸显。国务院出台《关于促进民航业发展的若干意见》，明确民航的重要战略产业地位。航空运输在综合交通运输体系中的地位不断提升，2015 年民航旅客运输周转量所占比例达到 24.2%。民航业加快与区域经济融合发展，临空经济成为推动地区转变发展方式的新亮点。

(4)通航能力逐步扩大。2019 年，我国航空公司通航 65 个国家和地区的 167 个城市，共有定期航班航线 5 521 条，国内航线 4 568 条，其中港澳台航线 111 条，国际航线 953 条。按重复距离计算的航线里程为 1 362.96 万千米，按不重复距离计算的航线里程为 948.22 万千米。

(5)行业管理能力不断提高。持续安全理念持续深化，安全工作法制化进程不断深入，民航价格改革稳妥推进，市场管理手段不断丰富，行业财经政策逐步完善。适航审定能力实现突破，三大审定中心相继运行，颁发 ARJ21 国产支线飞机型号合格证，C919 飞机型号审定有序推进。

2. 中国民航业未来发展形势和要求

(1)国际环境复杂多变，影响民航发展的不确定因素增多。世界经济在深度调整中曲折复苏，国际金融危机深层次影响依然存在，全球经济贸易增长乏力，保护主义抬头，地缘政治关系复杂多变，全球范围内的民航运输服务竞争和博弈更加激烈，安全压力依然突出。

(2)经济发展步入新常态对民航发展产生深远影响。当前,经济发展呈现速度换挡、结构优化、动力转换新特点,转变发展方式进入重要机遇期,消费结构升级成为我国经济增长新动力。综合交通体系不断完善,各种交通方式相互促进、融合发展,交通出行条件持续改善、不断升级。随着居民收入持续增加和人民群众生活水平的不断提高,居民的航空出行支付意愿和支付能力显著提高,个性化、多样化消费渐成主流。电商、快递、现代物流迅猛增长,航空货运需求的市场基础进一步扩大。市场对航空运输服务产品创新和结构优化的要求更加迫切,对安全性、舒适性、便捷性等提出了更高要求。

(3)国家对外开放、区域发展新战略给民航发展带来新机遇。推进京津冀协同发展、长江经济带等战略将推动沿海、内陆、沿边互动互补开放,促进国际国内要素有序流动、资源高效配置、市场深度融合,为我国民航开拓国内国际两个市场和行业能力"走出去"提供了重大机遇。抓住战略机遇期,发挥独特的战略支撑和引领作用,加快建立国际竞争优势,已成为未来一段时期民航的重要任务之一。

(4)资源环境约束对民航加快转变增长方式提出了新要求。随着航空运输规模的不断扩大,民航在空域资源、基础设施、人力资源等方面的制约更加凸显,确保持续安全和提升服务质量的压力加剧。国家深入推进生态文明建设,改善生态环境,实行能源、资源消耗和建设用地的总量与强度双控行动,民航节能环保压力进一步加大,转变行业发展方式、实现绿色低碳发展的任务更加艰巨。

1.5.2 中国航空安全管理面临的机遇

1.党中央、国务院对安全生产工作高度重视

党中央、国务院历来对安全工作高度重视。特别是近几年,要求深入贯彻落实科学发展观,坚持以人为本,牢固树立安全发展的理念。中国民航将全面贯彻落实党中央、国务院对安全工作的指示精神,全面深入地总结经验和教训,准确把握中国民航安全工作的方向和重点,保证中国民航持续安全发展。

2.持续安全理念不断深入落实

近几年来,中国民航安全水平有了较大提高,为了巩固和发展民航的平稳安全形势,中国民用航空局适时地提出了持续安全理念,指明了未来民航安全生产发展的方向和目标;为中国民航建立安全管理长效机制,转变安全管理模式指明了方向;为进一步巩固和提升中国民航安全水平打下了基础。

3.民航强国战略全面实施

未来,中国民航将全面实施民航强国战略,中国民航将初步实现民航强国目标,将带动中国民航在技术水平、管理水平的提升以及安全综合保障能力和安全风险防控能力的提高,保障民航持续安全的实现。

4.国际航空安全管理方式变革

目前,国际民航组织(International Civil Aviation Organization,IOAO)正在推行的一系列新的航空安全管理举措,包括推行国家安全方案(State Safety Programme,SSP),开发全球安全信息交换系统,采用持续监测方法(Continuous Monitoring Approach,CMA)继续开展安全监督审计等,将在未来给世界民航安全管理实践带来深刻变革,也将为中国民航借鉴国际先

进经验和做法，完善行业安全管理体制与机制，提升安全管理水平，创造机遇和条件。

5. 科技发展和新技术应用

科技发展和新技术的应用为航空安全水平的不断提高发挥了重要支撑作用。未来，持续下降进近、减小起飞尾流系统、基于性能的导航、交通流量管理、机场场面探测设备、精密跑道监视、跑道安全拦阻系统、生物信息采集技术等飞行运行、空管、机场和安保方面的新技术将得到不断发展和广泛应用，为提高航空运输系统的容量和效率，降低飞行和空防安全风险，促进行业持续安全发展，提供有力的支撑。

1.5.3 中国航空安全管理面临的挑战

1. 航空运输量的持续快速增长给安全工作带来巨大挑战

近年来，中国民航运输量将保持10%以上的增长态势，航空运输将成为大众化的出行方式，公众对民航安全的期望和要求也将越来越高。然而，如果按照这一发展速度和近几年运输航空重大事故率推算，将发生数次重大及以上运输航空事故。这将是公众难以接受的。

2. 民族航空工业发展给适航管理工作带来新的挑战

未来，中国航空工业将迎来重大战略发展期，新支线飞机、大型飞机、直升机、发动机和机载设备进入产业化阶段，投入运行。然而，中国中国民用航空局目前具备的航空器适航审定能力、飞机维修工程评审和批准能力，航空公司具备的维修保障能力以及航空产品制造厂家的运行支持能力尚不能满足未来国产民机生产、运行和维修的需要。因此，加强对国产航空产品的适航管理能力，将是保障我国民用航空工业发展和民航运输安全水平的当务之急。

3. 通航发展需求给通航安全管理工作提出挑战

随着民航强国战略的实施以及国家对通航应急救援能力的日益重视，我国正在加快推动低空空域开放，确定低空空域的管理机制和运行模式，为通用航空发展创造条件，通航在未来将迎来较大发展。然而，目前通用航空基础设施建设投入不够，设施设备落后，人员老化，各地区严重缺乏飞行所需要的基础设施和基本服务条件，这些问题不仅制约着通航的健康发展，也给通航安全管理、安全水平提升带来了巨大的压力。

4. 空防安全威胁新态势给空防安全工作带来更大挑战

当前，国际民用航空面临的外部威胁形势继续发生深刻的变化，复杂的国际、国内反恐形势给民用航空安全保卫工作提出了很大挑战。同时，国内社会矛盾复杂敏感，个人极端行为导致的非法干扰航空器运行事件屡有发生，各种非传统性威胁已影响到航空安全。因此，建立有效的空防安全体系，识别和控制风险，制止空防事件的发生，也是急需面对的重要课题。

5. 民航发展面临的新环境给安全工作带来巨大挑战

中国民航发展面临着来自各方的巨大压力：一是航空企业国际竞争力不强，航空运输自由化趋势使中国民航业面临严峻挑战；二是高速铁路的发展在时效性和价格方面对民航运输构成一定冲击；三是哥本哈根气候变化协议、减排承诺和碳税新要求也对民航运输企业提出了低碳发展的新要求并带来很大经济压力。在这种环境下，如何进一步提高安全性，对中国民航而言将是严峻的挑战。

【知识链接】

树立持续安全理念 促进行业安全发展

怎样科学界定持续安全理念？怎样准确把握持续安全理念的内涵？怎样解放思想、创新思维、破解难题、坚持持续安全理念，坚定不移地走科学发展的道路？2009年1月6日，中国民用航空局局长李家祥在民航工作会议上发表重要讲话，回顾民航安全管理历程，纵论实现行业持续安全，要求全行业以更宽广的视野、更科学的思路、更坚定的信心、更严格的管理、更务实的措施确保持续安全，促进行业科学发展。

2008年以来，中国民用航空局党组提出了持续安全的新理念。一年来，中国民用航空局党组通过深入学习实践科学发展观活动，对持续安全理念及其方法体系进行了深入研究探讨和初步实践，取得了重大成果。李家祥在这次工作会上所做的题为《树立持续安全理念，促进行业安全发展》的重要讲话，实际上就是对这一成果的首次系统报告。李家祥在讲话中对树立持续安全理念、确保安全发展问题从理论上进行了系统的梳理和归纳，搭建起了持续安全理念的完整理论框架。

李家祥指出，落实持续安全理念是个系统工程，从工作思路上讲，要在“四个体系”的建设上下功夫：就理念体系而言，主要是牢固树立系统安全观念、过程安全观念、全员安全观念和统筹安全观念；就队伍体系而言，从全民航来说，主要是切实加强飞行队伍、保障队伍（指机务、空管和机场等队伍）、安保队伍和监管队伍建设，从航空公司来说，主要是加强飞行、机务、签派和空保队伍建设；就法规体系而言，主要是严格执行国家法律（《民用航空法》）、行政法规（29部）、行业规章（111部）和企业规定；就责任体系而言，主要是逐级落实安全责任，即企业的安全主体责任、政府部门的安全监管责任、领导者的安全领导责任和员工的安全岗位责任。理念体系、队伍体系、法规体系、责任体系，既是持续安全的有力支撑，也是落实持续安全理念的努力方向。他强调，只要认识一致，思想统一，思路明确，求真务实，上下团结奋斗，在“四个体系”建设上取得扎扎实实的成效，就一定能够促进行业的安全发展，开创民航科学发展的新局面。

李家祥在讲话中深刻分析了安全发展与科学发展的关系，强调民航必须走科学发展的道路，安全发展是民航科学发展的基础和重要前提。他提出，讲持续安全理念，先要对“安全”二字有个科学而准确的认识。国际民航组织将“安全”定义为一种状态，即通过持续的危险识别和风险管理过程，将人员伤害或财产损失的风险降至并保持在可接受的水平或其以下。该定义反映了安全的三点内涵：第一，安全是相对的，不是绝对的；第二，安全是可控的，通过人的主观努力，掌握规律，加强管理，增强风险防控能力，认真汲取事故和事故征候的教训，事故是可以预防的；第三，在事故与人的主观努力的评价上，要实事求是，客观地鉴定和处理。以此为基调审视持续安全理念，不难发现，持续安全理念具有科学内涵，持续安全是指行业的运行风险是可控的，要努力使行业安全状态保持总体平稳。这种安全状态具有持续性的特征，而不是阶段性或周期性的；这种状态下的安全水平是可以为政府和公众所接受的；持续安全理念的提出具有合理性，意在从指导思想、思维方式和工作方法上，摆脱陈旧观念和工作模式的束缚，与时俱进，走出一条抓安全的新路子，建立保障持续安全的长效机制，使安全管理和安全监管工作常态化、规范化。持续安全理念体现了不畏艰难、勇于挑战的进取精神，符合科学发展观的要求。

李家祥在讲话中全面回顾了数十年来中国民航安全管理工作的历程，认为中国民航安全管理工作大体可以分为三个阶段:摸索管理阶段、经验管理阶段和规章管理阶段。他强调,要在新世纪、新阶段实现安全发展,就必须继往开来,与时俱进,开辟安全管理工作的新境界。他进一步明确了民航安全管理工作下一步的努力方向是人文内涵式管理,即伴随着社会进步,通过安全理念的创新,提高人的整体素质,促进人的全面发展,建设良好的安全文化,实现由"要我安全"向"我要安全"的更高的安全管理层次转变,使安全管理变为人文需求与人文自觉。

李家祥在讲话中阐述了落实安全责任、实现安全发展的具体内涵。树立持续安全理念,以安全发展体现科学发展,保证科学发展,是民航系统当前学习实践科学发展观的一个载体、一个抓手。为了把科学发展观变为自觉行动,在安全发展上取得扎扎实实的成效,必须以坚强的事业心责任感,层层落实安全责任。安全工作有系统性,落实安全责任也有系统性,只有系统地落实安全责任,持续安全才能胜券在握。这包括落实企业的安全主体责任、政府部门的安全监管责任、领导者的安全领导责任和普通员工的安全岗位责任。这四个责任好比安全生产上的四道"防火墙"。树立持续安全理念,抓安全发展,就要坚持不懈地抓好这"四个责任"的落实。如果明确责任,落实责任,尽职尽责,真抓实干,一旦出了安全问题便毫不留情地追究责任,毫无怨言地承担责任,民航就一定能够形成一股抓安全的强大力量,保证我国民航业的安全发展,进而促进和实现我国民航业的全面协调可持续发展。

资料来源:中国民航报/2009年//1月/7日/第001版

复习思考题

1.研究航空安全管理学有何意义?

2.简述航空安全管理及航空安全管理学的定义。

3.简述航空安全管理学的研究对象及主要内容。

4.试述我国航空安全管理的发展历程及发展趋势。

第2章 航空安全管理的理论基础

航空安全管理应遵循管理和安全的普遍规律，服从管理和安全的基本原理。理解并掌握安全管理基本原理是学习航空安全管理的首要环节。因此，本章从安全管理的视野和需要进行辨识和梳理，在管理学理论、事故致因理论的基础上，简要介绍航空安全管理的基本原理。

2.1 基本概念

2.1.1 安全与危险

1. 安全

(1)安全的定义。安全是人类的基本需求。人们的衣食住行样样离不开安全。随着科学技术的飞速发展，安全问题变得越来越复杂，越来越多样化，对安全问题的研究也需要更深入、更具有科学性。

在古代汉语中，并没有“安全”一词，但“安”字却在许多场合下表达着现代汉语中“安全”的意义，表达了人们通常理解的“安全”这一概念。例如，“是故君子安而不忘危，存而不忘亡，治而不忘乱，是以身安而国家可保也。”(《易・系辞下》)这里的“安”是与“危”相对的，并且如同“危”表达了现代汉语的“危险”一样，“安”所表达的就是“安全”的概念。“无危则安，无缺则全”，即安全意味着没有危险且尽善尽美。这是与人们的传统的安全观念相吻合的。

随着对安全问题研究的逐步深入，人类对安全的概念有了更深刻的认识，并从不同的交通给它下了各种定义，如：

国家标准《职业健康安全管理体系要求》(GB/T 28001—2011)对“安全”给出的定义：免除了不可接受的损害风险的状态。

国际民航组织对安全的定义：安全是一种状态，即通过持续的危险识别和风险管理过程，将人员伤害或财产损失的风险降低至并保持在可接受的水平或其以下。

安全的内涵包括以下三方面的内容。

1)安全是指人的身心安全而言，不仅仅是人的躯体不受伤害、不病、不死，而是还要保障人的心理的安全与健康。

2)安全的范围涉及人类能进行活动的一切范围。

3)人们随社会文明、科技进步、经济发展、生活富裕程度的不同，对安全需求的水平和质量也具有不同时代的全新的内容和标准。

(2)安全的属性。没有危险是安全的特有属性,因而可以说安全就是没有危险的状态。

没有危险的状态是安全,而且这种状态是不以人的主观意志为转移的,因而是客观的。无论是安全主体自身,还是安全主体的旁观者,都不可能仅仅因为对于安全主体的感觉或认识不同而真正改变主体的安全状态。一个已经处于自由落体状态下的人,不会由于他自我感觉良好而真正安全;一个躺在坚固大厦内一张坚固的大床上而且确实没有任何危险的人,也不会因认为自己危在旦夕就真的面临危险。因此,安全不仅是没有危险的状态,而且这种状态是客观的,不以人的主观意志为转移的。

没有危险作为一种客观状态,不是一种实体性存在,而是一种属性,因而它必然依附一定的实体。当安全依附于人时,那么便是"人的安全";当安全依附于国家时,那么便是"国家安全";而当安全依附于世界时,便是"世界安全"。这样一些承载安全的实体,也就是安全所依附的实体,可以说就是安全的主体。客观的安全状态,必然是依附于一定的主体。在定义"安全"概念时,必须把安全是一种属性而不是一种实体这一特点反映出来。因此可以进一步说:

安全是主体没有危险的客观状态。

正因为安全是客观的,因而它与安全感是两个不同的概念,它本身并不包括安全感这样的主观内容。有人认为,安全既是一种客观状态,又是一种主观状态(心态)。我们认为,安全作为一种状态是客观的,它不是也不包括主观感觉,甚至可以说它没有任何主观成分,是不以人的主观愿望为转移的客观存在。

安全感虽然不能归结为安全的一方面内容,但它同样也是一种客观存在着的主观状态,是在研究安全问题(包括国家安全问题)时需要研究的。但与安全是一种客观状态不同,安全感可以说是安全主体对自身安全状态的一种自我意识、自我评价。这种自我意识和自我评价与客观的安全状态有时比较一致,有时可能相差甚远。例如,有的人在比较安全的状态下感觉非常不安全,终日里觉得处于危险中;也有的人虽然处于比较危险的境地,但却认为自己很安全,对危险视而不见。这种现象除了说明安全感与安全的实际状态并不完全一致外,也说明了"安全感"与"安全"是两个不同的概念。

2. 危险

危险是警告词,指某一系统、产品、设备或操作的内部和外部的一种潜在的状态,其发生可能造成人员伤害、职业病、财产损失、作业环境破坏的状态。危险的特征在于其危险可能性的大小与安全条件和概率有关。危险概率则是指危险发生(转变)事故的可能性,即频度或单位时间危险发生的次数。危险的严重度或伤害、损失或危害的程度则是指每次危险发生导致的伤害程度或损失大小。

3. 安全与危险的关系

就某一系统而言,没有永久的安全,也没有不变的危险。在一定条件下,安全会转化为危险,在另一条件下,危险则可以转化为安全。系统的发展变化规律,就是不断地由危险到安全,再由安全到危险,直到系统生命周期结束。或者,在系统生命周期内,人们就不能忍受系统带来的风险,就会采取措施,降低系统风险。这样就产生了新的系统,提高了系统的安全水平。

此时，系统又有了新的安全目标，新系统又会沿着“安全—危险—安全……”的规律发展变化。

2.1.2　事故

1. 事故的定义

对于事故(Accident)，从不同的角度出发对其有不同的描述。关于事故有下述定义：

《辞海》中定义事故是“意外的变故或灾祸”。

美国人海因里希认为：“事故是非计划的、失去控制的事件。”

一般认为，事故是人(个人或集体)在为实现某一意图而进行的活动过程中，突然发生的、违反人的意志的、迫使行动暂时地或永久地停止的事件。

我国安全生产界认为：“事故是指在生产活动过程中发生的一个或一系列非计划的(即意外的)，可导致人员伤亡、设备损坏、财产损失以及环境危害的事件(Incident)。”

2. 事故的基本特征

通过调查、统计、分析发现，事故有其自身的特征，深入地研究和掌握这些特征，对指导人们认识事故、了解事故和预防事故具有重要的意义。事故主要有以下特征：

(1)事故的因果性。因果性，是某一现象作为另一现象发生的依据的两种现象的关联性。

事故是相互联系的诸原因的结果。事故这一现象都和其他现象有着直接或间接的联系。在这一关系上看来是“因”的现象，在另一关系上却会以“果”出现，反之亦然。

给人造成伤害的直接原因易于掌握，然而，要寻找出究竟是何种间接原因，又是经过何种过程而造成事故后果，却非易事。因为随着时间的推移，会有种种因素同时存在，有时诸因素之间的关系相当复杂，还会存在某种偶然机。例如，某矿工在井下违章使用明火，造成材料燃烧引发火灾，火灾又引发了瓦斯爆炸事故。瓦斯爆炸事故的直接原因是井下使用明火，间接原因则有安全管理松散、培训不到位等。因此，在制定事故预防措施时，应尽最大努力掌握造成事故的直接和间接的原因，深入剖析事故根源，防止同类事故的发生。

(2)事故的偶然性、必然性和规律性。从发生概率上讲，事故是在一定条件下可能发生，也可能不发生的随机事件。事故的发生包含所谓偶然因素。事故的偶然性是客观存在的，与是否洞悉现象的原因不相关。例如，人在路上突然被天上落下的物体击中，具有偶然因素。

危险是客观存在的，而且是绝对的。因此，事故具有必然性，只不过事故发生的概率大小、人员伤亡的多少和财产损失的严重程度不同而已。人们能延长事故发生的时间间隔，降低事故发生概率，但是不能杜绝事故。

事故虽然具有一定的偶然性，但在一定范围内，用一定的科学仪器或手段，却可以找出近似规律。如应用偶然性定律，采用概率论的分析方法，收集尽可能多的事例进行统计分析，可找出危险的分布情况，认识事故发生的规律性，将事故消除在萌芽状态，化险为夷。

(3)事故的潜伏性、再现性和可预测性。在生产活动中，导致事故发生的安全隐患是潜在的，条件成熟时，在特有的时间、场所就会显现为事故。事故的发生是系统内部参数由量变到质变的过程引起的。系统在很长一段时间内没有发生事故并不意味着该系统是安全的，它可能潜伏着事故隐患，并往往会引起人的麻痹思想，进而酿成重大恶性事故。

虽然完全相同的事件不会再次重复显现，但是同类的或同种因果联系的事故则会重复发生。例如，每年相似的交通事故会重复发生多起。因此，充分地分析事故发生的原因有助于事故的预防与控制。

事故是可以预测的。人们基于对过去事故所积累的经验和知识，通过研究构思出预测模型，在生产活动开始之前，预测在各种条件下可能出现的危险及其防治措施。为了提高预测的可靠性，必须发展和开拓使用高新技术和先进安全探测仪器。

3.事故的分类

常见的事故有以下几种类型：

(1)伤亡事故，简称“伤害”，是个人或集体在行动过程中，接触了与周围条件有关的外来能量，该能量作用于人体，致使人体生理机能部分或全部的损伤的现象。在生产区域中发生的和生产有关的伤亡事故，称为工伤事故。

(2)一般事故，亦称无伤害事故，这是指人身没受伤害或只受微伤，停工短暂或与人的生理机能障碍无关的未遂事故。统计表明，事故之中无伤害的一般事故占 90%以上，它比伤亡事故的发生概率大十到数十倍。伤亡事故寓于一般事故中，要消灭伤亡事故，必须先消灭或控制一般事故。

(3)未遂事故，是指有可能造成严重后果，但由于其偶然因素，实际上没有造成严重后果的事件。美国人海因里希(W. H. Heinrich)对 5 000 多起伤害事故进行调查后发现，严重伤害、轻微伤害和没有伤害的事故件数之比为 1 ∶ 29 ∶ 300，这就是著名的海因里希法则(见图 2-1)。其中的无伤害事故，如同时没有造成财产和其他损失的事故，即为未遂事故。根据海因里希法则，为了控制事故的发生，应先防止未遂事故的发生。

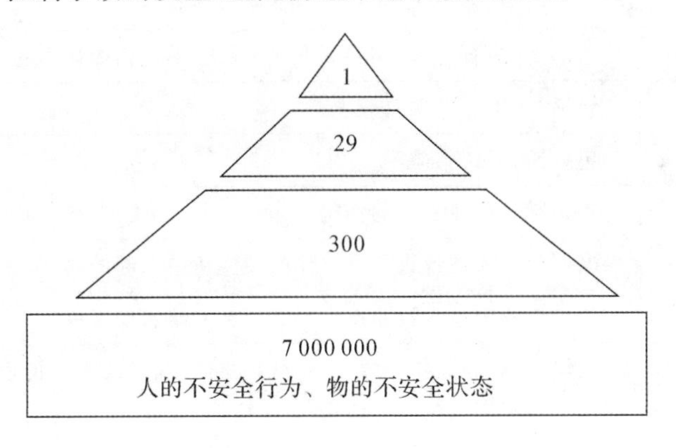

图 2-1　海因里希法则示意图

(4)二次事故，是指由外部事件或事故引发的事故。所谓外部事件，是指包括自然灾害在内的、与本系统无直接关联的事件。绝大多数重特大事故主要是由事故引发的二次事故造成的。

为了对事故进行科学的研究，探索事故的发生规律和预防措施，需要对事故进行分类，事故按不同的分类方法有不同的分类。

(1)按事故中人的伤亡情况进行分类。以人为中心考查事故结果时，可以把事故分为伤亡事故和一般事故。

伤亡事故是指造成人身伤害或急性中毒的事故。其中，在生产区域中发生的和生产有关的伤亡事故叫工伤事故。工伤事故包括工作意外事故和职业病所致的伤残及死亡。

按人员遭受伤害的严重程度，把伤害划为以下四类：

1)暂时性失能伤害,受伤害者或中毒者暂时不能从事原岗位工作。

2)永久性部分失能伤害,受伤害者或中毒者的肢体或某些器官功能不可逆地丧失的伤害。

3)永久性全失能伤害,使受伤害者完全残废的伤害。

4)死亡。

在伤亡事故统计的国家标准《企业职工伤亡事故分类标准》(GB 6441—1986)中,把受伤害者的伤害分成以下三类:

1)轻伤,损失工作日低于125天的失能伤害。

2)重伤,损失工作日等于或大于125天的失能伤害。

3)死亡,发生事故后当即死亡,包括急性中毒死亡,或受伤后在30天内死亡的事故。死亡损失工作日为6 000天。

一般事故,是指人身没有受到伤害,或受伤轻微,或没有形成人员生理功能障碍的事故。通常把没有造成人员伤亡的事故称为无伤害事故,或未遂事故。也就是说,未遂事故的发生原因及其发生、发展过程与某个特定的会造成严重后果的事故是完全相同的,只是由于某个偶然因素,没有造成该类严重后果。

(2)按事故类别分类。国标《企业职工伤亡事故分类标准》(GB 6441—1986)按致害原因将事故类别分为20类,详见表2-1。

表2-1　按致害原因的事故分类

序　号	事故类别	备　注
1	物体打击	指落物、滚石、撞击、碎裂、崩块、砸伤,不包括爆炸引起的物体打击
2	车辆伤害	包括挤、压、撞、颠覆等
3	机械伤害	包括铰、碾、割、戳等
4	起重伤害	各种起重作业引起的伤害
5	触电	电流流过人体或人与带电体间发生放电引起的伤害,包括雷击
6	淹溺	各种作业中落水及非矿山透水引起的溺水伤害
7	灼烫	火焰烧伤、高温物体烫伤、化学物质灼伤、射线引起的皮肤损伤等,不包括电烧伤及火灾事故引起的烧伤
8	火灾	造成人员伤亡的企业火灾事故
9	高处坠落	包括由高处落地和由平地入地坑
10	坍塌	建筑物、构筑物、堆置物倒塌及土石塌方引起的事故,不适用与矿山冒顶、片帮及爆炸、爆破引起的坍塌事故
11	冒顶片帮	指矿山开采、掘进及其他坑道作业发生的顶板冒落、侧壁垮塌
12	透水	适用于矿山开采及其他坑道作业发生时因涌水造成的伤害
13	爆破	由爆破作业引起的,包括因爆破引起的中毒
14	火药爆炸	生产、运输和储藏过程中的意外爆炸
15	瓦斯爆炸	包括瓦斯、煤尘与空气混合形成的混合物的爆炸
16	锅炉爆炸	适用于工作压力在0.07 MPa以上、以水为介质的蒸汽锅炉的爆炸

续表

序　号	事故类别	备　注
17	压力容器爆炸	包括物理爆炸和化学爆炸
18	其他爆炸	可燃性气体、蒸汽、粉尘等与空气混合形成的爆炸性混合物的爆炸；炉膛、钢水包、亚麻粉尘的爆炸等
19	中毒和窒息	职业性毒物进入人体引起的急性中毒、缺氧窒息性伤害
20	其他	上述范围之外的伤害事故，如冻伤、扭伤、摔伤、野兽咬伤等

(3)按事故严重程度分类。为了研究事故发生原因，便于对伤亡事故进行统计分析和调查处理，国务院有关部门将事故按严重程度细分为以下六类。

1)轻伤事故，只发生轻伤的事故。

2)重伤事故，发生了重伤但是没有死亡的事故。

3)死亡事故，一次事故中死亡1～2人的事故。

4)重大死亡事故，一次事故中死亡3～9人的事故。

5)特大死亡事故，一次事故中死亡10人及10人以上的事故。

6)特别重大死亡事故，符合下列情况之一的事故：

a.民航客机发生的机毁人亡(死亡40人及以上)事故。

b.专机和外国民航客机在中国境内发生的机毁人亡事故。

c.铁路、水运、矿山、水利、电力事故造成一次死亡50人及以上或一次造成直接经济损失1 200万元及其以上的。

d.公路和其他发生一次死亡30人及以上或直接经济损失在500万元及以上的事故(航空、航天器科研过程中发生的事故除外)。

e.一次造成职工和居民120人及以上的急性中毒事故。

f.其他性质特别严重、产生重大影响的事故。

(4)按引起事故的原因分类。根据引起事故的原因分类，可以分为一次事故和二次事故。

一次事故：一次事故是由于人的不安全行为或物的不安全状态引起的事故。

二次事故：二次事故是指在事故发生后，由于事故本身产生其他危害(如化工产品在事故状态下，由于受到高温或空气氧化等作用，一种化学品转化为另一种化学危险品，成为二次危险源)或事故导致其他事故的发生(如火灾引起房屋的倒塌)，引起事故范围进一步扩大的事故。

例如，2000年12月25日晚9:00左右，在洛阳东都商厦王某等四名无证上岗的电焊工焊接分隔铁板时，电焊火渣点燃可燃物引发火灾，王某等人扑救无效后未报警即逃离现场，发生特大火灾，火势迅猛。虽未烧及二楼以上房间，但大火浓烟涌进四楼个体老板开设的歌舞厅，正在二、三楼施工的部分民工以及四楼歌舞厅内的数百人被困在大火中，导致正在厅内参加圣诞节活动的309名人员窒息死亡，其中男135人，女174人。

以上的事故，都是一次事故导致发生二次事故。

二次事故的特点如下：

1)二次事故往往比第一次事故的危害更大；

2)二次事故形成的时间短,往往难以控制。

因此,必须正确地认识了二次事故的危害性,采取相应的管理和技术措施,避免二次事故发生,或者使损失减至最小。

(5)按事故是否与工作有关系分类。根据事故与工作的关系分为工作事故和非工作事故。

工作事故:工作事故是员工在工作过程中或从事与工作有关的活动中发生的事故。

非工作事故:非工作事故是员工在非工作环境中,如旅游、娱乐、体育活动及家庭生活等诸方面活动中发生的人身伤害事故。

虽然这类事故不在工伤范围之内,但由于这类事故引起的员工缺工,对于企业的劳动生产率是有很大影响的,因失去关键岗位的员工所需的再培训对于企业来说损失将会更大。对于这类事故,一个最值得关注的因素就是员工在企业的安全管理制度约束下,有较好的安全意识,但在非工作环境中,他会产生某种"放纵",加上对某些环境的不熟悉、操作的不熟练,都成了事故滋生的土壤。例如,一个维修工人在工作中使用梯子时,他或他的同事会进行相应的安全检查,因为这是制度,不做就可能受到处罚,可在家中使用梯子,他会感到没有制度的束缚了,并且家中或邻家的梯子一般很少使用,更易发生事故。美国各类职业俱乐部在与球员签约时,就十分关注球员的个人业余运动嗜好,如喜欢进行危险较大的运动,如登山、赛车等,则要在合同中注明在合同期内不得从事该项活动,或者不予签约,因为这样才能保证球员有更大的可能性为球会服务。

2.2 管理学的理论基础

管理一词的英文是 manage,它是从意大利文 manegiare 和法文 manage 演变而来的,原意是指"训练和驾驭马匹",最早是由美国人将这个词用于管理学中的。顾名思义,管理中的"管"是指约束,"理"是指调理、协调,其概念本身具有多义性,它不仅有广义和狭义之分,而且因时代的不同,产生不同的解释和理解。多年来,许多管理学家根据自己的理解给管理下了许多意义相异的定义,形成了众多的管理学流派。

2.2.1 科学管理理论

科学管理理论又称古典管理理论,其核心代表理论是美国泰勒(Taylor)的科学管理理论、法国法约尔(Fayol)的一般管理理论和德国韦伯(Weber)的行政组织理论。

1.泰勒的科学管理理论

泰勒的管理理论的主要内容包括以下几点:

(1)科学管理的中心问题是提高劳动生产率。泰勒认为,提高劳动生产率就是要制定出有科学依据的工作量定额,即所谓的合理的日工作量。为此,泰勒对时间和动作进行了研究。

所谓时间研究,就是研究人们在工作期间各种活动的时间构成,然后对此加以分析整理,从而得出完成该项工作的总时间。所谓动作研究就是研究工人干活时动作的合理性。经过比较分析之后,去掉多余动作,改善必要动作。根据时间研究和动作研究而确定的"合理的日工作量",就是所谓的工作定额原理。

(2)必须为每项工作选择"第一流的工人"。所谓第一流的工人,包括两个方面:一方面是该工人的能力最适合做这项工作;另一方面是该工人必须愿意做这项工作。也就是说,人具有不同的天赋和才能，只要个人合适该项工作，而且他又愿意努力去干，他就能成就第一流的工作。泰勒认为，健全的人事管理的基本原则是使工人的能力同工作相匹配。企业管理当局的责任在于为雇员找到最适合的工作，并培训他们成为第一流的工人，激励他们尽最大的努力来工作。

(3)标准化管理。为了使每个作业人员能确实达到一定的作业标准，就要从作业方法到材料、工具、设备和作业环境实施标准化管理。很多工人的作业方法和使用工具只是根据自己或师傅的经验和习惯来确定的。泰勒认为，必须有科学的方法对工人的作业方法、使用工具、设备的摆放及作业环境的布置等进行分析，消除各种不合理的因素，把各种最好的因素结合起来，形成一种最好的作业方式。

(4)实行“差别计件工资制”。泰勒认为，工人“磨洋工”的重要原因之一是付酬制度的不合理。计时工资不能体现按劳分配，干多干少在时间上无法确切地体现出来。他在分析了原有的付酬制度之后提出，要在科学地制定劳动定额的前提下，采用差别计件工资激励工人完成或超额完成定额，并且根据工人完成工作定额的不同，支付不同的工资。泰勒认为，根据工人的实际工作表现而不是根据工作类别支付工资，实际上等于按工人做出的贡献付酬，而不是按工人的工作等级付酬，这样能大大促使工人积极性的提高。

(5)强调雇主与工人合作的“精神革命”。泰勒认为，雇主与工人之间必须建立良好的合作关系。双方都必须认识到提高劳动生产率对双方都是有利的，因此，雇主和工人都必须来一次“精神革命”，即相互协作，共同为提高劳动生产率而努力。

(6)主张计划与执行相分离。泰勒认为应该用科学的工作方法取代经验工作法。工人凭经验很难找到科学的工作方法，而且他们没时间研究这方面的问题，所以应该把计划同执行分离开来。计划由管理当局负责，执行由工长和工人负责，这样有助于采用科学的工作方法。管理当局的主要任务有：进行调查研究，为定额和操作方法提供科学依据；制定科学依据的定额和标准化操作方法、工具；拟订出计划并发布指示和命令；比较“标准”和“实际情况”，进行有效的控制。

以上几点是泰勒科学管理理论的主要内容，除此之外，泰勒还提倡实行职能制，其用意在于摆脱直线制分工不明确的缺点，使工厂管理高度专业；强调例外管理，即企业的高级管理人员为了减轻处理纷乱烦琐事物的负担，把一般的日常事务授权给下级管理人员处理，而自己只保留对重要事项的决策权和控制权。

2.法约尔的一般管理理论

法约尔(Fayol，1841—1925)，法国人，古典管理理论的主要代表人之一，被后人尊称为管理理论之父。他以企业整体作为研究对象，他认为，管理理论是指有关管理的、得到普遍承认的理论，是经过普遍经验检验并得到论证的一套有关原则、标准、方法、程序等内容的完整体系。有关管理的理论和方法不仅适用于公私企业，也适用于军政机关和社会团体，这些是其一般管理理论的基石。他最主要的贡献在于三个方面：从经营职能中独立出管理活动；强调教育的必要性；提出管理活动所需的五大职能和14项管理原则。这三方面也是其一般管理理论的核心。

(1)从经营职能中独立出管理活动。法约尔通过对企业全部活动的分析，将管理活动从经营职能(包括技术、商业、财务、安全和会计等五大职能)中提炼出来，成为经营的第六项职能。他认为，管理是普遍的一种单独活动，有自己的一套知识体系，由各种职能构成，管理是管理者通过完成各种职能来实现目标的一个过程。企业中的每组活动都对应一种专门的能力,如技术能力、商业能力、财务能力及管理能力等。而随着企业由小到大、职位由低到高,管理能力在管理者必要能力中的相对重要性会不断增加,而其他诸如技术、商业、财务、安全及会计等能力的重要性则会相对下降。

(2)强调教育的必要性。法约尔认为,管理能力可以通过教育来获得,缺少管理教育是由于没有管理理论,每一个管理者都按照他自己的方法、原则和个人的经验行事,但是谁也不曾设法使那些被人们接受的规则和经验变成普遍的管理理论。

(3)提出五大管理职能和14项管理原则。法约尔将管理活动分为计划、组织、指挥、协调和控制等五大管理职能,并进行了相应的分析和讨论。

法约尔认为14项管理原则是:①劳动分工;②权力与责任;③纪律;④统一指挥;⑤统一领导;⑥个人利益服从整体利益;⑦人员的报酬;⑧集中;⑨等级制度;⑩秩序;⑪公平;⑫人员的稳定;⑬首创精神;⑭人员的团结。

法约尔的一般管理理论是古典管理思想的重要代表,后来成为管理过程学派的理论基础,也是以后各种管理理论和管理实践的重要依据,对管理理论的发展和企业管理的历程均有着深刻的影响,其中某些原则甚至以"公理"的形式被人们接受和使用。因此,继泰勒的科学管理之后,一般管理理论被誉为管理史上的第二座丰碑。

3.韦伯的理想行政组织体系理论

韦伯(Weber)是德国著名的社会学家,他在管理理论上的研究主要集中在组织理论方面,主要贡献是提出了所谓理想的行政组织体系理论。这集中反映在他的代表作——《社会组织与经济组织》一书中。这一理论的核心是组织活动要通过职务或职位而不是通过个人或世袭地位来管理。他也认识到个人魅力对领导作用的重要性。他所讲的"理想的",不是指最合乎需要,而是指现代社会最有效和最合理的组织形式。之所以是"理想的",因为它具有以下特点:

(1)明确的分工,即每个职位的权利和义务都应有明确的规定,人员按职业专业化进行分工。

(2)自上而下的等级系统。组织内的各个职位,按照等级原则进行法定安排,形成自上而下的等级系统。

(3)人员的任用。人员的任用要完全根据职务的要求,通过正式考试和教育训练来实行。

(4)职业管理人员。管理人员有固定的薪金和明文规定的升迁制度,是一种职业管理人员。

(5)遵守规则和纪律。管理人员必须严格遵守组织中规定的规则和纪律以及办事程序。

(6)组织中人员之间的关系。组织中人员之间的关系完全以理性准则为指导,只是职位关系而不受个人情感的影响,应不仅适用于组织内部,而且适用于组织与外界之间的关系。

韦伯认为,这种高度结构的、正式的、非人格化的理想行政组织体系是人们进行强制控制的合理手段,是达到目标、提高效率的一种最有效形式。这种组织形式在精确性、稳定性、纪律性和可靠性方面都优于其他组织形式,能适用于所有的管理工作以及当时日益增多的各种大型组织,如教会、国家机构、军队、政党、经济企业和各种团体。韦伯的这一理论,是对泰勒、法约尔的理论一种补充,对后来的管理学家,尤其是对组织理论学家有很大的影响,因此,他被称为"组织理论之父"。

2.2.2　行为科学理论

行为科学理论是管理理论的第二个阶段，是 20 世纪 20 年代开始的“人际关系”——“行为科学”的理论。行为科学认为，从人的行为本质中激发动力，才能提高效率。其研究目的是从对工人在生产中的行为以及这些行为产生的原因进行分析研究，以调节企业中的人际关系，提高生产率。它研究的内容包括人的本性和需要、行为和动机，尤其是生产中的人际关系。

1. 梅奥的霍桑实验

20 世纪 20—30 年代，美国国家研究委员会和美国西方电气公司合作进行了有关工作条件、社会因素与生产效率之间关系的实验。由于该项研究是在西方电气公司的霍桑工厂进行的，因此后人称之为霍桑实验。

(1)实验的四个阶段：①工厂照明实验；②继电器装配实验；③谈话研究；④观察实验。

(2)发现以下现象：①工人们之间似乎有一个“合理的日工作量”；②“树大招风”；③在工人中形成的一些非正式团体。

(3)得出三条结论：①人是社会人，不仅仅是“经济人”；②企业中不但存在着正式组织，而且存在着非正式组织；③新的领导能力在于提高职工的满足度，在于通过提高职工的满足度来鼓舞职工的士气。

上述三条结论构成了早期人际关系学说的主要内容，也是后期行为科学的基本理论基础。

2. 人际关系学说

在霍桑实验的基础上，梅奥创立了人际关系学说，提出了与古典管理理论不同的新观点、新思想。其主要内容如下：

(1)职工是“社会人”。

(2)满足工人的社会欲望，提高工人的士气，是提高生产率的关键。

(3)企业存在着“非正式组织”。“正式组织”与“非正式组织”有重大的区别，在“正式组织”中以效率的逻辑为重要标准，而在“非正式组织”中则以情感的逻辑为重要标准。“非正式组织”与“正式组织”相互依存，对生产效率的提高有很大的影响。

人际关系学说的出现，开辟了管理理论研究的新领域，弥补了古典管理理论忽视了人的社会性的缺陷。同时，人际关系学说也为以后的行为科学的发展奠定了基础。

3. 有关行为科学的理论

行为科学的研究，基本上可以分为两个时期。前期以人际关系学说(或人群关系学说)为主要内容，从 20 世纪 30 年代梅奥的霍桑实验开始，到 1949 年在美国芝加哥讨论会上第一次提出行为科学的概念止；后期从 1953 年美国福特基金会召开的各个大学科学家参加的会议上，正式定名的行为科学开始，被视为行为科学研究时期。

行为科学的含义有广义和狭义两种。广义的行为科学是指包括类似运用自然科学的实验和观察方法，研究在自然和社会环境中人的行为的科学。已经公认的行为科学的学科有心理学、社会学、社会人类学等。狭义的行为科学是指有关对工作环境中个人和群体行为的一门综合性学科。进入 20 世纪 60 年代，为了避免同广义的行为科学相混淆，出现了组织行为学这一名称，专指管理学中行为科学。目前，组织行为学从它研究的对象和所涉及的范围来看，可分成三个层次，即个体行为、团体行为和组织行为。

(1)个体行为理论。其主要包括以下两方面的内容：

1)有关人的需要、动机和激励方面的理论，可分为三类：①内容型激励理论，包括需要层次论、双因素理论、成就激励理论等。②过程型激励理论，包括期望理论、公平理论等。③行为改造型激励理论，包括强化理论、归因理论等。

2)有关人性的理论。其主要包括 X－Y 理论和不成熟-成熟理论。

(2)团体行为理论。其包括正式团体和非正式团体，松散团体、合作团体和集体团体等。团体行为理论主要是研究团体发展动向的各种的因素以及这些因素的相互作用和相互依存的关系，如团体的目标、团体的结构、团体的规模、团体的规范、信息沟通和团体意见冲突理论等。

(3)组织行为理论。其主要包括领导理论和组织变革、组织发展理论。领导理论又包括三大类，即领导性格理论、领导行为理论和领导权变理论等。

2.2.3 现代管理理论

第二次世界大战以来，随着现代自然科学和技术的日新月异，生产和组织规模急剧扩大，生产力迅速发展，生产社会化程度不断提高，管理理论引起了人们的普遍重视。随着管理思想的丰富和发展，出现了许多新的管理理论和管理学说，并形成众多的学派。这些理论和学派，被孔茨称为“管理理论丛林”。尽管各学派彼此相互独立，但他们的基本目的是相同的。

1.管理过程学派

该学派的基本观点有以下几条：

(1)管理是一个过程，即让别人同自己去实现既定目标的过程。

(2)管理过程的职能有五个：计划工作、组织工作、人员配备、指挥及控制。

(3)管理职能具有普遍性，即各级管理人员都执行着管理职能，但侧重点则因管理级别的不同而异。

(4)管理应具有灵活性，要因地制宜，灵活应用。

该学派主张按管理职能建立一个作为研究管理问题的概念框架。法约尔被认为是这个学派的创始人。孔茨和奥唐奈合著的《管理学》是第二次世界大战后这一学派的代表作。

2.人际关系行为学派

该学派主张以人与人之间的关系为中心来研究管理问题。该学派把社会科学方面已有的和新近提出的有关理论、方法和技术用来研究人与人之间以及个人的各种现象，从个人的个性特点到文化关系，范围广泛，无所不含。该学派注重个人、注重人的动因，把人的动因看成为一种社会心理现象。

3.群体行为学派

该学派同人际关系行为学派密切相关，但它关心的主要是一定群体中的人的行为，而不是一般的人际关系和个人行为；它以社会学、人类文化学和社会心理学为基础，而不是以个人心理学为基础。该学派着重研究各种群体的行为方式，从小群体的文化和行为方式到大群体的行为特点，均在研究之列。该学派的最早代表人物和研究活动是梅奥和霍桑实验。20 世纪 50 年代，阿吉里斯提出了“不成熟—成熟交替循环的模式”。

4.社会技术系统学派

这是较新出现的学派，其创始人是英国的特里斯特。该学派认为，要解决管理问题，只分析社会合作系统是不够的，还必须分析研究技术系统对于社会系统的影响，以及对个人心理的影响。该学派认为，组织的绩效以至管理的绩效，不仅取决于人们的行为态度及其相互影响，而且也取决于人们工作所处的技术环境。管理者的主要任务之一就是确保社会合作系统与技术系统的相互协调。该学派特别注重于工业工程、人机工程等方面问题的研究。

5. 经验学派

该学派主张通过分析经验(通常是一些案例)来研究管理学问题。该学派认为，通过分析、比较和研究各种各样成功和失败的管理经验，就可以抽象出某些一般性的结论或原理，以有助于学生和从事实际工作的管理者理解管理原理，并使之学会后能有效地从事管理工作。

很多学者认为，该学派的主张实质上是传授管理学知识的一种方法，称为案例教学。实践证明，这是培养学生分析问题和解决问题的一种有效途径。

6. 数学学派(“管理科学”)

第二次世界大战其间，运筹学的方法在组织和管理大规模的军事活动，特别是军事后勤活动中，取得了巨大成功。运筹学家们认为，管理基本上是一种数学程序、概念、符号以及模型等的演算和推导。他们自称为“管理科学家”。这样，就出现了管理科学学派。该学派认为，如果管理工作、制定决策是一个合乎逻辑的过程，那么就可以利用数学符号或关系式来描述；在研究和解决管理问题(包括决策)时，要着重强调合理性、定量分析和准确衡量。

7. 新管理思想

此外，近年来，随着社会的发展形成了一些新的管理思想，具有代表性的有人本管理、知识管理、学习型组织以及危机管理等。

(1)人本管理。人本管理就是以人为本的管理，即把人视为管理的主要对象及组织的最重要资源，通过激励，调动和发挥员工的积极性和创造性，引导员工去实现预定的目标。其目的就是运用一切手段，发挥和应用好组织中最特殊的要素——人的作用。在安全管理中，“安全第一”方针的实行必须以人为本，遵循人本管理的思想。

(2)知识管理。知识管理就是为实现显性知识和隐性知识共享寻找新的知识。它突出体现在知识的创造和利用，其根本目标就是通过知识共享，运用集体智慧提高组织的应变能力和创新能力。

(3)学习型组织。学习型组织作为一种管理思想，指的是充分发挥每个成员创造性的能力，努力形成一种弥漫于群体与组织的学习氛围，凭借着有效地持续学习，使个体价值得到体现，组织绩效得以大幅度提高。

(4)危机管理。危机管理是指个人或组织为防范危机、预测危机、规避危机、化解危机、渡过危机、减轻危机损害或有意识利用危机等，所采取的管理行为的总称。危机管理的目的在于减少乃至消除危机可能带来的危害。危机管理在安全生产管理中得到了较广泛的应用。

2.3 安全学的理论基础

事故致因理论是从大量典型事故的本质原因的分折中提炼出的事故机理和事故模型。这些机理和模型反映了事故发生的规律性，能够为事故原因的定性分析和定量分析，为事故的预测预防和改进安全管理工作，从理论上提供科学的、完整的依据。

随着科学技术和生产的发展,事故发生的类型和规律在不断变化,人们对事故原因的认识和研究也不断深入,曾先后出现了十几种具有代表性的事故致因理论和事故模型。本节介绍几种具有代表性的事故致因理论。

2.3.1 事故因果连锁理论

1.海因里希因果连锁理论

海因里希最早提出了事故因果连锁理论,这种理论又称为海因里希模型或多米诺骨牌理论。他用该理论形象地描述了事故的因果连锁关系。该理论的核心思想是:伤亡事故的发生不是一个孤立的事件,而是一系列原因事件相继发生的结果,即伤害与各原因相互之间具有连锁关系。海因里希连锁理论如图 2-2 所示。

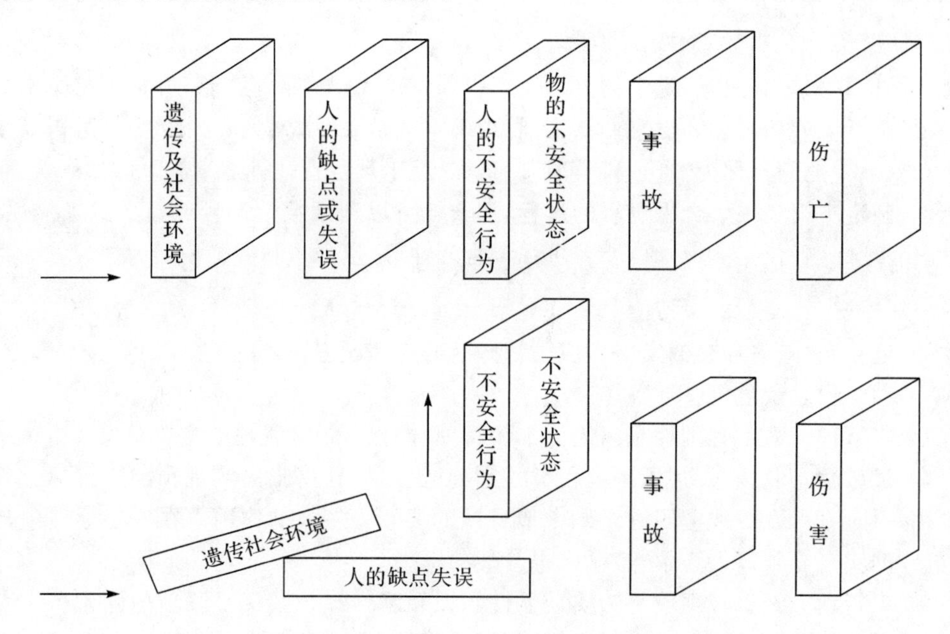

图 2-2　海因里希因果连锁理论

海因里希提出的事故因果连锁过程包括以下 5 个因素:

(1)遗传及社会环境(M)。遗传及社会环境是造成人的缺点的一种原因。遗传因素可能使人具有鲁莽、固执、粗心等对于安全来说属于不良的性格;社会环境可能妨碍人的安全素质培养,助长不良性格的发展。这种因素是因果链上最基本的一种因素。

(2)人的缺点或失误(P)。它即由于遗传和社会环境因素所造成的人的缺点。人的缺点是使人产生不安全行为或造成物的不安全状态的原因之一。这些缺点既包括诸如鲁莽、固执、易过激、神经质、轻率等性格上的先天缺陷,也包括诸如缺乏安全生产知识和技能等的后天不足。

(3)人的不安全行为或物的不安全状态(H)。这两者是造成事故的直接原因。海因里希认为,人的不安全行为是由于人的缺点而产生的,是造成事故的主要原因之一。

(4)事故(D)。事故是一种由于物体、物质或放射线等对人体发生作用,使人员受到或可能受到伤害的、出乎意料的、失去控制的事件。

(5)伤害(A)。它即直接由事故产生的人身伤害。

上述M—P—H—D—A构成了事故因果连锁关系，可以用五块多米诺骨牌来形象地加以描述。如果第一块骨牌倒下(即第一个原因M出现)，则发生连锁反应，后面的骨牌相继被碰倒，即骨牌代表的事件相继发生。

该理论积极的意义就在于，如果移去因果连锁中的任一块骨牌，则连锁被破坏，事故过程中止。海因里希认为，企业安全工作的中心就是要移去中间的骨牌——防止人的不安全行为或消除物的不安全状态，从而中断事故连锁的进程，避免伤害的发生。

海因里希的“多米诺事故因果连锁论”毕竟是20世纪30年代的理论，有明显的不足，如对事故致因连锁关系的描述过于绝对化、简单化、“单链条”化。事实上，事故灾难往往是多链因素条交叉综合作用的结果；各个骨牌(因素)之间的连锁关系是复杂的、随机的。前面的牌倒下，后面的牌可能倒下，也可能不倒下。事故并不是全都造成伤害，不安全行为或不安全状态也并不是必然造成事故等。尽管如此，海因里希“直观化”的事故因果连锁理论关注了事故形成中的人与物，开创了事故系统观的先河，促进了事故致因理论的发展，成为事故研究科学化的先导，具有重要的历史地位。

2.博德事故因果连锁理论

博德在海因里希事故因果连锁理论的基础上，提出了与现代安全观点更加吻合的事故因果连锁理论。

博德的事故因果连锁过程同样为五个因素，但每个因素的含义与海因里希的都有所不同。

(1)管理缺陷。对于大多数企业来说，由于各种原因，完全依靠工程技术措施预防事故既不经济也不现实，只能通过完善安全管理工作，经过较大的努力，才能防止事故的发生。企业管理者必须认识到，只要生产没有实现本质安全化，就有发生事故及伤害的可能性，因此，安全管理是企业管理的重要一环。

安全管理系统要随着生产的发展变化而不断调整完善，十全十美的管理系统不可能存在。由于安全管理上的缺陷，会出现能够致使造成事故的其他原因。

(2)个人及工作条件的原因。这方面的原因主要是由于管理缺陷造成的。个人原因包括缺乏安全知识或技能、行为动机不正确、生理或心理有问题等；工作条件原因包括安全操作规程不健全，设备、材料不合适，以及存在温度、湿度、粉尘、气体、噪声、照明、工作场地状况(如打滑的地面、障碍物、不可靠支撑物)等有害作业环境因素。只有找出并控制这些原因，才能有效地防止后续原因的发生，从而防止事故的发生。

(3)直接原因。人的不安全行为或物的不安全状态是事故的直接原因。这种原因是安全管理中必须重点加以追究的原因。但是，直接原因只是一种表面现象，是深层次原因的表征。在实际工作中，不能停留在这种表面现象上，而要追究其背后隐藏的管理上的缺陷原因，并采取有效的控制措施，从根本上杜绝事故的发生。

(4)事故。这里的事故被看作是人体或物体与超过其承受阈值的能量接触的过程，或人体与妨碍正常生理活动的物质的接触的过程。因此，防止事故就是防止接触。可以通过对装置、材料、工艺等的改进来防止能量的释放，或者操作者提高识别和回避危险的能力，佩戴个人防护用具等来防止接触。

(5)损失。人员伤害及财物损坏统称为损失。人员伤害包括工伤、职业病和精神创伤等。

在许多情况下，可以采取恰当的措施使事故造成的损失最大限度地减小。例如，对受伤人员进行迅速正确的抢救，对设备进行抢修以及平时对有关人员进行应急训练等。

3. 亚当斯事故因果连锁理论

亚当斯提出了一种与博德事故因果连锁理论类似的因果连锁模型，该模型以表格的形式给出，见表 2－2。

表 2－2　亚当斯事故因果连锁模型

管理体系	管理失误		现场失误	事故	伤害或损坏
目标	领导者在下述方面决策失误或没有决策： 方针政策 目标	安全技术人员在下述方面管理失误或疏忽： 行为 责任	不安全行为	伤亡事故	对人
组织	规范 责任	权限范围 规则		损坏事故	
机能	职级 考核 权限授予	指导 主动性 积极性 业务活动	不安全状态	无伤害事故	对物

在该理论中，事故和损失因素与博德理论相似。这里把人的不安全行为和物的不安全状态称为现场失误，其目的在于提醒人们注意不安全行为和不安全状态的性质。

亚当斯理论的核心在于对现场失误的背后原因进行了深入的研究。操作者的不安全行为及生产作业中的不安全状态等现场失误，是由于企业领导和安技人员的管理失误造成的。管理人员在管理工作中的差错或疏忽，以及企业领导人的决策失误，对企业经营管理及安全工作具有决定性的影响。管理失误又由企业管理体系中的问题导致，这些问题包括如何有组织地进行管理工作，确定怎样的管理目标，如何计划、实施等。管理体系反映了作为决策中心的领导人的信念、目标及规范，它决定各级管理人员安排工作的轻重缓急、工作基准及指导方针等重大问题。

4. 北川彻三事故因果连锁理论

上述几种事故因果连锁理论把考查的范围局限在企业内部。实际上，工业伤害事故发生的原因是很复杂的，一个国家或地区的政治、经济、文化、教育、科技水平等诸多社会因素，对伤害事故的发生和预防都有着重要的影响。

北川彻三正是基于这种考虑，对海因里希的理论进行了一定的修正，提出了另一种事故因果连锁理论，见表 2－3。

表 2－3　北川彻三事故因果连锁理论

基本原因	间接原因	直接原因		
学校教育的原因 社会的原因 历史的原因	技术的原因 教育的原因 身体的原因 精神的原因 管理的原因	不安全行为 不安全状态	事故	伤害

在北川彻三的因果连锁理论中，基本原因中的各个因素，已经超出了企业安全工作的范围。但是，充分认识这些基本原因，对综合利用相关的科学技术、管理手段来改善间接原因，达到预防伤害事故发生的目的，是十分重要的。

2.3.2　能量意外转移理论

在生产过程中，人类利用能量做功以实现生产目的。在正常生产过程中，能量在各种约束和限制下，按照人们的意志流动、转换和做功。如果由于某种原因能量失去了控制，发生了异常或意外的释放，则称发生了事故。

如果意外释放的能量转移到人体，并且其能量超过了人体的承受能力，则人体将受到伤害。吉布森和哈登从能量的观点出发，曾经指出：人受伤害的原因只能是某种能量向人体的转移，而事故则是一种能量的异常或意外的释放。

能量的种类有许多，如动能、势能、电能、热能、化学能、原子能、辐射能、声能和生物能等。人受到伤害都可以归结为上述一种或若干种能量的异常或意外转移。麦克法兰特（Mc Farland）认为："所有的伤害事故（或损坏事故）都是因为：①接触了超过机体组织（或结构）抵抗力的某种形式的过量的能量；②有机体与周围环境的正常能量交换受到了干扰（如窒息、淹溺等）。因而，各种形式的能量构成伤害的直接原因。"根据此观点，可以将能量引起的伤害分为以下两大类：

第一类伤害是由于转移到人体的能量超过了局部或全身性损伤阈值而产生的。例如，球形弹丸以 4.9 N 的冲击力打击人体时，最多轻微地擦伤皮肤，而重物以 68.9 N 的冲击力打击人的头部时，则会造成头骨骨折。

第二类伤害则是由于影响局部或全身性能量交换引起的。例如，因物理因素或化学因素引起的窒息（如溺水、一氧化碳中毒等），因体温调节障碍引起的生理损害、局部组织损坏或死亡（如冻伤、冻死等）。

能量转移理论的另一个重要概念是：在一定条件下，某种形式的能量能否产生人员伤害，除了与能量大小有关以外，还与人体接触能量的时间和频率、能量的集中程度、身体接触能量的部位等有关。

用能量转移的观点分析事故致因的基本步骤是：首先确认某个系统内的所有能量源；然后确定可能遭受该能量伤害的人员，伤害的严重程度；最后确定控制该类能量异常或意外转移的方法。

能量转移理论与其他事故致因理论相比，具有两个主要优点：一是把各种能量对人体的伤害归结到伤亡事故的直接原因中，从而决定了以对能量源及能量传送装置加以控制作为防止或减少伤害发生为最佳手段这一原则；二是根据该理论建立的对伤亡事故的统计分类，这是一种可以全面概括、阐明伤亡事故类型和性质的统计分类方法。

能量转移理论的不足之处是：由于意外转移的机械能（动能和势能）是造成工业伤害的主要能量形式，这就使得按能量转移观点对伤亡事故进行统计分类的方法尽管具有理论上的优越性，然而在实际应用上却存在困难，尚有待于对机械能的分类作更加深入细致的研究，以便对机械能造成的伤害进行分类。

2.3.3　基于人体信息处理的人失误事故模型

这类事故理论都有一个基本的观点：人失误会导致事故，而人失误的发生是由于人对外界刺激（信息）的反应失误造成的。

1. 威格里斯沃思模型

威格里斯沃思在1972年提出，人失误构成了所有类型事故的基础。他把人失误定义为“（人）错误地或不适当地响应一个外界刺激”。他认为：在生产操作过程中，各种各样的信息不断地作用于操作者的感官，给操作者以“刺激”。若操作者能对刺激做出正确的响应，事故就不会发生；反之，如果错误或不恰当地响应了一个刺激（人失误），就有可能出现危险。危险是否会带来伤害事故，则取决于一些随机因素。

威格里斯沃思的事故模型可以用图2-3所示的流程关系来表示。该模型绘出了人失误导致事故的一般模型。

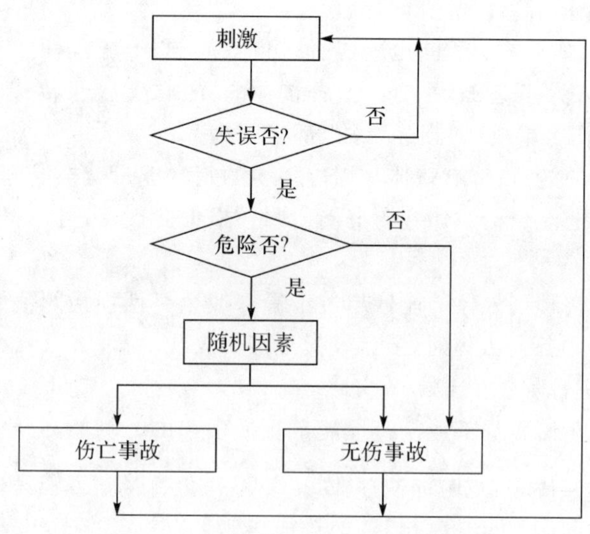

图2-3　威格里斯沃思事故模型

2. 瑟利模型

瑟利把事故的发生过程分为危险出现和危险释放两个阶段，这两个阶段各自包括一组类似人的信息处理过程，即知觉、认识和行为响应过程。在危险出现阶段，如果人的信息处理的每个环节都正确，危险就能被消除或得到控制；反之，只要任何一个环节出现问题，就会使操作者直接面临危险。在危险释放阶段，如果人的信息处理过程的各个环节都是正确的，则虽然面临着已经显现出来的危险，但仍然可以避免危险释放出来，不会带来伤害或损害；反之，只要任何一个环节出错，危险就会转化成伤害或损害。瑟利模型如图 2－4 所示。

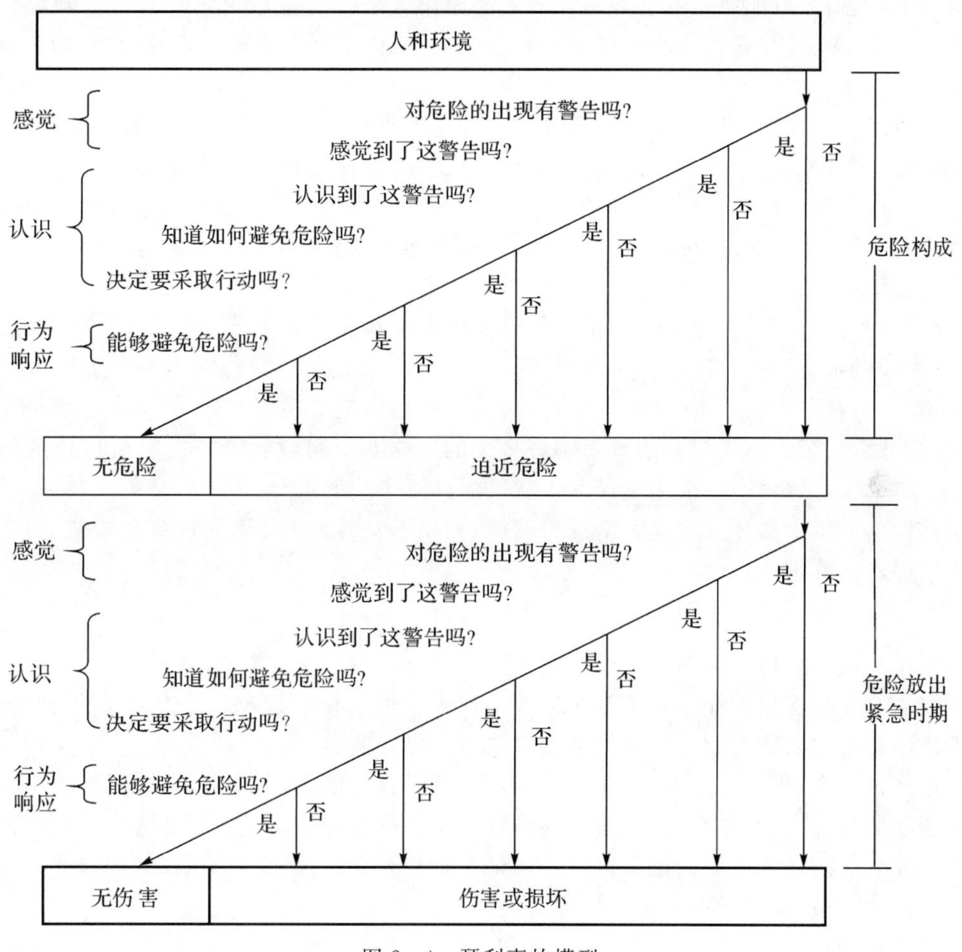

图 2－4　瑟利事故模型

由图 2－4 可以看出，两个阶段具有相类似的信息处理过程，每个过程均可被分解成六方面的问题。现在以危险出现阶段为例，分别介绍这六方面问题的含义。

第一个问题：对危险的出现有警告吗？这里警告的意思是指工作环境中是否存在安全运行状态和危险状态之间可被感觉到的差异。如果危险没有带来可被感知的差异，则会使人直接面临该危险。在生产实际中，危险即使存在，也并不一定直接显现出来。这一问题的启示，就是要让不明显的危险状态充分显示出来，而这往往要采用一定的技术手段和方法来实现。

第二个问题：感觉到了这警告吗？这个问题有两个方面的含义：一是人的感觉能力如何，如果人的感觉能力差，或者注意力在别处，那么即使有足够明显的警告信号，也可能未察觉；二是环境对警告信号的“干扰”如何，如果干扰严重，则可能妨碍对危险信息的察觉和接受。根据这个问题得到的启示是：感觉能力存在个体差异，提高感觉能力要依靠经验和训练，同时训练也可以提高操作者抗干扰的能力；在干扰严重的场合，要采用能避开干扰的警告方式（如在噪声大的场所使用光信号或与噪声频率差别较大的声信号）或加大警告信号的强度。

第三个问题:认识到了这警告吗? 这个问题问的是操作者在感觉到警告之后,是否理解了警告所包含的意义,即操作者将警告信息与自己头脑中已有的知识进行对比,从而识别出危险的存在。

第四个问题:知道如何避免危险吗? 问的是操作者是否具备避免危险的行为响应的知识和技能。为了使这种知识和技能变得完善和系统,从而更有利于采取正确的行动,操作者应该接受相应的训练。

第五个问题:决定要采取行动吗? 表面上看,这个问题毋庸置疑,既然有危险,当然要采取行动。但在实际情况下,人们的行动是受各种动机中的主导动机驱使的,采取行动回避风险的“避险”动机往往与“趋利”动机(如省时、省力、多挣钱、享乐等)交织在一起。当趋利动机成为主导动机时,尽管认识到危险的存在,并且也知道如何避免危险,但操作者仍然会“心存侥幸”而不采取避险行动。

最后一个问题:能够避免危险吗? 问的是操作者在做出采取行动的决定后,是否能迅速、敏捷、正确地做出行动上的反应。

上述 6 个问题中,前两个问题都是与人对信息的感觉有关的,第 3～5 个问题是与人的认识有关的,最后一个问题是与人的行为响应有关的。这 6 个问题涵盖了人对信息处理的全过程并且反映了在此过程中有很多失误发生后进而导致事故的机会。

瑟利模型适用于描述危险局面出现得较慢,如果不及时改正则有可能发生事故的情况,对于描述发展迅速的事故,也有一定的参考价值。

3. 劳伦斯模型

劳伦斯在威格里斯沃思和瑟利等人的人失误模型的基础上,通过对南非金矿中发生事故的研究,于 1974 年提出了针对金矿企业以人失误为主因的事故模型,如图 2-5 所示,该模型对一般矿山企业和其他企业中比较复杂的事故情况也普遍适用。

在生产过程中,当危险出现时,往往会产生某种形式的信息,向人们发出警告,如突然出现或不断扩大的裂缝、异常的声响、刺激性的烟气等。这种警告信息叫作初期警告。初期警告还包括各种安全监测设施发出的报警信号。如果没有初期警告,就发生了事故,则往往是由于缺乏有效的监测手段,或者管理人员事先没有提醒行为人危险因素的存在造成的。

在发出了初期警告的情况下,行为人在接受、识别警告,或对警告做出反应等方面的失误都可能导致事故。当行为人发生对危险估计不足的失误时,如果他还是采取了相应的行动,则有可能避免事故;反之,如果他麻痹大意,既对危险估计不足,又不采取行动,则会导致事故的发生。如果行为人是管理人员或指挥人员,低估了危险,后果将更加严重。

矿山生产作业往往是多人作业、连续作业。行为人在接受了初期警告、识别了警告并正确地估计了危险性之后,除了自己采取恰当的行动避免伤害事故外,还应该向其他人员发出警告,提醒他们采取防止事故的措施。这种警告叫作二次警告。其他人接到二次警告后,也应该按照正确的程序对警告加以响应。

劳伦斯模型适用于类似矿山生产的多人作业生产方式。在这种生产方式下,危险主要来自于自然环境,而人的控制能力相对有限,在许多情况下,人们唯一的对策是迅速撤离危险区域。因此,为了避免发生伤害事故,人们必须及时发现、正确评估危险,并采取恰当的行动。

2.3.4 动态变化理论

世界是在不断运动、变化着的,工业生产过程也在不断变化之中。针对客观世界的变化,安全工作也要随之改进，以适应这种变化。如果管理者不能或没有及时地适应变化，则将发生管理失误；操作者不能或没有及时地适应变化，则将发生操作失误。外界条件的变化也会导致机械、设备等的故障，进而导致事故的发生。

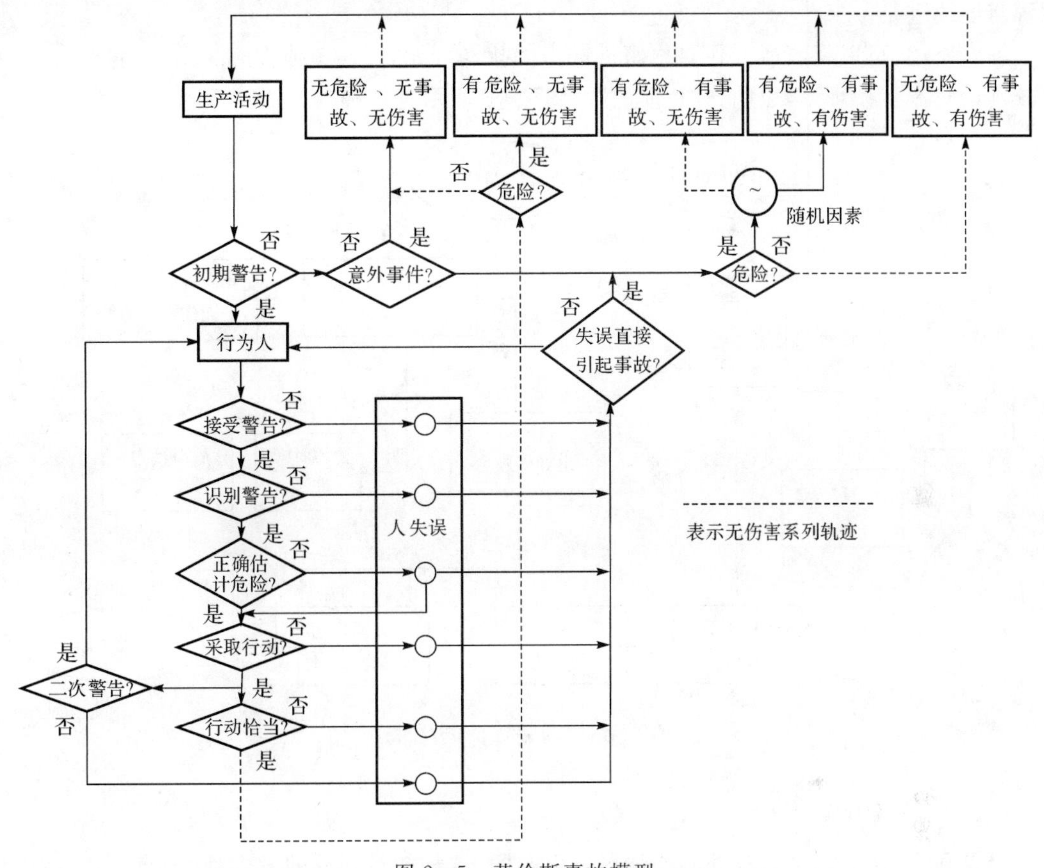

图 2－5　劳伦斯事故模型

1. 扰动起源事故理论

本尼尔认为，事故过程包含一组相继发生的事件。这里，事件是指生产活动中某种发生了的事情，如一次瞬间或重大的情况变化，一次已经被避免的或导致另一事件发生的偶然事件等。因而，可以将生产活动看作是一个自觉或不自觉地指向某种预期的或意外的结果的事件链，它包含生产系统元素间的相互作用和变化着的外界的影响。由事件链组成的正常生产活动，是在一种自动调节的动态平衡中进行的，在事件的稳定运行中向预期的结果发展。

事件的发生必然是某人或某物引起的，如果把引起事件的人或物称为"行为者"，而其动作或运动称为"行为"，则可以用行为者及其行为来描述一个事件。在生产活动中，如果行为者的行为得当，则可以维持事件过程稳定地进行；否则，可能中断生产，甚至造成伤害事故。

生产系统的外界影响是经常变化的，可能偏离正常的或预期的情况。这里称外界影响的变化为"扰动"。扰动将作用于行为者。产生扰动的事件称为起源事件。

当行为者能够适应不超过其承受能力的扰动时，生产活动可以维持动态平衡而不发生事故。如果其中的一个行为者不能适应这种扰动，则自动平衡过程被破坏，开始一个新的事件过程，即事故过程。该事件过程可能使某一行为者承受不了过量的能量而发生伤害或损害，这些伤害或损害事件可能依次引起其他变化或能量释放，作用于下一个行为者并使其承受过量的能量，发生连续的伤害或损害。当然，如果行为者能够承受冲击而不发生伤害或损害，则事件过程将继续进行。

综上所述，可以将事故看作是由事件链中的扰动开始，以伤害或损害为结束的过程。这种事故理论叫作扰动理论，也叫作“P 理论”。图 2－6 所示为这种理论的示意图。

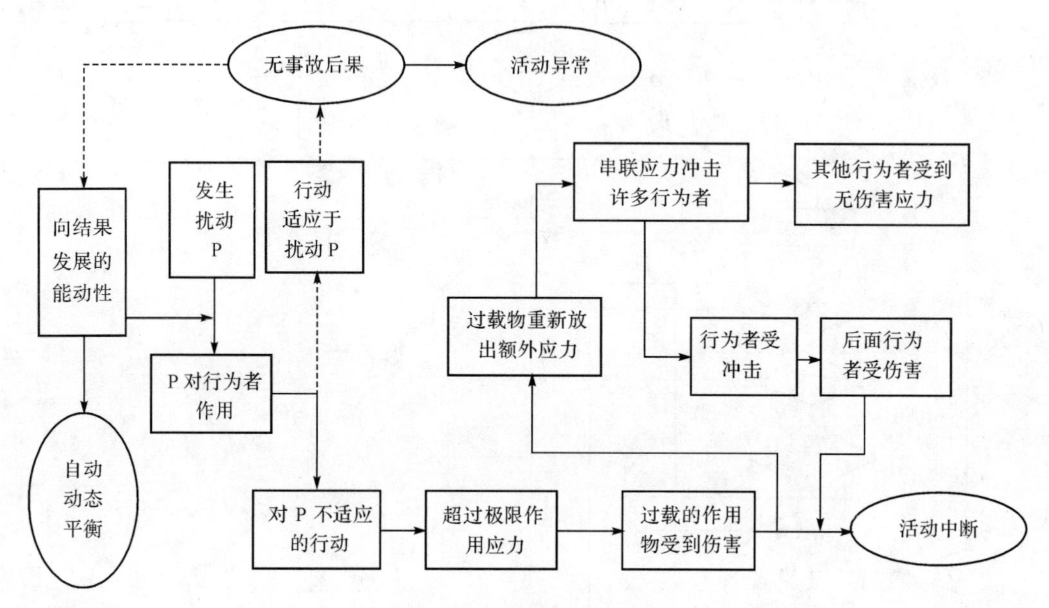

图 2－6　扰动理论示意图

2. 变化-失误理论

约翰逊认为，事故是由意外的能量释放引起的，这种能量释放的发生是由于管理者或操作者没有适应生产过程中物的或人的因素的变化，产生了计划错误或人为失误，从而导致不安全行为或不安全状态，破坏了对能量的屏蔽或控制，即发生了事故，由事故造成生产过程中人员伤亡或财产损失。图 2－7 所示为约翰逊的变化-失误理论示意图。

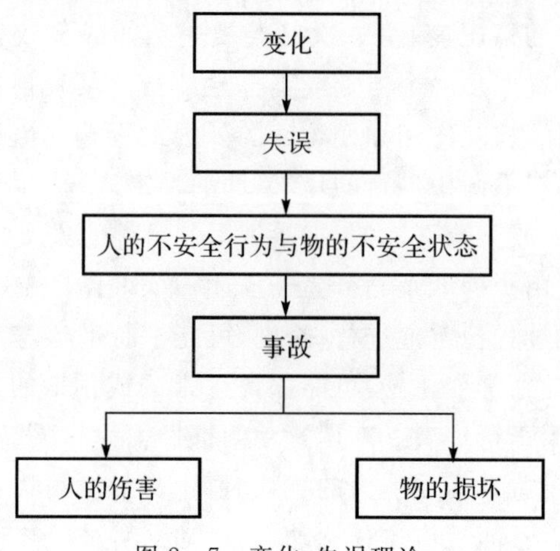

图 2－7　变化-失误理论

按照变化的观点，变化可引起人失误和物的故障，因此，变化被看作是一种潜在的事故致因，应该被尽早地发现并采取相应的措施。作为安全管理人员，应该对下述的一些变化给予足够的重视：

(1)企业外部社会环境的变化。企业外部社会环境，特别是国家政治或经济方针、政策的变化，对企业的经营理念、管理体制及员工心理等有较大影响，必然也会对安全管理造成影响。

(2)企业内部的宏观变化和微观变化。宏观变化是指企业总体上的变化，如领导人的变更，经营目标的调整，职工大范围的调整、录用，生产计划的较大改变等。微观变化是指一些具体事物的改变，如供应商的变化，机器设备的工艺调整、维护等。

(3)计划内与计划外的变化。对于有计划进行的变化，应事先进行安全分析并采取安全措施；对于不是计划内的变化，一是要及时发现变化，二是要根据发现的变化采取正确的措施。

(4)实际的变化和潜在的变化。通过检查和观测可以发现实际存在着的变化；潜在的变化不易发现，往往需要靠经验和分析研究才能发现。

(5)时间的变化。随着时间的流逝，人员对危险的戒备会逐渐松弛，设备、装置性能会逐渐劣化，这些变化与其他方面的变化相互作用，引起新的变化。

(6)技术上的变化。采用新工艺、新技术或开始新工程、新项目时发生的变化，人们由于不熟悉而易发生失误。

(7)人员的变化。这里主要指员工心理、生理上的变化。人的变化往往不易掌握，因素也较复杂，需要认真观察和分析。

(8)劳动组织的变化。当劳动组织发生变化时，可能引起组织过程的混乱，如项目交接不好，造成工作不衔接或配合不良，进而导致操作失误和不安全行为的发生。

(9)操作规程的变化。新规程替换旧规程以后，往往要有一个逐渐适应和习惯的过程。

需要指出的是，在安全管理实践中，变化是不可避免的，也并不一定都是有害的，关键在于管理是否能够适应客观情况的变化。要及时发现和预测变化，并采取恰当的对策，做到顺应有利的变化，克服不利的变化。

约翰逊认为，事故的发生一般是多重原因造成的，包含一系列的变化-失误连锁。从管理层次上看，有企业领导者的失误、计划者的失误、监督者的失误及操作者的失误等。该连锁的模型如图2-8所示。

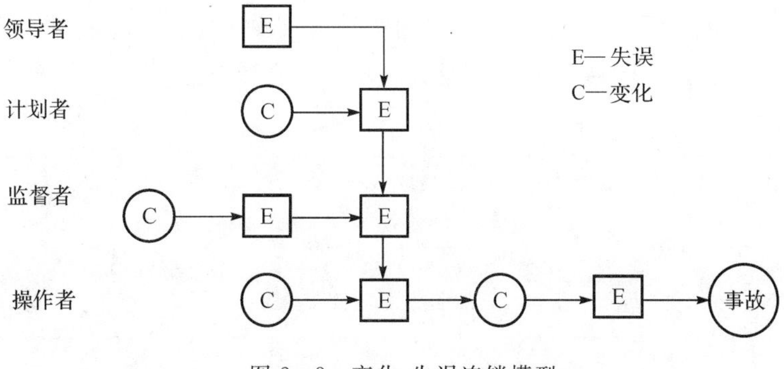

图2-8　变化-失误连锁模型

2.3.5 轨迹交叉论

轨迹交叉论的基本思想是：伤害事故是许多相互联系的事件顺序发展的结果。这些事件概括起来不外乎人和物(包括环境)两大发展系列。当人的不安全行为和物的不安全状态在各自发展过程中(轨迹)，在一定时间、空间发生了接触(交叉)，能量转移于人体时，伤害事故就会发生。而人的不安全行为和物的不安全状态之所以产生和发展，又是受多种因素作用的结果。

轨迹交叉理论的示意图如图 2-9 所示。图中，起因物与致害物可能是不同的物体，也可能是同一个物体；同样，肇事者和受害者可能是不同的人，也可能是同一个人。轨迹交叉理论反映了绝大多数事故的情况。在实际生产过程中，只有少量的事故仅仅由人的不安全行为或物的不安全状态引起，绝大多数的事故是与二者同时相关的。例如，日本劳动省通过对 50 万起工伤事故调查发现，只有约 4%的事故与人的不安全行为无关，而只有约 9%的事故与物的不安全状态无关。

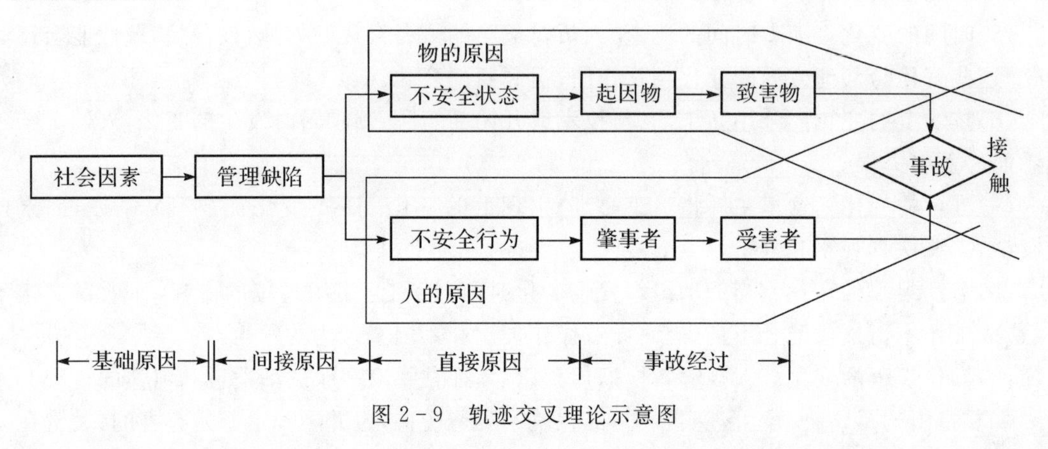

图 2-9 轨迹交叉理论示意图

在人和物两大系列的运动中，二者往往是相互关联、互为因果、相互转化的。有时人的不安全行为促进了物的不安全状态的发展，或导致新的不安全状态的出现；而物的不安全状态可以诱发人的不安全行为。因此，事故的发生可能并不是如图 2-9 所示的那样简单地按照人、物两条轨迹独立地运行，而是呈现较为复杂的因果关系。

人的不安全行为和物的不安全状态是造成事故的表面的直接原因，如果对它们进行更进一步的考虑，则可以挖掘出二者背后深层次的原因。这些深层次原因的示例见表 2-4。

表 2-4 事故发生的深层次原因

基础原因(社会原因)	间接原因(管理缺陷)	直接原因
遗传、经济、文化、教育培训、民族习惯、社会历史、法律	生理和心理状态、知识技能情况、工作态度、规章制度、人际关系、领导水平	人的不安全状态
设计、制造缺陷、标准缺乏	维护保养不当、保管不良、故障、使用错误	物的不安全状态

轨迹交叉理论作为一种事故致因理论，强调人的因素和物的因素在事故致因中占有同样重要的地位。按照该理论，可以通过避免人与物两种因素运动轨迹交叉，来预防事故的发生。

同时，该理论对于调查事故发生的原因，也是一种较好的工具。

2.4　航空安全管理基本原理

航空安全管理是以安全为目的，通过管理的机能，进行有关安全方面的决策、计划、组织、指挥、协调、控制等工作，从而有效地发现、分析生产过程中的各种不安全因素，预防各种意外事故，避免各种损失，保障员工的安全健康，推动企业安全生产的顺利发展，提高经济效益和社会效益。安全管理基本原理是对管理学基本原理的继承和发展，主要包括系统原理、人本原理、预防原理、强制原理和责任原理。

2.4.1　系统原理

所谓的系统是指由两个或两个以上相互联系、相互作用的要素所组成的具有特定结构和功能的整体。

系统原理是指人们在从事管理工作时，运用系统的观点、理论和方法对管理活动进行充分的系统分析，以达到安全管理的优化目标，即从系统论的角度来认识和处理企业管理中出现的问题。

在管理活动中运用系统原理的应遵循以下原则。

1. 动态相关性原则

动态相关性原则是指任何安全管理系统的正常运转，不仅要受到系统自身条件和因素的制约，而且还要受到其他有关系统的影响，并随着时间、地点以及人们的不同努力程度而发生变化。因此，要提高管理的效果，必须掌握各个管理对象要素之间的动态相关特征，充分利用各因素之间的相互作用。

对安全管理来说，动态相关性原则可以从以下两个角度进行考虑：

(1)系统内各要素之间的动态相关性是事故发生的根本原因。正因为构成管理系统的各要素处于动态变化之中，并相互联系、相互制约，才使得事故有发生的可能性。

(2)为了搞好安全管理，掌握与安全有关的所有对象要素之间的动态相关特征，必须要有良好的信息反馈手段，能够随时随地掌握企业安全生产的动态情况，且处理各种问题时要考虑各种事物之间的动态联系性。例如，当有员工发生违章时，不能只考虑员工的自身问题，而要同时考虑物和环境的状态、劳动作业安排、管理制度、教育培训等问题，甚至考虑员工的家庭和社会生活的影响。

2. 整分合原则

所谓的整分合原则是指为了实现高效的管理，必须在整体规划下明确分工，在分工基础上进行有效的综合，即在管理活动中，首先要从整体上把握系统的环境，分析系统的整体性质、功能，确定系统的总体目标；然后围绕着总体目标，进行多方面的合理分解和分工，以构成系统的结构与体系；最后要在分工的基础上，对各要素、环节、部分及其活动进行系统综合，协调管理，以实现系统的总目标。

在整分合原则中，整体把握是前提，科学分工是关键，组织综合是保证。没有整体目标的指导，分工就会盲目而混乱；离开分工，整体目标就难以高效实现。如果只有分工，而无综合与协作，就会出现分工各环节脱节以及横向协作困难等现象，不能形成“凝聚力”等众多问题。因此，管理必须有分有合，先分后合，这是整分合原则的基本要求。

在安全管理领域运用该原则，要求企业高层管理者在制定整体目标和进行宏观决策时，必须将安全纳入其中，并将安全作为一项重要内容加以考虑；然后在此基础上对安全管理活动进行有效的分工，明确每个员工的安全责任和目标；最后加强专职安全部门的职能，保证强有力的协调控制，实现有效的组织综合。

3. 弹性原则

在对系统外部环境和内部情况的不确定性给予事先考虑，并对发展变化的诸多可能性及其概率分布做较充分认识、推断的基础上，在制定目标、计划、策略等方面，相适应地留有余地，有所准备，以增强组织系统的可靠性和管理对未来态势的应变能力，这就是管理的弹性原则。

管理有弹性就是在系统面临各种变化的情况下，管理能机动灵活地做出反应以适应变化，使系统得以生存并求得发展。卓有成效的管理追求积极弹性，即在对变化的未来做科学预测的基础上，组织系统应当备有多种方案和预防措施，其目的在于一旦态势有重大变故，能够不乱方寸、有备无患地做出灵活的应变反应，从而能保证系统的可靠性。

弹性原则对于安全管理具有十分重要的意义。安全管理所面临的环境和条件是错综复杂的，尤其是事故致因是很难完全预测和掌握的，因此安全管理必须尽可能保持良好的、积极的弹性。一方面要不断地推进安全管理的科学化、现代化，加强系统安全分析和危险性评价，尽可能做到对危险因素的识别、消除和控制；另一方面要采取全方位、多层次的事故预防措施，实现全面、全员、全过程的安全管理。

4. 反馈原则

反馈是指被控制过程对控制机构的反作用，即由控制系统把信息输送出去，又把其作用结果返送回来，并对信息的再输出发生影响，起到控制的作用，以达到预定的目的。

现代企业管理是一项复杂的系统工程，其内部条件和外部环境都在不断变化。因此，要发挥出组织系统的积极弹性作用并最终导向优化目标的实现，就必须对环境变化和每一步行动结果进行不断地跟踪，及时准确地掌握变动中的态势，进行“再认识、再确定”。一方面，一旦发现原先计划、目标与客观情况发展有较大出入，要做出适时性的调整；另一方面，将行动结果情况与原来的目标要求做比较，如果有“偏差”，则采取及时有效的纠偏措施，以确保组织目标的实现。这种为了实现系统目标，把行为结果传回决策机构，使因果关系相互作用，实行动态控制的行为准则，就是管理的反馈原则。

反馈原则对于安全控制领域有着重要的意义。一个正常运转的系统，当它指向安全目标的运动受到任何不安全因素及不安全行为的干扰时，其运动状态就会偏离既定的目标，甚至遭到破坏，导致事故和损失的发生。为了维护系统的正常和稳定运转，应及时准确地捕捉、反馈不安全信息，及时采取有效的调整措施，消除或控制不安全因素，使系统的运动态势回到安全的轨道上，从而达到安全管理的目的。

5. 封闭原则

封闭原则是指在任何一个管理系统内部，管理手段、管理过程等必须构成一个连续封闭的回路，才能形成有效的管理活动。尽管任何系统都与外部进行着物质、能量和信息交换，但在系统内部却是一个相对封闭的回路，这样，物质、能量和信息才能在系统内部实现自律化与合理流通。

封闭原理有其相对性。从空间上讲，封闭系统不是孤立存在的，在运行中与周围发生许多联系，客观干扰在所难免；从时间上讲，执行指令的后果难以预测，需要时间的验证。因此，管理活动需要根据事物发展的客观需要，不断地完善封闭办法，理顺封闭渠道，排除封闭干扰，保持管理运行与控制的畅通、灵敏、及时和准确。

将封闭原则应用到安全管理领域中，要求安全管理机构之间、安全管理制度和方法之间，必须具有紧密的联系，形成相互制约的回路，保证安全管理活动的有效进行。首先，为了保证安全管理执行机构确切无误地贯彻安全指挥中心的命令，在系统中应建立有效的安全监督机构。没有正确的执行，就没有正确的输出，也无从正确的反馈，反馈原理也就无法实现。其次，贯彻封闭原理，建立安全管理规章制度，即建立尽可能完整的执行法、监督法和反馈法，构成一个封闭的制度网，使安全管理活动高效正常运行。

2.4.2　人本原理

现代管理学的人本原理，是指管理者要达到组织目标，则一切管理活动都必须以人为中心，以人的积极性、主动性、创造性的发挥为核心和动力来进行。人本原理的前提是，人不是单纯的“经济人”，而是具有多种需要的复杂的“社会人”。

人本管理原理要求管理者研究人的行为规律，理解认知、需要、动机、能力、人格、群体和组织行为；掌握激励、沟通、领导规律，改善人力资源管理；了解人、关心人、尊重人、激励人，努力开发和利用人的创造力，实现人的社会价值；努力满足员工的合理需要，开发人的潜能，实现人的自我价值。

在现实管理活动中，人本原理可以具体化、规范化为若干相应的管理原则，其中主要的有管理的动力原则、能级原则和激励原则。

1. 动力原则

所谓的动力原则是指管理必须要有能够激发人的工作能力的动力，才能使管理运动持续而有效地进行下去。对于管理系统来说，基本动力有三类，即物质动力、精神动力和信息动力。物质动力是指物质待遇及经济效益的刺激与鼓励；精神动力主要是来自理想、道德、信念和荣誉等方面的鼓励和激励；信息动力是通过信息的获取与交流产生奋起直追或超越他人的动力。

2. 能级原则

现代管理认为，单位和个人都具有一定的能量，并且可按照能量的大小顺序排列，形成管理的能级，就像原子中电子的能级一样。在管理系统中，建立一套合理能级，根据单位和个人能量的大小安排工作，发挥不同能级的能量，保证结构的稳定性和管理的有效性，这就是能级原则。

3. 激励原则

激励原则就是利用某种外部诱因的刺激，调动人的积极性和创造性，以科学的手段，激发人的内在潜力，使其充分发挥积极性、主动性和创造性。

人的工作动力来源于三方面：一是内在动力，指人本身具有的奋斗精神；二是外部压力，指外部施加于人的某种力量；三是吸引力，指那些能够使人产生兴趣和爱好的某种力量。这三种动力相互联系、相互作用，管理者要善于观察和引导，采用有效的措施和手段，因人而异、科学合理地运用各种激励方法和激励强度，从而最大限度地发挥出员工的内在潜力。

"人本原理"在企业安全管理中的应用具体表现在对"以人为本"的安全理念的贯彻上。要实现"以人为本"的安全管理，首先应加强企业安全文化建设，严格执行安全生产的相关法律法规，使"以人为本"的安全理念在煤矿安全生产的意识形态领域中得到普及和加强；其次要不断改善和提高客观生产条件，加大安全投入，以保障"以人为本"的安全理念在安全生产实践中得到落实。

2.4.3 预防原理

我国安全管理的方针是"安全第一，预防为主"。通过有效的管理和技术手段，减少和防止人的不安全行为和物的不安全状态，从而使事故发生的概率降到最低，这就是预防原理。运用预防原理应遵循以下原则。

1. 偶然损失原则

事故后果以及后果的严重程度，都是随机的、难以预测的。反复发生的同类事故，并不一定产生完全相同的后果，这就是事故损失的偶然性。海因里希法则，或者称为 1∶29∶300 法则，其重要意义在于指出事故与伤害后果之间存在着偶然性的概率关系。偶然损失原则说明，在安全管理实践中，一定要重视各类事故，包括险兆事故，而且不管事故是否造成了损失，都必须做好预防工作。

2. 因果关系原则

因果关系原则是指事故的发生是许多因素互为因果连续发生的最终结果，只要诱发事故的因素存在，发生事故是必然的，只是时间或迟或早而已。从因果关系原则中认识事故发生的必然性和规律性，重视事故的原因，砍断事故因素的因果关系链环，消除事故发生的必然性，从而将事故消灭在萌芽状态。

3. 3E 原则

造成人的不安全行为和物的不安全状态的原因可归结为四个方面：技术原因、教育原因、身体和态度原因以及管理原因。针对这四方面的原因，可以采取三种预防事故的对策，即工程技术(Engineering)对策、教育(Education)对策和法制(Enforcement)对策，即所谓 3E 原则。

4. 3P 原则

基于事故防范战略的思维，提出了事故预防的"3P"原则，即事前预防(Prevention)、事中应急(Pacification)和事后教训(Precept)。事前预防包括两层含义：一是事故的预防工作，即通过安全管理和安全技术等手段，尽可能地防止事故的发生，实现本质安全；二是在假定事故必然发生的前提下，通过预先采取的预防措施，来达到降低或减缓事故的影响或后果的严重程度。事中应急包括三方面的内容，即应急准备、应急响应和应急恢复。事后教训是基于事故案例的安全策略，通过分析事故致因，制定改进措施，实施整改，坚持"四不放过"的原则，做到同类事故不再发生。

5. 本质安全化原则

本质安全化是指设备、设施或技术工艺含有内在的能够从根本上防止事故发生的功能。包括失误-安全(Fool - Proof)功能和故障-安全(Fail - Safe)功能。这两种安全功能应在设备、设施规划设计阶段就被纳入其中,而不是事后补偿。遵循这样的原则可以消除事故发生的可能性,从而达到预防事故发生的目的。本质安全化是安全管理预防原理的根本体现,是安全管理的最高境界。

要想做好安全管理工作,就必须把握“预防原则”,在完善各项安全规章制度、开展安全教育、落实安全责任的同时,多举措地做好安全管理工作的全过程控制,让事故频发率降低到最小,使安全工作真正做到“防微杜渐”。

2.4.4 强制原理

所谓强制就是绝对服从,不必经过被管理者同意便可采取控制行动。因此,采取强制管理的手段控制人的意愿和行为,使个人的活动、行为等受到管理要求的约束,从而有效地实现管理目标,就是强制原理。

一般来说,管理均带有一定的强制性。管理是管理者对被管理者施加作用和影响,并要求被管理者服从其意志,满足其要求,完成其规定的任务。不强制便不能有效地抑制被管理者的无拘个性,使其调动到符合整体管理利益和目的的轨道上来。

安全管理需要强制性是由事故损失的偶然性、人的“冒险”心理以及事故损失的不可挽回性所决定的。安全强制性管理的实现,离不开严格合理的法律、法规、标准和各级规章制度,这些法规、制度构成了安全行为的规范。同时,还要有强有力的管理和监督体系,以保证被管理者始终按照行为规范进行活动,一旦其行为超出规范的约束,就要有严厉的惩处措施。因此,在安全管理活动中应用强制原理应遵循以下原则。

1. *安全第一原则*

安全第一就是要求在进行生产和其他活动的时候把安全工作放在一切工作的首要位置。当生产和其他工作与安全发生矛盾时,要以安全为主,生产和其他工作要服从安全,这就是安全第一原则。贯彻安全第一原则,要求在计划、布置、实施各项工作时首先想到安全,预先采取措施,防止事故发生。

2. *监督原则*

监督原则是指在安全工作中,为了使安全生产法律法规得到落实,必须授权专门的部门和人员行使监督、检查和惩罚的职责,对企业生产中的守法和执法情况进行监督,追究和惩戒违章失职行为,这就是安全管理的监督原则。

2.4.5 责任原理

所谓的责任就是指责任主体方对客体方承担必须承担的任务,完成必须完成的使命,做好必须做好的工作。在管理活动中,责任原理是指管理工作必须在合理分工的基础上,明确规定组织各级部门和个人必须完成的工作任务和相应的责任。

在安全管理、进行事故预防中,责任原理体现在很多地方,例如,安全生产责任制的制定和落实、事故责任问责制,以及越来越被国际社会推行的SA8000社会责任标准等。在安全管理活动中,运用责任原理,大力强化安全管理责任建设,建立健全安全管理责任制,构建落实安全管理责任的保障机制,促使安全管理责任主体到位,且强制性地安全问责、奖罚分明,才能推动企业履行应有的社会责任,提高安全监管部门监管力度和效果,激发和引导好广大社会成员的责任心。

【知识链接】

求解"持续安全"

李家祥局长创造性地提出了"持续安全"理念,"持续安全"充分融合了国内外民航安全管理的前沿成果,深刻揭示了航空安全的基本规律,系统总结了民航安全管理的经验与教训,对民航当前所面临的困难和矛盾进行了客观剖析,提出了一系列解决方略。这不仅是民航落实科学发展观的重要抓手,更是中国民航在安全理论和安全实践上的重大突破。通过学习领会李家祥局长"树立持续安全理念,促进行业安全发展"的工作报告,我们可以清晰地勾勒出当前及今后相当一段时间民航安全工作的路线图。

安全是大事,是难事,更是一道复杂的方程式！那么,"持续安全"的"解"在哪里呢？李家祥局长解出了这道方程式唯一的"根":落实安全责任！

责任,按照新华词典的解释就是应尽的职责。

近日看到一则关于老鼠偷油的寓言:三只老鼠,在财主家发现了一个高口油瓶,商量"叠罗汉"轮流爬上去喝油。老鼠们一个踩着一个往上爬,上面那只刚把尖嘴巴伸进瓶口,不知咋弄的,油瓶子哗地倒了,掉在地上摔得稀巴烂,响动惊动了老财主。三只老鼠屁滚尿流逃回鼠洞,惊魂初定,大家七嘴八舌地讨论为什么没喝到香油,纷纷表态要严惩肇事者。下面是发言记录:最上面的老鼠愧疚地说:"油没喝到,还失手推倒了油瓶,但不是我的错,完全是因为我脚下的老兄抖动了一下。"第二只老鼠说:"我承认,我的确抖了,但我是被动的,因为我下面的老鼠猛地抽搐了一下。"第三只老鼠说:"我之所以抽搐,那是因为我似乎听见门外有猫在叫唤,吓了我一大跳。""啊,原来事出有因呀！"老鼠们长长松了口气:"咱哥仨谁都没有责任,全怪猫这个大坏蛋,早不叫晚不叫,偏偏这个时候坏了你鼠爷爷的好事！"

"三鹿奶粉事件"曝光后,网上有一则黑色幽默,发人深省:

三鹿董事长:我是清白的,企业也是清白的,去问问供奶的农民吧。

奶农:关我啥事？又不是我产的奶,问奶牛去。

奶牛:我吃的是草呀,问草去。

草说:关我何事？是土壤的问题,问土壤去。

土壤:关我吗事？是旁边河水不干净。

河流:我冤枉,是某某足球队来我这洗过脚,应该找他们去。

……

照此逻辑,最终可能会把板子打到"盘古"老爷子头上,都怪他"开天辟地"太毛糙,压根儿就不应该让"三聚氰胺"这种东西在世上存在。事实上,中国政府处理"三鹿"事件是果断、严肃和负责任的。笔者引用这则网络笑话,是想说明,凡事如果没有明确的责任界定、责权利捆绑、绩效考核以及政府监管和公众监督,最终结果必然是虎头蛇尾,发生了问题,往往相互推诿,把责任推到不会申辩的客观因素身上。

因此,李家祥局长一针见血地指出,实现安全发展的关键在于落实责任,必须建立安全生产责任体系。对民航来说,必须落实企业的安全主体责任、政府部门的安全监管责任、领导者的安全领导责任和员工的安全岗位责任。其中落实企业的安全主体责任是重中之重。如果企业按照 SMS 的四大要求,普遍建立并运行危险识别、风险控制机制,借助责任体系的强力推进，安全就能实现“风险管理抓隐患，闭环督办抓落实”的可控状态。

目前，企业在落实安全生产主体责任上，或多或少地存在以下问题。

一、责任体系混乱

面临结构性快速扩张、分公司四处开花以及经营范围急剧扩大的企业，运行初期，容易出现条块不清、分工不明、流程交叉、责任重叠或遗有空白，安全责任要么扯皮，要么安全“死角”无人问津。前些日子，听朋友讲了一个不像是杜撰的事情：某分公司一位总经理助理，身兼18个职务，最后一个大概是保卫部长，每天的工作就是参加各种会议，应付各种检查和陪同吃饭，需要什么角色，他立马就变成什么角色。这种人力资源配置，看似算盘打得很精，实际上，这是在拿18个岗位的职责开玩笑！

二、安全责任“孤岛现象”

企业内部，如果只注重一个个实体单位的安全责任落实，是远远不够的，容易出现“孤岛现象”。因为民航最大的特点就在于其系统性、整体性，围绕航空器运行，单位与单位之间、部门与部门之间，往往是一个总流程中的上游、中游和下游。有时候还会与民航其他企业发生业务对接(如航空公司与机场、与空管等)。如果不明确不覆盖、不解决流程接口之间的安全责任问题，结合部就会成为安全高风险地带。尽管“不差钱”，但谁都舍不得往别人田里多花一个子。对企业来说，应按照业务流程，抓好公司级、部门级以及结合部的安全责任问题。作为民航主管机构，则要关注企业之间、系统之间业务接口的安全责任问题。发生了安全问题，一定要揪出上游的责任人。

三、安全责任条款不具体，缺乏可操作性

层层签订责任书，是中国民航的一大特色，对安全工作有一定的促进作用。但签订了责任书并不一定就落实了安全责任。现行的安全责任书，相当一部分是粗放的、概念性的，既对安全的边界没有明确的框定，又对岗位职责和工作流程及绩效考核没有具体的涉及，定性描述多于量化指标。有些责任条款，没有从自身实际出发，一个版本用数年，千篇一律，人皆适宜，没有针对性和可操作性。这种责任书实际上就是一纸空文。有的单位还热衷于这样的口号——“党政工团，齐抓共管”，人人都抓，实际上谁也没抓。成功的企业，特别是长时间保证飞行安全的企业，其安全管理模式大致相同；而失败的、短命的、被列入安全黑名单的企业，其原因则各有各的不同。

企业如何才能落实安全生产的主体责任呢？笔者重点探讨以下四个问题。

一、“安全第一”与“安全不是唯一”的问题

“安全第一，预防为主，综合治理”是我国安全生产的指导思想。而“安全第一”则是民航必须永远高举的大旗。在航空公司从事管理工作，就好比脚踏两只气球，一只是“安全”，另一只是“效益”，必须均衡协调，哪只都不能踩爆了。前两年我们或许会发现一个现象：一把手参加安全形势分析会时，大谈特谈“安全第一”，安全是“1”，其余都是后面的“0”，如果“1”没有了，后面跟再多少“0”也等于零。接着再参加效益分析会时，搞市场的同志开始诉苦：限制太多了，什么飞行员超时，放着九寨沟不去飞，什么高高原机场限制。这个时候，有的当家人，心中多多少少会起一些“涟漪”。安全属于第一，固然重要，但它并不是唯一呀！没有效益，数千个员工吃什么？于是乎，开始琢磨如何顶着法规标准的上限运行，机组人力资源不够吗？好办，地面滑行时间一律只准填3 min。到别的公司高薪吸引机长过来“打短工”……实际上“安全”与“效益”是航空公司的两个核心指标，通过管理，完全可以使其坐到一条凳子上来。具体做法：第一是将飞行机组的最大可飞量准确计算出来，打5%的折后，提供给公司运能协调小组；第二是统计出各机型月度最大可飞时间，也要打5%的折；第三是根据市场运力需求，有的放矢地配置机组和飞机。市场收益好，就集中投放出去；市场收益疲软，就别干费了马达又费电的事情。关键是准确把握市场脉搏，精细配置运能资源。“安全第一”必须贯穿于整个生产运行过程，大到公司决策，小到一件事情的取舍上，必须将最大的砝码放在安全一边。在保证安全的前提下，追求效益最大化。

二、按照SMS原理，设置安全生产组织架构

相当一段时间，航空公司普遍存在一种习惯思维——安全是安全副总裁的事，是安全监察部的事。因此，安全工作总觉得是单打独斗，曲高和寡，推行起来很费劲，这主要是因为生产组织架构与安全组织架构处于物理分割状态，两层皮——管生产的不管安全，管安全的不配合生产，相互指责埋怨，生产效率不高，安全生产责任落实也大打折扣。实际上，安全与运行是分不开的。CCAR121-R4对从事民用航空运输的合格证持有人建立安全管理体系(Safety Management System，SMS)，有明确的规定。这是解决生产体系与安全监管体系脱节的基本方法。SMS机构至少具备下列功能：对影响安全的危险源能够及时识别；保证采取必要的纠正措施，保持可接受的安全水平；对安全水平进行持续的监督和定期评估；持续改进整体安全水平。SMS机构隶属公司CEO或总裁，独立存在于生产运行之外，对生产的所有过程进行监督。而且，还特别增加了“安全总监”的职位，排序仅次于公司CEO或总裁。在其第121.43条中对安全总监的岗位进行了明确描述：负责独立地对合格证持有人的运行安全管理过程进行监督，并直接向总经理报告。按照“持续安全”要求，将安全指标分解下放到了“领导”“监管部门”“生产部门”“具体工作岗位”身上，为全员安全、过程安全提供了实施平台。在这种运行模式下才能造就各级管理人员管生产的同时必须管安全，懂生产、懂技术又懂安全的局面；按照SMS建立的安全生产组织架构，才会层次清晰、责任明确、合理高效和工作落实，才能实现生产任务、安全责任双落实。

三、突出航空公司安全运行系统建设

航空公司必须建立有效的安全运行系统，这是支撑公司正常运转的中枢和骨干性系统。安全运行系统的建设必须体现“安全、正点、效益”原则。“安全”是安全运行系统永远排在第一位的工作目标，安全状态是公司最为重要的运行品质。“正点”是航空公司乃至整个民航运行保障系统运行效率高低的综合体现，其更为深刻的内涵是“效率”。“效益”就是公司的投入与产出达到收益最大化。对于安全运行系统，要特别注重其安全链条的完整性和稳固性，透过运行参数和状态信息，挖掘运行中存在的显性特别是隐性风险因子，及时进行风险评估，把握安全裕度，对风险度高的问题，优先排序，制定切实有效的措施，配置足够的人财物资源，限时整改，并通过安全运行系统来验证和反馈整改效果。运行品质的高低，是体现责任落实度好坏的晴雨表。作为公司管理者，深入一线生产岗位调查研究，这是验证“四个责任”落实效果的最佳途径。

四、广泛收集安全信息

落实安全责任、实施安全管理的前提条件是必须及时掌握大量来自运行一线的安全信息，而这些信息几乎全部被一线岗位员工所拥有，特别是危险源信息。安全管理人员如何才能获得这些鲜活的信息呢？从小就受到“家丑不外扬”“多一事不如少一事”“告密者为人所不齿”等文化影响的国人，如果没有特别的激励措施，及时上报信息的可能性不会很大。SMS非常推崇一种自愿报告/减免处罚的信息工作原则，不少单位也搞了自愿报告模式，但效果并不好，原因何在？主要是“减责免责”条款犹如聋子的耳朵——摆设。从长荣航空和海南航空的经验来看，减/免责条款执行的力度有多大，直接决定了信息报告的繁荣程度。

以下的减/免责条款仅供参考：

(1)事件未被监控系统监控到或者不为其他人所知，当事人自愿报告的，免去对报告人的全部处罚。

(2)在事件被发现前，当事人自愿报告减轻了事件不良后果或者减少了类似事件的发生，按照以下规定处理：

1)一般差错(含)以下级别的事件，免去对报告人的全部处罚；

2)严重差错事件，可按同一序列(一般)差错的经济处罚标准处罚。

(3)属于事故征候及以上级别的，按照实际情况进行处理。

(4)积极配合调查并主动报告真实原因的责任人，免除未造成后果的一般差错的处罚；对于造成后果的一般差错，按处罚标准的2/5～7/10倍执行；对于未造成后果的严重差错，按处罚标准的0～1/2执行；对于造成后果的严重差错，按处罚标准的7/10～9/10执行。

(5)举报他人事件为公司安全做出贡献的个人，按照公司奖惩方案给予奖励。举报人信息将予以保密。

(6)各类差错事件经公司安监部认定属于“主动报告减免处罚”的事件后，由于主动报告避免了更严重的事件发生或为公司挽回了经济损失或影响的，可视情免于处罚。

(7)对事件处理有争议的，由公司航空安全委员会裁定。

资料来源：《中国民用航空》/2009

复习思考题

1.简述典型的事故致因理论。

2.思考经典管理理论对航空安全管理工作的启示。

3.试分析管理新理论对航空安全管理研究和实践具有的作用和影响。

第3章　民航安全目标管理

安全目标管理是目标管理在安全管理方面的应用，它是指企业内部各个部门以至每个职工，从上到下围绕企业安全生产的总目标，层层展开各自的目标，确定行动方针，安排安全工作进度，制定、实施有效的组织措施，并对安全成果严格考核的一种管理制度。安全目标管理是“参与管理”的一种形式，是根据企业安全工作目标来控制企业安全管理的一种民主的、科学有效的管理方法，是企业实行安全管理的一项重要内容。本章将在安全目标管理概述的基础上，详细阐述民航安全目标管理的实施过程。

3.1　概　　述

3.1.1　安全目标管理的概念

安全目标管理就是在一定的时期内（通常为一年），根据企业经营管理的总目标，从上到下地确定安全工作目标，并为达到这一目标制定一系列对策、措施，开展一系列的计划、组织、协调、指导、激励和控制活动。

安全目标管理的基本内容是：年初，企业的安全部门在高层管理者的领导下，根据企业经营管理的总目标，制定安全管理的总目标，然后经过协商，自上而下地层层分解，制定各级、各部门直到每个职工的安全目标和为达到目标的对策、措施。在制定和分解目标时，要把安全目标和经济发展指标捆在一起同时制定和分解，还要把责、权、利也逐级分解，做到目标与责、权、利的统一。通过开展一系列组织、协调、指导、激励、控制活动，依靠全体职工自下而上的努力，保证各自目标的实现，最终保证企业总安全目标的实现。年末，对实现目标的情况进行考核，给予相应的奖惩，并在此基础上进行总结分析，再制定新的安全目标，进入下一年度的循环。

安全目标管理是企业目标管理的一个组成部分，安全管理的总目标应该符合企业经营管理总目标的要求，并以实现自己的目标来促进、保证企业经营管理总目标的实现。

为了有效地实行安全目标管理，必须深刻理解它的实质，为此应准确把握它的特点，具体如下。

1. 安全目标管理是重视人、激励人、充分调动人的主观能动性的管理

管理以人为本体，管理的主客体都是人，有效的管理必须充分调动起人的主观能动性。传统的安全管理是命令指示型的管理，上级要求下级搞好安全生产，但没有明确的指标要求，也缺乏具体的指导帮助；下级被动地接受指令，上级叫怎样干就怎样干，干什么样算什么样，干好干坏也没有准确评价的依据，往往积极努力的可能因一起重大事故而前功尽弃，而不费力气的

却因侥幸平安而立功受奖。这样的管理不仅挫伤人的积极性，也会造成安全管理效率的日益低下。

安全目标管理是信任指导型的管理，它在管理思想上实现了根本的变革。所谓目标就是想要达到的境地和指标，设定目标并使之内化(不是外部加强，而是内在要求)就会激励人产生强大的动力，为实现既定目标而奋斗不息。实行安全目标管理，依靠目标的激励作用，就可以把消极被动地接受任务，变为积极主动地追求目标的实现，从而极大地调动起人们的主观能动性，充分发挥创造精神，全心全意地搞好安全工作，大大增强安全管理工作的效能。

安全目标管理的激励作用不但应体现在"目标"本身，还应贯彻在管理的全部过程和所有环节中。譬如，安全目标要与经济发展指标挂钩，使二者地位同等；要做到安全目标、责、权、利的统一，安全目标与奖惩挂钩，实现管理的封闭；要把安全指标作为否定性的指标，达不到目标的不能晋级调档，不能评先进；等等。简而言之，既然安全目标管理是基于激励原理上的管理，就要充分利用一切激励的手段，才能充分发挥它的优越性，取得最好的效果。

根据上述理由，在实行安全目标管理时，要强调充分重视人的因素。上级对下级和每个职工要信任和尊重。在制定目标时要进行民主协商，让下级和职工参与制定；在目标实施时要权限下放，强调自我管理和自我控制，要以追求目标的实现作为各项安全管理活动的指南；以实现目标成果的优劣来评价各级组织和每个职工对安全工作贡献的大小。只有这样，才能真正体现安全目标管理的精髓。

2.安全目标管理是系统的、动态的管理

安全目标管理的"目标"，不仅是激励的手段，而且是管理的目的。毫无疑问，安全目标管理的最终目的是实现系统(如一个企业)整体安全的最优化，即安全的最佳整体效应。这一最佳整体效应具体体现在系统的整体安全目标上。因此，安全目标管理的所有活动都是围绕着实现系统的安全目标进行的。

为了实现系统的整体安全目标，必须做好以下几项工作：

(1)要制定一个既先进又可行的整体安全目标，即安全管理的总体目标。这个总目标应该全面反映安全管理工作应该达到的要求，即它不是一个孤立的目标，而是能全面反映安全工作的若干指标，体现安全工作综合水平的目标体系。只有按照这样的要求所确定的总目标才能全面推动企业安全工作的发展，真正反映出安全工作的优劣，起到充分调动积极性的作用。

(2)总目标要自上而下地层层分解，制定各级、各部门直到每个职工的安全目标。纵向到底，横向到边，形成一个纵横交错、全方位覆盖的系统安全目标网络。这是因为企业的安全总目标要依靠所有部门，全体人员步调一致地共同努力才能实现。这就要求每个部门、每个成员都应该在总目标下设置自己的分目标、子目标，自下而上地实现自己的目标，从而保证总目标的实现。子目标、分目标、总目标之间是局部和整体的关系，必须自下而上，一级服从一级，一级保证一级。每个部门、每个成员都应该清醒地意识到自己在整体中的地位，在保证实现上一级目标和总目标的前提下，追求自己目标的实现。总之，安全目标管理的目标不仅是单一层次的总目标，而是一个以实现总目标为宗旨的高度协调统一的目标系统。

(3)要重视对目标成果的考核与评价。安全目标管理以制定目标为起点，以实现目标为归宿，只有圆满地实现了目标，才能取得最佳的整体效应，达到安全管理的目的。为了了解目标达到的程度，就要进行目标成果的考核、评价。通过对目标成果的考核与评价，可以总结成绩，找出存在的问题，为进入下一周期的管理奠定基础；可以明确优劣，奖优罚劣，使目标激励的作用真正落到实处。重视目标成果，就是重视实效，认真考核、评价目标成果也有助于克服形式主义，培养和发扬踏实、细致的工作作风。

(4)要重视目标实施过程的管理和控制。安全目标管理强调重视人、激励人，充分调动每个部门、每个成员的积极性，但这并不等于各自为政，放任自流。实现最佳的整体安全目标要求进行有组织的管理活动，要把所有的积极性集中统一起来，沿着指向目标的轨道向前运动。如果发现偏离，就应及时纠正。为此，要重视信息的收集和反馈，进行有效的指导和帮助，以及必要的协调、控制。总之，安全目标管理的目标不是一个静止的靶子，而是包含为击中这个靶子所进行的一系列的动态管理控制过程。

3.1.2 安全目标管理的分类

由于任何安全管理活动都要确定自己的安全管理目标，所以安全目标管理必然有丰富的外延，可按各种标准进行分类。以下仅列举几种主要类型。

1.按安全管理的领域分类

安全目标管理可分为安全技术目标管理、安全教育目标管理、安全检查目标管理、安全活动目标管理和安全文化目标管理等。在实际安全管理中，以上类型还可细分，如安全技术目标管理又可分为公共安全技术、设备安全技术及电气安全技术等安全目标管理。

2.按安全管理的职能分类

安全目标管理可分为安全目标决策、安全目标计划、安全目标组织、安全目标协调、安全目标监督及安全目标控制等。上述各种安全目标管理职能，就一项安全管理的全过程来说，它们是一致的，但就各项安全管理职能的具体行使阶段和行使部门来说，又在内容的侧重点上有所区别。

3.按安全管理的层次分类

安全目标管理可分为高层安全目标管理、中层安全目标管理和基层安全目标管理。上述三类目标是相对而言的。如从全国范围来说，国家安全生产监督管理局的安全目标管理是高层安全目标管理，各企业的安全目标管理是基层安全目标管理，而就一个企业来说，企业的安全目标管理则是高层安全目标管理，车间和班组安全目标管理是中层安全目标管理和基层安全目标管理。

4.按安全目标管理的实现期限分类

安全目标管理可分为长期安全目标管理、中期安全目标管理和短期安全目标管理。一般来说，期限在5～10年的为长期安全目标，期限在2～3年的为中期安全目标，期限在1年以内的为短期安全目标。

3.1.3 实施安全目标管理的意义

1.有利于从根本上调动各级领导和广大职工搞好安全生产的积极性

安全目标管理依靠目标和其他一切可能的激励手段，通过建立全方位的安全目标体系，可以最有效地调动起系统的所有组织。各级领导和全体职工，围绕着追求实现既定的目标，充分地发挥聪明才智，奋发努力。安全目标管理以安全目标作为起点和归宿，贯穿于管理活动的全过程中。安全目标管理可以全面地、全过程地调动起各级领导和所有职工搞好安全生产的积极性，它在这方面的优越性是其他任何管理方法所无可比拟的。

2.有利于贯彻落实安全生产责任制

安全生产责任制规定了各级、各部门组织、各级领导和全体职工为实现安全生产所应履行的职责，而安全目标则体现了履行职责后所达到的效果。因此，可以说确定安全目标是对安全生产责任制的补充和完善，它使对安全生产所应承担的责任更加明确和具体。实行安全目标管理实质上就是把承担安全生产责任转化成了对实现安全目标的追求。为了实现安全目标，必须圆满地履行责任。实现了目标，就是履行了责任；而没有实现目标，就要承担未履行责任的后果。安全目标管理实行权限下放，强调自我管理和自我控制，以及对目标成果的考评和奖惩，从而把责、权、利紧密地联系在一起。所有这些可以极大地增强人们履行安全生产责任的自觉性，有效地使安全生产责任制落到实处。

3.有利于改善职工的素质，提高企业安全管理水平

安全目标管理的强大激励作用，可以有效地调动起系统的所有组织和全体成员从制定目标到实现目标，始终保持强烈的进取精神。由于在制定目标时要进行深入细致的科学分析并确定有效的事故防治对策，在实施过程中要进行大量具体的组织工作，对所遇到的困难要充分利用被授予的权力，主观能动地去加以克服，所有这些必将促进各级领导和广大职工自觉地加强学习，增长知识，提高能力，从而促使素质的改善和安全管理水平的提高。

4.有利于安全管理工作的全面展开及现代安全管理方法的推广和应用

在实行安全目标管理时，为了保证目标的实现，必须贯彻实行一系列有效的安全管理措施，这必将带动各方面安全管理工作的全面展开。如建立健全安全生产责任制；贯彻安全生产规章制度；进行安全教育、安全检查；实施安全技术措施；组织安全竞赛、评比；进行安全工作的考核、评价；等等。为了准确地分析情况，有效地采取对策，做到预防为主，实现既定目标，就必须积极推广应用各种现代的安全管理方法，如系统安全分析、危险性评价、人机工程及计算机辅助管理等。

安全目标管理属于宏观的管理理论和方法，它与其他安全管理方法的关系是总体与局部的关系。安全目标管理通过目标，全面、全过程地激励、推动和控制整个安全管理活动，对其他现代安全管理方法的运用具有指导意义。它能充分接纳其他现代安全管理方法并有利于它们充分发挥各自的作用；同时它也需要依靠一切行之有效的安全管理方法来实现既定的安全目标服务，推进安全管理的现代化、科学化。每一种现代安全管理方法相对安全目标管理而言，都是从某个方面、某个角度发挥作用，以提高安全管理的效果。如果没有安全目标的指导和控制，它们就难以把握准确的方向，不能充分发挥自己的效能，甚至由于彼此不协调而使力量互相抵消。由此可见，安全目标管理与其他现代安全管理方法是紧密联系，不可分割的。安全目标管理有利于一切现代安全管理方法的推广和应用，而所有的现代安全管理方法都是从不同方面、不同的角度，围绕着安全目标管理协调配合展开活动，推动安全目标的实现。

综上所述，安全目标管理是一种高层次的、综合的科学管理方法。它能有效地调动起各级组织、各个部门、各级领导和全体人员搞好安全生产的积极性；能充分发挥一切现代安全管理方法的积极作用；能充分体现全员、全面、全过程的现代管理思想。它的实行可以全面推进安全管理水平的提高，有效地促进安全生产状况的改善。所有这些，已经并且还将继续在实践中得到证明。

3.2 安全目标的制定

制定目标是目标管理的第一步工作。目标是目标管理的依据,因此制定既先进又可行的安全目标是安全目标管理的关键环节。

3.2.1 制定安全目标的原则

安全目标的制定,必须坚持正确的原则,主要原则如下。

1.科学预测原则

安全目标的确定,必须要以科学的预测为前提。因为只有进行科学的预测,才能准确地掌握安全管理系统内部和外部的信息,才能预见事物的未来发展趋势,从而为安全目标的确定提供科学而可靠的依据。因此,在安全目标的确定中,不仅要进行深入实际的调查研究,还要运用先进预测手段,做到定性预测与定量预测相结合,从而保证安全目标的科学性和可行性。

2.职工参与原则

安全目标的制定,不应只是企业领导者、安全管理者的事,还应当广泛发动职工,共同参与安全目标的制定。发动职工参与目标的制定,不仅可以听取职工要求,集中职工智慧,增强安全目标的科学性,而且有利于安全目标的贯彻和执行。

3.方案选优原则

安全目标的制定,必须坚持方案选优的原则。这一原则要求在安全目标的制定中,先要制定多个选择方案,然后通过科学决策和可行性研究,从多个方案中选出一个满意的方案。所谓满意,主要有以下三个标准:第一,目标要有较高的效益性,其中包括有较高的安全效益、经济效益和社会效益;第二,目标要有先进性,有一定的创新,有一定的难度;第三,目标要有可行性,切合实际,通过努力能够实现。

4.信息反馈原则

在坚持上述原则的基础上所确定的安全目标,并不能保证有足够的科学性、先进性和可行性。这主要是因为:首先,人们的认知能力和知识水平是有限的,有些见解在当时看来是科学的、合理的,随着时间的推移和人们认知能力的提高,事后就会发现其不足之处;其次,企业内部环境和外部环境是不断变化的,条件的不断改变,原定的安全目标必然会出现偏差。因此,在安全目标的制定中,必须坚持信息反馈的原则,不断收集反馈各种有关信息,及时纠正偏差。

3.2.2 制定安全目标的内容

制定安全目标包括确定企业安全目标方针、总体目标(企业总安全目标)和制定实现目标的对策措施三方面内容。

1.企业安全目标方针

企业安全目标方针即用简明扼要、激励人心的文字、数字对企业安全目标所进行的高度概括。它反映了企业安全工作的奋斗方向和行动纲领。企业安全目标方针应根据上级的要求和企业的主客观条件,经过科学分析充分论证后加以确定。譬如,某厂某年制定的安全目标方针是:“加强基础抓管理,减少轻伤无死亡,改善条件除隐患,齐心协力展宏图。”

2. 总体目标

总体目标是目标方针的具体化。它具体地规定了为实现目标方针在各主要方面应达到的要求和水平。只有目标方针而没有总体目标,方针就成了一句空话;也只有根据目标方针确定总目标,总目标才有正确的方向,才能保证方针的实现。目标方针与总体目标是紧密联系、不可分割的。

总体目标由若干目标项目组成。这些目标项目应既能全面反映安全工作在各个方面的要求,又能适用于国家和企业的实际情况。每一个目标项目都应规定达到的标准,而且达到的标准必须数值化,即一定要有定量的目标值。因为只有这样才能使职工的行动方向明确具体,在实施过程中便于检查控制,在考核评比时有准确的依据。一般来说,目标项目可以包括下列各个方面:

(1)各类工伤事故指标。根据《企业职工伤亡事故分类标准》(GB 6441—1986),主要的工伤事故指标有千人死亡率、千人重伤率、伤害频率及伤害严重率。根据行业特点,也可选用按产品、产量计算的死亡率,如百万吨死亡率、万立方米木材死亡率。

(2)工伤事故造成的经济损失指标。根据《企业职工伤亡事故经济损失统计标准》(GB 6721—1986),这类指标有千人经济损失率和百万元产值经济损失率。根据企业的实际情况,为了便于统计计算,也可以只考虑直接经济损失,即以直接经济损失率作为控制目标。

(3)尘、毒、噪声等职业危害作业点合格率。

(4)日常安全管理工作指标。对于安全管理的组织机构、安全生产责任制、安全生产规章制度、安全技术措施计划、安全教育、安全检查、文明生产、隐患整改、安全档案、班组安全建设、经济承包中的安全保障以及“三同时”“五同时”等日常安全管理工作的各个方面均应设定目标并确定目标值。

3. 对策措施

为了保证安全目标的实现,在制定目标时必须制定相应的对策措施。对策措施的制定要避免“蜻蜓点水”、面面俱到,应该抓住影响全局的关键项目,针对薄弱环节,集中力量有效地解决问题。对策措施应规定时限,落实责任,并尽可能有定量的指标要求。从这些意义来说,对策措施也可以看作是为实现总体目标而确定的具体工作目标。

3.2.3　确定安全目标值的依据和要求

确定安全目标值的主要依据是企业自身的安全状况、上级要求达到的目标值以及历年特别是近期各项目标的统计数据,同时,也要参照同行业,特别是先进企业的安全目标值。

安全目标值应具有先进性、可行性和科学性。目标值设得过高,努力也不可能达到,会打击工人的积极性;目标值设得过低,不用努力就能达到,则调动不了工人的积极性和创造性。由此可见,目标值过高或过低均不能对组织的安全工作起到推动作用,达不到目标管理的作用。因此,目标值的确定应建立在科学分析论证的基础上,充分了解自身的条件和状况,并对未来进行科学的预测和决策,做到先进性和可行性的正确结合。

企业安全目标值设定的主要依据如下:

(1)党和国家的安全生产方针、政策,上级部门的重视和要求;

(2)本系统本企业安全生产的中、长期规划；

(3)工伤事故和职业病统计数据；

(4)企业长远规划和安全工作的现状；

(5)企业的经济技术条件。

3.2.4 制定安全目标的程序

制定安全目标一般分为三步，即调查分析评价、确定目标和制定对策措施，具体内容如下。

1. 对企业安全状况的调查、分析、评价

这是制定安全目标的基础，要应用系统安全分析与危险性评价的原理和方法对企业的安全状况进行系统、全面的调查、分析、评价，重点掌握如下情况：

(1)企业的生产、技术状况；

(2)由于企业发展、改革开放带来的新情况、新问题；

(3)技术装备的安全程度；

(4)人员的素质；

(5)主要的危险因素及危险程度；

(6)安全管理的薄弱环节；

(7)曾经发生过的重大事故情况及对事故的原因分析和统计分析；

(8)历年有关安全目标指标的统计数据。

通过调查、分析、评价，还应确定出需要重点控制的对象，一般有以下几方面：

(1)危险点：指可能发生事故，并能造成人员重大伤亡、设备系统重大损失的现场。

(2)危害点：指尘、毒、噪声等物理化学有害因素严重，容易产生职业病和恶性中毒的场所。

(3)危险作业。

(4)特种作业：指容易发生人员伤亡事故，对操作本人、他人及周围设施的安全有重大危险因素的作业。国家规定特种作业的范围[见《特种作业人员安全技术考核管理规则》(GB 5306—1985)]：①电工作业；②锅炉、司炉；③压力容器操作；④起重机械作业；⑤爆破作业；⑥金属焊接作业；⑦煤矿井下瓦斯检验；⑧机动车辆驾驶；⑨机动船舶驾驶、轮机操作；⑩建筑登高架设作业；⑪符合本标准基本定义的其他作业。

(5)特殊人员：指心理、生理素质较差，容易产生不安全行为，造成危险的人员。

2. 确定目标

确定安全目标方针和目标项目如上所述，这里主要介绍目标值的确定。

确定目标值要根据上级下达的指标，比照同行业其他企业的情况。但不应简单地就以此作为自己企业的安全目标值，而应主要立足于对企业安全状况的分析评价，并以历年来有关目标指标的统计数据为基础，对目标值加以预测，再进行综合考虑后确定。对于不同的目标项目，在确定目标值时可以有三种不同的情况：

(1)只有近几年统计数据的目标项，可以以其平均值作为起点目标值。如经济损失率的统计近几年才开始受到重视，过去的数据很不准确，不能作为确定目标值的依据。

(2)对于统计数据比较齐全的目标项目(如千人死亡率、千人重伤率等)可以利用回归分析等数理统计的方法进行定量的预测。

(3)对于日常安全管理工作的目标值,可以结合对安全工作的考核评价加以确定,也就是把安全工作考核评价的指标作为安全管理工作的目标值。具体来说,就是根据企业的实际情况确定考核的项目、内容、达到的标准,给出达到标准值应得的分数。所有项目标准分的总和就是日常安全管理工作最高的目标值,以此为基础结合实际情况确定一个适当的低于此值的分数值作为实际目标值。这样把安全目标管理和对安全工作的考核评价有机地结合起来就能更加有效地推动安全管理工作,促进安全生产的发展。

3. 制定对策措施

如上所述,制定对策措施应该抓住重点,针对影响实现目标的关键问题,集中力量加以解决。一般来说,可以从下列各方面进行考虑:

①组织、制度;②安全技术;③安全教育;④安全检查;⑤隐患整改;⑥班组建设;⑦信息管理;⑧竞赛评比、考核评价;⑨奖惩;⑩其他。

制定对策措施要重视研究新情况、新问题,如企业承包经营的安全对策,采用新技术的安全对策等;要积极开拓先进的管理方法和技术,如危险点控制管理、安全性评价等;制定出的对策措施要逐项列出规定措施内容、完成日期并落实实施责任。

3.3　安全目标的展开

根据整分合原理,制定目标先要整体现划,之后还应该明确分工,即在企业的总安全目标制定以后,应该自上而下层层展开,将安全目标分解落实到各科室、车间、班组和个人,纵向到底,横向到边,使每个组织、每个职工都确定自己的目标,明确自己的责任,形成一个人人保班组、班组保车间、车间保厂部,层层互保的目标连锁体系。如图 3-1 所示。

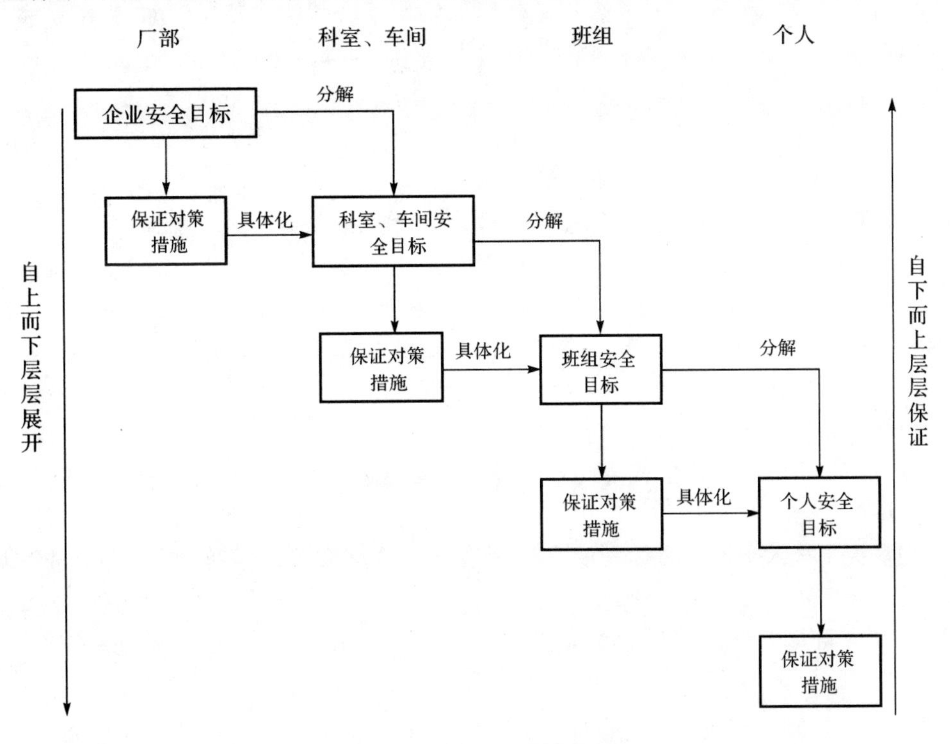

图 3-1　安全目标体系图

3.3.1 目标展开的过程和要求

(1)上级在制定总安全目标时要发扬民主,在征求下级意见并充分协商后才正式确定。与此同时,下级也应参照制定企业总安全目标的原则和方法,初步酝酿本级的安全目标和对策措施。

(2)上级宣布企业安全目标和保证对策措施,并向下一级分解,提出明确要求;下一级根据上级的要求制定自己的安全目标。在制定目标时,上下级要充分协商,取得一致。上级对下级要充分信任并加以具体指导;下级要紧紧围绕上级目标来制定自己的目标,必须做到自己的目标能保证上级目标的实现,并得到上级的认可。

(3)按照同样的方法和原则将目标逐级展开,纵向到底,横向到边,不应有哪个部门和个人被遗漏。

(4)目标展开要紧密结合落实安全生产责任制,在目标展开的同时要逐级签订安全生产责任状,把目标内容纳入其中,确保目标责任的落实。

3.3.2 目标的协调与调整

企业的安全目标要依靠各级领导和所有职工共同努力才能实现,因此在制定目标的时候,不但上下级之间要充分协商,各部门各单位之间也必须协调一致,彼此取得平衡。如果做不到这一点,上级应该加以组织和指导,进行适当的调整,以取得协调和平衡。譬如,在不同的车间、部门,任务不同,危险因素的程度不同,达到目标的难易不同,那么目标值就应有所区别,与各自的具体情况一致。

除了安全目标要协调平衡外,为了实现保证目标的对策措施,在各部门单位之间也要取得协调配合。因为这些对策措施往往要许多部门的协调配合才能实现。譬如,为了完成某一项安全技术措施,需要设计部门设计,财务部门拨款,计划部门下达计划,工艺部门和车间实施等。

3.3.3 目标展开图

为了直观、形象、简明地显示目标和目标对策,明确目标责任,应该编制目标展开图。目标展开图的格式没有统一的规定,不同的企业、不同的管理层次都可以根据自己的情况自行编制目标展开图。但无论用什么格式,都应该体现有效综合的原则,要在展开图中明确显示出目标内容、目标责任、目标协调以及实施的进度等方面内容和要求。这样做的好处如下:

(1)使全体职工能一目了然地明确本单位的安全生产总目标和自己的分目标,从而起到振奋人心、加强团结的作用。

(2)使各岗位上的职工都能知道与自己有关的其他岗位在什么时间要做什么事情,便于取得联系,协调工作。

(3)在掌握下级人员安全目标完成情况时,便于对众多安全目标项目从整体上进行调整和平衡。

(4)把安全目标展开图张贴在显眼的地方,能起到互相提醒、互相促进和互相鼓舞的作用。

3.4　安全目标的实施

在制定和展开安全目标后就转入了目标实施阶段。安全目标的实施是指在落实保障措施，促使安全目标实现的过程中所进行的管理活动。目标实施的效果如何，对目标管理的成效起决定性作用。在这个阶段中要着重做好自我管理、自我控制、必要的监督与协调、有效的信息交流等方面的工作，现分述如下。

3.4.1　自我管理、自我控制

这是目标实施阶段的主要原则。在这个阶段，企业从上到下的各级领导、各级组织、直到每一个职工都应该充分发挥自己的主观能动性和创造精神，围绕着追求实现自己的目标，独立自主地开展活动，抓紧落实，实现所制定的对策措施。要把实现对策措施与开展日常安全管理和采用各种现代化安全管理方法结合起来，以目标管理带动日常安全管理，促进现代安全管理方法的推广和应用。要及时进行自我检查、自我分析，及时把握目标实施的进度，发现存在的问题，并积极采取行动，自行纠正偏差。在这个阶段上级对下级要注意权限下放，充分给予信任，要放手让下级自己去实现目标，对下级权限内的事，不要随意进行干预。

为了搞好这一阶段的自我管理、自我控制，可以采取下面两项措施：

(1)编制安全目标实施计划表。安全目标实施计划表可以按照 PDCA 循环的方式进行编制，其格式见表 3－1。在具体实施过程中，还应进一步展开，使每项对策措施更加详细具体。对 PDCA 循环过程也应加以详细记录，以取得更好的效果，同时为成果评价阶段奠定基础。

表 3－1　安全目标实施计划表

<table>
<tr><th rowspan="3">安全目标</th><th rowspan="3">对策措施(P)</th><th colspan="6">实施(D)</th><th colspan="6">检查(C)</th><th colspan="4">处理(A)</th></tr>
<tr><th rowspan="2">单位</th><th rowspan="2">负责人</th><th colspan="4">实施进度/月</th><th rowspan="2">单位</th><th rowspan="2">负责人</th><th colspan="4">实施进度/月</th><th rowspan="2">单位</th><th rowspan="2">负责人</th><th rowspan="2">处理结果</th><th rowspan="2">遗留问题</th></tr>
<tr><th>1</th><th>2</th><th>…</th><th>12</th><th>1</th><th>2</th><th>…</th><th>12</th></tr>
<tr><td></td><td></td><td></td><td></td><td></td><td></td><td></td><td></td><td></td><td></td><td></td><td></td><td></td><td></td><td></td><td></td><td></td><td></td></tr>
</table>

(2)旗帜管理法。旗帜管理法即对实施安全目标的各级组织分别画出类似旗帜的管理控制图，彼此连锁，形成一个管理控制图体系，并据此来进行动态管理控制。当某级发现管理失控时，可循着图示的线索逐级往下寻找哪里出了问题，以便及时采取措施恢复控制。

3.4.2　监督与协调

安全目标的实施除了依靠各级组织和广大职工的自我管理、自我控制，还需要上级对下级的工作进行有效的监督、指导、协调和控制。

(1)实行必要的监督和检查。通过监督检查，对目标实施中好的典型要加以表扬和宣传；

对偏离既定目标的情况要及时指出和纠正;对目标实施中遇到的困难要采取措施给予关心和帮助。使上、下级两方面的积极性有机地结合起来,从而提高工作效率,保证所有目标的圆满实现。

(2)安全目标的实施需要各部门、各级人员的共同努力、协作配合。通过有效的协调可以消除实施过程中各阶段、各部门之间的矛盾,保证目标按计划顺利实施。目标实施过程中协调的方式大致有以下三种:

1)指导型协调。它是管理中上、下级之间的一种纵向协调方式。采取的方式主要有指导、建议、劝说、激励、引导等。该方式的特点是不干预目标责任者的行动,按上级意图进行协调。这种协调方式主要应用于:需要调整原计划时;下级执行上级指示出现偏差,需要纠正时;同一层次的部门或人员工作中出现矛盾时。

2)自愿型协调。它是横向部门之间或人员之间自愿寻找配合措施和协作方法的协调方式。其目的在于相互协作、避免冲突,更好地实现目标。这种方式充分体现了企业的凝聚力和职工的集体荣誉感。

3)促进型协调。它是各职能部门、专业小组或个人,相互合作,充分发挥自己的特长和优势,为了实现目标而共同努力的协调方式。

3.4.3 信息交流

企业组织中的信息交流是企业经营管理中一个无法忽视的重要过程,所有的组织活动都必须依赖信息的传递与交流来进行,包括计划、组织、领导和控制等各个方面。企业是否具备高效、畅通的信息交流机制,在很大程度上决定着企业本身的效率和服务的质量。

安全目标的有效实施要注重信息交流,建立健全信息管理系统,使上情能及时下达,下情能及时反馈,从而便于上级能及时有效地对下级进行指导和协调,下级能及时掌握不断变化的情况,及时做出判断和采取对策,实现自我管理和自我控制。

3.5 目标成果的考评

目标成果的考评是安全目标管理的最后一个阶段。在这个阶段要对实际取得的目标成果做出客观的评价,对达到目标的给予奖励,对未达目标的给予惩罚,从而使先进的受到鼓舞,使后进的得到激励,进一步调动起全体职工追求更高目标的积极性。通过考评还可以总结经验和教训,发扬成绩,克服缺点,明确前进的方向,为下期安全目标管理奠定基础。

3.5.1 目标考评的原则

1.考评要公开、公正

考评标准、考评过程、考评内容、考评结果及奖惩办法要公开,以增加考评的透明度。考评要有统一的标准,标准要定量化,无法定量的要尽可能细化,使考评便于操作,也要避免因领导或被考评人不同,而有不同的考评标准。

2.自我评价与上级评定相结合

目标成果考评要充分体现自我激励的原则。要以自我评价为主,即在各个层次的评价中,先进行自我评价。个人在班组内，班组在车间内，车间在全厂内，对照自己的目标，总结自己的工作。本着严格要求自己的精神，实事求是地对实现目标的情况做出评价。

在自我评价的基础上还要结合上级领导的评价，而且要以领导的评定结果作为最终的结果。这是由于上级领导能够综观全局，保证评定结果的协调平衡；防止自我评价中可能出现的偏颇与疏漏。上级评定也要注意民主协商和具体指导，即在下级进行自我评价时要给予同志式的指导和帮助，启发下级客观地评价自己，正确地总结经验教训；在领导评定时要与下级充分交换意见，产生分歧时要认真听取和考虑下级的申诉，使最后评定的结果力求公正准确。

3.重视成果与综合评价相结合

目标成果评价应重视成果，以目标值的实现程度作为主要的依据，要用事实和数据说话。但同时也要考虑不同组织和个人实现目标的复杂困难程度和在达标过程中的主观努力程度，还要参考目标实施措施的有效性和单位之间的协作情况，应该对所有这些方面的内容区别主次，综合评价，力求得出客观公正的结果。

4.考评标准简化、优化

考评涉及的因素较多，考评结果应最大限度表明目标结果的成效。首先，标准尽量简化，避免项目过多，引起考评工作的烦琐和复杂；其次，考评标准要优化，要抓住反映目标成果的主要问题，评定等级要客观。

3.5.2　目标考评的方法

目标考评一般采用打分法，其步骤如下。

1.确定各目标项目得分比例

把完成全部目标项目得分定为100分，再按各个项目的重要程度，分别规定其比例。如工伤事故指标∶经济损失指标∶尘毒合格率指标∶日常安全管理指标＝4∶1∶2∶3。

2.给各目标项目打分

对每个目标项目，根据其达标程度、目标复杂困难程度、达标过程中的努力程度等方面分别打分，同时确定各方面内容的比例，把每一方面内容的得分乘以相应的比例后相加，得到每个目标项目的总分。例如，设达标程度∶目标复杂困难程度∶达标努力程度＝5∶3∶2，则

目标项目得分＝达标程度得分×50％＋目标复杂困难程度得分×30％＋
达标过程努力程度得分×20％

比例的分配是人工设定的，可根据需要适当加以调整。譬如，当强调要求下级发挥能力时，则可把努力程度得分的比例提高。

3.综合评价

把每个目标项目的得分乘以它的比例后，逐项相加就可得到所有目标项目的得分和，以此为基础，再考虑目标实施措施的有效性和协作情况，就可得到目标成果的总分值，即

目标成果总分值＝各目标项目得分之和＋实施措施有效性分＋协作分

式中后两项的得分均以各目标项目得分之和乘以系数得到，两项的系数之和以不超过20％为宜。例如，设各目标项目得分之和为90分，实施措施有效性和协作情况的系数均为5％，则

$$目标成果总分值 = 90 + 90 \times 5\% + 90 \times 5\% = 99$$

根据我国的实际情况，安全目标管理的成果考评有与安全工作的考核评价结合起来进行的趋势。如前所述，在制定安全目标时，对于日常安全管理工作的目标可以取安全工作考核评价的指标。实际上，有些企业不仅把这两者统一起来，还把其他目标项目也纳入了安全工作考核评价的范围，把这些目标项目的目标值作为安全工作的考评指标，并给出标准分数，确定评分标准。在考核评价时，根据实际达标情况逐项打分，所有项目得分的总和，就是安全工作考评的得分，也即目标成果的总分。

这种考评方法是切实可行的，且有利于安全目标管理的持久开展，使之制度化和标准化，也有利于安全目标管理与贯彻落实安全生产责任制的紧密结合。但这种方法的考评结果只考虑了达标程度一个因素，忽略了达标的复杂困难程度和努力程度等因素，因此，还有待在实践中加以研究改进，使目标成果的考评更加趋于完善。

3.5.3 奖惩与总结

在综合评定的基础上要根据预先制定的奖惩办法进行奖惩，使先进的受到鼓励，落后的受到鞭策。既要有经济上的奖惩，也要注意精神上的表彰，使达标者获得精神追求的满足，也使未达标者受到精神上的激励。

对待奖惩，上级领导一定要说话算数，兑现诺言，严格地遵循奖惩规定。不能言而无信，也不能搞“照顾情绪”“平衡关系”；否则失信于民，给下期安全目标管理造成困难。

目标考评不但应得出正确的评定结果，还应达到改进提高的目的。为此，在目标考评的全过程中要注意引导全体职工认真总结经验教训，发扬成绩，克服缺点，明确前进的方向。

总之，要以鼓励为主，即使对未达标者也应充分肯定其达到的目标成果和为达标所做出的努力，同时热情地帮助他们分析研究存在的问题，提出改进的措施。

3.5.4 注意事项

为了搞好目标成果考评，应注意做好以下事项：

(1)建立好评价组织。在统一领导下建立企业、车间、班组三级评价小组。选作风正、懂业务、会管理、有威信的人参加，使之具有权威性。各级领导是评价小组的当然成员。

(2)在民主协商的基础上，预先制定好考核细则、评价标准，奖惩办法，并在安全目标管理开始时就向全体职工明确宣布。

【知识链接】

国内外民航安全管理的对比

一、国外民航安全管理发展

发达国家的民航之所以长久以来具有较高安全水平，是因为其安全管理理念和方法始终走在世界的最前列。我们从他们的发展过程中，可以汲取很多的经验。

美国联邦航空管理局(Federal Aviation Administration，FAA)、国家运输安全委员会(National Transportation Safety Board，NTSB)以及国家航空航天局(National Aeronautics and Space Administration，NASA)支撑起美国的整个的航空安全体系。美国联邦航空管理局按照“管理幅度与管理层次相适应，层级制与职能制并用”的原则设置，分为总部、地区机构和地方机构三级机构。同时，健全的法律法规和安全管理规章为美国民航的安全运行保驾护航。国家运输安全委员会(NTSB)主持的航空事故/事件数据库、美国联邦航空管理局(FAA)主持的航空安全数据库系统、国家航空航天局(NASA)主持的自愿报告系统以及各航空公司的安全信息系统使得美国有充足的真实数据进行研究与分析，科研实力雄厚的FAA技术中心等机构为美国民航提供了强力的技术支持。

加拿大、瑞典也是民航安全管理比较先进的国家。安全管理体系是目前民航业广泛应用的一种系统、全面的风险控制方法，加拿大早在1998年就最先提出这种设想。通过对航空企业实施安全管理体系，增强企业的自我管理能力。可见，加拿大民航的先进理念以及对民航安全的重视。瑞典则是世界上航空事故率非常低的国家，这得益于其对飞行计划的严格执行以及不以检查和惩罚为目的的安全报告和安全旁听。这样的政策才能得到大多数人的配合和响应，真正地对生产和运行中的错误进行纠正和改进。

二、我国民航安全管理发展

我国民航的安全管理工作可分为三个发展阶段：摸索管理阶段、经验管理阶段和规章管理阶段。因为我国航空器制造产业并不发达，所以以往科研研究主要集中在人为因素领域。通过提高飞行人员、管制人员等水平来加强民航的安全。随着系统安全理论的发展，我国民航认为在安全管理中组织因素应该比人为因素、技术因素得到更多的关注。这正成为民航安全管理体系(SMS)在我国发展和实施的一个契机。通过其核心内容风险管理使得我国民航从事后管理逐步走向了主动预防。针对不同单位，中国民用航空局发布了航空公司、机场、空管三套安全管理体系的实施方案。与此同时，随着大数据的兴起，我们民航业认识到了安全统计信息的重要性。过往经验和教训能够最大限度地避免我们再次犯相同的错误。我国民航逐步开发了一些民航安全信息系统，如航空安全综合管理信息系统、鸟击航空器事件报告系统、航空安全自愿报告系统等多种类型的信息系统。此外，积极开展国际航空安全信息交换和共享研究。

三、国内外发展的比较

通过对国内外民航发展的对比，我们发现尽管我国正在逐步向国际靠拢，但是在安全管理方面还是存在着差距。

(1)我国相比与国外发达国家，缺乏完善的航空安全计划。全球航空安全计划(Global Aviation Safety Plan,GASP)、英国的安全规划(Safety Plan)、FAA的飞行规划(Flight Plan)等是保障各国民航安全运行的关键，用以规范安全管理工作、解决重点安全问题。民航安全长久机制能否形成取决于航空安全规划制定是否合理。长久有效的安全机制才能够使得民航安全得到持续的保障，而不是阶段性管理，出现问题才解决问题。

(2)我国对民航科研的投入与发达国家相差甚远。民航的经费投入得不到保障，或者投入没有目的性和规划性，使得投入的收益很小，达不到预期的目标。技术得不到开发，打破不了国外的垄断使得我国民航业成本增加；同时管理方式得不到创新，找不到合适我国特点的安全管理方式，就难以让我国民航的安全水平得到真正的提高。

(3)安全信息不能有效利用是我国与发达国家存在另外一个差距。虽然我们和其他国家在理念上达成了一致，认为安全信息的统计和分析为风险控制提供了重要帮助。但是我国在逐步完善了事件报告系统以及各种业务的统计报告系统的时候，不注重信息、数据的共享和联通，同时我国以奖惩为目的的安全绩效评价给安全信息的收集和上报造成了困难，由于害怕惩罚而逃避上报的行为屡见不鲜。如何合理有效地利用安全信息，仍是一个难题。

资料来源：劳动保障世界/2017

复习思考题

1. 如何理解安全目标管理与目标管理之间的联系与区别？
2. 如何科学制定安全目标？
3. 目标成果的考评对于有效实施安全目标管理有何作用？
4. 进行目标成果考评时需注意哪些主要问题？

第4章　航空行为安全管理

现有研究已经表明，人的不安全行为是事故发生的主要原因之一。为了解决“人因”问题，发挥人在劳动过程中安全生产和预防事故的作用，需要研究和应用行为安全理论。因此，航空安全行为管理研究对于航空安全生产来讲至关重要。

4.1　行为安全管理概念内涵

4.1.1　行为的概念与特征

1. 行为的概念

人的行为泛指人外观的活动、动作、运动、反应或行动。在很多情况下，人的行为是决定事故发生频率、严重程度和影响范围的一个重要因素。因此，探索行为的实质，进而揭示人的不安全行为的表现，有利于改变和控制人的行为，减少事故的发生。

对于行为的理解，不同的心理学派有不同的观点。早期行为主义心理学认为，行为是由刺激所引起的外部可观察到的反应（如肌肉收缩、腺体分泌等），可简单归结为下式所示的模式：

$$\text{刺激(S)} \rightarrow \text{反应(R)} \tag{4-1}$$

近代“彻底的行为主义”者把一切心理活动均视为行为，如斯金纳（Skinner）把行为区分为S型（应答性行为）和R型（操作性行为），前者指由一个特殊的可观察到的刺激或情境所激起的反应，后者是指在没有任何能够观察到的外部刺激或情境下发生反应。

在此基础上，工业心理学家梅耶（Maier）提出图4-1所示的模式。

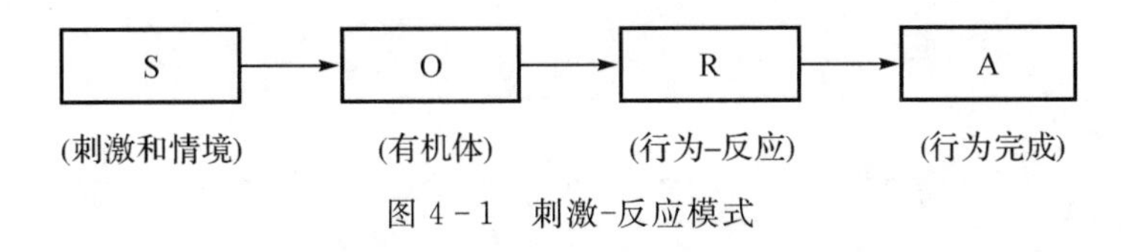

图4-1　刺激-反应模式

梅耶有如下观点：

（1）刺激和情境，两者是不可分割的。在生产环境中，诸如光线、声音、温度等，乃至班组同事或管理人员的言行举止等，都可以形成刺激，然后刺激被人感知，便成了情境。

（2）有机体指的是个体由于遗传和后天条件获得的个体独特性、个性发展的成熟度、学习过的技术和知识、需要、动机、态度、价值观等。

(3)反应-行为包括身体的运动、语言、表情、情绪和思考等。

(4)行为完成包括改变情境、生存活动、逃避危险、灾害及他人的攻击等。

梅耶认为,相同的行为(如违反操作规程、缺乏劳动热情以及工作散漫等)可来自不同的刺激(如劳动用工制度、工资报酬和奖金、生产管理和个人因素等);另外,相同的刺激在不同的人身上,也可以产生不同的行为,如家庭纠纷对员工工作行为的影响如下:

(1)做白日梦,脱离实际,终日沉溺于幻想之中;

(2)忽略安全措施,易出工伤事故;

(3)不注意产品的质和量,生产效率下降;

(4)视完成工作为一种摆脱,拼命地工作;

(5)对管理人员的批评过于敏感及采取不合作的方式;

(6)心情忧郁、烦闷及易和同事争吵。

梅耶推而论之,认为相同的管理措施也会使职工产生许多不同的行为。因此,必须因人而异,上下沟通,提供良好的咨询服务,根据具体情况帮助职工解决情绪上和适应上的问题。

从基本的哲学逻辑概念来讲,行为就是人类日常生活所表现的一切动作。德国心理学家勒温把行为定义为个体与环境交互作用的结果,引入了“个体”的变量,提出了人行为的基本原理表达式。他否定行为主义心理学派的行为-反应,提出心理学的场理论,认为人是一个场,“包括这个人和他的心理环境的生活空间(Life Space)”,行为是由这个场决定的,即

$$B = f(P \cdot E) = f(\mathrm{LSP}) \tag{4-2}$$

式中,B—— 人的行为;

P—— 个人的内在心理因素;

E—— 环境的影响(自然、社会)。

式(4-2)表述了人的行为是个人的内在心理因素与环境的影响相互作用所发生的函数或结果。这里的变量“个人”和“环境”不是独立的,而是相互关联的两个变量。

根据勒温的学说,一个人有了某种需要(包括物质和精神两方面),便产生一种心理紧张状态(称为激励状态),便坐立不安,这时人就会采取某种行为,以达到他的目的。在目的达到后,需要得到满足,心理紧张状态便解除了,随后又会有新的需要激励人去进行达到新的目的,如图4-2所示。

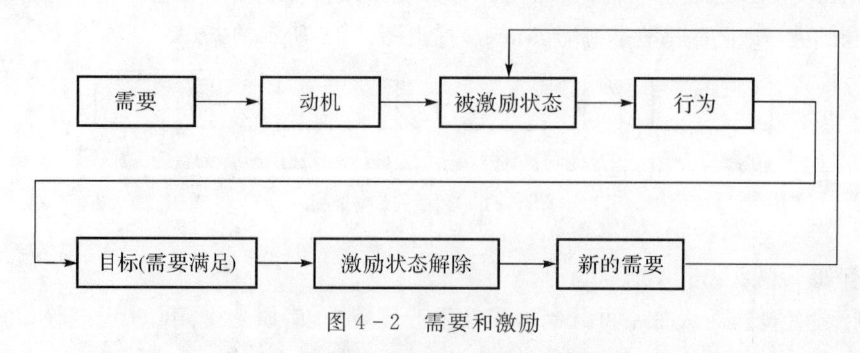

图4-2　需要和激励

需要是一切行为的动因。人有了安全需要就会产生安全动机,从而引发出有效的安全行为。因此,需要是推动人们进行安全活动的内在驱动力。动机是为满足某种需要而进行活动的念头和想法。一个需要生产安全来确保企业经济效益的领导应该使员工产生安全需要。研

究行为的基本原理"需要—动机—行为"之间的关系，可以透过现象看本质，为指导人的安全行为提供理论指导。

根据上述观点，可见行为的实质就是人对环境(自然环境、社会环境)外在可观察到的反应，是人类内在心理活动的反映。行为是人和环境相互作用的结果，并随人和环境的改变而改变。

2.行为的特征

人类行为是有共同的特征的，综合心理学家的研究成果，人类行为特征主要表现为以下几种：

(1)自发的行为。自发的行为指人类的行为是自动自发的，而不是被动的。外力可能影响他的行为，但无法引发其行为，外在的权力、命令无法使其产生真正的效忠行为。

(2)有原因的行为。有原因的行为指任何一种行为的产生都有其起因。遗传与环境可能是影响行为的因素，同时，外在条件亦可能影响内在的动机。

(3)有目的的行为。有目的的行为指人类非盲目的行为，它不但有起因，而且有目标。有时候别人看来毫不合理的行为，对行为发出者来说却是合乎目标的。

(4)持久性的行为。持久性的行为指的是行为指向目标没有达成之前，不会终止的行为。行为发出者也许会改变其行为的方式，或由外显行为转为潜在行为，但还是要继续不断地朝着目标进行。

(5)可改变的行为。可改变的行为指人类为了谋求目标的达成，不但常变换其手段，而且其行为是可以经过学习或训练而改变的。这与其他受本能支配的动物行为不同，人的行为是具有可塑性的。

3.行为的种类

行为的种类很多，可以从不同方面对其分类。

(1)按行为主体的不同划分。

1)个人行为：包括个人的成长、发育、学习、意见等。

2)团体行为：包括团结、互助、合作、友好、谅解、默契、分歧、对抗、破坏等。

(2)按人类活动的不同领域划分。

1)管理行为：包括计划、组织、领导、激励、控制、决策、预测等行为。

2)政治行为：包括选举、公务、行政、民族团结、国际关系等行为。

3)社会行为：包括社会控制、社会变迁、社会要求、社会保险、社会文明、社会进步、社会发展等行为。

4)文化行为：包括文化艺术活动、教育活动、体育活动、学术研究等行为。

4.1.2 与安全有关的行为

人的行为在个体之间尽管千差万别，但存在着一些共同的行为特征。根据有关研究结果，与安全有关的人的行为共同特征主要如下。

1.人的空间行为

心理学家发现，人类有"个人空间"的行为特征，这个空间是以自己为中心，与他人保持一定距离，当此空间受到侵犯时，会有回避、尴尬、狼狈等反应，有时会引起不快、口角和争斗。此外，人的空间行为还包括独处的个体空间行为。例如，从事紧张操作和脑力劳动时，都喜欢独处而不喜欢外界被干扰，否则，注意力会分散，不但效率不高，有时还会发生差错或事故。与“个人空间”有关的距离有以下四种：

(1)亲密距离，指与他人躯体密切接近的距离。此距离有两种，一种是接近状态，指亲密者之间的爱抚、安慰、保护、接触、交流的距离。此时身体可以接近。另外一种是正常状态(15～45 cm)，头、脚互不相碰，但手能相握或抚触对方。

(2)个人距离，指个人与他人之间的弹性距离。此距离也有两种，一种是接近状态(45～75 cm)，是亲密者允许对方进入而不发生为难、躲避的距离。但亲密者进入此距离时有强烈的反应。另外一种是正常距离(75～100 cm)，是两人相对站立，指尖刚能接触的距离。

(3)社会距离，指参加社会活动时所表现的距离。接近状态为(120～210 cm)，通常为一起工作的距离。正常状态为 210～360 cm，正式会谈、礼仪等多按此距离进行。

(4)公众距离，指演说、演出等公众场合的距离。其接近状态为 3 750 cm，正常状态在 7.5 m以上。

2.侧重行为

有学者认为，人的大脑由左、右两个半球构成，因为大多数人的优势半球为左半球，左半球支配右侧，所以大多数人的惯用侧是右侧。另外，人的选择行为具有偏向性，日本应用心理学家藤泽伸介在一个建筑物的 T 形楼梯(左右楼梯距离相等，都能到达同一地点)观察，发现上楼梯的人，左转弯者占 66%，向右转弯者只占 34%。而性别、是否带物品、物品位于何侧、哪只脚先迈等都不是选择左右方向的决定因素。他认为，心脏位于左侧，为了保护心脏，同时用右手的人的人习惯用有力的右手向外保持平衡，所以常用左手扶着楼梯(或左边靠向建筑物，心理上有所依托)向上走；此外，用右手者右脚有力，表现在步态上就是左侧通行，所以无论从生理上还是心理上，左侧通行对人来说，都是稳定的、理想的。因此，左侧通行的楼梯在发生灾害(如火灾)时，对人的躲避行为是有裨益的。

3.捷径反应

在日常生活和生产中，人往往表现出捷径反应，即为了少消耗能量又能取得最好效果而采用最短距离行为。例如，伸手取物，往往是直线伸向物品；穿越空地往往走对角线；等等。但捷径反应有时并不能减少能量消耗，而仅是一种心理因素而已。如乘公共汽车，宁愿挤在门口，由于人群拥挤消耗能量增多，而不愿进入车厢中部人少处。

4.躲避行为

当发生灾害和事故时，人们都有一些共同的避难行动(躲避行为)。如发生恐慌的人为了谋求自身的安全，会争先恐后地谋求少数逃离机会。心理学家通过实验研究表明，沿进来的方向返回，奔向出入口等，是发生灾害和事故躲避行为的显著特征。对于飞来的物体打击，约有 80%的人会发生躲避行为，有 20%的人未做反应或躲避不及。但对上方有危险物落下时，实验研究指出，有 41%的人只是由于条件反射采取一些防御姿势，如抱住头部，或上身向后仰想接住落下物或弯下腰等，有 42%的人不采取任何防御措施，只是僵直的呆立不动(不采取措施的人大多数是女性)；只有 17%的人离开危险物落下区域，向后方或两侧闪开，并以向后躲避者居多。由此可见，人对于自头顶上方落下的危险物的躲避行为，往往是无能为力的。因此在工厂和建筑工地，被上方落下的物体(如机械零件、钢筋等)撞击死的事故屡见不鲜。因此，在一些作业场所(如建筑工地、钢铁和化工企业等),头戴安全帽是最低限度的安全措施。

5.从众行为

人遇到突然事件时,许多人往往难以判断事态和采取行动。因而使自己的态度和行为与周围相同遭遇者保持一致,这种随大流的行为称为从众行为或同步行为。女性由于心理和生理的特点,在突然事件时,往往采取与男性同步行为。一些意志薄弱的人,从众行为倾向强,表现为被动、服从权威等。有人做过实验,当行进时突然前方飞来危险物体时,如前方两人同时向一侧躲避,跟随者会不自觉向同侧躲避。当前方两人向不同侧躲避时,第三人往往随第二人同侧躲避。

6.非语言交流

靠姿势及表情而不用语言传递信息(意愿)的行为称为非语言交流(也称体态交流)。人表达思想感情的方式,除了语言、文字、音乐、艺术之外,还可使用表情和姿势来表达,这也是一种行为。因此,可根据人的表情和姿势来分析人的心理活动。在生产中也广泛使用非语言交流,如火车司机和副司机为确认信号呼唤应答所用的手势,桥式类型起重机或臂架式起重机在吊运物品时,指挥人员常用的手势信号、旗语信号和哨笛信号,都属于非语言的行为。在航运、导航、铁道等交通部门广泛使用的通信信号标志,工厂的安全标志,从广义上来说,属于非语言交流行为的范畴。

4.1.3　行为安全管理的内涵

行为安全管理(Behavior－based Safety Management)即基于行为的安全管理(事故预防)方法,其与行为安全(Behavior－based Safety,BBS)不完全相同,BBS一般只重视个人安全相关行为的管理(解决),而行为安全管理管理的范围都应包括组织行为和个人行为,还包含物态的解决。

4.2　行为安全管理的对象及内容

4.2.1　行为安全管理的对象

行为安全管理是将社会学、心理学、生理学、人类学、文化学、经济学、语言学、教育学、法律学等多学科基础理论应用到安全管理和事故预防的活动之中,其研究对象是社会、企业或组织中人和人之间的相互关系,以及与此相联系的不安全行为现象,主要研究的对象是个体行为安全、群体行为安全和领导行为安全。

1.个体行为安全

要研究个体的行为安全,先要知道什么是个体心理,个体心理指的是人的心理。人既是自然的实体,又是社会的实体。从自然实体来说,只要是在形体组织和解剖特点上具有人的形态,并且能思维、会说话、会劳动的动物,都叫作人。从社会实体来讲,人是社会关系的总和,这是它最本质的特征,凡是这些自然社会的本质特点全部集于某一个人的身上时,这个人就称为实体。

个体是人的心理活动的承担者。个体心理包括个体心理活动过程和个性心理。个体的心理活动过程是指认识过程、情感过程和意志过程;个性心理特征表现为个体的兴趣、爱好、需要、动机、信念、理想、气质、能力、性格等方面的倾向性和差异性。

任何企业或组织都是由众多的个体人组合而成的。所有这些人都是有思想、有感情、有血有肉的有机体。但是,由于个人先天遗传素质的差别和后天所处社会环境及经历、文化教养的差别,导致了人与人之间的个体差异。这种个体差异也决定了个体安全行为的差异。

在一个企业或组织中,由于人们分工不同,有领导者、管理人员、技术人员、服务人员以及各种不同工序的工人等不同层次和不同职责的划分,他们从事的劳动对象、劳动环境、劳动条件等方面也不一样,加之个体心理的差异,所以他们在安全管理过程中的心理活动必然是复杂的。因此,在分析人的个体差异和分析各种职务差异的基础上,了解和掌握人的个体安全心理活动,分析和研究个体安全心理规律,对于了解安全行为、控制和调整管理安全行为很重要,这对安全管理来说是最基础的工作之一。

2.群体行为安全

群体是一个介于组织与个人之间的人群结合体。这是指组织机构中,由若干个人组成的为实现组织目标利益而相互信赖、相互影响、相互作用,并规定其成员行为规范所构成的人群结合体。对于一个企业来说,群体构成了企业的基本单位。现代企业都是由大小不同、多少不一的群体所组成的。

群体的主要特征表现为:①各成员相互依赖,在心理上彼此意识到对方;②各成员间在行为上相互作用,彼此影响;③各成员有“我们同属于一群”的感受,实际上也就是彼此间有共同的目标或需要的联合体。从群体形成的内容上分析可以得知,任何一个群体的存在都包含三个相关联的内在要素——相互作用、活动与情绪。所谓相互作用,是指人们在活动中相互之间发生的语言沟通与接触。活动是指人们所从事的工作的总和,它包括行走、谈话、坐、吃、睡、劳动等,这些活动被人们直接感受到。情绪指的是人们内心世界的感情与思想过程。在群体内,情绪主要指人们的态度、情感、意见和信念等。

群体的作用是将个体的力量组合成新的力量,以满足群体成员的心理需求。其中,最重要的是使成员获得安全感。在一个群体中,人们具有共同的目标与利益。在劳动过程中,群体的需求很可能具有某一方面的共同性,或工作内容相似,或劳动方式一样,或劳动在一个环境之中及具有同样的劳动条件等。他们的安全心理虽然具有不同的个性倾向,但也会有一定的共同性。分析、研究和掌握群体安全心理活动状况,是搞好安全管理的重要条件。

3.领导行为安全

在企业或组织各种影响人的积极性的因素中,领导行为是一个关键性的因素。因为不同的领导心理与行为,会造成企业的不同社会心理气氛,从而影响企业职工的积极性。有效的领导是企业或组织取得成功的一个重要条件。

管理心理学家认为,领导是一种行为与影响力,不是指个人的职位,而是指影响和引导他人或集体在一定条件下向组织目标迈进的行动过程。领导与领导者是两个不同的概念,它们之间既有联系又有区别。领导是领导者的行为,促使集体和个人共同努力,实现企业目标的全过程;而致力于实现这个过程的人则为领导者。虽然领导者在形式上有集体、个人之分,但作为领导集体的成员在履行自己的职责时,还是以个人的行为表现来进行的。从安全管理的要求来说,企业或组织的领导者对安全管理的认识、态度和行为,是搞好安全管理的关键因素。

分析、研究领导安全行为，是安全管理的重要内容。

4.2.2　行为安全管理的原则

行为安全管理的核心是针对不安全行为进行现场观察、分析与沟通，以干扰或介入的方式，促使员工认识不安全行为的危害，阻止并消除不安全的行为。行为安全管理应遵循下述几项基本原则。

1. 客观性原则

客观性原则即实事求是地观察、记录人的行为表现及产生的客观条件，分析时应避免主观偏见和个人好恶。

2. 发展性原则

发展性原则即把人的行为看作是一个过程，历史地、变化地看待行为本质，有预测地分析行为发展方向。

3. 联系性原则

联系性原则即要看到行为与主、客观条件的复杂关系，注意各种因素对行为的影响。

4.2.3　行为安全管理的研究内容

行为安全管理的基本任务是通过揭示生产作业活动中各种与安全相关的人的行为规律以及影响人的行为的因素的分析，有针对性预防和减少人的不安全行为，强化安全行为，提高安全管理工作的效率，从而合理地发展人类的安全活动，实现高水平的安全生产和安全生活，其研究内容主要包括以下几方面。

1. 人的行为规律的分析与认识

认识人的个体自然生理行为模式和社会心理行为模式；分析影响人的安全行为的心理因素，如情绪、气质、性格、态度、能力等；分析影响人的安全行为的社会心理因素，如社会知觉、价值观、角色作用等；分析影响群众安全行为的因素，如社会舆论、风俗时尚、非正式团体行为等。

2. 作业过程中安全意识的规律

安全意识是良好安全行为的前提条件，是作用于人的行为要素之一。这部分内容主要研究劳动过程的感觉、知觉、记忆、思维、情感、情绪等对人安全意识的作用和影响规律，从而达到强化安全意识的目的。

3. 个体差异与行为安全

它主要分析和认识个性差异和职务（职业、职位）差异对安全行为的影响，通过协调、适应等方式，控制、消除个性差异和职务差异对安全行为的不良影响，促进其良好作用。

4. 导致不安全行为的心理因素分析

人的行为与心理状态有着密切的关系，探讨事故在形成和发生的过程中导致人失误的心理过程和影响作用规律，对于控制和防止失误有着重要的意义。这部分主要探讨人的心理因素与事故的关系、致因的机理、作用的方式和测定的技术等。

5. 挫折、态度、群体与领导行为

研究挫折特殊心理条件下人的安全行为规律，态度心理特征对安全行为的影响，群体行为与领导行为在安全管理中的作用和应用。

6. 注意在安全中的作用

探讨人注意力的规律，即注意的分类、功能、表现形式、属性，以及在生产操作、安全教育、安全监督中的应用。

7. 安全行为的激励

应用行为科学的激励理论，即X理论、Y理论、权变理论、双因素理论、强化理论、期望理论和公平理论等，来激励工人个体、企业群体和生产领导的安全行为。行为科学认为，激励就是激发人的行为动机，引发人的行为，促使个体有效地完成行为目标的手段。企业领导和员工能在工作和生产操作中重视安全生产，依赖于对其进行有效的安全行为激励。激励是目的，创造条件是激励的手段。

在某种情况下，虽然有些作业者的安全技能高，但是，由于安全动机激发得不够，其安全生产成绩仍然不显著。安全生产成绩要大幅度提高，除了安全生产技能有待提高外，安全动机激发程度的提高也是一个很重要的环节。

4.3 影响行为安全的因素

人的安全行为是复杂和动态的，具有多样性、计划性、目的性、可塑性，并受安全意识水平的调节，受思维、情感、意志等心理活动的支配；同时也受道德观、人生观和世界观的影响；态度、意识、知识、认知决定人的安全行为水平，因而人的安全行为表现出差异性。不同的企业职工和领导，由于上述人文素质的不同，会表现出不同的安全行为水平；同一个企业或生产环境，同样是职工或领导，由于责任、认识等因素的影响，会表现出对安全的不同态度、认识，从而表现出不同的安全行为。要达到对不安全行为抑制的目的，面对安全行为进行激励，需要研究影响人行为的因素，而影响人行为的因素主要有以下几种。

4.3.1 心理因素

1. 个性心理因素

人的心理是同物质相联系的，它起源于物质，是物质活动的结果。心理是人脑的机能，是对客观现实的反应，是人脑的产物。人的各种心理现象都是对客观外界的“复写”“摄影”“反应”。但人的心理反应有主观的个性特征，所以同一客观事物，不同的人反应可能是大不相同的。例如，从事同一项工作的人，由于心理因素（精神状态）不同，产生的行为结果也就不同。

(1)情绪。情绪为每个人所固有，是受客观事物影响的一种外在表现，这种表现是体验又是反应，是冲动又是行为。从安全行为的角度看：情绪处于兴奋状态时，人的思维与动作较快；处于抑制状态时，思维与动作显得迟缓；处于强化阶段时，往往有反常的举动，这种情绪可能导致思维与行动不协调、动作之间不连贯，这是安全行为的大忌。当不良情绪出现时，可临时改换工作岗位或停止工作，不能因情绪导致不安全行为在生产过程中发生。

(2)气质。气质是人的个性的重要组成部分，它是一个人所具有的典型的、稳定的心理特征，俗称性情、脾气，它是一个人生来就具有的心理活动的动力特征。

气质对个体来说具有较大的稳定性，气质使个人的安全行为表现出独特的个人色彩。一个人若具有某种气质类型，在一般情况下，经常表现在他的情感、情绪和行为当中。例如，同样是积极工作，有的人表现为遵章守纪，动作及行为可靠安全；有的人则表现为蛮干、急躁，安全行为较差。一个人的气质是先天的，后天的环境及教育对其改变是微小和缓慢的。俗话说，“江山易改，禀性难移”就是指气质具有较大的稳定性，不易改变的特点。因此，分析职工的气质类型，合理安排和支配职工，对保证工作时的行为安全有积极作用。

人的气质分为 4 种：①多血质：活泼、好动、敏捷、乐观，情绪变化快而不持久，善于交际，待人热情，易于适应变化的环境，工作和学习精力充沛，安全意识较强，但有时不稳定。②胆汁质：易于激动，精力充沛，反应速度快，但不灵活，暴躁而有力，情感难以抑制，安全意识较前者差。③黏液质：安静沉着，情绪反应慢而持久，不易发脾气，不易流露感情，动作迟缓而不灵活，在工作中能坚持不懈、有条不紊；但有惰性，环境变化的适应性差。④抑郁质：敏感多疑，易动感情，情感体验丰富，行动迟缓、忸怩、腼腆，在困难面前优柔寡断，工作中能表现出胜任工作的坚持精神；但胆小怕事，动作反应性强。

在客观上，多数人属于各种类型之间的混合型。人的气质对人的安全行为有很大的影响，使每个人都有不同的特点以及各自安全工作的适宜性。因此，在工种安排、班组建设、使用安全干部和技术人员，以及组织和管理工人队伍时，要根据实际需要和个人特点来进行合理调配。

(3)性格。“性格”一词源于希腊文，原意是“特征”“标志”“属性”或“特性”，是人的个性心理特征的重要方面，人的个性差异首先表现在性格上。性格是每个人所具有的、最主要的、最显著的心理特征，是对某一事物稳定和习惯的方式。但人的性格不是天生的，是在长期发展过程中所形成的稳定的方式，性格贯穿于一个人的全部活动中，是构成个性的核心。应当注意的是，不是人对现实的任何一种态度都代表他的性格，在有些情况下，对待事物的态度是属于一时情境性的、偶然的，那么此时表现出来的态度就不能算是他的性格特征。同样，也不是任何一种行为方式都表明一个人的性格，只有习惯化了的、在不同的场合都会表现出来的行为方式，才能表明其性格特征。

性格较稳定，不能用一时的、偶然的冲动作为衡量人的性格特征的根据。良好的性格并不完全是天生的，经历、环境、教育和社会实践等因素对性格的形成具有更重要的意义。例如，在生产劳动过程中，如果不注意安全生产、失职或其他原因发生了事故，轻则受批评或扣发奖金，重则受处分甚至法律制裁，而安全生产受到表扬和奖励。这就在客观上激发人们以不同方式进行自我教育、自我控制、自我监督，从而形成工作认真负责和重视安全生产的性格特征。因此，通过各种途径注意培养职工认真负责、重视安全的性格，对安全生产将带来巨大的好处。

性格表现在人的活动目的上，也表现在达到目的的行为方式上。如有的人胸怀坦荡，有的人诡计多端；有的人克己奉公，有的人自私自利；等等。

人的性格表现得多种多样，有理智型、意志型、情绪型。理智型用理智来衡量一切，并支配行动；情绪型的情绪体验深刻、安全行为受情绪影响大；意志型有明确目标、行动主动、安全责任心强。

(4)能力。

1)人的能力分类。能力有一般和特殊之分。人要顺利完成一项任务，必须既要具有一般能力，又要具有特殊能力。一般能力是指在很多种基本活动中表现出来的能力，如观察力、记忆力、抽象概括能力等。特殊能力是指在某些专业活动中表现的能力，如数学能力、音乐能力、专业技术能力等。

能力反映了个体在某一工作中完成各种任务的可能性，是对个体能够做什么的评估。能力又可以分为心理能力、体质能力和情商三方面。

a. 心理能力。心理能力就是从事心理活动所需要的能力，一般认为，在心理能力中包括 7 个维度，即算术、言语理解、知觉速度、归纳推理、演绎推理、空间视觉及记忆力。不同的工作要求员工运用不同的心理能力。对于需要进行信息加工的工作来说，较高的总体智力水平和语言能力是成功完成此项工作的必要保证。当然，高智商并不是所有工作的前提条件。事实上，在很多工作中，员工的行为要求十分规范，如安全操作规程等。此时，高智商与工作绩效无关。然而，无论什么性质的工作，在语言、算术、空间和知觉能力方面的测验，都是工作熟练程度的有效预测指标。

b. 体质能力。在信息加工的复杂工作中，心理能力起着极为重要的作用。同理，对于那些技能要求较少而规范化程度较高的工作而言，体质能力是十分重要的。比如，一些工作要求具有耐力、手指灵活性、腿部力量以及其他相关能力，因而需要在管理中确定员工的体质能力水平。

研究人员对上百种不同的工作要求进行了调查，确定在体力活动的工作方面包括 9 项基本的体质能力，见表 4-1。个体在每项能力中，都存在着程度上的差异，而且，这些能力之间的相关性极低。因此，一个人在某一项能力中得分高并不意味着在另一项能力得分也高。如果管理者能确定某一工作对这 9 项中每一项能力的要求程度，并保证从事此工作的员工具备这种能力水平，则会提高工作绩效。

表 4-1　9 项基本的体质能力

类型		定义
力量因素	动态力量	在一段时间内重复或持续运用肌肉力量的能力
	躯干力量	运用躯干肌肉(尤其是腹部肌肉)以达到一定肌肉强度的能
	静态力量	产生阻止外部物体的能力
	爆发力	在一项或一系列爆发活动中产生最大能量的能力
灵活性因素	广度灵活性	尽可能远地移动躯干和背部肌肉的能力
	动态灵活性	进行快速、重复的关节活动的能力
其他因素	躯体协调性	躯体不同部分进行同时活动时相互协调的能力
	平衡性	受到外力威胁时，依然保持躯体平衡的能力
	耐力	当需要延长努力时间时，保持最高持续性的能力

c. 情商(一种新型的能力)。萨洛维和梅耶在早期的论文中提出，情绪智力包含准确地觉察、评价和表达情绪的能力，接近并产生感情以促进思维的能力，理解情绪及情绪知识的能力，调节情绪以帮助情绪和智力的发展的能力。这种能力描述如下：第一，情绪的知觉、鉴赏和表达的能力；第二，情绪对思维的引导和促进能力；第三，对情绪理解、感悟的能力；第四，对情绪成熟的调节，以促进心智发展的能力。这四方面能力在发展与成熟过程中有一定的次序先后和级别高低的区分，第一类对于自我情绪的知觉能力是最基本的和最先发展的，第四类的情绪调节能力比较成熟，而且要到后期才能发展。情商的核心要点在于强调认知和管理情绪(包括

自己和他人的情绪)、自我激励和正确处理人际关系三方面的能力。有研究表明，一个人的成就只有 20%来自智商，其余 80%都取决于情商。

2)能力与工作的匹配。显然，当能力与工作匹配时，员工的工作绩效便会提高。高工作绩效对具体的心理能力、体质能力、情商方面的要求，取决于该工作本身对能力的要求。比如，飞行员需要有很强的空间视知觉能力；海上救生员需要有很强的空间视知觉能力和身体协调能力；高楼建筑工人需要有很强的平衡能力。因此，仅仅关心员工的能力或仅仅关心工作本身对能力的要求都是不够的。员工的工作绩效取决于与前者之间的相互作用以及后者的协调作用。

2. 社会心理因素

影响人行为的社会心理因素有以下几方面。

(1)社会知觉。知觉是眼前客观刺激物的整体属性在人脑中的反映。客观刺激物既包括物也包括人。人在对别人感知时，不只停留在被感知的面部表情、身体姿态和外部行为上，而且要根据这些外部特征来了解他的内部动机、目的、意图、观点、意见等。

人的社会知觉可分为三类：一是对个人的知觉。主要是对他人外部行为表现的知觉，并通过对他人外部行为的知觉，认识他人的动机、感情、意图等内在心理活动。二是人际知觉。人际知觉是对人与人关系的知觉。人际知觉的主要特点是有明显的感情因素参与其中。三是自我知觉。自我知觉指一个人对自我的心理状态和行为表现的概括认识。人的社会知觉与客观事物的本来面貌常常是不一致的，这会使人产生错误的知觉或者偏见，使客观事物的本来面目在自己的知觉中发生歪曲。产生偏差的原因有第一印象作用、晕轮效应、优先效应与近因效应和定型作用。

(2)价值观。价值观是人行为的重要心理基础，它决定着个人对人和事的接近或回避、喜爱或厌恶、积极或消极。领导和职工对安全价值的认识不同，会从其对安全的态度及行为上表现出来。因此，要求职工具有合理的安全行为，先需要有正确的安全价值观念。

(3)角色。在社会生活的大舞台上，每个人都在扮演着不同的角色。有人是领导者，有人是被领导者，有人当工人，有人当农民，有人是丈夫，有人是妻子等。每一种角色都有一套行为规范，人们只有按照自己所扮演角色的行为规范行事，社会生活才能有条不紊地进行，否则就会发生混乱。角色实现的过程，就是个人适应环境的过程。在角色实现过程中，常常会发生角色行为的偏差，使个人行为与外部环境发生矛盾。在安全管理中，需要利用人的这种角色作用来为其服务。

4.3.2　个体生理因素

1. 疲劳

疲劳是严重威胁行为安全的隐患之一，据 1988 年美国航空航天局航空安全委员会报道，在已公布的飞行事故中，约有 21%的事故与疲劳有关。导致疲劳的主要因素是缺乏睡眠和昼夜节律混乱。如飞行员航班跨时区飞行和轮班制作业，飞行员的体内环境与外部环境的同步活动被打破，表现出昼夜生物节律混乱。飞行员休息时不能很快入睡，睡眠质量差，导致疲劳加深。而睡眠缺乏和疲劳积累又反过来加重昼夜生物节律的混乱，在高度紧张的工作环境中，或在从事仪表监视等单调无聊的工作中，飞行员会感到脑力疲劳，警觉性和注意力严重下降，造成思维迟钝和操作缓慢。

2. 生物节律

生物节律是指以 24 h 为单位表现出来的机体活动一贯性、规律性的变化模式。

研究证实，每个人从他出生之日直至生命终结，体内都存在着多种自然节律，如体力、智力、情绪、血压、经期等，人们将这些自然节律称作生物节律或生命节奏等。人体内存在一种决定人们睡眠和觉醒的生物钟，生物钟根据大脑的指令，调节全身各种器官以 24 h 为周期发挥作用。现已发现 12 个与生物钟相关的基因。生物钟使人有高潮期和低潮期，两者之间为临界期。高潮期时，人的思维敏捷、情绪高涨、体力充沛，可以充分发挥自己的潜能；低潮期，思维迟钝，情绪低落，耐力下降；临界期时，人的判断力较差，易出差错。

在日常生活中，几乎每个人都有这么一种感觉：有时体力充沛，情绪饱满，精神焕发；而有时却又感到浑身疲乏，情绪低落，精神萎靡。迥然不同的两种情况是怎么在同一个人身上发生的呢？科学家经过长期研究表明：对人的自我感觉影响最大的三个因素是——体力、情绪和智力，而且体力、情绪和智力的变化是有规律的，一个人从出生之日起，到离开世界为止，这个规律自始至终不会有丝毫变化，不受任何后天影响，这个规律就是人的“生物节律”，又称为的“生物三节律”，即体力节律、情绪节律、智力节律。

4.3.3 环境因素

1. 工作环境因素

人的安全行为除了内因的作用和影响外，还有外因的影响。环境、物的状况对劳动生产过程的人也有很大的影响。环境变化会刺激人的心理，影响人的情绪，甚至打乱人的正常行动。物的运行失常及布置不当，会影响人的识别与操作，造成混乱和差错，打乱人的正常活动。即会出现这样的模式：环境差—人的心理受不良刺激—扰乱人的行动—产生不安全行为；物设置不当—影响人的操作—扰乱人的行动—产生不安全行为。反之，环境好，能调节人的心理，激发人的有利情绪，有助于人的行为；物设置恰当、运行正常，有助于人的控制和操作。环境差（如噪声大、尾气浓度高、气温高、湿度大、光亮不足等）造成人的不舒适、疲劳、注意力分散，人的正常能力受到影响，从而造成行为失误和差错。由于物的缺陷，影响人机信息交流，操作协调性差，从而引起人的不愉快刺激、烦躁等，产生急躁等不良情绪，引起误操作，导致不安全行为产生。这一过程可以用如下模式标示：

（1）环境差→人的心理受不良刺激→扰乱人的行动→产生不安全行为；

（2）物设置不当→影响人的操作→扰乱人的行动→产生不安全行为。

因此，要保障人的安全行为，必须创造很好的环境，保证物的状况良好和合理，使人、物、环境更加协调，从而增强人的安全行为。

2. 社会环境因素

影响人行为的社会因素主要有以下两种。

（1）社会舆论。社会舆论又称公众意见，它是社会上大多数人对共同关心的事情，用富于情感色彩的语言所表达的态度、意见的集合。要社会或企业人人都重视安全，需要有良好的安全舆论环境。一个企业、部门乃至国家，要想把安全工作搞好，就需要利用舆论手段。

（2）风俗与时尚。风俗是指一定地区内社会多数成员比较一致的行为趋向。风俗与时尚对安全行为的影响既有有利的方面，也会有不利的方面，通过安全文化的建设可以实现其扬长避短的目的。

4.4　行为安全管理的方法

4.4.1　行为研究的一般方法论

行为科学（Behavior Science）是多学科交叉的结果，包含社会学、人类学（除去考古学、专门的语言学、体质人类学）、心理学（除去生理心理学）、生物学、生态学、地理、法律、精神病学、政治科学等多门学科。因此，在研究的一般方法论上，既不相同于物理学、生物学等自然科学的定量研究，也不同于社会学、人类学、政治学等社会科学的定性研究，对行为的研究存在定量研究和定性研究两种方法论取向。

1. 定量研究

定量研究被认为是科学研究的范式。定量研究源于实证主义，即对已有理论或假设证实或证伪。因此，定量研究强调在研究之初寻找所要研究问题的理论根据。好的理论有助于明确要研究的问题，有助于提出假设以及对研究结果进行解释。随后的研究都是为了证实根据理论所假设的事实之间的关系。在证实过程中，定量研究要求有一套标准的程序，包括研究的设计和取样、数据资料的收集和分析，强调应用的研究还将探讨结果的应用。这些标准研究程序保证了研究的可信度和有效性。研究成为可重复和能被反复验证，是定量研究科学性的基石。定量研究是当前行为研究的主要取向，图 4－3 所示为定量研究的一般程序。

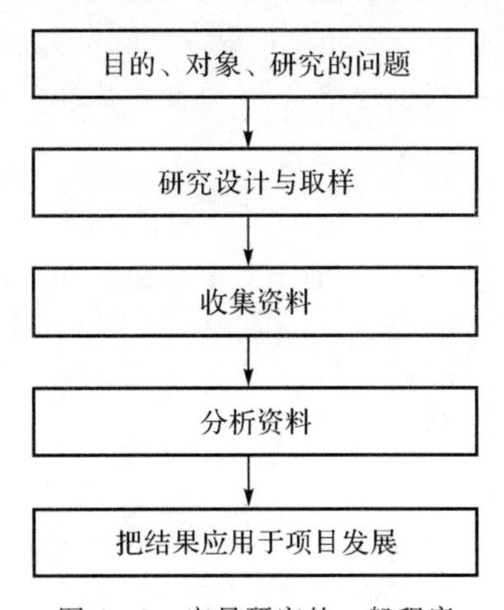

图 4－3　定量研究的一般程序

数据收集方法是定量研究过程中的重要组成部分，收集方法是否科学，直接影响到研究结果的可靠程度。定量研究中常用到的数据收集方法主要有观察法、问卷调查法、实验法和案例法等。

2. 定性研究

定性研究旨在理解社会现象，不是从已有理论开始的，而是在研究的过程中，理论逐步形成，随着研究的进行，理论又会被改变、被放弃或进一步精炼。研究者深入被研究对象的自然环境,参与被研究者的生活,对所研究的社会背景做出全面整体的理解,站在被研究者的角度对观察到的文化和行为进行描述和分析。因此,定性研究的结果只适用于特定背景。在具体的研究方法上,定性研究与定量研究相比,结构化程度较低,更为灵活。对定性研究资料的分析主要以文字叙述为主,随着对观察、访谈得到的资料进行编码的软件技术的发展,定性研究也可以根据研究需要对资料进行量化分析。图 4-4 所示为定性研究的一般程序。

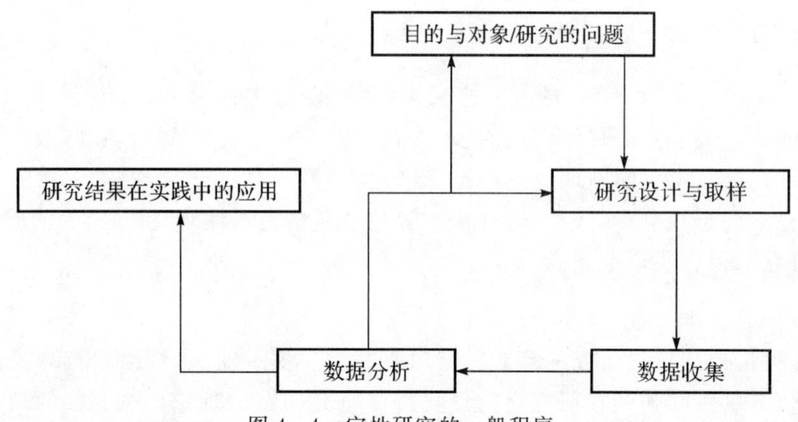

图 4-4　定性研究的一般程序

定性研究的优点在于所得资料来自被研究者现实的生活环境,所得研究结果的生态效度较高,即与被研究者的实际更接近;定性研究的缺点在于,尽管定性研究者采取各种方法以减少陌生人进入对研究的影响,但进入被研究者的生活环境,仍然有可能会改变被研究者的行为,影响所收集信息的可靠性。安全行为学是一门比较新的学科,虽然有很多行为学和安全管理等学科的研究成果可以借鉴,但仍然有很多课题是全新的,或者对很多问题的认识需要运用定性研究的方法,获得被研究者的认识和感受,从全面整体的角度了解安全或不安全行为发生的自然背景。

3.定量研究与定性研究的选择

一项研究应该选择定量研究还是定性研究?定量研究和定性研究不存在哪种研究更优秀或更科学的差别,研究者在进行选择时,首先应该研究定量研究和定性研究各自的特点和区别,然后根据研究的背景和所要达到的目的来选择,以最有效的方法实现研究目的。

定量研究和定性研究各自的特点见表 4-2,选择定量研究或定性研究的一般依据见表4-3。

表 4-2　定性研究和定量研究特点的比较

定性研究	定量研究
归纳研究	演绎探究
理解社会现象	关系,影响,原因
没有理论或实在的理论	有理论作为研究基础
整体探究	针对个别变量
背景具体	普遍性的背景

续 表

定性研究	定量研究
研究者介入	研究者不介入
描述性分析	统计分析

表4-3 选择定性研究或定量研究的基本依据

定性研究	定量研究
研究对象的情况不清楚	对研究对象的情况非常熟悉
进行探索性研究时,相关的概念和变量不清楚,或其定义不清楚	测量方面存在的问题不大,或问题已解决时
进行深度探索性研究时,试图把行为的某些方面与更广的背景相联系	当不需要把研究发现与更广泛的社会文化背景相联系,或对这一背景已有清楚的了解时
当所要考查的是问题的意义而不是次数、频率时	当需要对代表性样本进行详细的数学描述时
当研究需要灵活性以便发现预料之外的、深层的东西时	当测量的可重复性非常重要时
当需要对所选择的问题、个案和事件进行深层的、详细的考查时	当需要把结果加以推广,或需要把不同的人群加以比较时

4.4.2 行为安全管理研究的具体方法

1.观察法

(1)观察法的定义和分类。观察法是行为研究中常用的方法,特别是在儿童发展研究中,观察法运用较多。观察法是指观察者通过感官或借助仪器直接观察他人的行为,并把观察结果按时间顺序做系统记录的方法。观察法得到的是个体的真实行为,并且同时能观察到行为发生的背景和过程,可以对行为有更好的理解。显然,对行为的观察必然受到行为发生时间的影响,因此,观察法不能使我们在一定的时间内观察到所有的事,研究者必须在观察的内容上进行选择,事先确定观察表单以及记录方法。尽管公开的观察可能影响到观察的可靠性,但隐蔽的观察可能会侵犯到被观察者的权利,观察通常是公开的。

观察法可分为参与观察、非结构观察和结构观察。参与观察中,观察者作为被研究的群体中的一名起着一定作用的成员而进入被研究群体,在群体中参与适合其身份的活动,以群体成员的身份观察群体中其他成员的行为。

非结构观察和结构观察中,观察者只以旁观者身份完成观察,而不参与被观察者的生活。被研究者仅知道自己处于被观察和研究的状态,但对观察的具体目标不了解。实施结构观察,必须明确地区分被研究者的行为与行为者,确定具体的观察时间和重复的次数,对观察的目标行为有明确的界定和分解。为此,非结构观察和访谈是结构观察的必要前提。

1)参与观察法和非参与观察法。观察者直接参与被观察者的活动,并在共同活动中进行观察的方法称为参与观察法。观察者不参与被观察者的活动,以旁观者身份进行观察的方法称为非参与观察法。

参与观察法的好处是,研究人员以组织成员的身份去观察,使被观察者避免伪装和做作,从而使观察到的资料较为可靠和有效。

参与观察法存在的问题如下:

a.由于亲自投入现场,作为现场的一员,可能会影响到观察者判断事物的客观性,而非参与观察者就较为客观;

b.在观察别人时,会使别人感到不自然,若要使被观察者不知道是在观察他们的行为,就得创造一个客观的条件,这又难以办到。

此外,这两种方法都受到观察者本人的价值观、个性等的影响。因此,信度、效度也会有一定的问题。

2)自然观察法与控制观察法。观察者在自然真实的情景下观察他人的行为,被观察者不知道自己处于被观察的状况下的观察叫自然观察法。凡是有计划、有系统记录,其结果跟一定的命题相联系而又能经受考核的观察叫控制观察法。自然观察法的优点是所观察到的结果具有典型性,更易于运用于实际,它的缺点是有时不能肯定被观察者的行为变化是由何种变化引起的,而用控制观察法就会得到弥补。

(2)观察记录表。使用观察法进行数据收集,需要做的最核心的准备工作是制定观察记录表。观察记录表是研究问题的直接反映,观察记录表中所列的行为必须是代表研究者想要研究的变量的有效行为样本。而且,作为观察目标,列入观察记录表中的行为必须是具体的、可观察的、不会引起歧义的。具体是指行为应当是细节性的,不可再分解的。如在安全行为的观察中,安全着装仍然是一类行为,在不同情境中,可能有不同所指,可能是指安全帽、护目镜、劳动手套等,作为观察目标,必须是非常明确的。可观察是指观察目标必须是外显的,可以直接观察的行为。如要研究员工在工作中的专心程度,而"专心"并不是一个可直接测量的行为,而是一种心理状态,必须确定这种心理状态的行为表现,然后对行为表现进行观察,如可以将专心操作定义为目光持续集中在操作对象上的时间长度。再如"粗心",可将其外化为使用后随手丢放工具、乱扔废弃物等可直接感知的行为。不引起歧义是指对观察行为的定义是唯一的,不会让不同的人有不同的理解。因为在对观察资料进行处理时,需要若干人员共同完成,这些人之间必须达到一定的一致程度,才能说这些不同的人是对同样的行为样本进行了相同的处理。如果行为定义不明确,容易引起歧义,不同的行为记录者就会得出差异显著的记录结果,这样的数据处理是不可信的。

2.问卷调查法

调查法是了解被调查者对某一事物(包括人)的想法、感情和满意度的方法,因为有些心理现象可以直接观察到,有些则不能直接观察到,对那些不能直接观察到的心理现象则可以通过调查、访问、谈话、问卷等方法来收集有关材料。问卷调查法的种类很多,有时可以单独使用,根据研究需要,有时也会将几种方法结合起来进行。问卷调查法是一种最常用的调查方法。

问卷调查法是研究者使用同一的、严格设计的问卷来收集数据的一种方法，接受问卷调查的人根据各人情况自行选择研究者提供的答案。运用问卷调查法可以使研究者在较短时间内收集到大量的资料，结果易于量化。问卷调查法的缺点在于被试的主观报告可能与实际行为有差别，但问卷无法识别这种差别。

问卷调查法要求研究对象必须有代表性，同时所运用的统计方法。为了使研究的对象具有代表性，样本选择很重要。取样方法有随机抽样、有意抽样和分层抽样。问卷在编制阶段和使用阶段都有严格的程序要求，这是问卷调查法科学性的保证。编制问卷时，要注意一些原则，如题目清楚、不能使用导向性语言、问题答案相互独立、答案能穷尽等。

问卷调查法的弊端在于问卷的回收率和回答质量，回收率过低可能意味着回答者不能代表要调查的总体，存在样本偏差的问题。有时，答卷人的回答可能是不真实的，会导致问卷存在回答质量方面的问题，需要采用一致性检验等方法进行检测。

3. 实验法

由于人类行为的复杂性，许多变量不容易控制，因而人们很难确定，一定形式的行为就是某一组织特点的直接产物，而实验法能克服现场研究法中的缺点。这种方法要求先假设一个或多个自变量对另一个或几个因变量的影响，然后设计一个实验，有系统地改变自变量，然后测量这些改变对因变量的影响。例如，对工作场所内噪声强度予以不同的改变，以探求噪声强度对工作效率、工作速度是否存在函数关系。在现场实验中既要尽可能控制各种变量，又要使现场保持自然的气氛，如何保证现场实验中变量测量的信度和外部效度，是现场实验质量的重要问题。常用的测量方法有实验室实验法和自然实验法。

(1)实验室实验法。实验室实验是在有意设定的实验室内进行的，通常是借助于各种仪器设备，在严格控制的条件下，通过反复实验而取得精确的数据。这种实验可以模拟自然环境或工作环境中的条件，来研究被试者的某种心理活动。比如，对汽车司机的应变实验，通过相应的模式设备及场景变化，测试司机的应急反应。实验室实验多具有人为性，使所得的结果与实际情况存在一定的距离。实验室实验多用于对一些简单的心理现象的研究，而对复杂的个性方面的问题，具有较大的局限性。

(2)自然实验法。自然实验法又称现场实验法。这种方法，就是在正常的工作条件下，适当控制与实际生产活动有关的因素，以促成被试者某种心理现象的出现。自然实验法的优点是，它既可以主动地创造实验条件，又可以在自然情景下进行，因而其结果更符合实际，并且能兼有观察法和实验法的两种优点。但是，它不如观察法广泛，也不如实验室实验法精确。有时，由于现场条件的复杂性，许多可变因素要全部排除或在短期内保持不变，往往很难做到，必须进行周密的计划，并坚持长期观察研究才能成功。如霍桑实验曾耗时5年6个月，尽管耗时费力，但实验结果带来的影响是无法衡量的。

4. 案例法

案例法是研究人员利用组织正式的或非正式的访问谈话，发调查表和实地观察所收集的资料，以及从组织的各种记录与档案中去收集有关个人、群体或组织的各种情况，用文字、录音、录像等方式如实地记录下来，提供给相关人员进行研究或讨论、分析。案例法是体现理论与实践、知识与能力、历史与现实、教学与研究、科学与艺术统一的极好方法，它提供了许多学习和研究的建议，为解决未来实际工作中的问题做了虚拟的培训。

5.情景模拟法

情景模拟法是根据被试者所担任的职务，测试者编一套与岗位实际情况相似的测试场景，将被测试者放在模拟的工作环境中，由测试者观察其才能、行为，并按照一定规范对测试行为进行评定。情景模拟测评一般通过公文处理、小组讨论、上下级对话、口试等方法进行。无领导小组讨论在人员接触、岗位晋升工作中应用广泛，从讨论中可以了解被试者的语言表达、思维、应变、驾驭等方面的能力。由于情景模拟方法具有针对性、客观性、预测性、动态性等特点，所以对人员考核的信度、效度较高，但对主持人的技术要求也比较高。

【知识链接】

2·4台湾复兴航空客机坠河事件

2015年2月4日10时56分，台湾复兴航空公司一架航班号为GE235、编号B－22816的ATR－72－600型民航客机在从台北飞往金门过程撞到高架桥，在基隆河坠机。

事件详情

2015年2月4日10时51分13秒，松山塔台颁发飞行许可。

2015年2月4日10时52分33秒，台湾复兴航空GE235客机在台北起飞飞往金门。10时52分38秒，驾驶舱就出现警告声响。10时52分43秒，组员提及将一号发动机油门收回。

2015年2月4日10时53分，组员开始讨论发动机熄火程序。10时53分06秒，组员再次提及收回一次发动机油门，确认二号发动机熄火。10时53分12秒，驾驶舱出现失速警告声响。10时53分19秒，组员提及一号发动机已经顺桨并断油，10时53分21秒，驾驶舱再次出现失速警告声响。10时53分34秒，组员呼叫发出“Mayday”的呼救信号，表示紧急熄火。塔台则回复：“请再飞一次，这里是台北塔台，近场台频率是119.7”。

2015年2月4日10时54分09秒，组员多次呼叫重新开车。10时54分34秒，驾驶舱出现第二次主要警告声响。

2015年2月4日10时56分，机身发生倾斜，机翼呈近90°直接撞击到南湖大桥，迫降南港经贸园区后方的基隆河，机身断裂，飞机残骸散落在国道上，一辆出租车受到波及。

事件伤亡

截至2015年2月12日，事件共导致43人死亡、15人受伤，其中，遇难人员中有28人为大陆游客，另有3名大陆游客受伤。此外，事故波及环东大道上一辆出租车致2人受伤。

事故分析

2015年2月4日16时10分，飞机上俗称黑匣子的座舱通话记录器和飞行记录器被搜救人员寻获。

2015年2月4日21时，经过近10余小时的努力，失事客机残骸从基隆河中打捞上岸。

根据黑匣子解读内容，失事客机在起飞过程中，二号发动机失效，机组错误地关闭了一号发动机，事后又意识到关错了发动机，试图再启动没有故障的一号发动机，但是由于飞机当时的动力依靠故障的二号发动机，飞机没有足够的动力维持高度和速度，一号发动机也未能及时启动起来，飞机在没有动力的状态下最终失速坠毁。

资料来源：https://baike.baidu.com/item/%E5%A4%8D%E5%85%B4%E8%88%AA%E7%A9%BA235%E5%8F%B7%E7%8F%AD%E6%9C%BA%E7%A9%BA%E9%9A%BE?fr=aladdin

复习思考题

1. 行为安全管理的研究内容主要有哪些？
2. 行为安全管理的内涵是什么？
3. 定性研究和定量研究的区别有哪些？
4. 定性研究和定量研究各适用于什么条件？

第5章 航空安全信息管理

航空安全信息是航空安全管理的重要基础，航空安全管理离不开航空安全信息，信息掌握和处理不好，就不可能实现有效的安全管理。以往传统的安全生产和管理模式已经不能适应时代要求，应用现代的管理模式，以电子计算机为主要工具，建立起高效、科学的航空安全管理信息系统是实现科学航空安全管理的迫切需要和必经之路。

5.1 航空安全信息的界定

5.1.1 安全信息

安全信息，是反映安全事务之间的差异及其变化的一种形式。安全管理就是借助大量的安全信息进行管理，有效的安全管理要求对于企业安全生产有关的信息进行全面收集、正确地处理和及时地利用，其现代化水平决定信息科学技术在安全管理中的应用程度。只有充分地利用信息科学技术，才能使安全管理工作在社会生产现代化的进程中发挥积极的作用。

1. 安全信息的概念与分类

安全信息是安全管理的基础和依据，是反映安全事务的运动状态及其外在表现形式的信息。在生产和生活过程中，与消除事故隐患、减少事故损失、促进安全生产、保障安全生活有关的数据和信息集合称为安全信息。

通过数据处理来获取安全信息，并综合利用各种安全信息为制定防范事故的措施和安全管理决策提供依据。数据处理的对象包括字母、字符、数字、图形、图像、声音、动画等各种多媒体安全信息。通过按照一定的规则和格式对大量相关数据进行存储管理及分析处理后，把繁杂零乱的数据转变为有价值的系统安全信息，使决策机构和有关部门能够及时掌握系统总体的安全状态。

依据不同的分类标准，安全信息具有不同的分类方法。

从信息的形态来划分，安全信息划分为：①一次信息，即原始的安全信息，主要指直接来自信息源点（如生产现场、施工作业过程、具体危险源点监控等的人、机、环境的客观安全性）的安全信息，具有动态性、实时性；②二次信息，即经过处理、加工、汇总的安全信息，如法规、规程、标准、文献、经验、报告、规划、总结等。

从安全信息的来源可分为：①生产安危信息，来源于生产实践活动与其具体分为生产安全信息、生产异常信息和生产事故信息3种类型。②安全工作信息，来源于安全管理实践。其具体分为组织领导信息、安全教育信息、安全检查信息、安全指标信息4种类型。③安全指令性信息，来源于安全生产与安全工作规律，具有强化安全管理的功能。

从安全信息的产生及其作用的不同，安全信息可分为：①安全指令信息，是指导企业做好安全工作的指令性信息，包括各级部门制定的安全生产方针、政策、法律、法规、技术标准，上级有关部门的安全指示、会议和文件精神以及企业的安全工作计划等。②安全管理信息，是指企业在日常生产工作中，为认真贯彻落实安全生产方针、政策、法律、法规，在企业内部的安全管理工作中实施的管理制度和方法等方面的信息。其包括安全组织领导信息、安全教育信息、安全检查信息、安全技术措施信息等。③安全指标信息，是指企业对生产实践活动中的各类安全生产指标进行统计、分析和评价后得出的信息，包括各类事故的控制率和实际发生率，职工安全教育、培训率和合格率，尘毒危害率和治理率，隐患查出率和整改率，安全措施项目的完成率和安全设施的完好率等。④事故信息，是指企业在生产实践活动中所发生的各类事故方面的统计信息，包括事故发生的单位、时间、地点、经过，事故人员的姓名、性别、年龄、工种、工龄，事故分析后认定的事故原因、事故性质、事故责任和处理情况、防范措施等。

2. 安全信息的功能

安全信息的归纳、分类分析和汇总应及时、正确、全面地反映企业的安全生产动态。安全信息对于指导安全管理工作，不断改进安全工作，有效地消除事故隐患等方面起到了很重要的作用。安全信息的主要功能表现在以下三方面。

(1)安全信息为编制安全目标和管理方案提供依据。一方面，需要有安全生产方针、政策、法律、法规等安全指令性信息为指导；另一方面，总结分析企业历年安全工作经验教训及事故发生频率等方面的信息作为参考依据，以编制出符合生产实际的安全目标和管理方案。

(2)安全信息具有预防事故的功能。在企业安全管理工作中，利用安全指令性信息对人、机器、环境及其相互结合的动态情况等因素进行有效的组织、协调和控制，规范和监控安全工作和人们的不安全行为，促使生产和人的行为符合安全要求，以预防事故。

(3)安全信息具有控制事故的功能。在企业生产活动中，人的不安全行为和物的不安全状态是导致事故发生的主要原因，反映在安全管理中则是异常安全信息。收集异常安全信息，并反馈到生产和安全管理中，根据安全管理原理选取法规、安全技术、培训、经济或文化等管理手段矫正人及组织的不安全行为，消除物的不安全因素，达到控制事故的目的。

3. 安全信息的应用方法

安全信息的应用，就是依据它具有反映安全工作、安全生产存在差异的功能，从中获知人们对安全工作的重视程度，安全教育、安全检查的效果，安全法规执行和安全技术装备使用的情况，以及生产实践活动中存在的隐患、事故发生情况等信息，并用于指导实践，改进安全工作，消除生产隐患，以此达到预防、控制事故的目的。

安全信息的具体应用方法包括收集、加工、信息储存和信息反馈这4个有序联系的环节：

(1)收集，通过安全管理记录、安全管理报表、安全管理登记表等应用方式进行信息收集，是应用安全信息的第一步，也是重要的基础工作。如利用各种安全会议、报纸、杂志等方式，收集国内外有指导性的安全信息；利用各种安全记录、报表和开展安全检查，运用安全技术装备等手段，收集企业内部安全信息。

(2)加工，通过安全管理台账和安全管理图表的信息应用方式，把大量原始信息进行筛选、加工处理，聚同分异、去伪存真，使之系统化、条理化，以便储存和使用。如利用事故、隐患统计台账，对事故和隐患进行综合统计分析；利用职工安全统计台账，对职工的结构、安全培训、违章人员及安全工作情况进行综合分析；对事故规律进行统计分析；等等。

(3)信息储存，具有记忆功能，以备待用。储存的方法，既可以通过上述安全管理记录的方式进行简易储存，也可以利用安全管理台账、安全管理卡片、安全管理档案等几种应用方式对信息进行分类储存，以及运用电子计算机进行综合加工处理和储存。

(4)信息反馈，是应用信息的目的，具有强化安全管理，促使生产实践规律运动和改变生产实践异常运动，预防、控制事故的功能。反馈的方法主要有两种：一是通过安全管理通知书的信息应用方式直接向信息源反馈，如当获知生产异常信息时，直接纠正人的异常行为，改变物的异常状态，控制事故发生；二是通过安全管理图表或安全管理报表的信息应用方式对安全信息加工处理后集中反馈，如通过制定安全文件、安全工作计划，编制安全法规，以及利用安全宣传教育形式进行反馈等。

安全信息是超前有效预防、控制事故的手段之一。在应用中，除要从组织领导上保证安全信息的应用管理外，还要保证信息的质量，做到及时、准确、适时应用安全信息，使之有使用价值，从而达到应用目的。

5.1.2 航空安全信息

民用航空安全信息是指事件信息、安全监察信息和综合安全信息。

(1)事件信息，是指在民用航空器运行阶段或者机场活动区内发生航空器损伤、人员伤亡或者其他影响飞行安全的情况，其主要包括民用航空器事故(简称“事故”)、民用航空器事故征候(简称“事故征候”)以及民用航空器一般事件(简称“一般事件”)信息。

(2)安全监察信息，是指地区管理局和监管局各职能部门组织实施的监督检查和其他行政执法工作信息。

(3)综合安全信息，是指企事业单位安全管理和运行信息，包括企事业单位安全管理机构及其人员信息、飞行品质监控信息、安全隐患信息和飞行记录器信息等。

5.2 航空安全信息管理规定

5.2.1 航空安全信息管理原则

民用航空安全信息工作实行统一管理、分级负责的原则。

(1)中国民用航空局民用航空安全信息主管部门负责统一监督管理全国民用航空安全信息工作，负责组织建立用于民用航空安全信息收集、分析和发布的中国民用航空安全信息系统。

地区管理局、监管局的民用航空安全信息主管部门负责监督管理本辖区民用航空安全信息工作。

(2)企事业单位负责管理本单位民用航空安全信息工作，制定包括自愿报告在内的民用航空安全信息管理程序，建立具备收集、分析和发布功能的民用航空安全信息机制。企事业单位的民用航空安全信息管理程序应当报所属地监管局备案。

(3)中国民用航空局支持中国民用航空安全自愿报告系统建设，鼓励个人积极报告航空系统的安全缺陷和隐患。支持开展民用航空安全信息收集、分析和应用的技术研究，对在民用航空安全信息管理工作中做出突出贡献的单位和个人，给予表彰和奖励。

(4)局方和企事业单位应当充分利用收集到的民用航空安全信息，评估安全状况和趋势，实现信息驱动的安全管理。民用航空安全信息量不作为评判一个单位安全状况的唯一标准。

(5)地区管理局应当依据《民用航空安全信息管理规定》，根据辖区实际情况，制定民用航空安全信息的管理办法，并报中国民用航空局民用航空安全信息主管部门批准。

(6)事发相关单位和人员应当按照规定如实报告事件信息，不得隐瞒不报、谎报或者迟报。

5.2.2　人员和设备管理

(1)局方和企事业单位应当指定满足下列条件的人员负责民用航空安全信息管理工作，且人员数量应当满足民用航空安全信息管理工作的需要：

1)参加中国民用航空局组织的民用航空安全信息管理人员培训，考核合格；

2)每两年参加一次中国民用航空局组织的安全管理人员复训，考核合格。

(2)局方和企事业单位应当为民用航空安全信息管理人员配备工作必需设备，并保持设备正常运转。设备包括但不限于便携式计算机、网络通信设备、移动存储介质、传真机和录音笔等。

5.2.3　民用航空安全信息收集

(1)事件信息收集分为紧急事件报告和非紧急事件报告，实行分类管理。紧急事件报告样例和非紧急事件报告样例包含在事件样例中，事件样例由中国民用航空局另行制定。

(2)在我国境内发生的事件按照以下规定报告：

1)紧急事件发生后，事发相关单位应当立即通过电话向事发地监管局报告事件信息(空管单位向所属地监管局报告)；监管局在收到报告事件信息后，应当立即报告所属地区管理局；地区管理局在收到事件信息后，应当立即报告中国民用航空局民用航空安全信息主管部门。

2)紧急事件发生后，事发相关单位应当在事件发生后12 h内，按规范如实填报民用航空安全信息报告表，主报事发地监管局，抄报事发地地区管理局、所属地监管局及地区管理局。

3)非紧急事件发生后，事发相关单位(外国航空公司除外)应当参照事件样例在事发后48 h内，按规范如实填报民用航空安全信息报告表，主报事发地监管局，抄报事发地地区管理局、所属地监管局及地区管理局。

(3)在我国境外发生的事件按照以下规定报告：

1)紧急事件发生后，事发相关单位应当立即通过电话向所属地监管局报告事件信息；监管局在收到报告事件信息后，应当立即报告给所属地区管理局；地区管理局在收到事件信息后，应当立即报告中国民用航空局民用航空安全信息主管部门。

2)紧急事件发生后，事发相关单位应当在事件发生后24 h内，按规范如实填报民用航空安全信息报告表，主报所属地监管局，抄报所属地区管理局。

3)非紧急事件发生后，事发相关单位应当在事发后48 h内，按规范如实填报民用航空安全信息报告表，主报所属地监管局，抄报所属地区管理局。

但以上规定不适用于外国航空公司。

(4)报告的事件信息按照以下程序处理：

1)对已上报的事件,事发相关单位获得新的信息时,应当及时补充填报民用航空安全信息报告表,并配合局方对事件信息的调查核实。如果事实简单,责任清楚,事发相关单位可直接申请结束此次事件报告。

2)负责组织调查的地区管理局和监管局应当及时对事件信息进行审核,完成事件初步定性工作。

3)对初步定性为事故的事件,负责组织调查的单位应当提交阶段性调查信息,说明事件调查进展情况,并应当在事件发生后12个月内上报事件的最终调查信息,申请结束此次事件报告。

4)对初步定性为严重事故征候的事件,负责组织调查的地区管理局应当在事件发生后30日内上报事件的最终调查信息,申请结束此次事件报告。

5)对初步定性为一般事故征候的事件,负责组织调查的地区管理局应当在事件发生后15日内上报事件的最终调查信息,申请结束此次事件报告。

6)当事件初步定性为一般事件,事发相关单位应当在事件发生后10日内上报事件的最终调查信息,负责组织调查的地区管理局应当在事件发生后15日内完成最终调查信息的审核,并申请结束此次事件报告。

7)在规定期限内若不能完成初步定性或不能按规定时限提交最终调查信息,负责调查的单位应当向中国民用航空局民用航空安全信息主管部门申请延期报告,并按要求尽快上报事件的最终调查信息,申请结束此次事件报告。

(5)民用航空安全信息报告表应当使用中国民用航空安全信息系统上报。当该系统不可用时,可以使用传真等方式上报;在系统恢复后3日内,应当使用该系统补报。

(6)向国务院安全生产主管部门报告事件信息,按照国务院的有关规定执行。

(7)向国际民航组织和境外相关机构通报事件信息,按照以下规定执行:

1)当事件定性为事故或严重事故征候时,中国民用航空局民用航空安全信息主管部门通知登记国、运营人所在国、设计国、制造国和国际民航组织,内容包括事发时间和地点、运营人、航空器型别、国籍登记号、飞行过程、机组和旅客信息、人员伤亡情况、航空器受损情况和危险品载运情况等。

2)事故调查结束后,中国民用航空局民用航空安全信息主管部门向国际民航组织送交一份事故调查最终报告副本。

3)事故发生后30日内,中国民用航空局民用航空安全信息主管部门向国际民航组织提交初步报告。

4)事故调查结束后,中国民用航空局民用航空安全信息主管部门尽早将事故资料报告提交国际民航组织。

(8)各企事业单位和个人应当妥善保护与事故、事故征候、一般事件以及举报事件有关的所有文本、数据以及其他资料。

(9)组织事故、事故征候以及一般事件调查的单位负责对调查的文件、资料、证据等进行审核、整理和保存。

(10)地区管理局和监管局各职能部门应当按照中国民用航空局的相关要求报告安全监察信息。

(11)企事业单位应当按照所属地区管理局的相关要求报告综合安全信息。

5.2.4　自愿报告的民用航空安全信息处理

(1)中国民用航空局支持第三方机构建立中国民用航空安全自愿报告系统，并委托第三方机构负责该系统的运行。

(2)中国民用航空安全自愿报告系统运行的基本原则是自愿性、保密性和非处罚性。

(3)任何人可以通过信件、传真、电子邮件、网上填报和电话的方式向中国民用航空安全自愿报告系统提交报告。

(4)中国民用航空安全自愿报告系统收集的报告内容如下：

1)涉及航空器不良的运行环境、设备设施缺陷的报告；

2)涉及执行标准、飞行程序困难的事件报告；

3)除事故、事故征候和一般事件以外其他影响航空安全的事件报告。

(5)中国民用航空安全自愿报告系统收到的报告，按以下步骤处理：

1)接收到报告后，确定是否符合中国民用航空安全自愿报告系统收集的报告内容，通知报告人受理情况；

2)核查报告内容，视情况联系报告人补充信息；

3)去除报告中涉及的识别信息，编写分析报告，提出安全建议。

5.2.5　举报的民用航空安全信息处理

(1)举报人的合法权益受法律保护。除法律、法规另有规定外，任何单位和个人不得将举报情况透露给其他单位和个人。

(2)举报的民用航空安全信息按照以下规定进行处理：

1)地区管理局或监管局负责调查、处理涉及本辖区的举报的民用航空安全信息；

2)在收到举报的民用航空安全信息3日内，应当向举报人反馈受理情况；

3)举报的民用航空安全信息经调查构成事故、事故征候或一般事件的，负责调查的单位应当在调查结束后3日内，向中国民用航空局民用航空安全信息主管部门填报民用航空安全信息报告表。

(3)举报的民用航空安全信息调查结束后5日内，受理单位应当向被举报单位和举报人反馈查处结果。

5.2.6　民用航空安全信息分析与应用

(1)局方和企事业单位应当建立民用航空安全信息分析和发布制度，促进民用航空安全信息共享和应用。

(2)中国民用航空局通过分析民用航空安全信息，评估行业总体安全状况。地区管理局和监管局通过分析民用航空安全信息，评估辖区总体安全状况，明确阶段性安全监管重点。

(3)企事业单位应当定期分析本单位民用航空安全信息，评估本单位安全状况和趋势，制定改进措施。

(4)民用航空安全信息的发布应当以不影响信息报告的积极性为原则，并遵守国家和中国民用航空局的有关规定。

(5)中国民用航空局负责发布全国范围的民用航空安全信息，地区管理局和监管局负责发布辖区的民用航空安全信息。

(6)局方和企事业单位应当根据民用航空安全信息分析情况,开展安全警示、预警工作,适时发布航空安全文件。

5.3 民用航空信息发布

5.3.1 航空安全信息发布类型

民用航空安全信息发布分为行业内部发布和对外发布。

1.行业内部发布

中国民用航空局适时和定期向全行业发布民用航空安全信息。行业内部发布的安全信息包括行业安全管理动态、不安全事件信息以及航空安全统计分析信息等。

2.对外发布

中国民用航空局适时和定期向社会发布民用航空安全信息。对外发布的安全信息包括有重要社会影响的民航紧急事件和社会关注的民用航空安全问题。

(1)定期信息发布。对外定期发布的民用航空安全信息如下:

1)安全政策、法规的立、改、废信息;

2)重要航空安全活动、举措信息;

3)安全统计数据、趋势分析信息等航空安全情况;

4)重要航空安全成果信息。

【定期信息发布内容样例】

200×年×季度民航安全情况

200×年×季度,民航安全形势总体平稳,全行业未发生运输飞行事故,运输飞行××万飞行小时,运输飞行事故征候万时率为××。按照发生飞行事故征候的航空公司统计,运输飞行事故征候万时率分别为中国国际航空股份有限公司××、中国东方航空股份有限公司××、中国南方航空股份有限公司××、海南航空股份有限公司××。××公司、××公司和××公司×季度未发生飞行事故征候。

自200×年11月22日至200×年×月××日,全行业已连续保证运输飞行安全××天,××万飞行小时。

紧急事件信息发布。对外发布的紧急事件如下:

(1)民用航空器重大及重大以下飞行事故;

(2)重大以上航空地面事故;

(3)造成人员受伤、航空器严重受损的严重飞行事故征候;

(4)其他对社会造成严重影响的不安全事件。

民用航空器特大飞行事故信息发布按照《国家处置民用航空器应急预案》执行。

紧急事件信息发布内容如下:

(1)飞行任务性质、航班号(起降地点);

(2)发生的时间和地点;

(3)航空器的型号、国籍；

(4)航空器营运人的名称；

(5)机组、旅客人数及人员伤亡情况；

(6)事件经过和航空器损坏程度；

(7)事件处理和采取的措施。

【紧急事件信息发布内容样例】

根据获得的初步信息，××时间，××公司的××机型/××号机在××机场××跑道着陆中，因××原因，发生××。机上×名机组成员和×名乘客，伤亡情况×××。

中国民用航空局(民航××地区管理局)已派出调查组对此起事件进行调查。

5.3.2　航空安全信息发布形式

民用航空安全信息的发布采取下列一种或多种方式：

(1)中国民用航空局政府网站，包括中国民用航空安全信息网上发布，网址为 http://safety.caac.gov.cn；

(2)《中国民航报》上发布；

(3)发言人发布；

(4)以民用航空安全信息通告等文件形式向行业内部发布。

5.3.3　航空安全信息发言人

(1)民用航空安全信息发言人分为中国民用航空局发言人、民航地区管理局发言人和民航地方安全监督管理办公室(监管办)发言人。

(2)中国民用航空局发言人由中国民用航空局航空安全办公室领导或指定人员担任，地区管理局发言人由地区管理局领导或指定人员担任，民航地方安全监督管理办公室发言人由监管办领导或指定人员担任。

5.3.4　航空安全信息发布程序

1.紧急事件信息发布程序

(1)中国民用航空局航空安全办公室接到紧急事件的初始信息后及时向中国民用航空局领导报告，按照总局领导的指示进行安全信息发布，并按有关规定向国家安全生产监督管理总局报告。

(2)民航地区管理局在接到紧急事件的报告后，及时向中国民用航空局航空安全办公室报告。如果进行安全信息发布，应及时将信息发布的情况向中国民用航空局航空安全办公室报告。

(3)民航地方安全监督管理办公室在接到紧急事件的报告后，及时向民航地区管理局航空安全办公室报告。经民航地区管理局领导批准后进行安全信息发布，并将信息发布的情况向民航地区管理局航空安全办公室报告。

(4)在获得紧急事件的后续信息后，应按照紧急事件初始信息的发布程序及时进行后续信息发布。

2.定期信息发布程序

定期信息发布分为月度发布、季度发布和年度发布。月度安全信息由中国民用航空局航空安全办公室拟定，报中国民用航空局领导批准后向全行业进行通报。季度和年度发布的安全信息由中国民用航空局航空安全办公室拟定，报中国民用航空局领导批准后在中国民用航空安全信息网、中国民航报等媒体上发布。

5.3.5 不予公布的信息

下列民用航空安全信息不予公布：

(1)属于国家秘密或有损国家利益的信息；

(2)影响行政执法检查、调查、取证正常开展的信息；

(3)其他法律、法规规定不予公布的信息。

5.4 航空安全管理信息系统

5.4.1 安全信息管理系统

民航安全管理信息系统通过电子技术、计算机技术的应用，充分发挥计算机存储容量大、速度快、精度高、范围广及人工智能等特点，严格按照安全管理的要求，将贯穿于安全生产各个环节的安全信息利用“戴明环”(PDCA)的安全管理功能与系统安全相关要素相结合，在计划的基础上实施，根据实施结果检查并改善计划，再通过对有关数据的收集、加工、传输、存储、检索和输出等处理，形成安全管理信息流。通过不间断提供安全管理所需的信息，完成相应的管理职能，从而大大提高安全管理工作的效率，为安全评估、安全决策、管理优化等工作提供了系统性、完整性、准确性和时效性的信息支持。安全信息流的基本流动模式如图 5-1 所示。

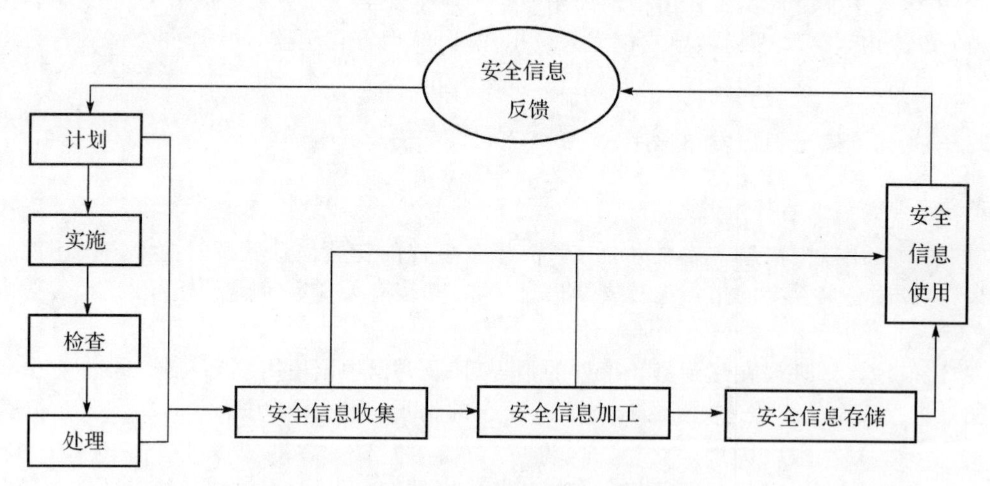

图 5-1 民航安全信息流的基本流动模式

1. 安全管理信息系统的研究对象与内容

(1)安全管理信息系统的研究对象。安全管理信息系统是一门综合了安全管理科学、系统理论、计算机科学、数学科学和信息科学的新型边缘学科。安全信息管理系统作为一门学科，有它本身的研究对象。任何一个安全管理信息系统都包括四要素，即安全、信息、管理和系统。

1)安全:安全是整个安全管理信息系统开发的目的。安全管理信息系统就是利用计算机技术和信息技术执行安全管理的活动,将事故预防、应急与保险补偿金手段结合起来,最终达到保障生产与非生产过程安全的目的。

2)信息:信息是安全管理信息系统的基础和核心,整个系统都是围绕着信息的管理和利用而设计的,如何进行信息的采集、处理、存储、检索、传播和维护是安全管理信息系统的设计重点。安全管理信息系统的本质就是对安全信息资源实现现代化管理。

3)管理:安全管理信息系统的管理不仅是指对信息资源的有效组织,也表示为保障社会与生产安全而采用的各种管理手段,如安全检查、安全评价、安全目标管理、隐患排查、安全教育、应急管理以及各种安全法规与安全管理制度的实施。上述安全管理方法决定了安全信息的组织形式与组织结构,因此是信息系统的重要研究对象之一。

4)系统:考虑一个系统,要研究系统的组成要素、诸要素之间的联系、与外部环境的关系、有什么功能以及要达到这种功能有多少途径和最优途径,因此必须以系统的观点和方法来设计安全管理信息系统。

安全管理信息系统的四个要素相互影响、相互作用的结果,实现了保持社会和生产全过程总体安全的目的。只有从四个要素内部及它们之间联系出发,才能真正对安全管理信息系统进行深入研究。

(2)安全管理信息系统的研究内容。安全管理信息系统专门研究管理信息系统在安全管理领域的开发和应用,研究如何使用现代计算机技术和信息技术对安全信息资源进行有效管理,实现安全管理事务的有序化、系统化和自动化,并应用各种现代安全管理手段,以达到保障生产过程安全的目的。其主要研究内容包括两方面:一方面是各种安全信息资源管理的软机制,即处理安全信息过程的理论和方法;另一方面是利用现有的信息技术建立实现从数据到信息全部操作过程的安全信息管理系统。

安全管理信息系统的内容包含四层含义:①它是社会信息意识的形成与发展过程;②它是信息技术和安全信息资源的普遍运用;③它是新的安全行为模式、社会结构和社会规范体系的确立;④它是步入信息文明的社会发展过程。这四个方面含义在实质上相互联系并成为一个整体。

2.安全管理信息系统的特点与功能

(1)安全管理信息系统的特点。安全管理信息系统具有的主要特点是开放性、人工性、社会性和系统行为的模糊性。

1)开放性。系统的开放性是系统运动和变化的基础。就安全管理信息系统而言,尤其自身的结构,这种结构要想发挥其功能,只能对用户开放,对其他系统开放。安全管理信息系统必须与企业的其他子系统(如生产系统、调度系统、教育系统、运输系统、劳资系统等)存在广泛的联系。一方面安全管理信息系统的发展受到企业环境的影响;另一方面,安全管理信息系统又以特有的作用促进企业安全生产的发展。它具有输入、输出、信息传递和反馈等开放性基本特征。

2)人工性。安全管理信息系统是为了帮助人们利用信息进行安全管理和安全决策而建立起来的一种人工系统,它具有明显的人工痕迹。

3)社会性。信息系统是为了满足人们的信息交流需要而产生的,信息交流实质上是一种社会交流形态,具有很强的社会性。安全管理信息系统的建立和发展是人类社会活动的结果,它具有社会性。

4)系统行为的模糊性。安全管理信息系统是个比较复杂的系统,其边界条件复杂多变,系统内部也存在着许多干扰。申农(Shannon)在信息传播理论中指出,信息在传播过程中有“噪声”存在,这种噪声是系统本身所无法克服的。另外,安全管理信息系统是一种人机系统,人作为系统的主体,其行为易受感情和外界环境的影响与制约,具有意向性、模糊性。上述两个原因造成安全管理信息系统行为的模糊性,在分析、设计、实施安全管理信息系统时应给予注意。

(2)安全管理信息系统的功能。民航安全管理信息系统有下述基本功能:

1)输入功能。能量、物质、信息、资金、人员等由环境向系统的流动就是系统的输入。输入功能取决于系统所要达到的目的及系统的能力和信息环境的许可。信息系统的输入最主要的内容是用户的信息需求和信息源。用户的信息需求决定着安全管理信息系统的存在和发展。

2)处理功能。安全管理信息系统的处理功能就是对输入信息进行处理。从本质上讲,信息系统的处理功能就是对信息的整理过程。信息处理能力的大小,取决于系统内部的技术力量和设备条件。

3)存储功能。安全管理信息系统的存储功能是指系统储存各种处理后的有用的信息的能力。随着信息量的日益增长,信息处理方法的改善,文件内容的充实,信息的存储取得了极大的发展。存储容量越来越大,存储能力越来越强。但是大量的存储带来了系统输出上的困难,造成了系统服务效率的减低。因此,信息的存储必须在扩大存储量与保证系统输出这一对矛盾上寻求最佳解决方案。

4)输出功能。系统对周围环境的作用称为输出。安全管理信息系统的输出功能是指满足信息需求的能力,是将经过处理操作的信息或其变换形式以各种形式提供服务。信息输出就是信息系统的最终产品。信息系统的输出功能取决于输入功能、存储功能、处理功能,信息系统的服务效率、用户满意程度、系统整体功能的发挥都是通过信息系统的输出功能体现出来的。

5)传输功能。当安全管理信息系统规模较大时,信息的传输就成为信息系统必备的一项基本功能。信息传输时要考虑信息的种类、数量、效率、可靠性等,实际上传输与存储常常联系在一起。

6)计划功能。能对各种具体的安全管理工作做出合理的计划和安排,根据不同的管理层次提供不同的信息服务,以提高安全管理工作的效率。

7)预测功能。利用数学方法和预测模型,并根据企业生产的历史数据,对企业的安全状况做出预测。

8)控制功能。控制是按照给定的条件和预定的目标,对系统及其发展过程进行调整并施加影响的行为。控制的目的是为了使系统稳定地保持或达到某种预定状态。对信息系统的控制是保证信息系统的输入、处理、存储、输出、传输等过程正常运行并完成系统整体功能的必要条件。控制功能是系统的关键所在,只有通过控制功能的作用,信息的其他各项功能才能最优化,信息系统才能以最佳状态运行。

9)决策优化功能。应用运筹学等数学方法为安全管理者提供最佳决策,也可以模拟决策者提出的多个方案,从中选出最优方案。

3. 安全管理信息系统的结构与分类

(1)安全管理信息系统的结构。民航安全管理信息系统的结构是指系统中各组成部分之间的相互关系和构成框架，安全管理信息系统具有多种功能，各种功能之间又有各种信息相互联系，组成一个有机的整体。在不同的企业因其所设计的信息种类、信息量、管理方式、安全管理目标等的不同，因此在具体的系统划分上会有不同，图5-2所示是民航综合性管理信息系统模型。图5-3所示是针对安全生产建立安全管理信息系统的一种模型，由原始数据处理子系统、安全状况评判子系统、安全状况预测子系统、安全状况决策子系统、管理目标优化子系统等组成。现行大多数安全管理信息系统都是以数据库系统和数据库技术作为安全管理信息系统的系统基础和技术支持。

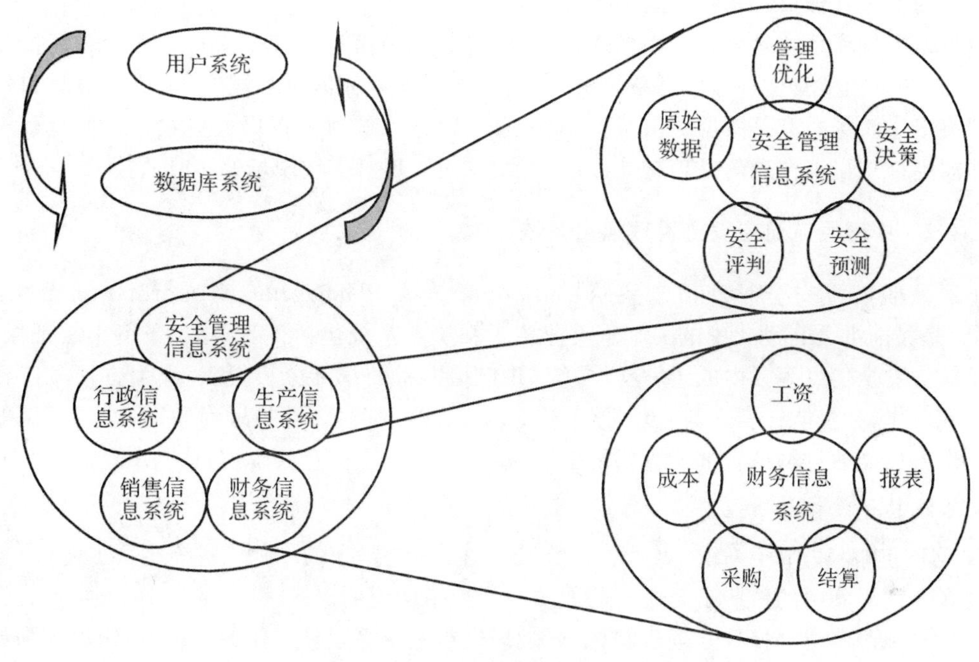

图5-2　民航综合性管理信息系统模型

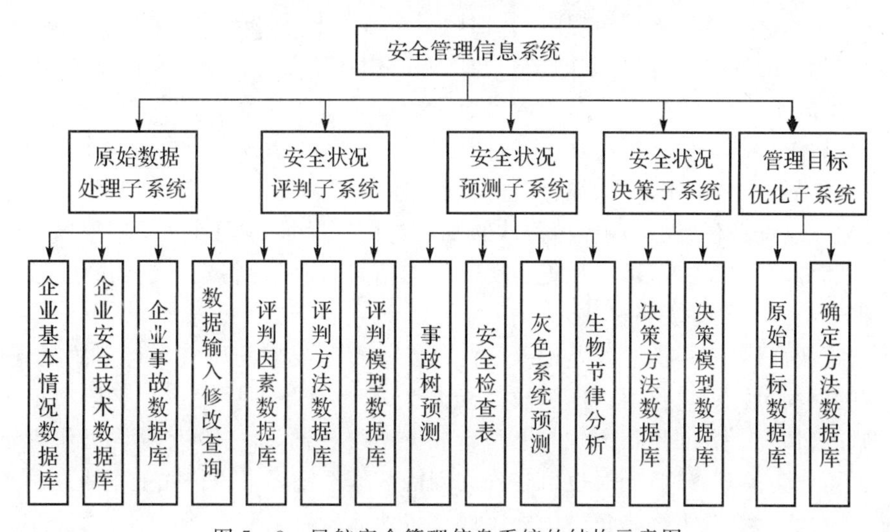

图5-3　民航安全管理信息系统的结构示意图

(2)安全管理信息系统的分类。安全管理信息系统的分类主要依据所使用的数据库系统，一般有以下几种分类方法：

1)根据使用的数据库是单用户还是多用户系统，将安全管理系统分为对应的系统。早期的安全管理信息系统都是单用户系统，随着网络应用的不断扩大，多用户的安全管理信息系统开始出现，并很快占据主流。多用户的安全管理信息系统的关键是保证“并行存取”的正确执行。

2)根据信息存储的地点是集中还是分布的，将安全管理信息系统分为集中式和分布式。现在设计的安全管理信息系统一般均为分布式。

3)根据数据库系统是否有逻辑推理功能，将安全管理信息系统分为一般系统和智能型系统。例如，在智能型安全管理信息系统中，存储有可爆炸气体的爆炸规则，再应用数据自动监测装置将工作现场的有关数据输入系统，安全管理信息系统就可根据这些数据按照爆炸气体的爆炸规则推理出工作现场是否有爆炸危险性，从而实现对工作现场的实时监控。

5.4.2 中国民航航空安全管理信息系统

中国民航航空安全管理信息系统(Aviation Safety Management Information System，ASMIS)是民航办公自动化中的一个重要业务子系统。系统包括飞行事故、飞行事故征候、世界民用航空安全信息等在内的12个子系统，并包括大量的统计分析报表，大大方便了工作人员的日常工作，并且能够实现与管理局(航空公司、航站可拨号上网)远程联网，使各地区航空安全工作人员能通过网络查询所需要的信息，达到航空安全信息共享的目的。

1.系统总体结构和功能

ASMIS包括12个子系统，每个子系统又包含一个或多个子模块，系统结构如图5-4所示。现在分别对其中的一些子系统的功能做一个简单的说明。

(1)用户管理，建立授权管理机制，主要是提供给系统管理员操作的子系统，用以增加或删除用户；同时可控制不同用户对各子系统的操作权限(如有的用户只具有查询权限，而有的用户只对一部分子系统具有录入编辑权限，其他则只有查询权限，依此类推)。建立此子系统的目的是保证数据库的安全性，以控制网络不同层次的用户享有对共享信息的不同操作权利。

(2)飞行事故子系统，主要是记录国内民航飞机所发生的所有飞行事故信息，包括发生事故的时间、地点、单位、机号、飞行高度、飞行原因等共80多个字段项记录所发生事故的详细情况。在它的操作界面上，采用录入、编辑、查询统一界面，即所有80多个字段既是录入项，又可作为查询时输入查询条件(能实现各种条件的复合查询)，而且如“飞行原因”等描述性字段还可以模糊查询，方便用户快速、准确地查找所需要的信息，同时可将查询到的数据按标准格式打印(统计报表格式和上报表格格式)。

(3)飞行事故征候子系统，主要是记录国内民航飞行所发生的所有飞行事故征候信息，包括事故征候的时间、地点、单位、机号、事故征候类型、事故征候原因等多个字段项记录所发生事故征候的详细情况。界面操作方式与飞行事故子系统相同，即各个字段均可作为录入项和查询条件，也可作为模糊查询，同时也可将查询到的数据按统计报表格式上报表格格式打印。

(4)地面事故子系统，主要是记录国内民航飞机地面所发生事故，包括20多个字段项记录地面事故的详细情况。界面操作方式与飞行事故子系统相同。

(5)事故调查员子系统，主要是记录民航内部所聘的事故调查员的个人情况信息，界面操作方式与飞行事故子系统相同，照片通过扫描到文件中，编辑时将其调出放到数据库中，存成二进制代码。

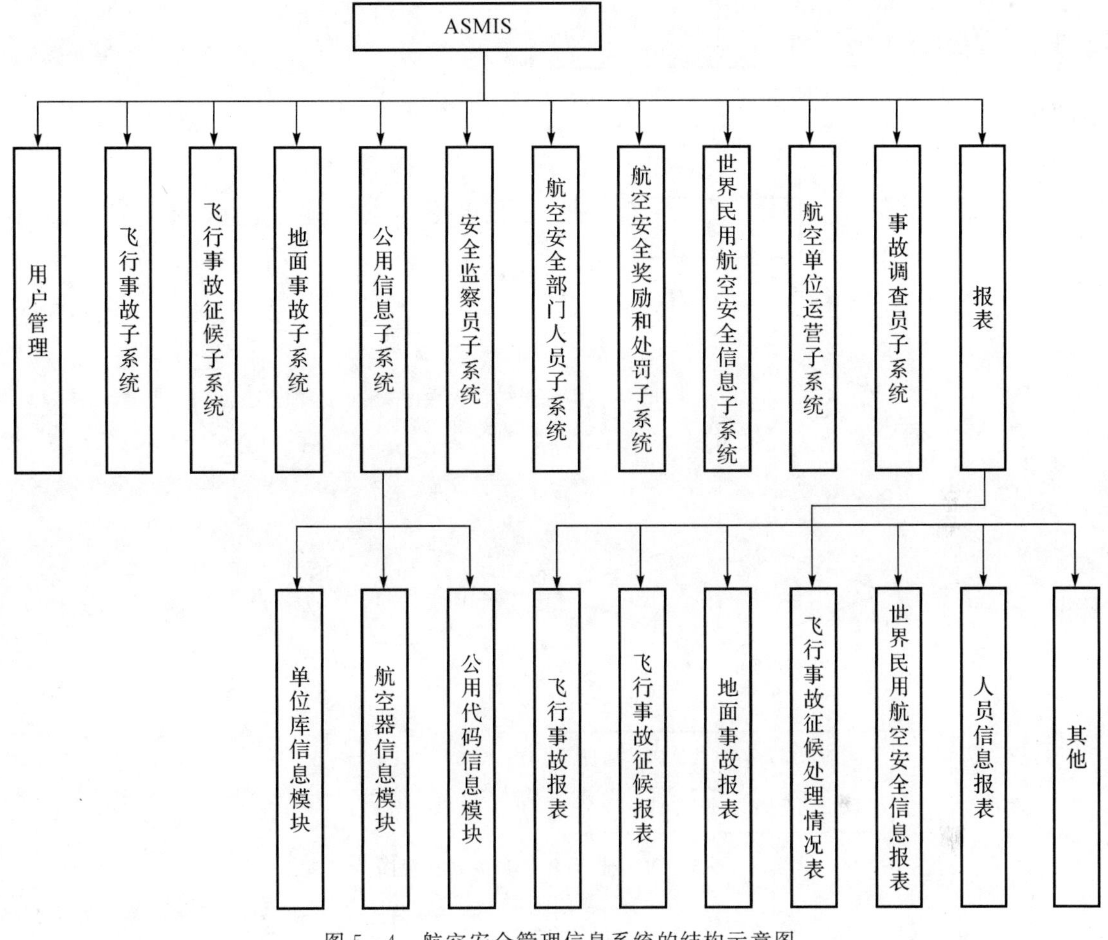

图5-4　航空安全管理信息系统的结构示意图

(6)安全监察员子系统，主要是记录民航内部所聘的安全监察员的个人情况信息，所包括字段项与操作方式基本与事故调查员子系统相同。

(7)航空安全部门人员子系统，主要是记录民航航空安全部门所有人员的个人情况信息，包括姓名、工作单位、联系电话、照片、简历、职务、职称等共20多个字段项，操作方式基本与事故调查员子系统相同。

(8)世界民用航空安全信息子系统，主要是记录来源于新华社、波音、空客等报来的世界民航飞机所发生的不安全事件，包括时间、地点、机型、飞行性质、飞机损坏程度、原因分析等共10多个字段项，操作方式基本与飞行事故子系统相同。但此子系统与其他子系统有一点不同：不同来源报来的同一事件，将另外保留一份优先级最高的数据作为中国民用航空局年终统计的数据，即拷贝一份优先级最高的数据，并将其数据来源改为“中国民用航空局”。优先级的顺序为新华社、波音、空客、其他。举个例子：若波音先报来某一事件，数据库记录到库中，并另外拷贝一份，将数据来源改为中国民用航空局；但当新华社报来同一事件时，系统将根据优先级判断，将库中原波音报来数据来源为中国民用航空局的数据替换为新华社报来的数据，数据来源不变，如图 5－5 所示。

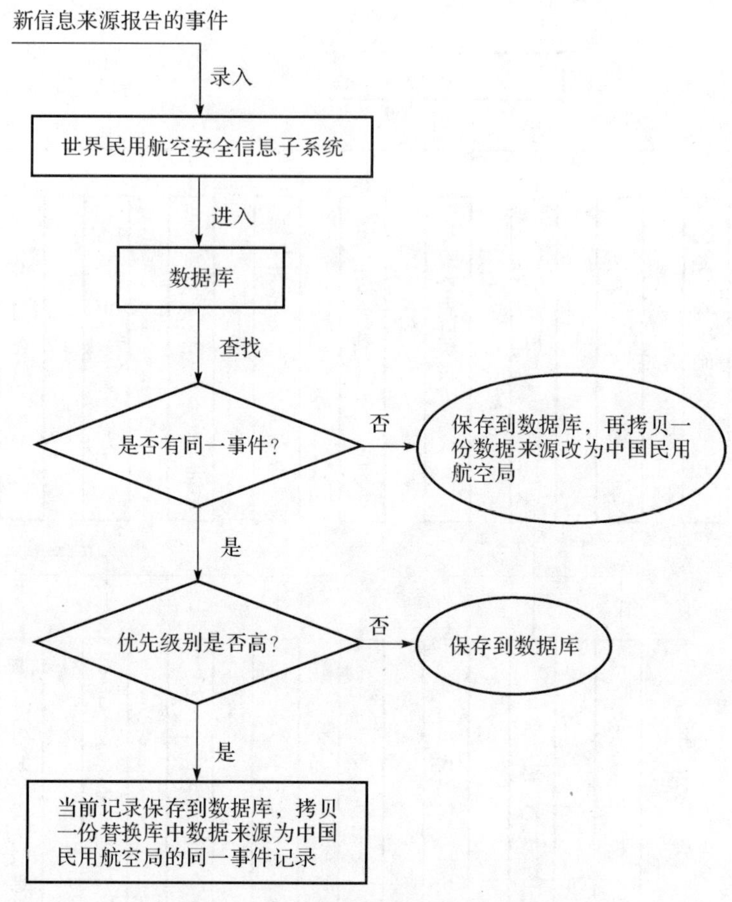

图 5－5　数据录入逻辑关系示意图

(9)公用信息子系统，这个子系统的建立也是整个系统的一大特点，将许多公用的、专业的信息标准规范，其中包括三个模块：单位信息模块、航空器信息模块、公用代码信息模块。

1)单位信息模块的建立主要是解决 ASMIS 的各类统计分析报表(如按地区、按责任单位、按归属单位、按历史名称统计等复杂报表)，此模块包括单位的历史演变过程，便于统计时获得全面信息；同时它的建立也是为了标准规范统一其他子系统的单位名称，若单位名称有所变化，只需要在此模块中修改，其余子系统中对应的单位名称自动做相应的变化。

2)航空器信息模块包括航空器使用单位信息、航空器所属单位信息、航空器基本信息，其中航空器使用单位信息、航空器所属单位记录了航空器使用者、所属者的变更，以供其他子系统输入机号时，自动根据发生时间，弹出当时航空器使用单位、所属单位。

3)公用代码信息模块的建立有两个作用：一是将航空安全专业术语标准化，以供其他子系统调用，同时对航空安全工作的专业术语统一规范，有一定的促进作用；二是便于做统计分析报表时按某些规律排序，方便领导及相关工作人员决策分析时一目了然。

(10)报表。本系统另一个特点是根据用户工作当中的实际需要提供了大量复杂的报表，共有 120 张、70 类报表，许多分析报表错综复杂、互相关联，多个数据库按一定要求关联、汇总、统计，可实现按不同时间段、不同地区、不同单位进行航空安全数据各项统计，报表格式丰富、灵活、方便。

2. 网络功能

ASMIS 的一个重要特点就是提供用户实现远程数据通信，使各个地区用户可以共享各自的数据，而不用重复安装、拷贝，所有数据汇总在中国民用航空局中心数据库，用户根据多种方式远程访问。这种方式有利于航空安全工作人员以此为基础，逐步将航空安全工作信息标准规范，从而得到更深入的分析数据，使航空安全工作人员可以从更高层次对安全形势做出正确的推算。ASMIS 运行的 Client SQL/Server 体系结构下，中国民用航空局和各个管理局共享中国民用航空局中心数据库数据。采用方式有以下两种：

(1)中国民用航空局本地客户机。根据权限与中国民用航空局服务器上的中心数据库实现信息交换。

(2)管理局端客户机。采用两种方式共享总局数据，一种是在管理局服务器端定期快照中国民用航空局服务器端数据，提供给管理局客户机访问；另一种是管理局客户机直接远程访问中国民用航空局数据。前一种特点是速度快，直接访问本地服务器数据，但只能查询，不能编辑；后一种特点是可录入、修改、删除数据，远程登录到中国民用航空局服务器端，但速度慢，且对网络要求高。用户可根据需要灵活选择。

5.5　航空安全自由报告系统

航空安全自愿报告系统(Sino Confidential Aviation Safety reporting System，SCASS)是航空安全信息的发布和共享的系统，具有收集、分析和共享民航安全信息功能，提供航空安全告警服务的航空安全信息系统。SCASS 汇集了大量的国际航空安全保密报告系统的报告。

5.5.1　系统背景

为了提高民航系统的安全性，尽量减少飞行事故和事故征候的发生，需要尽可能快速准确地发现并改正系统存在的缺陷。已发生的差错、不安全事件恰好暴露了系统的缺陷，因此收集已发生的不安全事件信息并对其进行研究就具有重要的意义。然而，小的差错或不安全事件具有隐蔽、动态的特征，如果当事人不报告，其他人事后就很难发现。而由于人性的弱点，多数人出于害怕处罚，或者害怕丢面子等原因，不愿意暴露自己的失误和错误。因此，失去了大量的信息和完善系统的机会。

“信息是资源”，安全信息在保障航空安全中的作用日趋重要，现行的民航安全报告体系并不能满足隐患信息收集和处理的要求，因此迫切需要研究和开发新型的航空安全信息系统，用以增加信息量和增强信息可信度。保密的航空安全自愿报告系统就是针对该问题的一个有效的解决方案。

早在 20 世纪 70 年代，美国开始建立自愿报告系统，后来发展成为全球最早实行的航空安全报告系统(Aviation Safety Reporting System，ASRS)，并获得了很大的成功。鉴于 ASRS 的成功，英国、加拿大、澳大利亚、新西兰等国先后开发了适合于其国情的保密性的自愿报告系统，自 1999 年后，韩国和日本也建立了保密自愿报告系统。自愿报告系统可获取大量的第一手航空安全资料，特别是珍贵的人为因素资料，为制定有效的改正措施、开展研究工作以及制定宏观政策提供依据。为了尽快在世界范围内建立保密自愿报告系统，20 世纪 80 年代初在前 ASRS 主席提议下成立了国际航空安全保密系统组织(International Confidential Aviation Safety System，ICASS)，致力于各国和地区的航空安全保密系统的建立，促进全世界民航安全水平的提高。近年来，ICASS 每年召开年会，各国与会者借此加强交流，推广经验，研究对策，共同推进全球保密的航空安全报告系统的发展。国际民航组织也一直积极推进此项工作，最新版的 ICAO 公约附件 13 特别建议各缔约国建立航空安全自愿报告系统。全球范围内的保密自愿报告系统在提高航空安全水平方面起到了越来越重要的作用。

保密性的航空安全自愿报告系统大量收集来自飞行员、管制员和维修人员等一线人员的有关报告，发现现行民用航空运行系统的缺陷或漏洞，并作为人为因素研究的第一手资料，完善民用航空系统，保证其安全运行。人为因素一直是航空事故的主要原因，改善人为因素已成为进一步降低航空事故率、提高航空安全水平的主要途径。保密的航空安全自愿报告系统的建立，为广大航空从业人员创造一条方便快捷地报告不安全事件的渠道，对促进航空安全起到重要的作用。

5.5.2 SCASS 的任务和目的

1. SCASS 的任务

SCASS 的任务是收集来自民航从业人员包括飞行员、管制员、乘务员、机务维修人员、保安人员以及其他相关人员针对涉及航空器运行过程中的不安全事件或者当前航空安全系统中存在的及潜在的矛盾和不足之处，自愿提交的不安全事件和安全隐患报告，并对报告信息进行处理与分析，根据隐患危险程度，发出告警信息；制作安全信息数据库和有关刊物，促进航空安全信息的研究与共享。

SCASS 由民航管理当局授权、自主管理和运行，它是中立于民航管理当局和民用航空企业与从业人员的第三方，不具备执法权和立法权，是民航安全信息收集、管理、分析与发布的机构。

2. SCASS 的目的

SCASS 的工作目标是消除民航系统的安全隐患和缺陷，建立良好的安全文化氛围，提高我国民航运输业的安全水平。

建立 SCASS 的主要目的如下：

(1)通过数据分析研究，及时发现事故隐患或危险状况，防止严重的不安全事件或航空事故发生。

(2)找出国家航空安全系统存在的不足，提高目前国家航空系统的安全水平。

(3)为国家航空系统的规划与改进特别是“人为因素”的研究提供数据和资料。

(4)传播安全信息，分享经验教训。

(5)促进民航安全文化建设，营造“人人讲安全，人人为安全”的民航安全文化氛围。

5.5.3 SCASS 的基本原则

SCASS 以不损害报告人、报告涉及的其他人和单位的声誉和利益为运行原则。

报告系统的保密性和非处罚性是系统建立的基础和运行的保障，必须制定切实可行的措施来保证保密性和非处罚性的落实。

(1)自愿性:提交给 SCASS 的报告完全是报告人的自愿行为,自愿性是信息可靠性的保证。

(2)保密性:SCASS 承诺对报告中涉及的个人识别信息绝对保密。实施保密性原则的目的是避免对报告人以及报告涉及的组织或个人造成不利的影响;最大限度地消除报告人害怕处罚、丢面子、影响提职、影响评奖以及怕影响集体荣誉的心理。SCASS 通过严密的工作程序实现保密的目的。SCASS 收到报告后,将个人信息返回或销毁,删除报告中各种个人识别信息后交专家分析处理,报告处理完毕将销毁原文字报告,删除识别信息的报告和专家分析报告存入数据库。识别信息包括报告者姓名、日期、地点、涉及人员、涉及单位等可能识别出所涉及人员的身份和单位的信息。

(3)非处罚性:SCASS 不具任何处罚权利。系统接收的报告内容不作为任何处罚依据。系统受理的所有报告均不作为任何处罚的依据有两层含义,既不作为对报告人违章处罚的依据,也不作为对其他所涉及人员和涉及单位处罚的依据。由于 SCASS 所存储的数据不包括任何个人与单位的识别信息,因此其受理的报告不可能作为诉讼、行政处罚以及检查评估的材料。民航管理当局通过发布规章和通告的形式,明确规定 SCASS 报告不作为任何处罚的依据,认可 SCASS 工作程序和保密性措施。

【知识链接】

民航不安全事件信息填报模板

1. 鸟击

标题:20××年××月××日××航 B737-800/B-××××号机执行大连至上海虹桥航班右侧发动机及机翼遭鸟击超标

简要经过:××月××日,B737-800 飞机执行大连—上海航班。10:55 飞机从大连起飞。晴天少云。起飞离地时,副驾驶看到多只鸟(2~10 只)由北向南飞越跑道(鸟类不详),机长随后听到声响并感觉机身抖动,右发仪表读数异常,遂向塔台报告机械故障请求返航,此时飞机已升至 400 m 高度。11:10 飞机返航落地,机场场道部门跑道检查,未见异物。经检查,发现飞机右侧发动机内有残留的鸟类羽毛,压气机进口导向叶片断裂弯曲,右侧机翼后缘襟翼遭鸟击,损伤区域:20 cm×15 cm×2 cm,损伤超标,飞机停场维修。

2. 空中停车

标题:20××年××月××日××航 A321-200/B-××××号机执行深圳至成都航班右发空中停车

简要经过:××月××日,A321-200 飞机执行深圳—成都航班,21:58 在贵阳、成都管制区交接点前高度约 34 000 英尺(1 英尺≈30.48 cm)时,ECAM 出现咨询信息,显示右发滑油量降低[最小值 2.5 夸脱(1 夸脱≈946 mL)],机组联系管制,说明情况,请求下降高度,断开自动推力,右发收油门慢车,滑油量回升 4.5~5.5 夸脱,保持慢车 3 min,ECAM 出现发电机断开,机组按 ECAM 操作,未成功后关断发电机。ECAM 随后出现右发失效,按 ECAM 处置,自动点火 30 s 未成功后关车。机组申请优先落地,考虑情况未能判明,未尝试空中启动,保持尽可能大的速度直飞五边落地。22:33 飞机安全落地。落地后,地面机务检查发现 EMCD 上有大量金属屑,发动机尾喷处有残留的金属颗粒物。

该发动机型号为 CFM56－5B3/3(右发,序号:×××××××)。截至××月××日,飞机和发动机的飞行 703 h,386 个循环。

3. 冲/偏出跑道

标题:20××年××月××日××航 A319－100/B－××××号机执行成都至北京航班着陆过程中偏离跑道

简要经过:××月××日,A319－100 飞机执行成都—北京航班。13:17 在首都机场使用01 号跑道仪表着陆系统(Instrument Landing System,ILS)进近,道面状况正常。天气条件良好,无降雨。塔台通报:地面风向为 310°,风速为 6 m/s,阵风 14 m/s,五边有较强乱流。飞机在 50 英尺进跑道时,受左侧风影响带左交叉,拉平过程中,有向右移动的趋势,机组向左修正。接地时位置稍偏右,但因飞机带有约 10°的左交叉,出现瞬间急速左偏,机组虽蹬右舵修正,但未能有效制止左偏和侧滑的产生,约 5 s 后,飞机开始向右偏转逐渐回到跑道中心线。机组在停机位对飞机外部进行检查时,发现飞机左外轮胎被扎伤。在对 01 号跑道勘查时,发现左侧边线外留有明显的轮胎压痕,且一个跑道边灯损坏。

4. 系统失效

标题:20××年××月×双日××航 B757－200/B－××××号机执行乌鲁木齐至阿拉木图航班空中座舱释压返航

简要经过:××月××日,B757－200 飞机执行乌鲁木齐—阿拉木图航班。10:07 起飞,飞机到达巡航高度 9 800 m 后约 2 min,机组感觉有压耳,检查发现座舱高度接近 10 000 英尺,并且座舱上升率仍有 1 500 英尺/分钟左右,座舱高度达到 10 000 英尺时,释压警告灯亮,警笛响,机组执行紧急下降程序,人工放出旅客氧气面罩。飞机于 10:49 返航落地。经地面检查,原因是飞机左发高压级故障造成单发供气,前设备冷却组件外排活门故障导致客舱高度保持不住,更换相关部件后正常。

5. 雷击

标题:20××年××月××日××航 B737－300/B－××××号机执行广州至昆明航班遭雷击

简要经过:××月××日,B737－300 飞机执行广州—昆明航班。巡航阶段 13:55 左右,距 P269 点约 50 海里(1 海里≈1. 852 km),当时天气为降雨,机载气象雷达显示前方均为降雨,前面的飞机没有改航和偏航,此时机组听到一声闷响,经检查,飞行仪表指示正常,发动机工作正常,增压指示正常,询问乘务长客舱情况无异常,继续执行航班。着陆后将此情况向签派、机务人员和飞行部进行了报告,并与机务人员一起检查飞机,发现:①机身左侧蒙皮上有多处电蚀点,位于机身站位 STA727A 处最严重,尺寸为 13 mm×4 mm×1. 3 mm,蒙皮已击穿,可见下蒙皮底漆。②STA360～460A 之间,WL246. 1 窗子边缘存在电蚀点;STA727E～827E 之间,WL246. 1 窗子边缘有电蚀点。③雷达罩导电条前端有一电蚀点。④VHF3 天线尖部有一电蚀点。⑤APU 排气尾锥上有多处电蚀点,分布非常密集。飞机停场维修。

6. 擦尾/擦发动机/擦翼尖

标题:20××年××月××日××航 MD－82/B－××××号机执行三亚至桂林航班着陆中擦翼尖

简要经过:××月××日,MD－82 飞机执行三亚—桂林航班。主操纵为右座副驾驶,18:06三亚起飞。桂林机场天气:能见度 1 100 m,云高 120 m,小雨,温度 14℃,跑道湿,静风，刹车效应中，使用 01 号跑道盲降进近。300 英尺时，机组看见引进灯光。200 英尺时，可以完全看到跑道。飞机下降到 120 英尺时，机组断开自动驾驶仪。飞机进跑道高度大约 30 英尺时，飞机向右偏，机组随即修正，过程中飞机以最大 12.3°左坡度左机翼擦地，执行复飞，飞机于 19:23 在桂林机场落地。落地后机组检查发现，飞机左大翼着陆灯擦伤脱落，公司标志灯下部擦伤9.2 cm×7 cm，左大翼翼尖位置灯灯罩擦坏，翼尖下部擦伤 12 cm×2.5cm，左大翼缝翼翼尖擦伤 11 cm×3.5cm。飞机停场维修。

7. 地面撞障碍物

标题：20××年××月××日××航 A320－200/B－××××号机执行昆明至重庆航班时在重庆江北机场撞廊桥

简要经过：××月××日，A320－200 飞机执行昆明—重庆航班。飞行中 ECAM 显示"液压黄系统低油量"警告和"液压黄系统压力低"警告，机组按 ECAM 程序处置，未向空管部门和公司。签派报告此故障情况。15:37 在重庆江北机场落地后，机长执行停机程序，提起停留刹车，这时右座副驾驶发现没有刹车压力，飞机缓慢向前移动，机组随即接通液压黄系统电动泵，并将脚刹车踩到底，但不起作用，飞机继续向前滑行最终撞上廊桥，飞机受损。

8. 危险接近/飞行冲突

标题：20××年××月××日××航 B747/B－××××号机与××航 A330/B－××××号机在××管制区域发生飞行冲突

简要经过：××月××日，A 航空公司 B747 执行××-××航班任务，于 02:51 过××、沿××航路飞行，高度 11 900 m，预计过 C 地上空时间 03:01；B 航空公司 A330 执行××-××航班任务，于 02:54 过××，沿××航路飞行，高度 11 900 m，预计过 C 上空 03:02，两机呈同高度汇聚飞行。当日 C 区域航路天气适航，机组证实属于云上能见飞行。

03:00:13，雷达自动化监视设备发出 STCA（短期冲突告警）信号，提示 A 飞机与 B 飞机之间存在飞行冲突，此时两机之间侧向间隔 38 km。03:01:49，两机机组分别呼叫管制员，要求通报空中活动情况，管制席和监控席管制员没有做出任何反应和答复。03:02:15，A 飞机飞越 C 上空，与其后的 B 飞机间隔约 6 km（期间自动化系统持续保持 STCA 告警状态）。

经雷达录像证实，两机过 C 后同高度顺向飞行，最小间隔 4.1 km。

9. 跑道侵入

标题：20××年××月××日××航 B777－200/B－××××号机执行上海浦东至新加坡航班时在跑道有车辆情况下起飞

简要经过：××月××日，B777－200 飞机执行上海浦东—新加坡航班任务。当日 00:32，浦东机场塔台使用西跑道起降（东跑道关闭），机场灯光科申请检查东跑道，塔台管制员允许灯光科检查东跑道。2 min 后，机场场务科也向塔台申请，要求检查使用中的西跑道。塔台管制员误以为场务科也是检查东跑道，随即允许场务科车辆进入西跑道检查（按照塔台工作程序，检查跑道的车辆行驶方向和飞机起降方向对头）。00:35，机组申请进跑道起飞，塔台管制员仍然没有意识到西跑道有车辆在检查跑道，允许航班进跑道起飞，造成飞机在跑道上有车辆的情况下起飞。事后，场务科反映车辆驾驶人员已经发现对头方向有飞机起飞，立即采取了避让措施，车辆与飞机最接近时距离约为 35 m，机组证实了此情况。

10. 爆胎/轮胎脱层/扎破

标题：20××年××月××日××航 B737－700/B－××××号机执行福州至南昌航班

短停中发现轮胎被扎

简要经过：××月××日，B737－700飞机执行福州—南昌航班。当日16:20从福州机场起飞，17:25在南昌机场落地。17:35，南昌机务人员在对飞机进行短停检查时，发现飞机右前轮受损超标（受损部位为长条形，约10 mm×3 mm×7 mm），根据AMM32－45－21更换右前轮。

资料来源：民航不安全事件信息填报规范（AC－396－AS－2009－03）

复习思考题

1. 航空安全信息是什么？如何理解航空安全信息在航空安全管理工作中所起的作用？
2. 安全管理信息系统的研究对象是什么？其具有哪些基本功能？
3. 航空安全信息管理的规定具体有哪些？
4. 航空安全自由报告系统的主要原则有哪些？功能设计主要考虑哪些方面？
5. 请论述一下我国民用航空安全管理信息系统的开发现状和存在的主要问题。

第6章 航空安全管理体系

6.1 安全管理体系概述

6.1.1 安全管理体系的概念及原理

1. 安全管理体系概念

从2001年开始，国际民航组织陆续颁布和修订各种文件，规定各缔约国强制要求其公共航空运输企业、民用机场、空管单位、维修企业和培训组织实施成员国认可的民航安全管理体系(Safety Management System，SMS)。

2007年10月23日，中国民用航空局颁布了《中国民用航空安全管理体系建设总体实施方案》，并陆续修订了相应规章，制定发布了相应的咨询通告或实施指南，用于规范和指导民航企事业单位安全管理体系的建设。有关安全管理体系的教育、培训、建设试点和研讨也在中国民航陆续展开。

安全管理体系是为实现安全目标而建立和运行的一系列有序的管理方针和方法体系，包括必要的组织结构、责任制度、政策、程序以及工具。它强调以系统化和切入式的方式进行管理，注重的是危险的预防，倡导各个部门之间的协调合作，承担安全风险信息收集工作和分析、故障监察和排除等任务，提供与安全有关的技术支持，同时积极促进公司内部工作交流，加强对安全文化的认同。

2. 安全管理体系的原理

现代安全管理体系的基本思想是“以人为本，遵守法律法规，风险管理，持续改进，可持续发展”，管理的核心是系统中导致事故的根源(即危险源)，强调通过危险源辨识、风险评价和风险控制来达到控制事故、实现系统安全的目的。

安全管理体系的运行基础是“戴明环”，即PDCA循环：

P——计划(PLAN)，确定组织的方针、目标，配备必要资源；建立组织机构、规定相应职责、权限和相互关系；识别管理体系运行的相关活动或过程，并规定活动或过程的实施程序和作业方法等。

D——行动(DO)，按照计划所规定的程序(如组织机构程序和作业方法等)加以实施。实施过程与计划的符合性及实施的结果决定了组织能否达到预期目标，因此保证所有活动在受控状态下进行是实施的关键。

C——检查(CHECK),为了确保计划的有效实施,需要对计划实施效果进行检查,并采取措施修正、消除可能产生的行为偏差。

A——改进(ACTION),管理过程不是一个封闭的系统,需要随着管理活动的深入,针对实践中发现的缺陷、不足、变化的内外部条件,不断对管理活动进行调整、完善。

6.1.2 安全管理体系的构成

一个完整的安全管理体系包括四个方面的内容,见表6-1。

表6-1 安全管理体系构成

安全政策	风险管理	安全保证	安全促进
组织机构 安全政策 安全目标	风险管理	安全信息 标准管理 报告系统 质量保证 应急处置 事件调查	安全文化 安全培训

1.安全政策

作为安全管理体系组成部分的政策主要是指导SMS实施的纲领性文件,既包括各国中国民用航空局以及国际民航组织制定的纲领性文件,也包括各民航公司根据自身条件制定的适合本公司发展的工作规划。安全政策反映了航空运营人的安全管理理念和安全承诺,为安全文化的建设提供导向。

2.风险管理

风险管理是安全管理体系的核心。

风险管理定义指通过风险识别、风险分析、风险评估、风险控制等一系列活动来进行风险防范的管理性工作,包括风险识别、风险分析、风险评估、风险控制和风险评价等重要环节。

风险管理通过整体系统的运行过程来完成,其具体的运行需求包括来自局方的要求、公司制定的安全目标、新开航线、新的运行项目、新的运行机构设立等及由此带来的安全要求。在此需求下,先要进行风险管理,这是安全管理的核心,它通过系统的分析,查找出飞航过程中存在的危险源,在此基础上对危险源进行分析和评价,民航工作人员经过分析决定需要采取的风险控制措施。风险控制措施可能需要进一步的资源投入,因此在制定相应的风险控制措施时,必须充分考虑和结合现有的或可达到的资源能力。

(1)风险识别和分析。风险识别和分析是单位和个人对所面对的或者潜在的风险进行判断、归类整理,并对该风险的性质进行鉴定。

(2)风险评估。风险评估是指在风险识别之后,通过对所收集的大量的损失资料进行分析,运用概率论或者数理统计,估计和预测风险发生的概率和发生风险造成的损失程度。风险估测的内容主要包括损失概率和损失程度两大方面。

(3)风险控制。风险控制方法可以分成控制法和财务法两大类,前者的目的是降低损失概率和风险损失程度,重点是进行改变引起风险事故和扩大损失的各种条件;后者是风险发生前做好吸纳风险成本的财务安排。

（4）风险管理效果评价。风险管理效果评价是把实施风险管理方法后出现的结果和预期结果进行比较得出结论来评判管理方案的科学性、适应性和收益性。

3. 安全保证

安全保证是对持续监控、内部评估、事件调查、报告反馈等安全监管过程获得的信息进行分析和评价，落实纠正措施的责任部门。安全保证通过质量保证技术，确保风险控制措施被持续实施并在不断变化的环境中持续有效，同时安全保证还可以评估当环境发生变化的时候是否需要新的风险控制措施。整个安全保证过程的工作展开是以风险管理分析评估结果是可接受为前提的。

4. 安全促进

安全促进是通过进行安全文化、获知与沟通、人员能力要求、培训、安全经验教训等方面的工作，加强航空公司工作人员的安全意识、责任意识、使命意识，通过系统的培训和教育提升员工对安全管理目标的认同，从而实现安全目标。安全促进对于整个安全管理体系的建立具有宏观指导意义，为安全管理体系的有效运行提供了有效的团队支持，使民航工作人员始终在一个良好的安全氛围中开展工作。

安全促进的核心是文化建设，它是安全管理体系不断提升的基础。“文化”包括安全文化、沟通文化、培训和学习文化。航空公司通过实施积极公正的安全文化、分享安全信息、加强沟通、实施培训、学习经验教训等方式，鼓励全体参与运行的人员提高对安全的认识，并积极参与安全事务。

安全文化的核心是以人为本，这就需要将安全责任落实到企业全员的具体工作中，通过培育员工共同认可的安全价值观和安全行为规范，在企业内部营造自我约束、自主管理和团队管理的安全文化氛围，最终实现持续改善安全业绩、建立安全生产长效机制的目标。

安全文化在结构上分为以下4个层次：

（1）安全物质文化，航空安全物质文化包括飞机本身以及为保证飞行安全而装备的机场设施、飞机内部设施。

（2）安全制度文化，安全制度文化包含的内容很多，包括劳动保护、劳动安全与卫生、交通安全、消防安全、减灾安全、环保安全等方面以制度化的形式所表现的社会组织形式或者是关于人的社会关系网络。

（3）安全精神文化，这一层次是民航企业安全文化的重点内容，该层次内容包括安全哲学思想、宗教信仰、安全审美意识、安全文学、安全艺术、安全科学、安全技术以及安全管理等方面的经验和理论。安全文化的精神层次从其本质来看，它是人类的思想、情感和意志的综合表现，是人对外部客观和自身内心世界的认识能力与辨识结果的综合体现，属于文化结构系统中的“软件”的部分。

（4）安全价值与规范文化，这一层次包含人们对安全的价值观和安全的行为规范。安全文化事业的工作重点是保护和爱护人类的安全、和谐以及持续地发展进步。安全文化事业是为他人、为自己、为社会奉献爱心和力量的公益性工作，安全文化事业的价值观应是美好的，同时也是大众的、全社会的并且是最有活力和最有前途和光明的事业。如果把安全价值观念反映在人际关系上，则形成了公认的安全价值标准，并且存在于普通大众的内心，指导着普通大众的安全行动，安全生命观制约着人们的安全行为，也就是我们称的安全行为规范。

在安全行为规范中，具体表现着安全的社会道德、风俗、安全习惯等。安全价值规范层次处于整个安全文化系统的深层结构之中，是安全文化中最不易变更的且最为顽固的成分。

安全管理沟通是安全促进的另一个重要环节，其作用是建立公司管理层与员工之间良好的、畅通的、互信的沟通渠道。管理层通过这个渠道向员工通告公司运行安全状态、安全政策与目标的调整原因和背景、运行安全投入方面的状况、相关运行标准与手册修订的目的等；员工通过这个渠道向管理层反映运行中存在的问题，并反映对于运行安全管理以及修订公司相关政策/目标的建议、公司对运行安全投入的要求、班组层面开展风险管理和案例分析的经验等。通过安全管理沟通环节可以向安全保证功能提供有用的反馈信息，安全管理沟通的结果应通过安全状态信息发布环节予以发布。

6.1.3 安全管理体系实施原则

安全管理体系的实施能够提高一个组织的系统安全水平，这同以往传统的安全生产管理思想存在着很多不同的地方，完全理解安全管理体系的原则有利于对其进行有效的管理。

1. 民航企业的安全目标及方针需满足运输安全水平

安全目标和安全方针是十分重要的，民航企业的各级安全管理人员以及每个环节的从业人员都必须清楚自己的工作安全目标，应当确实认识个人所在的组织必须依存于公众对航空业发展的需求，也要理解在现今社会，大众对航空安全管理水平的要求，在心中树立安全创造价值的思想。组织的安全目标和安全方针，是保证一个组织安全生产、提高组织安全管理水平的基本保障。安全目标是该组织对各项安全评价指标的期望值。但是，现代安全管理思想认为，只有目标具有可测评性，那该目标才有可管理的可能性。因此，在实施安全管理体系的过程中，所建立目标体系仍然需要遵循 SMART 原则。

2. 民航企业安全管理体系实施由上而下

组织中的领导人要主动参与实施安全管理体系，这有利于建立组织内部统一的安全管理理念，创造出使员工充分参与并实现安全目标的环境。

3. 安全管理体系的实施需要全员参与

全员参与是现代企业管理中的重要思想，同样适用于实施安全管理，这样可以让组织中每个工作岗位承担起组织共同的安全责任，组织需要教育员工主动加强自己的安全意识和不断提高工作的技能。在组织内部要充分分享安全运行知识和安全管理经验。让每一位员工意识到自己的行为对于整个组织安全表现的重要性，并且可以从工作中得到满足感，这就是全员参与组织安全生产的目标。

4. 在安全管理体系中每一环节都需采用“过程”方法

“过程”方法对于民航企业内部实施安全管理体系非常重要，民航企业可以将相关安全管理资源或者安全管理活动作为“过程”来进行管理。在航空公司运行安全管理体系时一定要把飞行计划、旅客服务、机组排班、航空器地面勤务、维修工程、货运装载、签派等各个环节作为过程给予界定，在每一个过程要明确各岗位的职责和安全目标，重点做到识别并测量该过程的输入和输出。评价可能存在的安全管理风险、因果关系以及内部过程与顾客、民航单位之间可能存在的冲突。

5. 安全管理的持续改进

持续改进是现代企业管理中有一个组织的永恒目标，安全管理体系的实施目的也在于此。在运行安全管理体系过程中，安全审核、事件报告等信息收集和分析方式要做周期性的工作，这样可以识别具有改进潜力的区域，持续地改进安全管理全过程中的效率和有效性。

6. 安全管理工作突出系统性

安全管理的系统性来自于航空安全管理工作部门的相互联系，因为无论是在航空公司、机场还是在相关的空管单位，这些组织都是由一系列相互联系的过程、体系或部门组成的，所以在安全管理工作中，需要协调不同部门之间的关系，这样有助于提高组织的有效性和工作效率，更重要的是体现航空安全管理整个环节的系统性。加强系统的安全管理工作，同样可以有助于制定出具有挑战性的工作目标。

6.1.4　安全管理体系建立的步骤

安全管理体系的建立可以分为四个步骤。

1. 组织体系的建立

组织中的每个部门对自己的安全职责必须是明确的，哪个组织承担什么样的责任。哪个组织来承担责任必须有文字性的内容加以体现，这是建立安全管理系统的组织体系的基础，有了这一基础，可以在组织内部建立安全管理委员会来负责具体的工作。

2. 安全管理体系文件体系的建立

具备安全管理体系建设的基础，企业可以按要求制定安全管理体系的文件体系，可以说我国民航企事业单位，已经有了几十年的发展，所有单位都基本上具备了完整的安全文件体系。安全管理体系的文件体系通常也就是我们所说的《安全管理手册》，在内容和功能上同《航空公司运行手册》《机场使用手册》《空管中心的运行手册》也存在不同的地方，《安全管理手册》是关于本航空企业的安全管理政策、安全管理目标、组织和安全管理程序、管理审核体系等重要的内容。

3. 认证收集、整理安全信息

建立一套有效的安全信息收集、存储、分析和评估系统，对于实施安全管理体系是非常重要的，它是安全管理决策的基础。从目前的民航运输实际工作中来看，安全信息一般可以分为主动数据收集方式和被动数据收集方式两种形式，前者包括对安全的审核、安全的报告两个系统；后者则是指在发生了不安全事件以后，要通过事故调查等工作来发现其中的各种信息。

4. 建立安全审核（内审、外审）与内部监察系统

安全审核的目的是评价组织的安全目标、安全方针、安全管理程序、安全管理存在的问题、安全管理体系运行状况、改进安全管理机会和安全变革，确保组织在安全管理体系的适宜性、安全管理的充分性和安全管理的有效性。安全审核的形式、时机，以及审核报告的形式等问题要在安全管理体系文件当中应当明确表明。

通过对安全管理体系实施过程的分析，可以看出安全管理体系是一套完整的工具和方法，通过对民航企业的安全运行诸多因素进行系统化管理，通过制定民航企业的安全政策、航空单位岗位职责，并持续改善措施和相应的组织机构，对相关的各种各样的风险加以管理，提高航

空系统的安全管理水平。中国民航业通过建立起并全面实施安全管理体系的方法,可以最终达到提高我国民航业整体水平的目的。

6.2 ICAO 安全管理体系框架

SMS 中有 4 个组成部分,包括代表 SMS 两个核心运行程序和支持这两个核心运行程序的组织安排,具体包括安全政策、风险管理、安全保证和安全促进。

SMS 的 4 个组成部分共有 12 个要素,它们共同构成了 ICAO 安全管理体系框架,该框架是一个组织的安全管理体系实施和维持的框架。实施这一框架需要与组织的规模和提供服务的复杂程度相适应。框架中的 4 个组成部分和 12 个要素,代表 SMS 实施的最低要求。

6.2.1 安全政策和目标

1. 管理者的承诺和责任

在任何组织内,管理均控制着人员活动,并控制着对与提供服务直接相关或者对提供服务必不可少的资源的使用。组织暴露于安全危险之下,是由与提供服务直接相关的各项活动所造成的。通过人员的具体活动及资源的利用,管理者可以积极地控制与危险后果有关的安全风险。举例来说,这些活动可涉及管理者雇用、培训和监督雇员,以及购置用于支持提供服务活动的设备。管理者必须保证雇员遵从组织的安全指令和控制措施,并且确保其设备处于可用状态。因此,管理者在安全管理方面的主要责任是明确的,而且是通过运行一个包括必要安全风险控制措施的专门组织系统来履行该职责的。服务提供者的安全管理体系是管理者履行这些责任的手段。安全管理体系是一个确保安全有效运行的管理体系。

要确保组织安全管理体系的效力与效率,最为基本的就是组织的安全政策。高层管理者必须制定组织的安全政策,由责任主管签署。安全政策必须反映出组织对安全的承诺,必须包括为实施安全政策提供必要资源的明确声明,并须大张旗鼓地传达给整个组织。安全政策包括安全报告程序,须明确说明哪些类型的运行行为是不可接受的,并且须包括在哪些情况下不适用纪律处分;须对安全政策定期审查,以确保其对本组织始终适用和适当。

高层管理者还必须设定安全目标,以及为安全管理体系,也是为整个组织的安全绩效设定标准。安全目标必须确定组织想在安全管理方面达到的目标,并拟定组织实现这些目标所需采取的步骤。

组织必须确定责任主管,责任主管必须是身份明确、对组织安全管理体系的有效和高效运行负最终责任的个人。根据组织的规模和复杂程度,责任主管可以是首席执行官(CEO)、董事会主席、合伙人或业主。

责任主管可以将安全管理体系的管理指派给另一个人,前提是这种指派要适当地形成文件。然而,责任主管的责任义务不会因为将安全管理体系的管理指派给另一个人而受到影响:责任主管保留着对组织安全管理体系绩效的最终责任义务。

2. 安全责任义务

管理者在安全管理体系组织方面的安全责任义务,指的是规定与运行的规模、性质和复杂程度相称,并且与提供服务所需的各项活动相关的危险和安全风险相符的组织的安全管理体系的结构。管理者在安全管理体系组织方面的安全责任义务还包括为安全管理体系的切实高效运行配置所需的人力、技术、财政和任何其他资源。

虽然不管职级如何，所有雇员的职务说明均应包含安全责任义务与责任，但是关于规定关键人员的安全责任与权力的安全责任义务指的是，除了部门和职能单位运行方面的具体职责之外，还应酌情将安全管理体系运行方面的责任纳入每一高层管理者(部门领导或某职能单位负责人)的职务说明之中。根据将安全管理视为一项核心业务职能这一看法，每一部门领导或职能单位负责人都要在一定程度上参与到安全管理体系的运行及其安全绩效的实现之中。与辅助职能(人力资源、行政、法律和财务)的那些负责人相比，提供组织各项基本服务(运行、维修、工程、培训和签派，以下用“一线管理者”这一通称来指代)的各运行部门或职能单位的那些负责人，其参与的程度当然更深。

安全管理体系已经将安全办公室这一名称变更为安全服务办公室，以反映出它在将安全作为一项核心业务过程进行管理方面，向组织、高层管理者和一线管理者提供服务。安全服务办公室从根本上说是一个安全数据采集和分析单位。通过将预测性、主动性和被动性三种方法相结合，安全服务办公室可通过持续和定期在提供服务活动期间采集有关危险的安全数据，捕捉到运行偏离期间发生的情况。

一旦危险被识别，危险的后果得到评估和具有危险后果的安全风险得到评价(即一旦从安全数据中提取到安全信息)，安全信息即被送交一线管理者，用来解决根本性安全关切。一线管理者是各自领域中真正的行家里手，因此最有能力设计出切实有效的解决办法，并将之付诸实施。此外，一线管理者能够采取安全数据分析过程的最后一个步骤，将安全信息转化为安全情报，并且提供安全服务办公室所提炼出的有关危险信息的来龙去脉。

安全信息送达适当的一线管理者之后，安全服务办公室重新开始其例行的安全数据采集和分析活动。在安全服务办公室和有关一线管理者之间商定的一段时间间隔之内，安全服务办公室会向安全关切所属领域的一线管理者提出有关安全关切的最新安全信息。安全信息将会指出一线管理者实施的缓解方案是否已经解决了安全问题，还是安全问题仍旧存在。如果为后者，则要采取进一步的缓解方案，商定新的时间间隔，采集和分析安全数据，发送安全信息，此循环视需要重复多次，直至安全数据分析证实安全问题已得到解决。

3. 任命关键的安全人员

安全服务办公室有效启动运作的一个关键点就是任命负责该办公室日常运行的人。大多数组织中，安全经理是责任主管任命的担负安全管理体系日常管理职责的人。安全经理是开发和维护有效安全管理体系的负责人和协调人。安全经理还向责任主管和一线管理者就安全管理事宜提出建议，负责在组织内部，并酌情与外部组织、承包人和利害攸关者就安全事项进行协调和沟通。安全经理可能是运行安全服务办公室的唯一一个人，也可能得到其他工作人员，主要是安全数据分析师的协助。这将取决于组织的规模和支持提供服务的运行活动的性质和复杂程度。不管安全服务办公室的规模和人员配备水平如何，它的职能都是相同的。安全经理直接与一线管理者(运行、维修、工程和培训等人员)联系。

4. 协调应急预案的制定

应急预案(Emergency Recovery Plan，ERP)以书面形式概述事故发生后应采取的行动以及每一行动的负责人。应急预案的宗旨是确保有序并有效地从正常状态过渡到紧急状态，包括紧急情况下的权力下放和紧急状态下的责任划分。预案中还包括由关键人员授权采取的行动，以及协调应对紧急状态的工作。整体目标为维持安全运行或尽快恢复至正常运行。

5.安全管理体系文件

安全管理体系的一个明显特征就是所有的安全活动均要求形成文件并是可见的。因此，文件是安全管理体系的一个基本要素。

安全管理体系文件必须包括并酌情提及所有相关的和适用的国内和国际规章，还必须包括安全管理体系所特有的记录和文件，如危险报告表、责任义务关系、关于运行安全管理的责任和权利，以及安全管理组织的结构。此外，它还必须以文件形式说明记录管理的明确指导方针，包括记录的处理、存储、检索和保护。

6.2.2 安全风险管理

1.危险识别

安全风险管理首先将对系统功能的描述作为危险识别的基础。在系统描述中，对系统的构成部分及其与系统运行环境联系的相互关系界面进行分析，以找出危险的存在及查明系统中已有或缺失的安全风险控制机制。在描述的系统中，分析危险，查明其潜在的破坏性后果及从安全风险角度评估此种后果。在具有危险后果的安全风险评定为过高而无法接受时，则必须在系统中增加安全风险管制机制。因此，评估系统设计，即证实系统足够控制危险后果，是安全管理的基本要素。

因此，危险识别是收集、记录、根据运行中的危险和安全风险采取行动和生成有关其信息反馈正式过程的第一步。危险识别主要包括三种方法：被动方法、主动方法和预测方法。

危险识别的系统化方法可以确保尽可能多地识别出系统运行环境中的大多数危险。保证这种系统化方法的适用技术如下：

(1)检查单。审查类似系统的经验和从中得到的数据，并拟定一份危险检查单。潜在危险领域将需要进一步评价。

(2)小组评审。可以召开小组会议，评审危险检查单，对危险进行更加广泛的集体研究讨论或者进行更加详细的情况分析。

危险识别讨论会需要一些经验丰富的运行和技术人员参加，通常采取有组织的小组讨论的方式，应由熟悉集思广益研究讨论技术的人担任小组会的主持人。如果任命，安全经理通常充任此职。虽然这里谈的是在危险识别的情况下采取小组讨论的方式，但同样的小组也可用来评估他们识别的具有危险后果的安全风险的概率和严重性。

危险评估应考虑到所有可能性，从最小的可能性到最大的可能性，必须充分考虑到发生最坏情况”的各种情况，但是，最终分析中要包括的危险应是“确信无疑的”危险，这也是非常重要的。

2.风险评估和缓解

危险一经识别，便应对危险潜在后果的安全风险进行评估。安全风险评估是对已经确定的对组织的能力产生威胁的具有危险后果的安全风险进行分析。安全风险分析通常将风险分解为两个部分：破坏性事件或情况发生的概率及如果发生，该事件或情况的严重性。通过使用风险可容忍度矩阵来确定安全风险的决策和接受度。虽然需要矩阵，但是也需要斟酌判断。

矩阵的确定和最终结构应由服务提供者组织进行设计，并经其监督组织同意。这旨在确保每一组织的安全决策工具与其运行和运行环境相适应，承认该领域的广泛多样性。通过上述步骤对安全风险进行评估后，必须将安全风险消除或缓解到合理可行的低的程度，这称作安全风险缓解。必须设计和实施安全风险控制。这些可以是新增的或改变了的程序，新的监督控制，培训的变更，新增或改进的设备，或任何一些消除或缓解的备选措施。这些备选措施几乎总是涉及三种传统航空防护机制（技术、培训和规章）的任何一种或三者结合的部署或重新部署。在设计安全风险控制机制后，而在将系统"联机"之前，必须对管制机制是否为系统带来新的危险做出评估。

6.2.3　安全保证

1. 安全绩效监控和测量

安全保证的首要任务是控制。为此要采取安全绩效监控和测量，这是依照安全政策和批准的安全目标验证组织的安全绩效的过程。安全保证控制必须通过监控和测量运行人员为提供组织的服务必须从事的活动的后果来进行。

安全绩效和监控信息有多种不同的来源，包括正式的审计和评估，与安全相关的事件的调查和与服务提供相关的日常活动的持续监测。

安全绩效监控和测量的信息来源如下：

(1)危险报告。危险报告和危险报告系统是危险识别的基本要素。报告系统主要包括三种：强制报告系统、自愿报告系统和秘密报告系统。

(2)安全研究。安全研究是一项包括广泛安全问题的大型分析。可以通过尽可能最广泛的研究来了解一些普遍的安全问题。一个组织可能遇到全球性质或已经在行业或国家范围内涉及的安全问题。例如，一个航空公司可能遇到与进近和着陆相关事件（不稳定的进近、纵深滑跑着陆和过高空速着陆等）增加的情况。在全球范围内，业界已经关注进近和着陆事故的频发和严重性并进行了重大研究，提出了许多安全建议并实施了全球措施以在飞行的关键进近和着陆阶段减少这类事件。因此，有问题的航空公司可以在这些全球建议和研究中发现用于自身、公司内部安全分析的令人信服的论据。这些论据对实现要求、适当分析和有效沟通的大规模整改是必要的。基于孤立的事件和传闻信息的安全论据可能是不够的。由于其性质，安全研究更适合于应对系统安全缺陷，而不是识别特定个别的危险。

(3)安全审查。在引进和采用新的技术、修改或实施新程序期间，或在运行结构改变的情况下需进行安全审查。例如，一个机场正在考虑实施机场地面监测设备，因此，安全审查的目标可能是通过评价与项目有关的安全管理活动的适当性和有效性来评估与在机场实施机场地面监测设备相关的安全风险。安全审查由安全行动小组执行。

(4)审计。审计注重组织安全管理体系的完整性，定期评估安全风险控制状况。像其他要求一样，审计要求留给功能部门提出，考虑到各种各样的复杂情况须与组织的复杂性相适应。虽然审计对涉及与服务提供直接相关活动的单位来说是"外部"的，但对整个组织来说仍是"内部"的。审计并不是旨在对技术过程的深层审计，而是旨在提供生产业务单位的安全管理功能、活动和资源的保证。审计用来确保安全管理体系的结构在人员配备、遵守批准的程序和细则、能力水平、操作设备和设施的培训与维持所需绩效水平等方面的正确合理性。

(5)安全调查。安全调查检查某一具体运行的特别因素或程序，如问题领域或日常运行的瓶颈、运行人员的认识和意见及有异议或混乱的领域。安全调查可能涉及使用调查单、问卷和非正式秘密访谈。由于调查是主观性的,在采取纠正行动之前可能需进行核实。调查可以是提供重要安全信息的一个花费不多的渠道。

(6)内部安全调查。内部安全调查包括不要求调查或向国家报告的事故或事件,尽管在某些情况下,一些组织也可进行内部调查,即使国家对所述事件正在进行调查。属于内部安全调查范围的事故或事件的例子包括飞行中的紊流(飞行运行)、频率拥挤、重大故障(维修)及停机坪车辆运行(机场)。

2.变更的管理

由于对现有系统、设备、方案、产品和服务的扩展、压缩、变化,以及新设备或程序的引入,航空组织会经历不断的变化。每当发生变化时,都可能不经意地将危险带到运行中。安全管理实践要求对作为变化的产物的危险应系统地、主动地加以识别,并制定、实施和随后评估那些管理具有危险后果的安全风险的战略。

变化可能引入新的危险,可能影响现有安全风险缓解战略的适用性,或影响现有安全风险缓解战略的有效性。变化可以是组织外部的或是内部的。外部变化的例子包括监管要求的变化、安保要求的变化和空中交通管制的改组。内部变化的例子包括管理变化、新设备和新程序。

3.安全管理体系的持续改进

安全管理体系持续改进的目的是确定低于标准绩效的直接原因及其在安全管理体系运行中的影响,通过安全保证活动纠正查明的低于标准绩效的情况。通过内部评估以及内部和外部审计达到持续的改进,持续的改进如下:

(1)通过内部评估对设施、设备、文件和程序进行主动的评估;

(2)对一个人的绩效进行主动评估,例如通过定期能力检查(评估/审计的形式)核实个人完成安全责任的情况;

(3)被动评估,通过诸如内部审计和外部审计核实系统控制和缓解安全风险的有效性。

因此,只有当组织对其技术运行和其纠正的行动保持持续的警觉时才会出现持续的改进,实际上,没有对安全益制和缓解行动的持续监控,就无法说明安全管理过程是否正在实现其目标。同样,也无法测量某一安全管理体系是否在有效地实现其目的。

6.2.4 安全宣传

1.教育和培训

安全管理者提供与组织的特定运行和运行单位相关的安全问题有关的当前信息和培训。对所有工作人员,不管其在组织的级别如何,提供适当的培训表明管理者对建立有效的安全管理体系的承诺。安全培训和教育应包括以下内容:

(1)有文件佐证的确定培训要求的过程;

(2)测量培训有效性的验证过程;

(3)初始(一般安全)职务专门培训;

(4)纳入安全管理体系的教育或初始培训,包括人的因素和组织的因素;

(5)安全复训。

应以文件形式记载组织内的每一次活动领域的培训要求和活动。应为每一位雇员包括管理者制定培训档案，并核实人员是否已经接受了计划的培训，应使培训方案适合组织的需要和复杂性。

一个组织内的安全培训必须确保人员得到培训并有能力执行其安全管理职责。安全管理体系手册(Safety Management System Manual，SMSM)应为运行人员、经理和主管、高级管理者和责任主管规定安全初训和复训标准。安全培训量应与个人的责任和参与安全管理体系的情况相适应。安全管理体系手册还应规定安全培训责任，包括内容、频次、验证和安全培训记录管理。

安全培训与教育应遵循结构砌块方法(见图 6-1)。对运行人员的培训应涉及安全责任，包括遵循所有运行和安全程序、识别和报告危险。培训目标应包括组织的安全政策和安全管理体系的基本内容和概况，内容包括危险、后果和风险的确定，安全风险管理过程的作用和责任以及非常基本的安全报告和组织的安全报告系统。

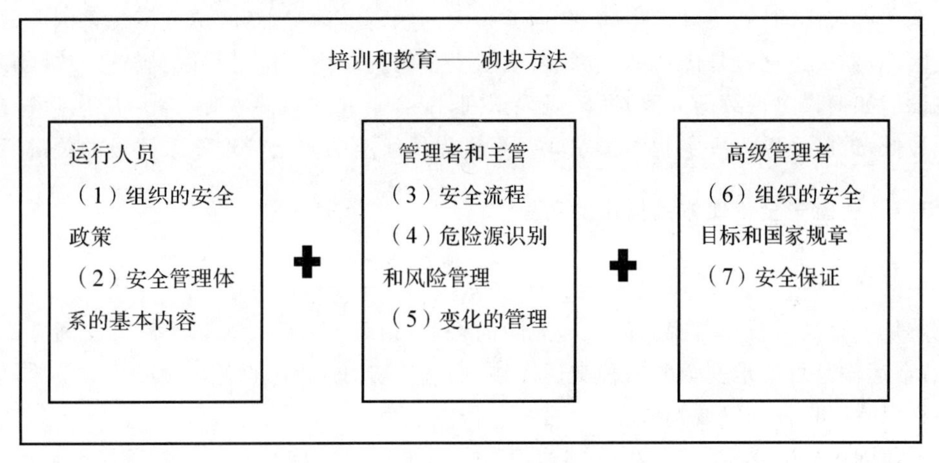

图 6-1　安全培训与教育砌块方法

对管理者和主管的安全培训应涉及安全责任，包括宣传安全管理体系和使运行人员进行危险报告。除了为运行人员制定的培训目标外，为管理者和主管制定的培训目标应包括安全过程、危险识别、安全风险评估和缓解以及变化管理的详细知识。除为运行人员规定的内容外，对主管和管理者的培训内容还应包括安全数据分析。

对高级管理者的安全培训应包括符合国家和组织安全要求的安全责任、资源分配，确保有效的部门间安全信息交流和对安全管理体系的积极宣传。除了以上两类雇员的目标外，对高级管理者的安全培训应包括安全保证和安全宣传、安全作用和责任，以及确定可接受的安全水平。

安全培训应包括对责任主管的特殊安全培训。此种培训的时间应适当地简短(不应超过半天的时间)，应使责任主管全面了解组织的安全管理体系，包括安全管理体系的作用和责任、安全政策和目标、安全风险管理和安全保证。

2. 安全信息交流

组织应向所有运行人员通报安全管理体系的目标和程序，在支持提供服务的组织运行的所有方面均应突出安全管理体系的位置。安全管理者应通过公告和简报宣传组织安全管理体系方案的绩效。安全管理者还应确保从内部或来源于其他组织的调查和案例记录或经验吸取的教训得到广泛宣传。在整个组织中安全管理者和运行人员之间应该沟通。如果积极鼓励运行人员识别和报告危险,安全绩效会更高。因此,安全信息交流的目的如下:

(1)确保所有员工充分了解安全管理体系;

(2)传达安全关键信息;

(3)解释为何采取特殊行动;

(4)解释为何引入或修改安全程序;

(5)传达“引人注意”的信息。

6.3 中国民航安全管理体系建设

民航安全是民航行业生命赖以存在和发展的基础,是维护民航乘客利益的核心。民航行业在安全上没有小问题,一旦发生问题,通常是大问题,其影响波及的范围不仅是国内,甚至也会波及国外,损失也往往是惨重的。因此,民航安全管理体系建设是我国民航业发展的基础和核心建设。如何通过持续的风险预警、风险识别,配合事先的风险控制、事后的风险管理将风险降到最低,这已经成为决定我国民航业乃至世界民航业的安全管理体系建设的关键所在。

6.3.1 民航安全管理体系提出的背景

1. 民航安全管理体系提出的目的

民航是一个高科技装备、高投入、高风险的行业,相对于公路、铁路、水路等交通方式,迄今为止,航空运输是目前最安全的一种交通运输方式。全球航空业虽然发生过几次事故,但安全水平始终保持着良好的发展趋势。

回顾我国民航的安全发展,从2004年11月21日至2009年9月底,我国民航创造了连续安全飞行57个月、1 700万小时的历史最好的安全纪录。1998—2007年,我国民航运输每百万飞行小时重大事故率是0.23,而同期世界平均水平为0.33。但是,中国民航的发展也同时面临巨大的挑战。首先,民航旅客每年的运输业务量急剧增加,航线网络结构复杂,运行压力加大;其次,客户要求越来越高,航空事故的发生将会产生广泛的负面影响力;最后,航空业内外环境变化太快,深受政治、经济环境和自然灾害等影响。为此,航空组织必须在保证安全绩效、保持快速发展的前提下,迅速地进行有效应对。

2. 国际民航组织(ICAO)对安全管理体系的要求

国际民航组织从2004年开始陆续颁布和修订各种关于要求各缔约国民航建立安全管理体系的文件,并于2009年对Doc9859进行第2次修订。根据国际民航公约附件1,6,8,11,13,14条以及国际民航组织有关文件要求,安全管理体系作为国家安全方案(State Safety Programme,SSP)的组成部分,各缔约国应强制要求已获批准的且在提供服务时面临安全风险的培训组织、航空公司、维修保养组织、型号设计机构和飞机制造商、空中交通管制机构和取得使用资格的机场实施成员国接受安全管理体系。

安全管理体系一方面要应对航空业面临的压力和挑战,另一方面也要试图解决各航空企业管理层所面临的困惑或管理难题。ICAO提出安全管理体系的三大基本目的是:①作为国家航空安全纲要的组成部分;②帮助航空企业能够具有快速应对各种变化的能力,并使安全管理等各种工作更加有效;③希望通过一种办法,能够帮助航空企业的管理者在安全和生产之间的资源分配上找到一个合理的现实平衡。

3. 中国民用航空局对安全管理体系的要求

中国作为国际民航组织的一类理事国,将根据国际民航组织的要求,在我国民航企事业单位全力实施安全管理体系。2017 年 10 月,中国中国民用航空局发布《中国民用航空安全管理体系建设总体实施方案》,各业务司局根据要求也对规章进行了修订并发布。与此同时,安全管理体系在机场、航空公司、空管、维修单位进行试点,并陆续展开安全管理体系教育和培训。

6.3.2　民航安全管理体系的基本属性

民航事业的基本属性,主要包括以下 4 条。

1. 明确的目的性

民航安全管理体系建设的主要目的是为了做好安全管理,以此来提升安全管理水平,提升民航强国的安全保障,并且在民航安全管理体系的建设中,相关的子系统、各个要素以及各个环节的工作都要围绕这一目的进行开展。

2. 高度的整体性

民航行业的系统性决定了民航安全管理体系要具备整体性。同时,也要求各个系统内的层次以及子系统的运行必须要服从于系统功能的整体要求。

3. 清晰的层次性

主要强调的是政府以及企业之间的层次性,同时民航安全管理体系能够在政府宏观以及微观层次上进行建设发展。若是过分地重视企业的层次,那么将会直接影响到国家安全管理体系的整体性实现;而若是过分地重视政府的层面,那么也会导致企业的安全管理体系无法有效落实。

4. 富有环境适应力

系统的环境适应性主要是由其他的整体性以及层次性相互决定的民航安全管理体系以及外部的环境之间存在较好的适应性,这样将会促进各个子系统以及不同层次之间的系统性越来越强,更有助于系统功能的发挥。

6.3.3　民航安全管理体系的核心要素

民航体系的核心要素主要有安全管理的组织体系、法规标准体系以及监督检查体系。首先,对于组织体系而言,是对航空安全进行依法管理的基础所在,同时,健全各级安全管理机构也是民航实施安全管理的基本条件。要想做好安全管理组织体系,必须要具有合理的功能结构,针对政府以及企业不同的安全管理需要,对各个层面的机构进行设置。同时也要明确工作目标,利用优秀的管理团队来进行管理,做好对员工的培训工作。其次,对于法规标准体系而言,是民航安全管理的法律依据,也是企业安全生产的行为准则,能够对从业人员的责任以及权益进行明确的规定。安全管理法的规建立必须要根据国家、行业以及企业等层次上的标准进行建设。要能保证其适应民航安全生产以及管理,与国际法规体系相互联系,具有较高的执行效果，企业标准高于行业标准。最后，对于监督检查体系而言，是企业安全生产方针、政策等执行的保证，同时也是民航系统功能实现的关键环节。

6.3.4　我国民航安全管理体系建设建议

1. 重视开展以人为本的机务队建设

民航安全管理体系的建立关乎民航事业运行的稳定性与长远性。随着高新技术的不断发展，技术方面不断改革，成效显著，但是，在这一过程中，人的作用不容忽视。为此，为了更好地贯彻安全目标和指标体系，需要强化机务队伍管理与建设，培养能力强、素质高的管理人才。立足实践，机务人员是最基础的人员，能够实现对故障及早发现，与机体安全运行与否关系紧密，因此，如果问题能够让机务人员及时发现，同时，在最短的时间进行科学的分析，则容易形成最佳的应对方案。为此，要切实增强机务队伍的素质和水平，这对于整个民航安全体系的建设意义重大；要积极推动企业文化建设，为机务人员的培养提供有力的环境保障。

2. 正视民航安全管理水平

为了建设更加有效的民航安全管理体系，要明确民航安全管理水平，提高应对的针对性。在当前的民航企业中，人为因素复杂，相关制度存在缺陷，直接阻碍了民航企业的有序发展。因此，要正视民航安全管理体现的发展水平，形成具有自身特色的安全管理体现框架，更好地发挥整个体系的价值。

3. 加快一体化建设

针对民航安全管理系统，在建设过程中，存在诸多相关体系，如安全监控环保体系、保安管理体系等，在发展中不断融合，相互促进，在融合中实现安全管理体系的整体完善。安全管理体现的建设需要立足企业实际，形成多体系相兼容的一体化建设模式。

4. 积极开展安全文化建设

当前，很多国内民航企业都更加倾向于自己进行安全体系的建设，“闭门造车”的现象十分突出。但是，需要明确的是，规章制度很难实现对所有情况的覆盖，同时，制度存在一定的滞后性，因此民航安全管理体系需要在关注制度建设的同时，重视企业安全文化建设。结合时代发展步伐，积极引进高素质的文化运营人员。同时，管理层要充分认识到为安全文化建设的重要性，营造良好的企业安全文化氛围，保证规划的科学性，为民航安全管理体系建设提供强大的动力。

5. 重视法律法规的完善

民航安全管理建设离不开政府相关法规的约束，也就是安全管理法规，这是企业实施安全运行和管理的根据。为此，相关人员要明确自身的责任和义务，严格遵守民航生产的相关法规，达到安全生产的目的。安全管理法规涉及法律、法规以及相关规范性文件，需要全面考虑国家、企业以及行业的发展情况，立足企业运营实际，切实提升民航企业安全管理水平。

【知识链接】

安全政策声明

安全是我们的核心业务职能之一。我们致力于开发、执行、维护和持续改进战略和过程，以确保我们所有的航空活动均在组织资源均衡配置下进行，以期在提供服务期间实现安全绩效的最高水平，并达到国家和国际最高标准。

以首席执行官、总经理或组织内其他适当人员为首，各级管理者和全体雇员均对实现这一最高水平的安全绩效负责。

我们的承诺如下：

(1)通过提供所有相关资源支持安全管理，这将营造一种组织文化，促进安全做法，鼓励有效的安全报告和交流，并且像关注组织其他管理体系的结果那样，同样关注积极管理安全；

(2)加强安全管理，将其作为所有管理者和雇员的一项主要责任；

(3)明确规定所有工作人员、管理者和雇员等在实现组织的安全绩效和运行我们的安全管理体系时的责任和义务；

(4)建立和运行包括危险报告制度在内的危险识别和风险管理过程，以消除由于我们的运行和各项活动所导致的具有危险后果的安全风险，或者将此种安全风险降低到合理可行的低的点；

(5)确保不对通过危险报告系统揭露安全问题的雇员采取行动，除非此种揭露行为确确实实表明属于非法行为、严重疏忽，或者对规章和程序的蓄意或故意漠视；

(6)遵守并在任何可能的情况下超过法律及规章的要求和标准；

(7)确保可以得到足够的熟练技术和训练有素的人力资源，以执行安全战略和过程；

(8)确保所有员工能够获得充分和适当的航空安全信息和培训，有能力处理安全事务，并且只给他们分配与其技能水平相当的任务；

(9)根据现实的安全绩效指标和安全绩效目标，制定和测量我们的安全绩效；

(10)通过确保采取相关和有效的安全行动的管理过程，持续提高我们的安全绩效；

(11)确保外部提供的支持我们运行的系统和服务达到我们的安全绩效标准。

（签字）

首席执行官/总经理/适当人员

资料来源：ICAO，安全管理手册(SMM)，Doc9859，2009

东航云南分公司建立安全管理体系的经验

1. 审时度势，着眼全局，抓住机遇，及时启动SMS项目建设

ICAO公约附件6《航空器运行》第30次修订要求：从2009年1月1日起，国家应要求航空运营人实施被局方接受的安全管理体系(SMS)，至少包括辨识影响安全的危险源；保证采取必要的改正措施来维持可接受的安全水平；对已获得的安全水平进行持续监督和例行评估；对整个安全水平进行持续改进；清楚界定运营人各级安全责任，包括高层管理的直接安全责任；制定飞行安全文件系统，供运行人员使用和为其提供指导。为此，中国民用航空局于2007年底发出了航空承运人实施SMS的通知要求和2008年初发布了建立SMS的咨询通告。东航云南分公司本着建立具有自己特色，改良现有安全管理方法，汲取安全管理工作实践中总结出来的经验和行之有效的做法，勇于探索创新的基本原则，在评估现有安全文化、管理水平、人员素质等方面的差异后，公司决定从大处着眼，小处着手，采取“循序渐进”的方法，尊重SMS建立的一般规律，先建立SMS的基本模式，在运行过程中边实践、边改进，不断提高SMS的质量与层级。因此，为了全面提升安全管理水平，构建新型安全管理长效机制，根据公司的实际，结合SMS各要素的要求，公司在2008年初工作会议上明确提出了依照ICAO公约附件6和SMS咨询通告要求，整合和深化公司原有的质量管理体系，全面建设安全管理体系(SMS)的战略目标。在做项目推行设想、办公场所、人员选择、启动经费的初始准备后，公司正式启动了SMS建设项目。

2.科学编制策划方案，建立推行机构与工作机制

公司编写了《东航云南分公司建立与推行安全管理体系(SMS)项目实施方案》，作为指导此项工作的纲领性文件，并制定了其支持性文件《东航云南分公司安全管理体系(SMS)建立和推行工作各阶段实施计划》，包括前期准备工作、体系策划、文件编制、试运行、体系运行及内审、认可准备及认可、体系维持与改进7个阶段，共计90余项具体工作任务，明确了各阶段的工作内容、要求、责任人、时间段。同时，公司建立了“安全运行质量管理通报制度”，在每个阶段实施前、实施中、实施后，发布和通报相关的指导意见、工作要求、实施方法和改进方向，到目前为止，发布了近50期通报，400余页；还在公司内网建立了“安全管理体系”专栏，促进了项目的推行。公司与各部门签订了《建立和推行安全管理体系(SMS)责任书》，制定了配套的奖惩制度，建立了公司项目推行的三级网络：成立了以公司总经理为组长的安全管理体系项目领导小组，先后召开了三次专题会议，指导和监督项目推行工作；抽调了20余名业务骨干组建了公司SMS项目办公室，负责项目策划、组织、实施、协调和监督；成立了各部门推行小组，负责组织实施部门项目推行工作。项目办还建立了考勤、周讲评会、周学习讨论会、责任督促检查落实、通报及定期汇报、集体讨论协商和审批、宣传报道7项内部工作制度。同时，还在每月的安委会上做专题汇报，通报SMS项目工作进展情况与需要解决的问题。对19个主要运行部门开展了安全管理现状诊断工作，找出了与SMS咨询通告要求有较大差距的15项需要改进或完善的系统性问题，确定了安全基线。上述举措为确保SMS项目推行有组织、分步骤、定时间、保质量的进行，为实现公司战略目标提供了有力的组织和制度保证。

3.做好各阶段培训与宣传工作，打好推行工作的基础

针对各阶段的核心工作任务，对各级管理和推行人员组织开展了专题培训。第一阶段举办了四期“安全管理体系(SMS)建设培训”，第二阶段举办了二期“安全管理体系(SMS)基础知识培训”、二期“危险源辨识和风险分析/评估知识培训”，第三阶段举办了二期“SMS文件编写培训”，第四阶段举办了一期持续10天的“SMS文件宣贯培训”，总计培训1 000多人次。公司编写了专题培训教材300余页。通过培训，各级推行人员提高了对新型安全理念的认识，掌握了SMS基础理论，危险源辨识，风险分析/评估和控制，体系文件编写的知识、方法和要领，为SMS项目各阶段核心工作的开展奠定了扎实的基础，确保了质量安全体系手册贯彻到大多数员工，使他们树立了依照手册实施管理和组织生产活动的理念。

4.制定安全政策、质量安全目标，系统界定各层级安全管理责任与落实推行和维护SMS责任

安全政策是公司如何保证安全生产、提高安全管理水平的指导思想，质量安全目标是公司各项质量安全评价指标的期望值。运用制定目标的SMART理论，结合公司实际运行水平，公司制定了既符合SMS咨询通告要求又符合ISO要求的16项安全政策和具有可测评、可实现的25项质量安全目标，分解形成了530余项部门指标，确定了层级目标的分析统计、过程控制、改进的方法，建立了公司目标控制的基础。为了满足局方推行SMS的相关要求，防止安全管理与风险管理的职责遗漏或不明晰，组织对公司管理层和22个业务部门的工作职责进行了系统性的修订，明确了公司总经理、副总经理所应承担的相应安全责任及在SMS中各自承担的责任，增加了安全总监的职责与权限，合理地划分了安监部与运标部在SMS中各自承担的责任，在体系设计与建立时，确定了由运标部、安监部负责公司SMS的设计和整体维护工作，负责公司质量安全目标的制定以及质量安全管理手册的有效性控制和总体管理；各部门一把手为SMS推行工作第一责任人，负责本部门SMS的建立健全以及组织实施与持续维护，确定本部门推行机构和人员，授权其开展对本部门质量安全目标、质量安全文件/手册的有效性控制和宣贯等工作，负责对质量安全管理手册的适宜性、充分性和有效性进行测评，通过改进使之始终能满足SMS的要求。在体系运行时，要求各部门严格落实责任制，积极主动完成所负责的各项任务，严格依照手册开展各项工作，正确对待SMS推行过程中遇到的各种困难，本着勇于探索、积极进取的态度去解决执行中的新问题或矛盾，不断积累经验，在实践中检验规程。公司还调整完善了航空安全委员会、质量管理委员会和服务质量委员会的职责。上述界定后的职责已在程序文件中体现，基本符合了咨询通告要求。

5. 完善风险管理机制，建立危险源数据库，确定风险评价方法，实施风险控制

公司成立了风险管理领导小组，负责围绕公司质量安全目标，组织、指导、部署和监督风险管理工作；风险领导小组下设安全运行管理、飞机工程与维修、客货运输服务与管理、人力资源与计财审、行政事务与后勤保障、信息技术、党纪工团7个专业风险评估小组，负责对公司风险管理初始信息和各项业务管理及其重要业务流程进行风险评估。公司明确了运标部为风险管理的职能部门，确定了各部门风险管理的职责。按照SMS标准要求，公司编写了《风险领导小组和专业风险评估小组工作程序》《危险源辨识和风险评价工作程序》《风险控制管理程序》《数据分析及改进控制程序》《安全管理体系系统评价控制程序》等风险管理程序，研究确定了公司的危险源辨识方法、风险管理矩阵模型、风险评价方法和风险控制手段。经过对部门系统管理、组织机构及职责、工作流程、业务接口、文件记录等方面的全面分析，公司分解了近1 300个生产和管理过程，初步建立了有3 000余项危险源的数据库。同时，公司分别对其进行了综合风险评估，评定了风险等级，制定了消除、减少和缓解风险的控制措施，确定了风险管理的优先次序。公司初步建立了监督测量和改进机制，建立了对系统的运行情况进行监测的机制，以持续改进SMS的有效性，不断降低安全风险。

6. 利用ISO体系管理平台，建立既符合SMS要求又符合ISO标准的质量安全管理文件体系

ICAO借鉴了ISO 9000与OHSMS等国际标准的方法，建立了SMS实施标准。因此，建立SMS不是要否定现有的管理体系，而是将组织事故理论和系统安全的思想引入现有的管理体系，是建立在规章基础上的系统管理，侧重对管理和机制的约束。公司以现有的质量管理体系为基础，有机地将安全管理体系与其融合，完善了SMS规定的若干要素，形成了质量安全管理体系。针对各部门所承担的工作责任，将辨识出的危险源与风险控制方法、影响目标完成的因素、非常规活动控制、保证与改进要求等方面内容，对相应的质量管理体系规程进行了补充和优化。经四次全面系统的审定后，公司编制了初步满足“三性两符合”（有效性、可操作性、充分性；符合ISO标准、符合SMS咨询通告要求）总体原则的三级质量安全管理文件体系，包括一级1本《质量安全总册》；二级1本《安全运行质量管理手册》、1本《应急处置手册》和22本业务管理手册；三级26本部门工作手册，合计51本手册共计600多万字，包含1 100多个管理规程、部门管理规定或作业指导书，初步建立了满足要求的质量安全管理文件体系。

7. 建立沟通协调与顾客满意度测评机制，规范信息获取利用方式，为安全管理的科学决策提供依据

为落实CCAR－121.43款、ISO标准条款5.5与SMS咨询通告的要求，有效解决SMS运行过程中的突出矛盾或纠纷等问题，弥补日常安全管理的缺失，避免质量安全管理工作虚位和错位或不到位，真正体现“机关为基层服务、后勤为一线服务、地面为空中服务、全员为旅客服务”的闭环管理思想，公司建立了质量安全管理协调制度、顾客满意度测评制度(包括对公司内、外顾客的满意度测评)，制定了相关配套规程，进一步完善了公司SMS的内涵。采取对日常生产运行过程中各类信息及数据的收集分析和调查核实，从一定程度上基本掌握了安全运行、质量管理、服务保障等方面的运行现状，为改进工作提供了依据。按照SMS咨询通告的要求，公司进一步明确了各类信息的收集渠道和分析利用要求等内容，补充修订了相关的业务管理规程，建立了员工安全报告和反馈等机制，通过加强对各类运行数据、不安全事件、员工安全报告、安全经验教训等方面信息的监控和分析，做好相关数据的统计、分析与运行记录，有效评价整个公司的质量安全状况，查找存在的不足和问题，对存在的问题特别是可能存在的危险，及时分析和采取纠正预防措施予以解决，并合理实施风险控制，及时采取相应的改进措施，从而为安全管理的科学决策提供依据。

8. 健全SMS三级审核机制，建立质量安全审核员队伍，做好内部审核工作

现行运行规章是对生产和运行过程的规范，是建立和有效实现SMS的前提和基础，公司原有的安全运行监察与内部质量审核机制是对其能正常实施运行的必要保障，SMS也要求定期对公司政策、程序与相关规章、法律进行符合性检查。因此，公司成立了以总经理为组长、安全总监为常务副组长、其他公司领导为副组长、公司主要职能机关第一负责人为组员的安全运行监察与质量安全审核领导小组，全面领导和负责公司的安全运行监察与质量安全审核工作。依据CCAR－121、ISO标准和SMS咨询通告要求，公司确定了由运标部、安监部负责安全运行监督检查与质量安全监督审核工作，监控及维护运行规章的持续符合性，负责公司质量安全管理体系的审核组织；各部门指定或确定本部门的监督审核机构和人员，负责对贯彻执行QSMS的情况进行持续性监督审核。公司编制了《质量监督检查控制程序》《内部审核评估控制程序》《运行监察员/质量安全审核员管理程序》《不合格控制程序》《安全检查工作程序》以及各部门内部监督审核规程，使公司和各部门监督审核形成了制度化。公司调整、补充、整合了原有的安全运行监察员与质量审核员队伍，组织进行了SMS审核培训，学习SMS理论知识和审核基础知识，保证了内审工作能在一个较高的标准上进行。在完成质量安全审核员聘任后，公司组织编制了SMS审核单，开展了SMS审核，依据SMS文件系统地查找可能存在的职责缺失、危险隐患、风险预防和控制措施缺陷、接口关系不清等方面的问题，并进行了纠正和预防，为持续改进体系提供了准确的依据。

9. 系统评价体系，实施管理评审

为了确保SMS的适宜性、充分性和有效性，保证各类输入信息的充分性和准确性，依据《数据分析及改进控制程序》《安全管理体系系统评价控制程序》要求，在运行过程中，公司加强了对各业务流程或过程的监视、测量与控制工作，广泛收集了各类运行数据和信息，进行数据分析和系统评价，按照《管理评审控制程序》开展了管理评审，管理评审会议由总经理主持，各部门一把手参加，对公司的质量方针、安全政策、质量目标，质量安全管理体系文件运行情况，组织机构、职责分配和人员、资源配置，航空运输服务实现的符合性，质量安全审核评估和监督检查(包括运行、安全、服务),顾客满意度(包括内外部顾客)调查分析、投诉处理,风险管理,信息获取、持续监控、数据分析和系统评价,安全经验教训,纠正和预防措施,影响质量安全管理体系维持和变更的情况等方面进行了系统评价,提出了体系改进意见与纠正预防措施,确保SMS有效运行。

10. 建立目标考核与健全绩效奖惩制度,确保安全管理体系持续改进

为了使每个工作流程或过程形成相互监督、相互制约的闭合管理,围绕公司质量安全目标与分解细化的具体指标,公司制定了相应的达标考核细则,与工资奖金分配接轨,逐月考核,充分调动团队与个人的积极性。为了确保公司各部门和全体员工严格遵循运行手册和质量安全管理手册要求,公司科学规范、正确实施"安全生产、人人有责"的考核标准和奖惩制度,防止和纠正违章违纪行为,维护运行手册和质量安全管理手册的严肃性和权威性,达到航空安全、航班正常和优质服务的目的,系统制定了包括飞行、工程维修、客舱安全、飞行签派、航行情报、地面运行保障、危险品运输、空中保卫、综合质量管理 9 个方面的事故、差错标准计 443 项,修订和完善了公司《质量管理事故、差错处置控制程序》《质量管理奖惩规定》《质量管理考评实施细则》,为公司进一步深化绩效管理提供了有力的规章保障。实施 SMS 后要持续进行安全绩效的监测及评估,评价实施 SMS 前后,公司安全管理水平的变化情况和体系的运行情况,始终保持积极主动、科学发展的观点与态度,持续改进 SMS。

资料来源:http://news.carnoc.com/list/129/129367.html

复习思考题

1. 简述安全管理体系的组成部分和要素。
2. 试分析安全管理体系建立的步骤。
3. 简述民航安全管理体系的基本属性和核心要素。
4. 试分析安全保证与风险管理的关系。

第7章　民航安全审计

按照“安全第一、预防为主、综合治理”的方针和“以人为本”的科学发展观，结合中国民航长期积累的安全管理经验，借鉴国际民航相关做法，从2006年起，中国民用航空局对民航企事业单位实施安全审计，目的是掌握民航企事业单位安全运行状况，促进其建立和完善安全管理体系，提升行业安全运行整体水平。

7.1　基本概念

7.1.1　民航安全审计

1.审计

审计是由国家授权或接受委托的专职机构和人员，依照国家法规、审计准则和会计理论，运用专门的方法，对被审计单位的财政、财务收支、经营管理活动及其相关资料的真实性、正确性、合规性、合法性、效益性进行审查和监督，评价经济责任，鉴证经济业务，用以维护财经法纪、改善经营管理、提高经济效益的一项独立性的经济监督活动。

2.民航安全审计

民航安全审计是中国民用航空局依据国际民航组织标准和建议措施、国家安全生产法律法规及民航规章、标准和规范性文件，对航空公司、机场、空管等单位进行的安全符合性检查，属于政府安全监管行为。

7.1.2　安全审计员

安全审计员是经中国民用航空局批准，从事安全审计工作的人员。

7.1.3　安全观察员

安全观察员是安全审计办公室派往审计现场、观察审计过程并收集审计情况的人员。

7.1.4　安全审计检查单

安全审计检查单是中国民用航空局依据相关法律、法规、规章、标准和规范性文件，以及国际民航组织标准和建议措施编制的、供审计员在审计过程中使用的工作单。

7.1.5 符合性声明

符合性声明是被审计方向安全审计办公室提交的、对照安全审计检查单自查结果及其理由的说明。

7.1.6 审计启动会

审计启动会是审计组在审计现场召开有被审计方参加的、对即将实施的安全审计活动做出安排的第一次正式会议。

7.1.7 审计情况通报会

审计情况通报会是审计组在审计现场召开的向被审计方通报审计结果的会议。

7.2 安全审计的基本内容

7.2.1 安全审计的目的及准则

1. 安全审计的目的

(1)掌握被审计方安全运行状况；

(2)查找被审计方安全管理上存在的问题，督促并指导其进行安全整改；

(3)促进被审计方建立和完善安全管理体系。

2. 安全审计的准则

审计组在安全审计工作中应当遵循以下准则：

(1)严格。严格审计标准，维护审计工作的严肃性。

(2)公正。实事求是，尽可能地消除审计员主观因素或外部因素对审计工作的影响。

(3)透明。向被审计方全面公开实施安全审计的各项要求、采用的审计标准及相关资料。

(4)廉洁。认真遵守廉洁自律的各项规定。

7.2.2 安全审计要素

安全审计要素主要包括组织管理(A类)、规章制度(B类)、运行管理(C类)、资源配置(D类)、信息管理(E类)、应急管理(F类)和人员培训(G类)七类要素。

1. 组织管理(A类)

(1)是否建立了完善的安全生产责任体系；

(2)是否建立了完善的安全监管体系；

(3)是否在其最高管理层内有一名负责安全管理的分管领导，该领导是否有足够的权力调配安全管理所需的人、财、物资源；

(4)是否设立独立于生产运行之外的安全监察部门，负责对运行安全进行有效监控；

(5)是否建立满足安全运行要求的运行管理机构；

(6)是否保证安全管理部门人员，不会因执行生产任务而影响其履行安全管理职责；

(7)安全监察部门和岗位的安全职责和工作程序是否明确，是否建立了有效的人员接替或代理职责的规定和程序；

(8)生产运行部门和岗位的安全职责和工作程序是否明确，是否建立了有效的人员接替或代理职责的规定和程序；

(9)日常安全监管所发现问题的整改落实情况；

(10)一年内的安全指标完成情况。

2.规章制度(B类)

(1)是否根据国家和局方颁布的法律、法规、规章、标准、规范性文件以及安全运行需要，制定并落实了本单位的规章制度；

(2)是否建立完整的安全目标管理制度；

(3)是否落实重要生产运行岗位人员的资格标准；

(4)是否制定并落实有效的不安全事件调查处理程序；

(5)是否建立安全运行内部审计制度；

(6)是否建立并落实外包、租赁及代理业务的安全管理规定。

3.运行管理(C类)

(1)是否按照局方批准的运行资格实施安全运行；

(2)运行管理部门是否按照运行管理规定进行管理；

(3)岗位工作人员是否按照规定的职责和工作程序进行操作；

(4)设施设备是否按照要求进行维护和管理，设施设备运行状况是否满足安全运行的需要；

(5)工作环境是否满足安全生产的需要。

4.资源配置(D类)

(1)主要负责人是否保证了安全生产所必需的资金投入；

(2)设施设备的配置是否满足安全运行的需要；

(3)是否有足够合格的专业人员履行生产运行和安全管理的职责。

5.信息管理(E类)

(1)是否建立并实施了有效的规章手册、通告、指令等文件息管理制度和程序；

(2)是否建立并实施了有效的安全信息管理制度和程序；

(3)是否按局方规定报告安全信息；

(4)是否建立并实施了自愿报告程序。

6.应急管理(F类)

(1)是否制定有效的应急预案；

(2)是否对应急预案进行动态管理；

(3)是否建立健全应急组织体系；

(4)应急保障是否满足应急工作要求；

(5)是否按规定进行应急处置的培训和演练。

7. 人员培训(G 类)

(1)是否制定并实施了生产运行的专业技能培训大纲或计划；

(2)是否制定并实施了安全管理人员的专业技能培训大纲或计划；

(3)是否建立以安全意识和风险管理为主要内容的全员安全教育制度；

(4)安全教育培训档案是否规范完整。

7.2.3　安全审计的方法和结果评分

1. 安全审计的方法

审计组在审计过程中，可以采用但不限于以下方式：

(1)访谈；

(2)查阅文档记录；

(3)现场检查；

(4)问卷调查。

2. 安全审计结果评分及分类

(1)安全审计结果评分。审计分数按百分制计算，其中安全审计项符合率占 70 分，七要素综合评定情况占 30 分。

七要素综合评定是审计组按照七要素内容对被审计方做出的综合评价。七要素综合评定分数不对被审计方公布，只提交给安全审计办公室作为审计结果分类的参考。

(2)评审结果分类。审计结果分为以下四类：

评定为一类的被审计方：组织管理完善、规章制度健全、运行管理规范、资源配置充足、信息管理有效、应急管理完备及人员培训到位。

评定为二类的被审计方：组织管理基本完善、规章制度基本健全、运行管理基本规范、资源配置比较充足、信息管理比较有效、应急管理比较完备及人员培训基本到位。

评定为三类的被审计方：组织管理不够完善、规章制度不够健全、运行管理不够规范、资源配置不够充足、信息管理不够有效、应急管理不够完备及人员培训不够到位。

评定为四类的被审计方：组织管理差、规章制度不健全、运行管理不规范、资源配置不足、信息管理低效、应急管理不完备及人员培训不到位。

对评定为一类的被审计方，局方将优先安排其运行；对评定为二类的被审计方，局方继续认可其现有运行；对评定为三类的被审计方，局方将按照相关程序在某些方面对其运行进行限制；对评定为四类的被审计方，局方将按照相关程序终止其运行。

7.2.4　安全审计组织实施

1. 组织实施

安全审计由中国民用航空局统一领导，中国民用航空局相关司局组织实施。安全审计可由中国民用航空局委托民航地区管理局(地区空管局)以中国民用航空局名义组织实施。

对辖有空管单位的机场进行安全审计时，增加空管审计内容。

2.审计公布

安全审计报告和整改跟踪报告在民航行业内公布。

3.审计周期和经费

安全审计周期通常为5年。安全审计周期也可根据实际情况缩短或延长。

安全审计工作经费由中国民用航空局统筹安排,安全审计年度工作经费预算由安全审计办公室制定,报中国民用航空局财务部门批准。

4.审计中止

当出现以下任意一种情况时,审计组可以中止审计:

(1)被审计方发生重大安全问题导致安全审计难以继续进行;

(2)审计组在查找或获取客观证据时受到明显限制或阻碍;

(3)审计组内部发生了影响安全审计的特殊事件。

无论何种原因中止安全审计时,审计组应当向被审计方发出书面通知,说明中止审计原因,同时向安全审计办公室报告。

7.3 安全审计组织机构及职责

企业的安全生产工作涉及全体人员,从工作性质的角度看,这些人员大致可分为3个层面,即操作层面、管理层面和领导层面。不同层面的人员在安全工作中的角色、作用和任务是不同的。企业对安全生产的重视与否、保障条件好坏等,均与处于领导层面的人员密切相关。企业安全管理层面的人员从事安全管理工作,离不开领导者的作用。

7.3.1 安全审计领导小组及职责

1.安全审计领导小组

安全审计领导小组设在中国民用航空局,由中国民用航空局领导及相关部门负责人组成。

2.工作职责

安全审计领导小组的工作职责如下:

(1)领导民航安全审计工作;

(2)审核批准安全审计年度计划;

(3)研究解决安全审计工作中的重大问题;

(4)批准公布安全审计结果。

7.3.2 安全审计办公室及职责

1.安全审计办公室

安全审计办公室是负责民航安全审计事务的办事机构。安全审计办公室设在中国民用航空局航空安全办公室。

安全审计办公室主任由中国民用航空局航空安全办公室主任担任,成员由中国民用航空局相关部门人员组成。

2. 工作职责

安全审计办公室的工作职责如下：

(1)组织编制和下发安全审计年度计划；

(2)指导协调安全审计工作；

(3)管理安全审计信息和文档；

(4)修订安全审计指南；

(5)组织修订安全审计手册；

(6)定期组织对安全审计报告的评估；

(7)编制安全审计经费预算；

(8)协调组织安全审计员培训；

(9)完成安全审计领导小组交办的其他事项。

7.3.3　安全审计组及职责

1. 安全审计组

安全审计组分为航空公司安全审计组、机场安全审计组和空管安全审计组。根据审计工作需要，各安全审计组可下设若干专业审计组。各专业审计小组一般由1～2人组成。

安全审计组由组长、协调员和审计员组成。

2. 工作职责

(1)安全审计组组长的工作职责如下：

1)制定安全审计实施计划；

2)组织实施安全审计；

3)组织编制审计报告。

(2)安全审计协调员由安全审计组组长指定，负责审计联络、协调工作。

(3)安全审计员工作职责如下：

1)参加安全审计准备，了解被审计方的安全管理及安全运行情况；

2)依据安全审计检查单开展安全审计工作；

3)填写安全审计检查单；

4)提出整改意见；

5)起草审计报告和整改通知单。

7.3.4　安全审计观察员及职责

(1)安全审计办公室根据需要派出安全审计观察员。

(2)安全审计观察员应当观察安全审计活动。

(3)安全审计观察员应当向审计办公室报告观察情况。

7.4 民航安全审计程序

安全审计分为安全审计准备、安全审计启动会、安全审计实施、安全审计情况通报会、提交安全审计报告、整改跟踪和安全审计公布七阶段，航空安全审计流程如图 7－1 所示。

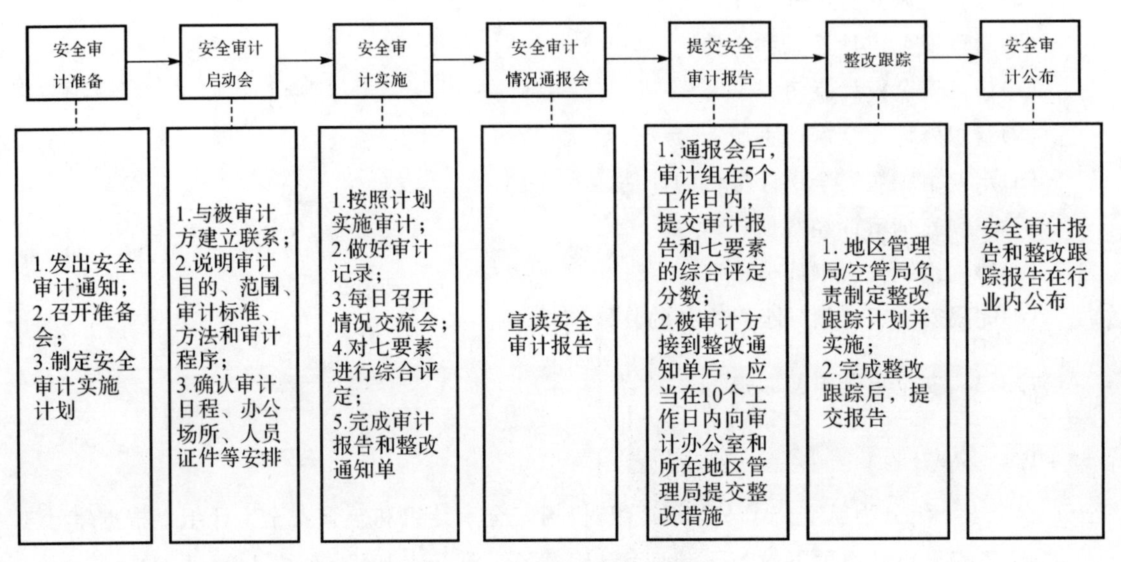

图 7－1　航空安全审计流程图

7.4.1 安全审计准备

（1）安全审计办公室按照年度审计计划，在审计实施前 3 个月向被审计方和负责实施审计的单位发出审计通知。

（2）被审计方接到审计通知后，应当指定联系人，按照审计通知的要求做好准备，并在审计实施前 1 个月将符合性声明和本单位总体情况概述提交给安全审计办公室。符合性声明应当有被审计方负责人签名。

（3）负责实施审计的单位接到审计通知后，组成安全审计组。安全审计组在实施审计前召开审计准备会，研究被审计方提交的符合性声明，确定安全审计实施计划，通知被审计单位，并报安全审计办公室备案。

安全审计实施计划应当包括以下几项内容：

1）审计内容；

2）审计组成员及职责分工；

3）审计日程安排；

4）对被审计方的要求。

7.4.2 安全审计启动会

（1）安全审计启动会在审计实施前召开，由安全审计组组长主持，审计组成员和被审计方相关人员参加。

(2)向被审计方说明安全审计目的、内容、审计标准、方法和审计工作程序。

(3)确定审计工作日程、审计人员出入场所证件办理、相关办公场所安排及其他事项。

7.4.3　安全审计实施

(1)安全审计组应当按照审计实施计划和要求开展审计,并做好记录。

(2)安全审计组每日召开情况交流会,对审计情况进行汇总和交流,并明确次日工作任务。

(3)安全审计检查单项目完成后,安全审计组对七要素进行综合评定,完成审计报告和整改通知单。

7.4.4　安全审计情况通报会

(1)安全审计情况通报会由安全审计组召开,审计组全体成员和被审计方有关人员参加。

(2)在安全审计情况通报会上,审计组组长宣读审计报告后,由审计组组长和被审计方负责人在报告上签字。

7.4.5　提交安全审计报告、整改跟踪和意见反馈单

(1)安全审计情况通报会后,安全审计组应当在5个工作日内向安全审计办公室提交安全审计报告、七要素综合评定分数和《审计组意见反馈单》(见表7-1),并向被审计方下达整改通知单。

表7-1　审计组意见反馈单

审计单位名称：　　　　　　　　　　　　　　　　　审计日期：

被审计方名称：　　　　　　　　　　　　　　年　月　日至　月　日

一、检查单修改意见

序　号	审计项目	审计内容	审计依据/参考	检查方式/提示	修订/删除/增加

二、审计组织与实施的意见

序　号	内　容	意见和建议
1	审计的组织形式	
2	审计结果评分与分类方法	
3	审计的周期	
4	审计组的组成	

续表

序　号	内　容	意见和建议
5	审计的准备	
6	审计的实施	
7	审计报告	
8	审计整改跟踪	
9	审计员的培训	

三、其他意见

反馈单填写日期：

审计组长签字：

(2)安全审计情况通报会后，被审计方应当在10个工作日内向安全审计办公室和所在地区管理局提交整改措施，同时向安全审计办公室提交《被审计方意见反馈单》，见表7-2。

表7-2　被审计方意见反馈单

审计单位名称：　　　　审计日期：

被审计方名称：　　　　年　月　日至　月　日

一、检查单修改意见

序　号	审计项目	修改内容	修订理由

二、审计组织与实施的意见

序　号	内　容	意见和建议
1	审计的组织形式	
2	审计结果评分与分类方法	
3	审计的周期	
4	审计的准备	
5	审计的实施	
6	审计整改措施	

三、其他意见

反馈单填写日期：

审计组长签字：

(3)安全审计报告正文包括以下几项内容：

1)安全审计总体情况概述；

2)对被审计方的总体评价和审计符合率；

3)安全审计发现的问题和整改建议；

4)安全建议；

5)特别情况的说明。

(4)安全审计报告的附件应当包括安全审计整改通知单。

(5)编制安全审计报告应当遵循以下原则：

1)安全审计报告中的陈述应当与审计结果和建议的内容一致；

2)安全审计结论应当有充分的证据，对安全审计结果和建议的阐述应当简明扼要；

3)避免直接批评个人。

7.4.6　整改跟踪

整改跟踪是指局方对被审计方整改情况的监督检查。

(1)被审计方所在地区管理局根据被审计方提交的整改措施制定整改跟踪计划，并组织实施。

(2)整改通知单下达后6个月内，被审计方所在地区管理局应当向安全审计办公室提交整改跟踪报告。

(3)整改跟踪报告应当包括整改监督情况和整改关闭意见。

7.4.7　安全审计公布

(1)安全审计报告和整改跟踪报告由安全审计办公室负责公布。

(2)安全审计办公室根据审计组提交的现场审计符合率、七要素综合评定分数和被审计方所在地区管理局提交的整改跟踪报告，对被审计方进行分类，经安全审计领导小组批准后公布。

7.5　安全审计文档管理

7.5.1　安全审计文档

安全审计文档包括以下几方面：

(1)安全审计年度计划与执行情况；

(2)被审计方提交的符合性声明和基本情况概述；

(3)安全审计通知、安全审计检查单、安全审计报告、被审计方整改措施、整改跟踪报告等；

(4)安全审计员信息。

7.5.2 文档格式

1. 安全审计检查单

安全审计检查单供安全审计员实施安全审计时使用，其格式见表 7－3。

表 7－3 安全审计检查单

审计项目编号	审计要素	审计内容	审计依据/参考	检查方式/提示	审计结果				备 注
					不适用	符合	不符合	未检查	
（注明审计条款编码） AL. 1. 1. 1 AT. 1. 001 AP. 1. 001	A，B，C，D，	（输入条款内容）	（如有，则注明制定本款所参考的相关章条款）						

注：

符合——被审计方的管理文件和实施情况满足安全审计检查单的要求。

不符合——被审计方的管理文件或实施情况未满足安全审计检查单的要求。

不适用——安全审计检查单的某些审计项目或条款不适合用于被审计方。

未检查——安全审计检查单中适用于被审计方的项目或条款，在审计中未进行检查。

2. 安全审计通知

安全审计办公室向被审计方发审计通知时使用，按照中国民用航空局现有通知格式编制。

3. 安全审计报告

安全审计组编写的安全审计工作报告，其格式如下：

(1)安全审计报告的封面页。封面页包括报告编号、报告标题和审计报告完成时间，其格式如图 7－2 所示。

报告编号:CAAC-AL-SA-20×××××

××航空公司安全审计报告

中国民用航空民航局航空公司安全审计组

20××年××月××日

图 7－2 安全审计报告的封面页

注：航空公司安全审计代号为 AL－SA，机场安全审计代号为 AP－SA，空管安全审计代号为 AT－SA。

(2)安全审计报告的签字页。安全审计报告应当有签字页，由审计组长和被审计方责任人签名。

(3)正文。正文内容包括审计工作概述、对被审计方的总体评价、审计发现的问题和整改建议、安全建议、特别情况的说明等5个部分。

(4)附件。附件包括审计整改通知单。

4.安全审计整改通知单

安全审计整改通知单是安全审计组向被审计方发出的整改问题通知，其格式见表7-4。

表7-4　安全审计整改通知单

（编号：　　　）

被审计方	
审计日期	
整改通知单下发日期	
审计发现的问题	整改建议
问题1：	问题1整改建议：
问题2：	问题2整改建议：
问题3：	问题3整改建议：
审计组长签字：	

5. 整改跟踪报告

整改跟踪报告是被审计方所在地区管理局(地区空管局)完成整改跟踪后拟写的有关整改监督情况和整改关闭意见的报告,其格式如下:

(1)整改跟踪报告的封面页。封面页包括报告编号、报告标题和审计报告完成时间,其格式如图 7-3 所示。

报告编号:CAAC-AL-SA-20×××××A

××航空公司整改跟踪报告

民航××地区管理局

20××年××月××日

图 7-3　整改跟踪报告的封面页

(2)正文。正文内容包括整改跟踪情况概述、整改项目的跟踪核实情况、整改关闭的意见等 3 个部分。

6. 文档资料格式

向安全审计办公室提交的文档资料应采用 pdf 格式。航空公司安全审计检查单(综合安全管理部分)见表 7-5。

7.5.3　管理部门

安全审计办公室负责安全审计文档管理。

7.5.4　保存期限

安全审计文档至少保存 10 年。

表7-5 航空公司安全审计检查单(综合安全管理部分)

审计项目编号	审计要素	审计内容	审计依据/参考	检查方式/提示	审计结果				备注
					不适用	符合	不符合	未检查	
AL.1.1 组织机构									
AL.1.1.1	A类	主要负责人职责中明确规定对公司安全运行管理全面负责	《安全生产法》第五条、第十七条						
AL.1.1.2	A类	负责运行管理的组织机构配备了合格和足够的人员、设备、设施与资料	CCAR-CCAR-121-R2-CCAR-121.23						
AL.1.1.3	A类	负责运行管理的组织机构能够按照相关法律、法规、标准以及公司内部规定的要求组织实施安全运行	CCAR-CCAR-121-R2-CCAR-121.23						
AL.1.2 安全管理体系									
AL.1.2.1	A类	公司建立了安全管理体系,并设立安全经理(或相应职务)和安全监督管理部门							
AL.1.2.2	A类	安全经理直接向总经理负责,有权调配监监控安全所必需的人力、物资和其他资源							
AL.1.2.3	A类	安全监督管理部门有权监督检查各部门的安全状况,不受任何因素的干扰							
AL.1.2.4	A类	安全监督管理部门不直接参与生产运行,不直接制定整改措施							

续表

审计项目编号	审计要素	审计内容	审计依据/参考	检查方式/提示	审计结果				备注
					不适用	符合	不符合	未检查	
AL. 1. 2. 5	A类	各部门设立负责安全生产运行的管理人员，直接向安全监督管理部门或安全经理和总经理报告影响安全运行的各类信息							
AL. 1. 2. 6	A类	公司员工有权力和义务向安全监督管理部门或安全经理和总经理直接报告影响安全运行的信息	《安全生产法》第七条						
AL. 1. 2. 7	A类	安全监督管理部门定期向安全经理和总经理提交安全运行监督报告，并将不安全情况通报相关部门							
AL. 1. 2. 8	A类	各有关部门采用风险管理的方法对不安全信息进行潜在威胁的评价							
AL. 1. 2. 9	A类	各部门在接到安全管理部门的不安全情况报告后，及时制定整改措施并实施整改							
AL. 1. 2. 10	A类	安全监督管理部门接受各部门制定的整改措施，并跟踪检查							
AL. 1. 2. 11	A类	安全监督管理部门定期向安全经理和总经理提交公司安全状况评估报告							
AL. 1. 3 规章制度									

续表

审计项目编号	审计要素	审计内容	审计依据/参考	检查方式/提示	审计结果				备　注
					不适用	符合	不符合	未检查	
AL. 1. 3. 1	B类	建立了符合相关法律、法规和规章要求、满足航空运行安全需要的规章制度体系，各类运行手册齐全							
AL. 1. 3. 2	B类	公司及各部门均建立了安全责任制度，其安全责任分解落实到岗位和人员	《安全生产法》						
AL. 1. 3. 3	B类	公司最高管理层、安全监督管理部门、各部门的重要岗位建立了有效的职责接替或代理制度							
AL. 1. 3. 4		建立内部安全运行监督管理制度							
AL. 1. 3. 4. 1	B类	在全公司实施内部安全监督，并及时发现影响安全运行的各类隐患和不安全状况							
AL. 1. 3. 4. 2	B类	对发现的安全隐患和不安全状况进行收集、分析、传递、监督整改与跟踪							
AL. 1. 3. 5		建立外部安全运行管理制度							
AL. 1. 3. 5. 1	B类	与运行委托代理方签订合法有效的安全运行职能外包协议							
AL. 1. 3. 5. 2	B类	外包协议明确双方安全责任和义务							

续表

审计项目编号	审计要素	审计内容	审计依据/参考	检查方式/提示	审计结果				备注
					不适用	符合	不符合	未检查	
AL. 1. 3. 5. 3	B类	定期对委托方相关岗位人员进行必要的岗位技能和本公司安全运行管理制度、程序的培训							
AL. 1. 3. 5. 4	B类	对委托方实施安全运行管理监督							
AL. 1. 4 资源配置									
AL. 1. 4. 1	D类	安全生产资金投入充足							
AL. 1. 4. 2	D类	设施、设备的配置满足运行安全的需要							
AL. 1. 4. 3	D类	有足够合格的专业人员履行生产运行和安全管理的职责							
AL. 1. 5 文档信息									
AL. 1. 5. 1		建立安全文档管理制度							
AL. 1. 5. 1. 1	E类	对与安全运行有关各类文档进行规范、有序的分类和分级管理							
AL. 1. 5. 1. 2	E类	对各类文档进行有效控制，工作程序清晰完善、流转通畅							
AL. 1. 5. 1. 3	E类	该制度能够保证公司各类员工和安全运行(服务)委托方能够及时收阅相关文件和贯彻落实文件要求							

续表

审计项目编号	审计要素	审计内容	审计依据/参考	检查方式/提示	审计结果				备注
					不适用	符合	不符合	未检查	
AL.1.5.2	E类	建立安全信息报告制度，按照规章要求及时向局方报告民航安全信息	CCAR-396						
AL.1.5.3	E类	及时、准确提供局方需要的各类安全信息，没有发生瞒报、缓报或谎报民航安全信息的情况	CCAR-396 第十条						
AL.1.5.4	E类	建立飞行数据采集制度，有效实施飞行品质监控							
AL. 1. 6 应急管理									
AL.1.6.1	F类	建立安全运行突发重大（事故）事件应急反应系统并设立专门办事机构	国发〔2005〕11号文件						
AL.1.6.2	F类	制定“应急处置预案”。该预案各环节程序完整、职责明确	国发〔2005〕11号文件						
AL.1.6.3	F类	各部门配备充足的应急处置设施和设备	国发〔2005〕11号文件						
AL.1.6.4	F类	制定培训计划，对各级管理人员和各岗位员工实施应急救援知识和应急处置程序的培训	国发〔2005〕11号文件						
AL.1.6.5	F类	定期组织应急处置演练，检查落实应急处置预案	国发〔2005〕11号文件						

续 表

审计项目编号	审计要素	审计内容	审计依据/参考	检查方式/提示	审计结果				备 注
					不适用	符合	不符合	未检查	
AL. 1. 7 人员培训									
AL.1.7.1	G类	建立以安全意识和风险管理为主要内容的全员安全教育制度							
AL.1.7.2	G类	制定并落实各岗位人员安全教育和培训计划	《安全生产法》第二十一条						
AL.1.7.3	G类	建立各岗位员工安全教育和培训记录档案							
AL.1.7.4	G类	各岗位员工掌握并熟悉本岗位所需的安全生产知识和安全操作技能	《安全生产法》第二十一条						

复习思考题

1.航空安全审计的目的和原则是什么?

2.简述航空安全审计的流程。

3.航空安全审计要素主要包括哪些内容?

4.航空安全审计文档管理需注意哪些主要问题?

第8章　航空安全预警管理

航空安全预警管理，是吸收灾害学、安全学等学科的最新成果，将预警管理理论应用于航空安全管理预警领域，通过建立相应的预警方法和预警预控组织体系，对影响航空安全的诱因进行监测诊断及预先控制，正确区分航空安全生产系统的不安全与安全状态，预防、制止、纠正、规避系统中的不安全管理行为（管理失误）和不安全管理过程（管理波动），从而实现航空安全生产活动始终处于合理、可靠、可控、高效的安全的状态的一种崭新的管理行为模式。

8.1　航空安全预警管理原理、对象和功能

8.1.1　航空安全预警管理的原理

预警管理理论是在“非优思想”指导下研究系统中“非优”与“优”的演化以及如何有效控制的一种预警预控方法。以“非优思想”作为建构预警管理系统的指导思想，是一种科学有效的思想方法。

自组织耗散结构理论综合了热力学与进化论的观点，认为任何系统的演化过程都是产生、发展和消亡的过程，在产生发展阶段，系统处于上升期，从无序到有序占据优势；进入消亡阶段，系统处于下降期，从有序到无序占据优势。根据人类认识和实践活动结果满足人类主观要求和客观与理性的尺度，系统非优理论确定“优”和“非优”两个研究范畴。对管理系统而言，两种时间之间的演化方向都存在，同时还具有“非优”“优”“非优”……交替出现的特征。要想在一定阶段上控制系统在“优”的范畴，必须对自组织功能系统的“非优”因素进行识别和控制。为了衡量自组织系统的进化程度，必须设立一些进化评判依据。系统与外界的关系，存在着性能和功能的评判依据。

1. 航空安全预警管理的基本原理

航空安全预警管理的基本原理包括以下5条。

(1)航空灾害征兆的可测评原理。虽然航空灾害的发生具有突发性和随机性，但通过对航空组织安全管理状态的测评可以反映出航空灾害的征兆。

(2)航空灾害征兆的趋势测评原理。在一定的致灾因素作用下，航空组织运行过程中的安全管理失误和波动会表现为航空灾害诱发趋势，这种航空灾害诱发趋势可以被测评和控制。

(3)航空致灾因素测评原理。航空灾害的发生，可以通过对航空组织内部与外部环境的致

灾因素的测评预测到，且可通过对致灾因素的预控和规避，遏制航空灾害的发生与发展。

(4)航空灾害测评的值域原理。航空灾害测评指标取值范围是一个区间，不同航空组织的测评指标取值有不同的值域，因此预警的界限有所差异。

(5)航空灾害预控方法的组合原理。该组合原理有助于在日常管理过程中多种控制方法的选择和危机状态特别控制方法的选择。

基于上述原理，可以确定航空安全预警管理活动的预警内容及监测指标建构等操作原理。

2. 安全预警管理系统的工作原理

基于航空事故的成因和发展方式，航空安全预警管理系统分为航空事故征兆预警分析与航空事故征兆预控对策两大子系统。预警分析是对航空事故征兆进行识别、分析与评价并做出警示的管理活动，即对各种重要管理环节和管理行为的监测、识别、诊断与评价；预控对策是对航空企业经营管理活动中的重大危机的早期征兆进行矫正与控制的管理活动，包括组织准备、日常监控与危机管理3个活动阶段。

简而言之，预警分析是识错，预控对策是纠错治错，两者相辅相成，如图8-1所示。

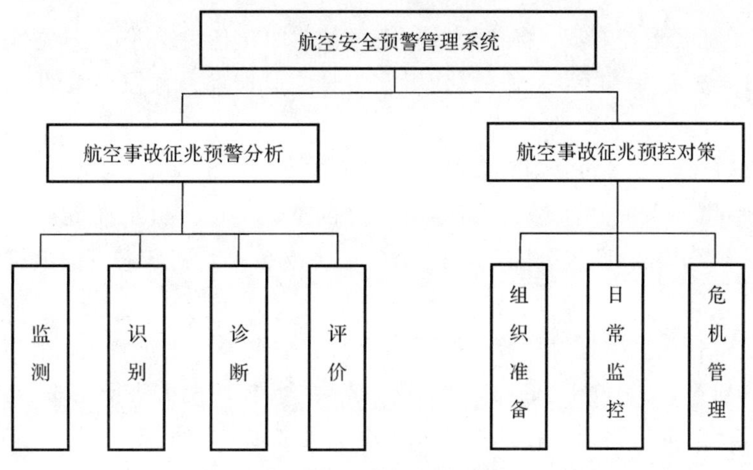

图8-1　航空安全预警管理系统工作内容

(1)航空事故征兆预警分析。航空事故征兆预警分析包括4个阶段：监测、识别、诊断与评价。监测是预警系统正常运转的前提；识别是关键环节；诊断和评价是技术性的分析过程。它们之间是前后有序、信息共享的因果关系。

1)监测。监测是针对民航环境、飞机运行状态、飞机操纵人行为及航空安全管理的过程监测与信息处理。对航空环境的监测，主要是监测民航设施(航线、机场设施)的地空通信、信息、电磁环境的突变或人为破坏等；对飞机运行状态的监测，主要是监测飞机的技术故障、机械损耗和设备管理活动，即飞机系统的功能可靠性与运转可控性；对飞机操纵人行为的监测，主要是监测操纵人的操纵行为与航空环境突变和飞机状态之间的相互关系；对航空安全管理活动的过程监测，主要是监测航空公司、机场和空中管制中心的组织结构、规章制度和管理人员的行为。通过对大量监测信息的整理、分类、存储及传播，建立系统共享的信息档案，并将监测信息及时准确地输入下一个预警环节。

2)识别。识别是运用评价指标体系对监测信息进行分析,以识别民航安全生产活动中各类灾害征兆和事故诱因。建构综合评价指标体系是实施预警分析工作的基础,包括民航环境的物理指标、飞机运行状态的技术指标、飞机操纵人的行为评价指标、航空安全管理的组织评价指标。关键在于应用适当的警级标准,根据指标值分析某个民航交通环节已发生的变异和可能的连锁反应,判断其处于正常、警戒或危机状态,在有必要时准确报警。

3)诊断。诊断是对处于警戒和危机状态的评价指标进行诊断,分析已被识别的各种致灾因素的成因、过程及发展趋势,指明危险性和危害性最大的致灾因素。对民航环境的诊断,可以明确民航交通活动及飞机可能面临的环境变化;对飞机运行状态的诊断,能通过对飞机系统安全度的分析提供飞机运转周期的优化模式,预先控制飞机的技术状态;对飞机操纵人行为的诊断,是提供操纵人优化模式的依据,有利于预先控制驾驶、操纵行为的过程;对航空组织安全管理过程的诊断,可以确定安全管理活动的可靠状态和运行趋势,以便有针对性地改进现有航空安全管理体系。

4)评价。评价是对民航灾害征兆的不良后果进行危害性评价:一是评价对民航组织的危害;二是评价对社会的危害。其评价结论是预控对策的基础。

(2)航空事故征兆预控对策。航空事故征兆预控对策包括组织准备、日常监控和危机管理3个阶段。组织准备是预控对策工作的前奏,它与日常监控都是预控对策的主体。而危机管理是特殊情况下日常监控活动的拓展。

1)组织准备。组织准备包括对预警管理活动制定与实施的制度、标准及规章,它服务于本系统的安全管理过程,为预控对策活动提供有保障的组织环境。组织准备一是确定民航安全预警管理系统的组织构成、职能分配及运行方式;二是为安全危机状态下的危机管理提供组织训练和对策准备。

2)日常监控。日常监控是对预警分析所确定的航空灾害诱因进行实时监控的管理活动。其任务一是日常对策;二是危机模拟。日常对策是预警预控民航灾害征兆的不良趋势,逐渐使之向良性趋势发展。危机模拟是在日常对策活动中发现难以控制某些不良管理波动时,假想和模拟可能发生的危机状态,据此提出对策方案,防患于未然。

3)危机管理。危机管理是当日常监控已无法扭转航空交通灾害征兆向劣性趋势发展而陷入灾难危机时,有必要采取一种“例外”性质的危机管理。危机管理是航空组织在陷入危机时进行的特别监控,包括特别组织方式、智能系统整合和监控方式原理。它以危机计划、特别领导小组、紧急救援系统、社会救助方案等介入领导管理过程,一旦中国民用航空局势恢复正常,危机管理就完成了使命。航空安全危机的预警管理,相对于航空安全预警管理的常态管理而言,更加紧迫,第8.4节将对其详细讨论。

总之,预警分析的活动内容主要是识错,预控对策的活动内容则是纠错治错。预警分析的4个环节和预控对策的3个环节是时间顺序和逻辑顺序的关系。预警分析是基础,预控对策是目标,两者相辅相成,缺一不可。预警分析的对象是航空组织安全管理活动的各个现象,而预控对策的对象是已被确认的安全管理不良波动。监测所建立的监测信息系统,是整个预警和预控系统共享的,而航空组织准备了预警和预控系统内的各自的程序、方式和手段,是联络两者的组织手段。

8.1.2　航空安全预警管理的对象和功能

对航空安全事故的成因分析表明，与安全有关的因素可以划分为 4 类：人、机器、环境和管理。航空灾害的发生是人为失误、飞机及相关设备对安全事故的成因失控、自然环境突变等因素相互作用的结果，是航空安全生产系统运行管理失误的结果。

航空安全预警管理主要对象是人，而预警活动中的预测、监控、矫正等环节活动的对象则是诱发人为失误的航空环境或飞机故障。

从组织角度来看，航空安全预警管理系统的管理对象是航空安全管理波动现象，它把安全管理的“优”与“非优”看作一个相互转化的动态过程。该系统根据评价指标体系监测安全管理的波动状态，识别波动的发展趋势并进行预先控制，以使航空安全管理始终处于“优”区域或趋向“优”状态。

8.1.3　航空安全预警管理的功能

航空安全预警管理在航空组织原有管理功能基础上形成新的预警机制，即预警功能、矫正功能和免疫功能，并共同构成航空组织管理职能系统的新的预警功能体系。预警管理的新功能是以警报为导向、以矫正为手段、以免疫为目的的防错纠错新机制。

1. 警报功能

警报功能是对航空公司、机场、空中交通管制中心的灾害期征兆和诱因进行监测、识别、诊断与警报的一种功能。它通过设立各类行为所可能产生失误后果的界限区域，对某些可能的错误行为或可能的波动失衡状态进行识别与警告，以此规范航空安全生产系统的秩序。警报功能的核心是它的识别系统的建立和完善。

2. 矫正功能

矫正功能指对航空事故早期征兆和诱因进行预控和纠错的一种功能，它依照预警管理信息，对灾害早期征兆和诱因进行主动预防控制并纠正其错误，保证航空安全生产系统处于安全状态。矫正功能的核心是预控行为的敏感度，即预控行为在某种过程状态下，对灾害早期征兆和诱因矫正作用的有效程度。

3. 免疫功能

免疫功能是指对同类性质的航空灾害或诱因进行预测或迅速识别并给出有效的制止措施的一种功能。当安全管理过程中出现了过去曾经发生过的失误征兆或相同的致错环境时，它能准确地预测并迅速运用规范手段予以有效制止或回避。免疫功能的核心是航空组织能否科学总结逆境教训并将其转化为安全管理的知识、能力与水平。

航空安全预警管理在安全管理方面的技术基础、思维方式、社会要求、环境因素、监控手段等方面与过去相比都有很大的不同，航空安全预警管理不仅要发挥和改善民航安全管理的常规功能，而且要创造新的管理功能（包括预警功能、矫正功能和免疫功能），以形成防错纠错新机制。

具体来说，航空安全预警管理力图解决：航空行为人的内在局限性或失误的可能性；民航环境和飞机故障异常变化的成因和过程，以及它们与人为失误之间的联系；飞机在不同因素和条件下发生事故和灾害的概率；航空安全管理在什么条件作用下可能出现管理失误；如何识别和诊断航空事故征候或灾害征兆；如何运用有效的预控方法；等等。

8.2 航空安全预警管理的工作流程

为了保证置入航空安全预警管理系统之后的组织结构能按设计要求正常运行，必须对航空组织的管理规范进行修改或重新设计。航空组织管理规范是各种管理条例、制度、标准、办法及守则的总称，它用文字规制管理活动内容、程序和方法，是管理人员的行为规范和准则。管理标准设计的内容相当广泛，这里主要探讨航空安全预警管理的工作流程和操作方法。

8.2.1 航空安全预警管理工作流程

1. 确定预警管理的监测对象

在建立系统的早期，先选择比较容易进行监测的安全管理波动现象作为监测对象，设计一套简单实用的监测评价指标，保证指标的有用性、敏感性和可测性，是监测活动质量的关键，可以通过实证考查和理论分析后，提出一套范围不大的评价标准。通过在管理实践中逐渐积累经验之后，逐步扩大评价指标范围，完善指标体系，使“监测信息处理系统”日渐丰富。要求安全预警部成员及时消化吸收预警管理原理，掌握监测方法和手段，围绕航空公司预警管理的重要环节开展耐心细致的监测工作，为整个预警系统的管理活动奠定坚实的基础。

2. 制定预警预控的计划

合理周全的预警预控活动计划是实现预警预控管理的前提。应根据航空公司安全管理实际状况拟定现实可行的计划，包括监测对象的具体步骤、日常监控对策的目的要求、预警预控评价指标的确立、预警分析和预控对策的具体工作标准及信息管理的规范等。

3. 突出预控对策的重点

预控对策是对航空公司内部重大安全管理失误或管理波动的早期征兆进行控制。由于早期征兆的成因比较复杂，故要求安全预警部工作人员抓住这些早期征兆的主要矛盾现象，突出重点地进行对策选择并实施预控手段。要求安全预警部工作人员熟练掌握预警分所的技巧，及时诊断航空安全处于何种状态，避免漏警和误警的可能。

4. 掌握预警分析与预控对策的方法

除了采用现有预警管理理论中的有关分析方法进行预警分析，还应在预警管理理论指导下掌握逆境现象分析方法，如管理波动趋势分析法、失误度分析法和仿真模拟分析法等。航空公司安全预警管理的工作标准，不仅应包括管理人员自身的基本工作职责，而且包括同其他部门的协作关系及为基层服务的工作质量要求。安全预警部部长的工作职责可以通过职务说明书及岗位责任制明确，同时要求他与其他成员和相关部门互通信息、通力协作，有效地发挥预警管理的整体效应。此外，在管理工作标准中还要列入完成上级领导临时交办任务的要求，管理工作标准既要有定性的要求，又要有定量的要求。例如，对安全预警部的一般管理人员可提出完成预警报表的数量和时限要求，在工作绩效考核中规定具体的数量考核标准。考核办法一般采用百分制，实行加分或减分的方法，有利于按各项管理要求的重要程度及完成的难易程度汇总，以便对预警管理人员的工作做出全面评价。

8.2.2　航空安全预警管理操作方法

航空安全预警管理系统的操作方法有以下几种。

(1)技术管理部、人力资源部、计划财务部、保卫部等职能部门，以及飞行运行中心、机务、乘务、商务运输等生产部门，定期向安全预警部提交本部门安全管理诊断指标状态报告及预控措施落实情况报告。

(2)安全预警部根据上述报表，以及来自空管、通信、导航、气象、航行情报、机场等方面的监测信息，确定监测指标处于正常、警戒或危机状态，进一步提出预控对策并实施。当诊断指标处于正常状态时，则继续进行监测，不介入预控管理阶段；当诊断指标处于警戒状态时，安全预警部根据具体情况提出预控对策方法，并将此方案提供给决策层，再由决策层下达各职能部门执行，直至系统恢复正常，并将对策方案输入对策库。

(3)当诊断指标进入危机状态值域时，成立危机领导小组，实施危机管理。由危机领导小组提出危机对策方案，并组织人员具体实施。此时的危机领导小组取代企业日常管理中的决策层，全面负责危机状态下的组织管理，直至危机化解，管理恢复正常运转。

8.2.3　航空安全预警分析的3条信息线路

1. 飞行实录数据线路

通过飞机的数字式飞行数据记录器把飞行中记录的数据收集起来，进行超限甄别、特殊事件分析和采样统计。首先，按照标准程序设若干阈值，甄别参数超限的情况并计数，还可根据严重程度打分；其次，将参数严重超限的特殊情况进行事件再现，并研究造成事件的原因和防止事件发生的办法；最后，采样统计，对某些特定飞行参数，不管超限不超限都进行采集，然后进行统计处理以发现变化趋势和各参数间的内在相关关系。对飞行实录数据的综合处理，可以实现对飞机性能、发动机状况和飞行机组操纵的全面反映，并相互作用，相互影响。以往的分头监测，难以弄清一些事件的真正原因，综合监控有望改变这种情况。

2. 事件信息线路

把所有事件(包括事故、事故征候和差错及飞行实录数据处理)中发现的特殊事件，在深入调查的基础上，按照“事件链”的思路进行分解，然后追根求源，从一线人员一直追到决策管理层，找出系统中存在的每个相关缺陷和改进对策，并把所有这些结果存入“事件数据库”中。对“事件数据库”数据的统计分析，可帮助看出安全状况及其发展趋势。通过历史与现实的对照，还可提醒领导人当前要注意哪些方面的问题及怎样加强航空公司的安全建设。

3. 评估信息线路

按照中国民用航空局建立的统一评估方法，如“航空公司安全评估系统”“民航机场安全评估系统”“空中交通服务评估系统”等，经制度化评估所得评分存入数据库，在数据累积后用以分析航空组织的健康状况和发展趋势。

这些数据的累积，不但对当前的安全管理提出了存在的问题，还为以后留下了比较的数据，为开展预警预控研究奠定了基础，有利于航空安全管理的发展和改进。

8.2.4 航空安全预警管理预控对策的两个层次

(1)飞行机组。飞行实录数据可以成为生动的自学材料。飞行机组通过了解参数变化趋势,再现典型的飞行过程,特别是本飞行组的飞行过程,可以分析操纵的得失及飞行组的协调配合,从而有效地提高飞行员的操作技能和飞行组的工作效能。

(2)航空公司。根据三类数据的综合分析结果,可判断航空公司的安全形势和发展趋势。也可帮助发现公司的不足之处,决定安全投入的方向和力度。对飞行组的操纵和飞机发动机的状态实现持续监控,还可帮助改进飞行员的训练工作,提高机务工作的效能。需要强调的是,航空安全预警管理模式是基于现有民航安全技术和航空安全管理体系而提出的,是航空公司、机场、空中交通管制安全评估系统的补充、修正和强化。例如,对航空公司飞行环境的监测,注意与空中交通管制机构的气象预报服务、机场管理机构的风切变和湍流探测系统、机场场面移动监视系统等相匹配;对飞机运行状态的监测、评价及预先控制,注意与航空公司的飞行品质监控、可靠性管理中的统计评估体系统相结合,并与空中交通管制机构的监控雷达系统,以及先进民航飞机的机载环境预警系统——交通警戒防撞系统(Traffic Alert and Collision Avoidance System,TCAS)、近地警告系统(Ground Proximity Warning System,GPWS)和风切变应变(Reactive Wind Shear,RWS)系统配合使用;对飞机操纵人行为的监测、评估和优化,注意与机组资源管理(Crew Resource Management,CRM)基本精神的贯彻;对航空公司安全管理活动的监测、评价和预警预控,注意指标的敏感性;等等。需要说明的是,以上只探讨了航空公司安全预警管理的工作流程和管理工作标准,机场和空中管制预警管理的工作流程和管理工作标准与此类似,不再赘述。

8.3 航空安全预警管理运行机制

民用航空系统是一个复杂的社会系统,由于航空灾害的致灾因素错综复杂、涉及面广,因此,航空安全预警管理应是行业层面的新型管理机制,但必须落实到航空企业层面才能产生实效。

8.3.1 航空安全预警管理的行业组织方式

1.航空安全预警管理的行业组织方式

在中国民用航空局的统一领导下,各民航地方管理局应在当地建立航空安全预警中心,由地方局安全委员会主管,作为航空原安全监察处的并行或直属机构,指挥、指导、监督和协调所在地航空公司、机场和空管中心等航空企业的预警管理工作。图 8-2 所示是以武汉地区为例的航空安全预警管理组织关系示意图。

2.航空安全预警管理的企业组织方式

航空安全预警管理系统置入航空组织结构后,必定会导致原有组织的结构调整与职能重组。通过预警预控新置功能的介入对原管理系统一些职能的归并,形成一个相对独立的组成部分。现在主要对航空公司、机场的新型职能分配及组织构成进行探讨。

(1)航空公司的组织体系重构。

1)我国航空公司现有的组织结构。我国航空公司现有组织结构是典型的职能部门化组织结构,如图 8－3 所示。它有利于航空公司专业化分工的优势;有利于航空公司各业务部门和后勤保障部门在最高主管的领导下,各司其职,从事安全生产活动;有利于维护最高行政指挥的权威,维护组织的统一性。

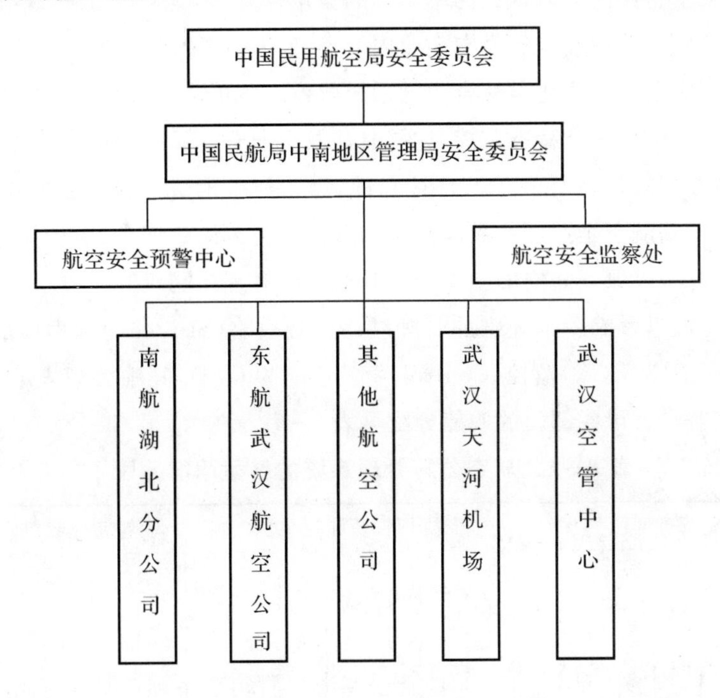

图 8－2　以武汉地区为例的航空安全预警管理组织关系示意图

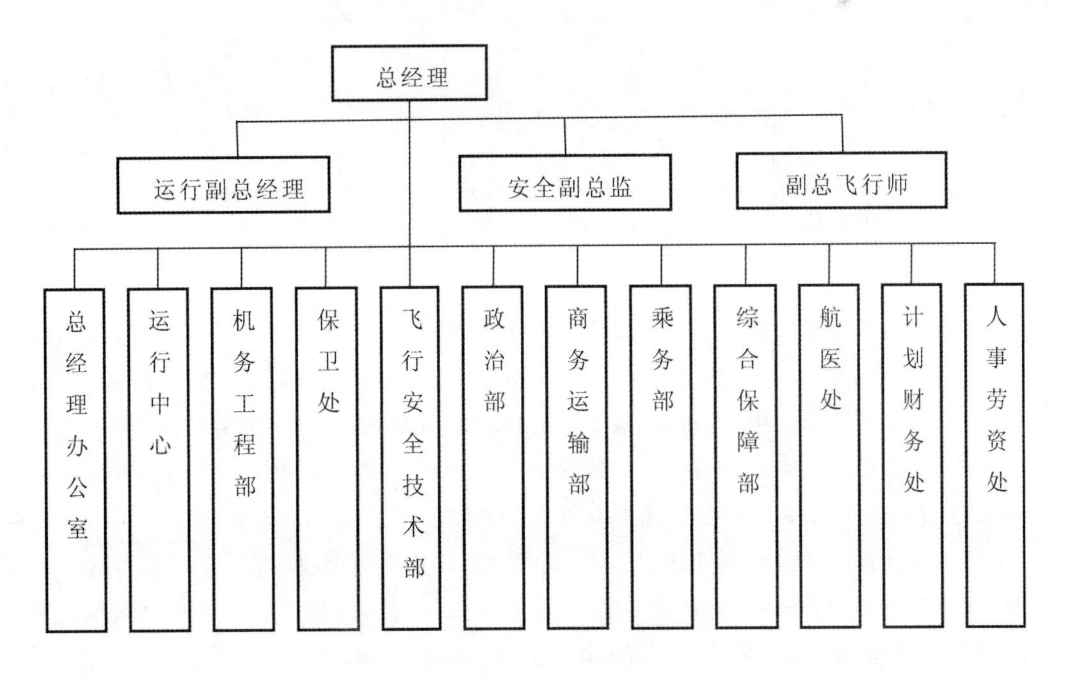

图 8－3　某航空公司组织结构图

2)航空公司的新型职能分配。从航空公司组织体系的功能分工与运作效率角度考虑,将企业组织的功能系统分为战略管理系统、执行管理系统和预警管理系统。预警管理系统对战略管理和执行管理系统进行监督、控制和纠错,其职能包括常规监控、综合监控和危机监控。

常规监控指航空企业内部日常性的单指标的技术性监控,这种职能在现有企业组织系统中已被确定。综合监控是指在监控航空企业内外不利因素对企业安全状态交互作用的预控,是对常规监测的职能进行整体化与综合化的系统监控。危机监控是指在监控航空安全状态恶化趋势和控制灾害发生的一种特殊监控,它同时涉及企业管理系统的战略管理层和执行层。

因此,上述3类职能之间是一种循环往复的运行过程,形成了共生互补的关系。也就是说,预警监测系统不是航空企业原有职能体系的数量扩充或简单调整,而是使企业管理系统具有内在防错纠错功能,以保证航空安全生产正常运行的管理功能机制。

上述3项职能可以形成一个3维的管理结构。若战略(Strategy)管理职能为S(s),执行(Execution)管理职能为E(e),监控(Control)管理职能为C(c),其中大写表示主要职能,小写表示辅助职能,则航空公司各部门的职能分配见表8-1。

表8-1　航空公司管理系统的新型职能分配

职能 职能部门	战略管理部门					执行管理部门								预警管理部门				危机管理部门	
	董事会	监事会	总经理办公室	财务部	计划部	运行中心	飞行部	机务工程部	人力资源部	商务运输部	乘务部	综合保障部	航医处	安全预警部	保卫处	审计部	政治部	特别管理机构	咨询机构
战略S(s)	S	s	s	s	S				s	s								S	S
执行E(e)			e	E	e	E	E	E	E	E	E	E	E	e	e		e	E	
监控C(c)		C	c	c		c	c	c	c	c	c	c	c	C	C	C	C	C	C

由此可见,战略管理和执行管理职能部门基本上没有变化,但其安全监控工作应强调事先预控而非事后处理。为了明确各自的主要职能,计划财务处划分为财务部、计划部和审计部3个部门;预警管理职能部门中,保卫处、政治部的预警职能加强。审计部不仅负责企业内部经济成本审计,而且要对航空公司内外部的致灾现象和预警预控对策进行经济估测或评价。新设的安全预警部主要行使对安全管理失误的监测、诊断、矫正及预控对策职能。值得注意的是,安全预警部具备辅助性的执行管理职能,但平时不具备战略管理职能。一旦航空企业出现危机时,预警部平时预备的"危机管理方案"便可发挥效用,此时,预警职能已转化为战略职能为主,并继续履行监控职能,帮助特别管理机构行使全面的战略、执行和监控职能,直至企业的运行恢复正常。危机管理部和咨询机构是在航空灾害发生的情况下设置的临时指挥机构,它

是安全预警部的职能在特别状态下的扩展。在航空公司内部秩序混乱、外部环境严峻的形势下,应借助外部专业咨询机构的力量进行管理,故设置咨询机构,由危机管理部门统筹负责。

3)航空公司的新型组织结构。航空企业的预警管理系统、战略管理系统和执行管理系统构成了三位一体的企业组织功能体系,它必须建立相应组织机构,监控企业高中低层次及横向职能部门的活动范围。根据航空企业预警管理系统的职能分配及运转模式,其组织构成如图8-4所示。

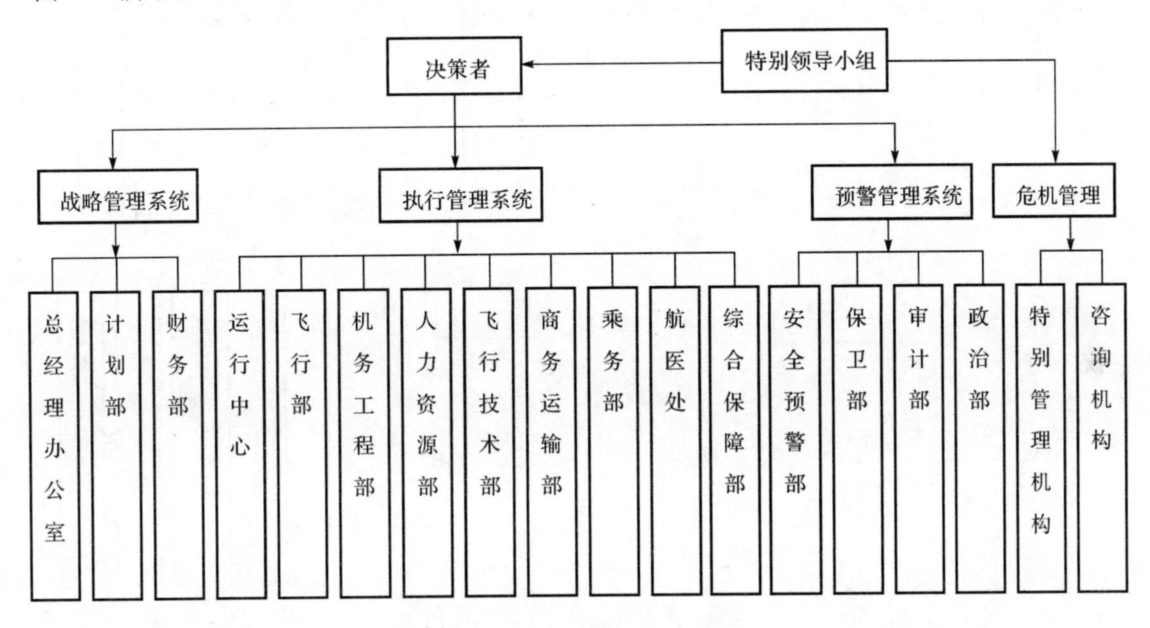

图8-4 航空公司新型组织结构图

航空公司的预警管理系统,能有效改善航空公司现有安全管理组织结构的功能,并强化预警预控职能,加强"事前"安全管理。成立航空公司3级安全预警管理体系,由公司航空安全委员会、公司职能部门和公司生产部门组成。公司航空安全委员会是公司安全决策层,公司职能部门是公司安全监督层,公司生产部门是公司安全保障层。增加预警管理职能,对航空公司原有飞行安全技术部或飞行安全监察室进行改造,增加预警预控管理职能,成立安全预警部。安全预警部负责整个公司安全预警工作的组织、协调和检查。危机管理是一种特殊性质的管理,一旦航空安全局势恢复到可控状态,危机管理即告完成。

(2)机场的组织体系重构。

1)我国机场现有的组织结构。图8-5所示为国内某机场集团公司的组织结构图。现有的机场组织结构是职能部门化组织结构,各业务部门和机场部分保障部门在最高主管的直接领导下,分工合作;另一部分机场保障部门称为独立核算单位。

3)机场的新型职能分配。若战略(Stategy)管理职能为S(s),执行(Execution)管理职能为E(e),监控(Control)管理职能为C(c),其中大写表示主要职能,小写表示辅助职能,上述机场各职能分配见表8-2。

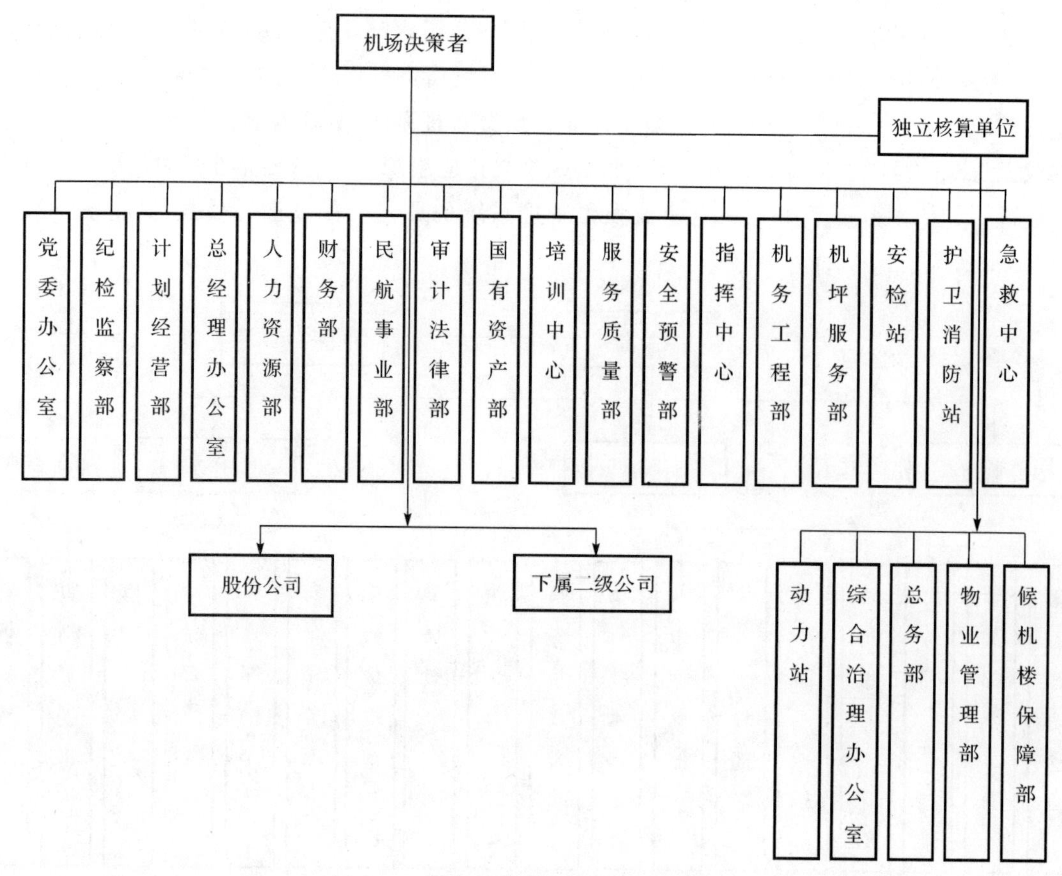

图 8-5　某机场集团公司的组织结构图

表 8-2　机场新型职能分配

职能 职能部门	战略管理部门					执行管理部门								预警管理部门				危机管理部门	
	总经理办公室	民航业务部	财务部	计划经营部	党委办公室	人力资源部	国有资产部	指挥中心	机务工程部	安检站	护卫消防站	急救中心	综合保障部	安全预警部	纪检监察部	审计法律部	服务质量部	特别管理机构	咨询机构
战略 S(s)	S	S	S	S	s													S	S
执行 E(e)	E		E	e	e	E	E	E	E	E	E	E	E	e	e		e	E	
监控 C(c)	c	C	c		C	c	c	C	c	c	C	C	c	c	C	C	C	C	C

由此可见，战略管理和执行管理部门基本上没有变化，但执行管理职能部门的安全监控工作应强调事先预控而非事后处理。预警管理职能部门中，纪检监察部、服务质量部的预警职能加强。审计法律部不仅负责企业内部经济成本审计，而且要对机场内外部的致灾现象和预警预控对策进行经济估测或评价。安全预警部是在原先安全督察部的基础上建立的，除了行使

原有的安全监督职能，主要行使安全预警管理职能。安全预警部具备一定的执行管理职能，但平时不具备战略管理职能。一旦航空灾害发生时，安全预警部预备的“危机管理方案”可发挥效用，这时，预警职能已转化为战略职能为主，并继续履行监控职能，帮助特别管理机构行使全面的战略、执行和监控职能，直到机场的运行恢复正常。危机管理部和咨询机构是在航空灾害发生的情况下设置的临时指挥机构，它是安全预警部、指挥中心、护卫消防站、急救中心等部门的职能在紧急状态下的扩展。在机场内部的秩序混乱、外部环境恶化的形势下，应借助外部专业咨询机构的力量进行管理，故设置咨询机构，由特别管理机构统筹负责。

2)机场的新型组织结构。机场预警管理系统需要相应的组织机构，监控机场高中低层次及横向职能部门的活动范围。根据机场预警管理系统的职能分配，机场的新型组织结构如图 8－6所示。

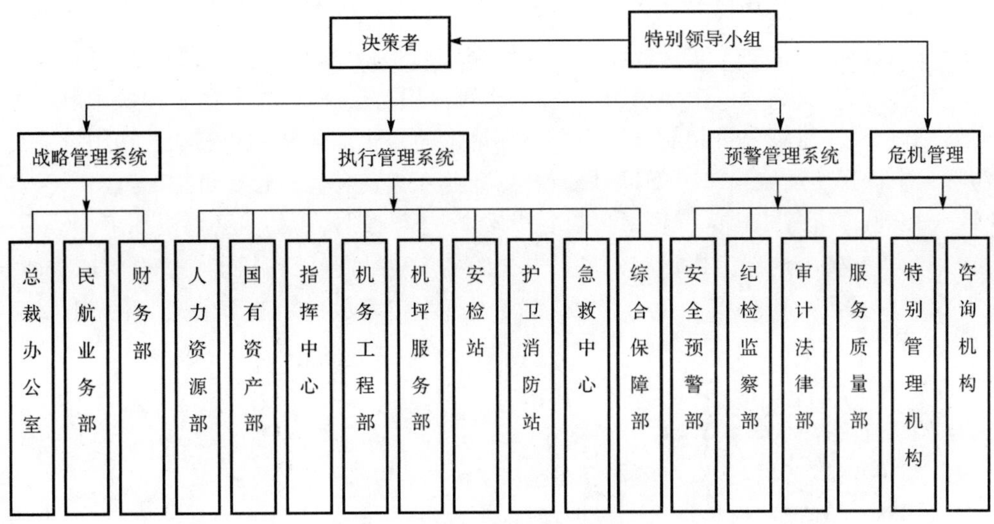

图 8－6　机场新型组织结构图

(3)空管的组织体系重构。目前，中南空管局的组织结构设置如下：中南空管局机关设立行政办公室、安全监察处、计划基建处、财务处、人事劳动教育处、空中交通管制处及通信导航处等管理部门；直属单位包括空中交通管制中心、通信导航总站、气象中心、航行情报中心等，见表 8－3。

表 8－3　中南空管局组织结构设置

中南空管局																
机关							直属单位									
行政办公室	安全监察处	计划基建处	财务处	人事劳动教育处	空中交通管制处	通信导航处	气象处	空中交通管制中心	通信导航总站	气象中心	航行情报中心	空管设备工程公司	信息服务中心	通航综合服务中心	民穗航空服务公司	培训中心

建议在中南空管局安全监察处的领导下，成立空中交通管制预警中心，或在空中交通管制中心设立安全预警部主要行使对空中交通管制过程的监测、诊断、矫正及提出对策职能；同时设置预警监测档案，总结分析经验：培训员工接受失误判识与预防方面的知识，提高其应变能力；进行危机模拟，设计"危机管理方案"供决策层在特别情境下采用。安全预警部平时不具备执行管理职能，也不具备战略管理职能。一旦航空灾害发生时，安全预警部平时预备的"危机管理方案"可发挥效用，此时，预警职能已转化为以战略职能为主，并继续履行监控职能，帮助特别管理机构行使全面的战略、执行、监控职能，直到空中交通管制运行恢复正常。

8.3.2 航空安全预警管理的责任体系

1.航空安全预警管理的行业责任体系

我国民航系统安全生产管理实行部门一把手负责制，并按照行政管理关系建立中国民航安全委员会。安全委员会由中国民用航空局、中国民用航空地区管理局、中国民用航空省市区管理局、航空公司、机场公司和航务管理中心等单位的主管安全领导和安全机构的有关负责人组成，形成中国民用航空局、地区管理局和航空企业 3 级安全监察管理机构。

(1)安全监察管理机构的职责。民航各级安全监察管理机构的主要职责如下：

1)监督检查各生产部门执行有关飞行安全的各项规章制度情况，落实安全保障措施；

2)及时掌握各单位的安全生产形势，监督检查生产事故的调查和处理，并提出安全指导意见；

3)制定有关民航安全生产的规章制度；

4)组织飞行事故的调查；

5)组织新航线、新机场、新机型的安全检查。

(2)安全监察管理机构的权力。根据民航安全生产的政策法规和规章制度，民航生产安全监察管理机构具有以下职权：

1)有权立即停止使用危及安全生产的设备和人员；

2)有权要求有关部门对影响安全生产的问题进行处理、采取措施、限期解决；

3)有权要求有关部门报告安全情况，提供相关资料；

4)有权要求有关部门对违章、失职的当事人和事故责任人进行处理。

中国民用航空局通过分析全民航的安全形势及发展趋势，制定相应的标准、程序和规章，完善民航法规、优化空域、改进航路设施等重大决策和依据，为航空预警管理提供支持政策和法律保证。中国民用航空局还应当在进一步强化现有安全监察手段的同时，尽快组织力量，规划并实施航空安全预警管理的行业责任体系的建设工作。

2.航空安全预警管理的企业责任体系

(1)我国航空公司现有安全管理体系。我国现有安全管理体系存在一些缺陷：一是没有突出航空公司的行业风险性特征，不能体现出航空公司安全与生产的统一；二是没有体现对人的因素的重视，不利于安全责任区分和落实；三是部门之间、人与组织之间缺乏有效的沟通和协调，安全信息传递及安全信息质量难以保证；四是不利于加强"事前"的安全管理与控制等。

(2)航空公司预警管理部门的职责。在预警预控管理部门中，除了危机管理部履行多重职能以外，安全预警部、审计部将主要履行预警预控职能。下面主要介绍安全预警部、预警管理特别领导小组和特别管理机构等预警部门的职责。

1)安全预警部的职责。除了安全监督管理职能,安全预警部主要负责对航空公司安全管理失误的监测、诊断、矫正及提出预检对策;同时安全预警部对航空公司安全管理失误设置监测档案,总结分析经验或教训;培训员工接受失误判识与预防方面的知识,提高其应变能力;进行危机模拟,设计"危机管理方案"供决策层在特别情境下采用。

2)预警管理特别领导小组的构成及职责。领导小组的主要成员由预警预控中主要职能部门负责人参加,因为这些管理人员对航空灾害的形成原因及过程非常了解,同时,他们也领导了"模拟危机"的工作,了解相应的危机对策内容。因此,这些人员应当在领导小组中占有较大的比例。危机领导小组的负责人,应当是在任何条件下都能真正实施指挥的人,他可以是航空公司内部人员,也可以是外派人员,但他必须依赖预警预控系统的人员开展工作。

在危机领导小组下设立特别管理机构,由航空公司内各子系统、各部门中能够继续履行指挥权的中层干部参加,其任务是执行领导小组的指令。领导小组的工作实行集权式管理,它只向航空公司董事会或企业管理委员会负责,并接管航空公司原领导层的指挥职能。领导小组的职权,在航空公司安全生产恢复正常状态并确立了新的领导权威后,交出指挥控制权,领导小组随之撤销,特别管理机构亦解散,一切恢复到原来的组织运行秩序。

3)预警管理特别管理机构的职责。在航空公司陷入安全危机状态时,由危机管理领导小组指定组建,只向该小组负责,并主要执行以下职责:

a. 定期报告航空公司的现时状态,提出缓解现时危机状态的技术方案。

b. 对航空公司安全危机的发展及其后果进行预测,提出中长期的对策方案。

c. 指明安全危机形势下最不稳定(或最容易再次失误)的航空公司活动领域。

d. 训练航空公司全体成员对安全危机的心理适应能力和行为应变能力。

e. 总结危机状态下航空公司管理活动的经验和教训,提炼、归纳并输入航空公司预控对策系统中的对策库中。

同时,危机管理中初始的许多现象或数据,可以组成预警管理系统中的监测工具。另外,危机管理的实施过程,可以训练人们对潜在危机的逻辑思维与识别能力,这可以使危机防范和危机管理活动变得可控和有效。

(3)机场安全管理部门的职责。

1)与航空安全直接相关的部门及其职责。安全预警部门:协助上级贯彻、执行有关航空安全方面的法律、法规和规章制度;负责监督、检查、指导和协调航空安全保障部门的航空安全工作;参与航空安全事故调查;检查各部门开展航空安全教育情况;及时了解掌握飞行安全和地面航空安全保障情况;负责航空安全事故、事件的统计和航空安全信息情况通报;主要行使对机场安全管理失误监测、诊断、矫正及提出对策职能;设置预警监控档案,总结分析经验;培训员工接受失误判识与预防方面的知识,提高其应变能力;进行危机模拟,设计"危机管理方案"供决策层在特别情境下采用。

安全检查站:负责对进入候机隔离区内的人员(含旅客)及其行李、航空空运货物、邮件进行安全检查,防止危及航空安全的危险品、违禁品进入民用航空器危及其所载人员财产的安全和民航运输的正常运转。

航空护卫部门:负责进出港航空器的监护、控制区及通道的守卫、驻场有关单位的安全警卫与巡逻、机场主要交通通道的护卫以及停车场的管理,监视和收集航空护卫预警信息并及时上传。

紧急救援部门：负责飞行应急救援工作，保障飞行安全；负责机场区域内卫生防疫工作和有毒有害工种职工的健康监测管理工作，提供机场人员健康状态的预警信息；负责各航班旅客及机场职工、离退休人员、家属的医疗保健工作；承担紧急情况下的消防救援工作。

现场指挥中心：负责生产现场的指挥、协调、监管，保障飞机安全正常运行；负责接收航管和签派部门的飞行信息；负责机场进出港航班信息的通报，机场进出港航班信息的广播、电子显示；监督检查停机坪及其设施设备的技术状况；监督检查航空器、车辆、人员的运行秩序和机具摆放的管理；分配航空器的停放机位和值机柜台；航空器进入停机位的引导服务；航班正常性的监管；协调各保障部门工作关系，处理和裁决现场保障工作各操作工序之间发生的矛盾；监测和收集航空运输生产现场及其他相关预警信息，及时提交安全预警部门；参与站坪、停机坪区域发生的地面事故调查；紧急救援工作的组织与指挥。

2)与航空安全间接相关的部门。与航空安全间接相关的部门包括组织与人力资源部门、财务部门、物资供应部门等，这些部门在机场的安全生产中起到辅助作用，为各个部门顺利执行安全生产的任务提供了保障，是与航空安全直接相关部门的坚强后盾。它们都有责任负责监测和收集相关预警信息，定期提交相关指标的诊断数据和报告。

8.3.3 航空安全预警管理的监控体系

1.航空安全预警管理的行业监控体系

在民航地区管理局成立航空安全预警中心，负责组织航空交通灾害预警管理系统的开发和管理，与航空公司、机场和空管机构的局域网联网，形成航空安全预警管理监控网络。航空公司、机场和空管机构的航空安全预警管理子系统独立工作，同时互相联网，共享信息。中国民用航空局、国家安全局、公安部、空军等单位，经民航地区管理局及航空企业授权，可通过防火墙，采用 Internet 浏览器对航空安全预警管理系统进行访问(见图 8-7)。

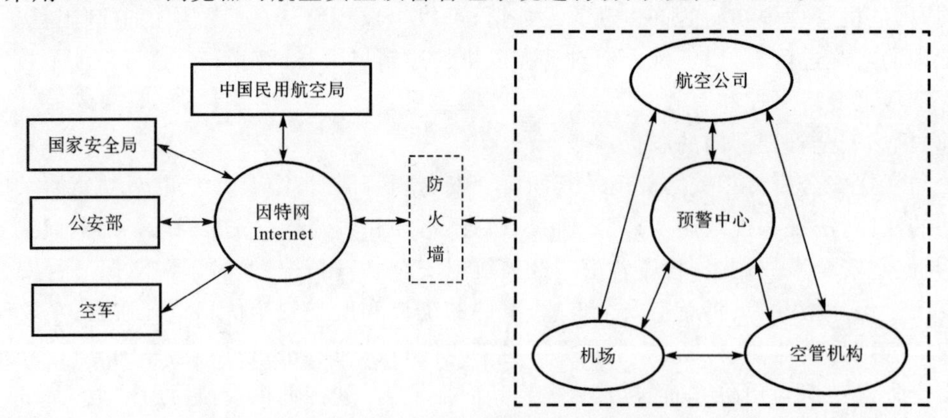

图 8-7　航空安全预警管理系统监控网络

2.航空安全预警管理的企业监控体系

以航空公司为例，航空公司三级预警管理监控网络包括三级监控。

一级预警监控(决策层)：对管理层、行为导因层和行为层直接监控或逐级监控；

二级预警监控(管理层)：接受安全委员会监控和对各生产及辅助部门实施运行预警监控；

三级预警监控(行为导因层和行为层):接受管理层或决策层监控,对一线岗位直接监控。

三级安全预警网络在传统安全监控体制的基础上,将“安全关口”前移到“保证运行质量”,对运行质量实行严格监控,着眼于预防,而不是仅仅被动应付事故,并为预警管理获得客观数据基础提供条件。

事实上,如果航空公司运行各个环节,即机务、签派、飞行、空管等部门都高标准地保证工作质量,航空公司安全生产也就有了保障,对航空安全的管理就从被动应付事故转向主动预警预控。

8.4　航空危机预警管理

航空危机预警管理,相对于航空安全预警管理的常态管理而言更加紧迫,本节将对其进行详细讨论。

航空危机预警管理,是指航空组织为降低航空安全危机情境带来的威胁所进行的战略规划与不断调控和反馈的动态调整过程,可视为战略管理重要的一环。航空危机预警管理在内涵上应包含四大重点:建立危机预警(预测危机)、解剖危机内涵(找出危机的致命症结)、隔离危机(防止危机蔓延扩大)和危机免疫(防止同类危机再次发生)。《孙子兵法》所称的“毋恃敌之不来,恃吾有以待之”,正是危机预防管理的精神。

8.4.1　航空危机类型及原因

航空危机的原因,大致可分为内部管理不良因素和外部突变宏观因素。威胁航空安全导致发生危机的因素错综复杂,因而航空安全危机类型具有多样性。

1. 航空危机的类型

对航空安全危机形态进行科学的分类,可以清晰地描述航空安全危机的各种征兆。

(1)按危机发生的形式分类,航空危机可分为潜在的安全危机和意外的安全危机。这是以安全危机发生的情况为依据,主要说明危机是逐渐发生还是突然发生。

(2)按危机发生的原因分类,航空危机可分为内部安全危机和外部安全危机。这是以安全危机发生的原因在于以内部还是外部为依据进行分类。

(3)按危机发生的客体分类,航空危机可分为人的安全危机和物的安全危机。它以安全危机发生客体是人或物为依据。

(4)按危机的状态分类,航空危机可分为静态安全危机和动态安全危机。动态安全危机是由经济、社会结构的变化所导致;静态安全危机则是由于自然力量的不规则变动或人为过错所导致。

(5)按组织类型分类,航空危机可分为航空公司安全危机、机场安全危机及空管中心安全危机等。

2. 航空危机的含义

美国著名的危机处理专家布莱查尔(Brcher)认为危机情境的存在,需满足以下4个必要条件:内外环境突然发生变化;该情境已威胁到组织基本目标的实现;该情境具有风险性,充其量只能事前预估其可能状况,但不能安全避免;对情境做反应处理的时间非常有限而且紧迫。

美国危机管理专家菲克(Fink)将危机的发展分为潜伏期、爆发期、长期或慢性化期和解决期。从航空组织的角度来看,若能在潜伏期阶段就机警地察觉安全征兆,然后予以有效地解决,应是最佳的做法,因此预测安全危机,认识安全机的肇因,是安全危机管理的关键性作业。

就实质内涵来看,危机其实是转机与恶化的分水岭。在成败一线间的不稳定时期,若能处理得当,则表示各方面更上一层楼;但若处理失当,则会对航空安全形成致命的伤害,故危机管理是现代航空安全管理普遍关心的课题。

3. 航空危机的原因

航空危机的原因,一般分为外在原因与内在原因。外在原因又分为人为原因和天然原因。前者像空难事件、旅客抗议、环保问题等;后者如雪暴、风切变及台风所带来的损害等。至于内在原因,则涉及多种相关环节,如安全管理不良、沟通不畅等。及早发现灾害征兆是安全危机管理过程的第一要义。对安全危机的预测一般有两种做法:一是利用严谨的预警系统设计,但有些安全危机是突然来袭,无法在事前预知,这类危机不可能利用数量模型加以预测;二是聘请有经验的危机管理专家来协助建立安全危机处理系统,以及进行各种可能状况的模拟演练。事前充分准备,除能培育出危机意识外,还可以坚定航空组织应对危机的信心。

航空危机的组织外部原因涉及很多环境因素,包括组织之间沟通的失灵、基础设施不足及政府管制不当等;而内部的危机因素,主要有以下 3 种。

(1)技术上的失败,如机务、设备或安全维护等技术上的失败;

(2)组织上的失败,如组织的构架设计、战略规划、功能设计失当或错误;

(3)人为的失败,包括操纵判断的错误或管理决策上的失误等。

一旦安全危机真爆发,第一件事便是以“脑力激荡法”迅速挖掘出危机产生的症结,并且要果断地予以处理。航空安全危机种类多、专业性强,因此危机爆发时一定要依赖各方面的专业人士去处理全过程。否则,在面对公众时,若答非所问,将使社会大众对该组织处理危机的能力失去信心,悲观的预期可能使危机迅速扩大。

8.4.2 航空危机预警管理的流程与方法

航空危机预警管理一般分为四阶段,即预测阶段、预防阶段、处置阶段和免疫阶段,每个阶段各有其管理原则和方法。

1. 危机预测及其管理原则和方法

在航空安全危机预警管理的第一阶段,核心任务是对危机进行预知和预测。为此,首先需要进行广泛的收集工作;然后是对已收集的信息进行详尽的分析和评价,并将结果迅速上报或分送有关决策者,建立危机的信息管理系统。由于危机常常是多因素构成和多向扩散,因此危机管理信息系统的信息传递渠道,除了常规渠道以外,还要有一定的特殊渠道,以防止有价值的情报因“系统梗阻”被搁置或延误。安全危机预警管理的信息价值观与日常的信息价值观十分不同,有些甚至是截然相反。危机预警管理的信息管理有几条极为重要的原则,具体如下:

(1)“报忧不报喜”原则。甚至更多的是存在着航空组织各层次的管理者在平时上报材料时总是有喜有忧,“报喜不报忧”的偏好或倾向。但是,当组织处于危机之中时,决策者首先需要的是“忧”的情报信息,而不是“喜”的情报信息。其原因有两点:一是由于时间因素制约,决策者无暇顾及当前决策无足轻重的“喜报”;二是由于“忧报”事关组织的生死存亡,非报不可。

总而言之，危机预警管理最需要的情报信息，常常恰是那些令人讨厌的“坏消息”。

(2)“巧迟不如拙速”原则。在通常状态下，情报收集的原则是力求完整，要求所收集到的情报具备 6 项要素(5W1H)，即什么(what)、谁(who)、什么时候(when)、在什么地方(where)、为什么(why)、怎样(how)。有时为求信息全面而不得不花费相当长的时间，故称为“巧迟”。但是，在进行危机预警管理时，情况恰恰相反，信息收集追求的首先是快，是效率，即使是6要素不够完整，哪怕只有一项，也要速“报”，即所谓“拙速”，故而有“巧迟不如拙速”之说。

(3)紧急报告事项制定原则。在危机状况下，需要将信息快速收集传递至决策者，甚至不分昼夜，随时呈报；但又不能事无巨细，无所不报。事事呈报，会使决策者不得要领，反而淹没了真正有价值的重要信息，还容易形成“狼来了”效应。因此，必须指定需要紧急呈报的重要事项。一般来说，需要紧急呈报的重要事项大多是决策者职责范围以内的，并且事关航空组织存亡以及人命关天，或者第二天有可能被公之于众的事情。

(4)再确认原则。对于信息源以及信息本身，有必要进行再确认，以免信息有误。

用于危机预警管理的信息分析方法多种多样，例如假说验证法、倾向分析法、风险分析法等定量分析方法十分重要。但是，这些分析方法模式大多尚未定型。因此，要综合运用各种科学的预测手段抢测事物发展变化的趋势，把握报突发事件发生的可能性。

从某种意义上讲，危机与机遇之间是一种辩证关系。危机如果处理得当，不仅有可能转危为安，而且还有可能变危机为机遇。而且，间或发生一些小的危机，虽然不可能完全避免，但也并非就是坏事。小的危机可以给航空组织以一定的刺激，使平时处于涣散状态的管理组织紧张起来，并增强组织的凝聚力和免疫功能。反之，危机来临时，如果处理不当，就可能造成重大航空事故或灾害。但是，作为危机预警管理的任务，重点还是放在危机处理上。危机预警管理的另一个基本要领就是要尽可能把事态想得严重一些，要设想到最坏的可能性，以便做到“有备无患”。

2. 危机预防及其原则和方法

航空安全危机预警的第二阶段是预防和规避危机。对于“天灾”，在现阶段固然难以完全避免，但航空事故中，大多是由于安全认识不足、安全管理松懈等人为因素造成的“人祸”，在预防和规避方面存在着相当大的回旋余地和可能性。

在危机预防阶段，要确定危机的性质，分析危机产生的原因，测定危机所可能造成的损害程度，并进行最坏的准备，选择和确定危机管理的最佳技术方案，并准备出第二、第三方案等替代方案。在此阶段，要充分利用外部环境条件，做好人、财、物、硬件和软件等方面的准备，为工作人员提供尽可能多的便利条件和支持创造良好的工作氛围，并将工作人员组成若干小组进行轮流值班。

3. 危机处置及其原则和方法

航空安全危机预警管理的第三阶段是危机的应对和处置，即防止危机态势的进一步扩大，在范围和程序上限制危机所造成的损失及危害，并有效地解决危机。这一阶段的要领是，在前期“悲观地准备”的基础上“乐观地实施”，也就是要保持自信心。

安全危机预警管理的主要职能是防止或减轻危机给航空组织带来的损害。虽然要想完全避免物体上的损害几乎是不可能的，但是感情以及形象上的损害，是完全有可能通过努力加以避免的，尤其是对危机预警管理而言，重要的是航空组织内部以及社会舆论的评价，因此，妥善处理好无形的损害同样是十分重要的。

有效地防止和减轻危机所造成的损害之后，下一个目标就是有效地解决危机。为了防止遭受损害和有效地解决危机，需要一些重大的决策转换。

(1)形成“命运共同体”。平时航空组织主要靠共同的利益来维系。而当航空危机来临之时，命运胜于利益。因此，必须将决策目标从“利益共同体”转换为“命运共同体”，并以此来提高航空组织的凝聚力。

(2)采取高压强势政策。在处理日常事务时，常常倾向于采取温和的办法，细水长流，常要花费较长的时间，但在处理突发事件时，不能用“渐进式”的办法，必须换以高压强势政策，将事态迅速控制；否则，就有可能势如决堤，一溃千里。

(3)依靠科学的决策机制。在日常决策中，航空组织的领导人喜欢召集会议，在听取全体人员的意见之后，再按少数服从多数的原则做出决策：但在危机状态不应协调，而是决断。这就是说不是通过协调取得一致意见，而是要将信息情报准确地传递，将形势判断共有化，并由航空组织最高决策者进行决策。按照“情景领导模式”的要求，此时的领导行为应是“任务导向型”而非“关系导向型”，犹豫不决比决策失误更加致命。因此，在有限的时间内，要做出正确的决策，就必须依靠专家，依靠科学的决策机制。

(4)实现责权集中统一。在安全危机状态下，必须明确责任，将责任委任于决策者，谁决策谁负责，从而使责权高度统一。

4.危机免疫及其原则和方法

航空安全危机预警管理的第四阶段，即在危机被克服之后，一项重要工作就是要制定或调整计划，重新开展日常业务，使组织和工作秩序恢复到正常状态，如对航空灾害中死伤人员进行补偿，修复工作设备、建筑物等。

航空安全危机预警管理的最后一道工序实际是下一次危机来临时的第一道工序，要积极地总结经验教训，并做出相应的改进，以增强航空组织对危机的免疫功能，预防和防止危机的再次发生。

“天灾”的再次发生虽然不可能绝对避免，但是，通过采取有效措施，是可能减轻其影响和损害程度的；而通过采取积极对策，有相当一部分“人祸”是可能防止其再次发生的。通过分析安全危机的全过程，可以从中总结出不少宝贵的经验，并采取必要的、有针对性的防范措施，以降低危机再次发生的可能性。

【知识链接】

中国航空集团股份有限公司西南地勤服务部及时发布恶劣天气航空安全风险预警提示

随着6月份航空运输生产旺季的来临和全面接受深圳航空公司地面代理业务，现场生产保障压力增大，由于近期各地暴雨等恶劣天气高发，给航空安全和现场运行工作带来一定风险。为了确保航空安全持续平稳，国航西南地服都及时发布航空安全风险及现场运行预警提示，要求各生产中心结合6月份“安全生产月”活动，认真加强员工安全意识教育，落实安全责任制度，严格岗位作业管理，防止发生人为不安全事件。

一是各生产中心现场运行车辆应严格按规定线路行驶，控制车速，注意观察，按规定使用灯光，防止发生航空地面不安全事件。同时，各生产中心机坪作业人员应注意自身安全防护，防止发生员工受伤事件。

二是坚持各级值班干部“双岗制”，各中心应有预见性地加强现场生产组织和人员安排，提前联系第三方服务单位，做好航班大面积不正常时的服务保障和特情处置工作。

三是运控中心应注意随时关注天气变化情况，保持信息及时准确传递，提前梳理航班，做好航班大面积不正常时的协调、指挥工作。

四是旅客服务中心应严格控制客梯车人数，遇暴雨天气应特别注意提醒旅客上、下客梯车和摆渡车时注意安全，防止发生旅客受伤事件。

五是站坪中心各类特种车辆应严格执行各项安全操作规定，在恶劣天气下应在保证安全的前提下谨慎开展各项保障工作，特别是近机作业时，要加派人员现场指引，防止发生刮碰飞机等不安全事件。

国航西南地服部　××　××

2010年6月30日

民航中南地区航空安全预警机制实施办法

第一章　总则

第一条　为了贯彻持续安全理念，规范和强化行业安全指导工作，提高安全预防水平。

第二条　本办法适用于民航中南地区管理局(以下简称“管理局”)及其派出机构，民航中南地区内运行的航空事业单位。

第三条　本办法所称安全预警机制是指管理局基于航空安全信息的综合分析，对突出的、趋势性的、普遍性的安全隐患采取的安全监管措施，包括强制性要求和安全建议。

第四条　与管理局签订航空安全责任书的单位应建立安全信息分析制度，将风险源分析、控制制度以及安全信息分析、安全决策制度写入有效的运行手册或使用手册，并指导其分、子公司开展安全信息分析，为安全决策提供有效的支持。

第五条　各单位应将安全信息分析应用纳入安全考核范围。

第六条　各单位应建立风险识别和监控工作程序，并按岗位建立重大危险源库，使风险管理常态化。

第七条　各单位应建立安全信息分析应用年报制度，于每年3月1日前，通过安全网将上年年报报所在地监管局。

第二章　预警类型

第八条　根据事态程度和安全监管工作的需要，分类明确安全预警的对象和内容，包括安全指令、安全警示、安全提示、安全通报四个类型。

第九条　在以下情况，管理局向全地区发布《安全指令》：

(1)存在具有普遍性的安全隐患，需要强制整改；

(2)局部存在突出的安全隐患，需要开展专项监察；

(3)发生责任不安全事件，需要对重点单位实施重点监察；

(4)现有规章程序中需要细化或进一步规范的事项。

第十条　出现以下情况，管理局向单个或某一类企事业单位发布《安全警示》。

(1)连续发生责任不安全事件；

(2)安全信息分析显示,责任事故征候万时率(或万次率)超过管理局《航空安全责书》指标的1/2,或责任不安全事件万时率(或万次率)超过事故征候指标的3倍;

(3)未按规定完成重大隐患的整改工作。

第十一条　安全信息分析发现全局性或行业趋势性安全问题,管理局提出改进要求安全建议,向全地区发布《安全提示》。

第十二条　对管理局安全委员会(简称“安委会”)定期或不定期专题安全会议情况发生人为责任、管理责任事故征候(含)以上问题,或短期内连续发生责任事件,或在行业中有警示作用者,按明传电报的格式发布《安全通报》。

第三章　监督管理

第十三条　管理局依托ASMIS收集分析安全信息,经安委会审议后,发布安全预警。

第十四条　企事业单位收到中国民用航空局或管理局发布的《安全指令》《安全警示》《安全提示》《安全通报》后,应按要求采取有效措施,改进安全管理,并将整改情况报所在地监管局。

第十五条　监督管理局(简称“监管局”)将安全预警提出的整改要求纳入运行监察范围,视情况向企事业单位下发《整改通知书》或《整改建议书》,实施跟踪监管。企事业单位违反法律法规,不认真落实安全预警要求者,由监管局依法实施行政处罚,并报管理局安委会备案。

第十六条　管理局建立安全预警年度评估制度,适时对安全预警落实情况进行督查,督促企事业单位加强安全管理,提高运行品质,确保持续安全、科学发展。

第十七条　监管局根据本办法在辖区内建立安全预警机制的实施细则,报管理局安委会备案。

第十八条　民航中南地区管理局授权安委会对本办法进行解释和修订。

第十九条　本办法自发布之日起实施。

复习思考题

1.航空安全预警管理的原则是什么?

2.讨论航空安全预警管理的运行机制。

3.航空安全预警管理工作流程是什么?

4.航空危机类型及其原因是什么?

5.航空安全预警管理的企业监控体系是什么?

第9章　航空事故统计与分析

航空事故的统计分析是航空安全管理学研究的重要内容，它通过对大量的事故资料、数据进行加工、整理和综合分析，运用数理统计的方法研究事故发生的规律和分布特征。科学、准确的统计分析结果能够描述我国航空运输当前的安全状况，能够用来判断和确定问题的范围，能够作为观察事故发生趋势、分析事故原因、制定事故预防治措施、预测未来事故等的依据。事故统计分析对搞好航空安全管理和安全生产有着十分重要的作用。

9.1　航空安全事故等级划分

9.1.1　基本概念

1. 民用航空器飞行事故

民用航空器飞行事故是指民用航空器在运行过程中发生人员伤亡、航空器损坏的事件。

2. 航空地面事故

航空地面事故是指在机场活动区内发生航空器、车辆、设备、设施损坏，造成直接经济损失人民币 30 万元(含)以上或导致人员重伤、死亡的事件。

3. 人员死亡

人员死亡是指凡自航空器发生事故之日起 30 天内，由本次事故导致的死亡。

4. 航空器失踪

航空器失踪是指在官方搜寻工作宣告结束时仍不能确定航空器或其残骸位置。

5. 航空器损坏

航空器损坏是指对航空器的结构强度、性能或飞行特性有不利影响，并通常需要修理或更换有关部件的损坏。

如航空器修复费用超过事故当时同型或同类可比新航空器价格的 60%(含)，或修复费用虽未超过 60%(含)，但修理后不能达到适航标准的航空器严重损坏。

如航空器修复费用低于事故当时同型或同类可比新航空器价格的 60%(含)，则为航空器一般损坏。

6. 直接经济损失

直接经济损失是指航空器、车辆、设备及设施修复费用，包括器材费、工时费和运输费。

7. 人员重伤

人员重伤是指经医师鉴定符合下列情况之一者：

(1)自受伤之日起 7 天内需要住院 48 h 以上；

(2)造成骨折(手指、足趾或鼻部单纯折断除外)；

(3)引起严重出血的裂口，神经、肌肉或腱的损坏；

(4)涉及内脏器官受伤；

(5)有二度或三度的或超过全身面积 5％以上的烧伤；

(6)已证实暴露于传染物质或有伤害性辐射。

8. 民用航空器飞行事故征候

民用航空器飞行事故征候是指航空器飞行实施过程中发生的未构成飞行事故或航空地面事故，但与航空器运行有关，影响或者可能影响飞行安全的事件。

9. 严重飞行事故征候

严重飞行事故征候是指航空器飞行实施过程中几乎发生事故情况的飞行事故征候。

9.1.2　民用航空器飞行事故等级划分

根据人员伤亡情况以及对航空器损坏程度，飞行事故分为特别重大飞行事故、重大飞行事故和一般飞行事故三个等级。

1. 特别重大飞行事故

凡属下列情况之一者为特别重大飞行事故：

(1)人员死亡，死亡人数在 40 人及其以上者；

(2)航空器失踪，机上人员在 40 人及其以上者。

2. 重大飞行事故

凡属下列情识之一者为重大飞行事故：

(1)人员死亡，死亡人数在 39 人及其以下者；

(2)航空器严重损坏或迫降在无法运出的地方(最大起飞质量为 5.7 t 及其以下的航空器除外)；

(3)航空器失踪，机上人员在 39 人及其以下者。

3. 一般飞行事故

凡属下列情况之一者为一般飞行事故：

(1)人员重伤，重伤人数在 10 人及其以上者；

(2)最大起飞质量为 5.7 t(含)以下的航空器严重损坏，或迫降在无法运出的地方；

(3)最大起飞质量为 5.7～50 t(含)的航空器一般损坏，其修复费用超过事故当时同型或同类可比新航空器价格的10%(含)者；

(4)最大起飞质量为50 t以上的航空器一般损坏，其修复费用超过事故当时同型或同类可比新航空器价格的5%(含)者。

需要注意的是，航空器运行过程中，发生相撞，不论损失架数多少，一律按一次飞行事故计算。事故等级按人员伤亡总数和航空器损坏最严重者确定；人员伤亡统计应包括该次飞行事故直接造成的地面人员伤亡；航空器修复费用包括器材费、工时费和运输费。

9.1.3　民用航空地面事故等级划分

人类在生产、生活、生存的实践活动中创造大量物质财富和精神财富的同时，事故也悄然而至，给人们的生命和财产带来了重大的损失。事故作为安全科学的研究对象，主要是指那些可能带来人员伤亡、物质损失或环境污染的意外事件。为了对事故进行科学的研究，探索事故的发生规律和预防措施，需要对事故进行分类，事故按不同的分类方法有不同的分类。

民用航空地面事故按照事故造成的人员伤亡和直接经济损失程度，划分为一般航空地面事故、重大航空地面事故和特别重大地面航空事故三类。

1. 一般航空地面事故

凡属下列情况之一者为一般航空地面事故：

(1)造成人员重伤；

(2)直接经济损失为30万(含)～100万元。

2. 重大航空地面事故

凡属下列情况之一者为重大航空地面事故：

(1)死亡人数3人(含)以下；

(2)直接经济损失100万(含)～500万元。

3. 特别重大航空地面事故

凡属下列情况之一者为特别重大航空地面事故：

(1)死亡人数4人(含)以上；

(2)直接经济损失500万元(含)以上。

9.2　事故统计方法及主要指标

伤亡事故统计分析是伤亡事故综合分析的主要内容。它是以大量的伤亡事故资料为基础，应用数理统计的原理和方法，从宏观上探索伤亡事故发生原因及规律的过程。通过伤亡事故的综合分析，可以了解一个企业、部门在某一时期的安全状况，掌握伤亡事故发生、发展的规律和趋势，探求伤亡事故发生的原因和有关的影响因素，从而为有效地采取预防事故措施提供依据，为宏观事故预测及安全决策提供依据。

事故统计分析的目的包括以下三方面：

(1)进行企业外的对比分析。依据伤亡事故的主要统计指标进行部门与部门之间、企业与企业之间、企业与本行业之间平均指标的对比。

(2)对企业、部门的不同时期的伤亡事故发生情况进行对比,用来评价企业安全状况是否有所改善。

(3)发现企业事故预防工作存在的主要问题,研究事故发生原因,以便采取措施防止事故发生。

9.2.1 事故统计方法

事故统计方法通常可以分为描述统计和推断统计两部分。

1.描述统计

描述统计主要是指在获得数据之后,通过分组、有关图表等对现象加以描述。

事故统计表是企业建立伤亡事故管理使用的原始记录,是企业进行事故统计分析的依据,包括伤害事故统计表、事故经济损失统计表和综合统计表。为了搞好企业职工伤亡事故的定期统计工作,原劳动部、国家统计局1992年12月15日,劳计字〔1992〕74号文件印发关于《企业职工伤亡事故统计报表制度》的通知,对企业基层单位填报报表、劳动部门和主管部门填报报表以及说明做出了具体规定,伤亡事故统计报表目录见表9-1。

常用的伤亡事故统计图主要有柱状图、趋势图、管理图、饼状图、扇形图、玫瑰图和分布图等。

(1)柱状图。柱状图以柱状图形来表示各统计指标的数值大小。由于它绘制容易、清晰醒目,所以应用得十分广泛。

在进行伤亡事故统计分析时,有时需要把各种因素的重要程度直观地表现出来。这时可以利用排列图(或称主次因素排列图)来实现。绘制排列图时,把统计指标(通常是事故频数、伤亡人数、伤亡事故频率等)数值最大的因素排列在柱状图的最左端,然后按统计指标数值的大小依次向右排列,并以折线表示累计值(或累计百分比)。

在管理方法中有一种以排列图为基础的ABC管理法。它按累计百分比把所有因素划分为A,B,C三个级别,其中累计百分比0～80%为A级、80%～90%为B级、90%～100%为C级。A级因素相对数目较少但累计百分比达到80%,是"关键的少数",是管理的重点;相反,C级因素属于"无关紧要的多数"。图9-1所示为某企业各类伤亡事故发生次数的排列图。从该图可以看出,物体打击、机械伤害是该企业伤亡事故的主要类别,是事故预防工作的重点。

表9-1 伤亡事故统计报表目录

表 号	表 名	报告期别	报送单位	报送时间	受表单位
国安A1表	伤亡事故报表(基层)	及时报送	基层企业	及时报送	各地区安全生产监督管理(监察)机构
国安A2表	伤亡事故伤亡人员报表(基层)	及时报送	基层企业	及时报送	

续表

表　号	表　名	报告期别	报送单位	报送时间	受表单位
国安 B1 表	伤亡事故情况(按经济类型)	月、年报	各省级安全生产监督管理机构、煤矿安全监察局和有关省(自治区、直辖市)煤炭管理部门	每月 20 日前	国家安全生产监督管理局 国家煤矿安全监察局
国安 B2 表	伤亡事故情况(按行业)	月、年报	各省级安全生产监督管理机构、煤矿安全监察局和有关省(自治区、直辖市)煤炭管理部门	每月 20 日前	
国安 B3 表	伤亡事故情况(按事故类别)	月、年报	各省级安全生产监督管理机构、煤矿安全监察局和有关省(自治区、直辖市)煤炭管理部门	每月 20 日前	
国安 B4 表	伤亡事故情况(按事故原因)	月、年报	各省级安全生产监督管理机构、煤矿安全监察局和有关省(自治区、直辖市)煤炭管理部门	每月 20 日前	
国安 B5 表	伤亡事故情况(按地区)	月、年报	各省级安全生产监督管理机构、煤矿安全监察局和有关省(自治区、直辖市)煤炭管理部门	每月 20 日前	
国安 B6 表	伤亡事故情况(按时间)	月、年报	各省级安全生产监督管理机构、煤矿安全监察局和有关省(自治区、直辖市)煤炭管理部门	每月 20 日前	
国安 C1 表	煤矿伤亡事故情况(一)	月、年报	各省级煤矿安全监察局、有关省(自治区、直辖市)安全生产监督管理机构或煤炭管理部门	每月 12 日前	
国安 C2 表	煤矿伤亡事故情况(二)	月、年报	各省级煤矿安全监察局、有关省(自治区、直辖市)安全生产监督管理机构或煤炭管理部门	每月 12 日前	
国安 C3 表	煤矿伤亡事故情况(三)	月、年报	各省级煤矿安全监察局、有关省(自治区、直辖市)安全生产监督管理机构或煤炭管理部门	每月 12 日前	

续表

表号	表名	报告期别	报送单位	报送时间	受表单位
国安 D1 表	各部门综合事故情况	月、年报	公安部（火灾、道路交通）、交通部、铁道部、中国民用航空局	每月 20 日前	国家安全生产监督管理局
国安 D2 表	各部门分地区事故情况	月、年报	公安部（火灾、道路交通）、交通部、铁道部、中国民用航空局	每月 20 日前	

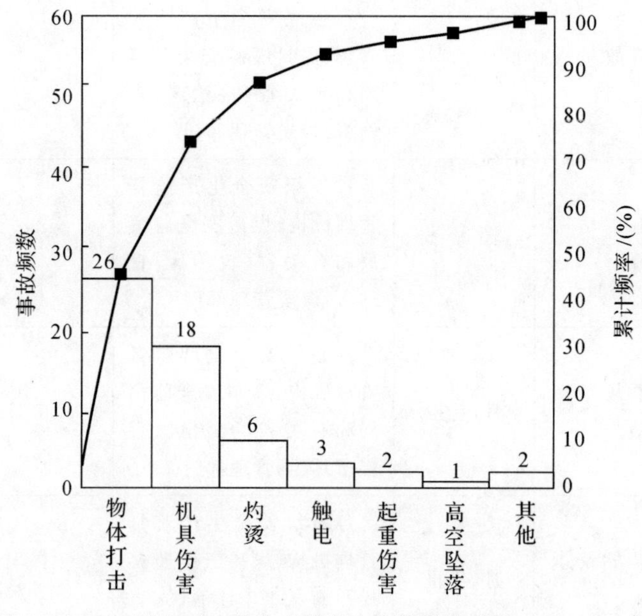

图 9-1　伤亡事故发生次数的排列图

(2)趋势图。伤亡事故发生趋势图是一种折线图。它用不间断的折线来表示各统计指标的数值大小和变化，最适合用于表现事故发生与时间的关系。

事故发生趋势图用于图示事故发生趋势分析。事故发生趋势分析是按时间顺序对事故发生情况进行的统计分析。它按照时间顺序对比不同时期的伤亡事故统计指标，展示伤亡事故发生趋势和评价某一个时期内企业的安全状况。

某企业 1992—2000 年伤亡事故发生趋势图如图 9-2 所示。由图可以看出，1995 年以前千人负伤率下降幅度较大，之后呈稳定下降的趋势。

(3)管理图。伤亡事故管理图也称伤亡事故控制图。为了预防伤亡事故发生，降低伤亡事故发生频率，企业、部门广泛开展安全目标管理。伤亡事故管理图是实施安全目标管理中，为及时掌握事故发生情况而经常使用的一种统计图表。

在实施安全目标管理时，把作为年度安全目标的伤亡事故指标逐月分解，确定月份管理目标。

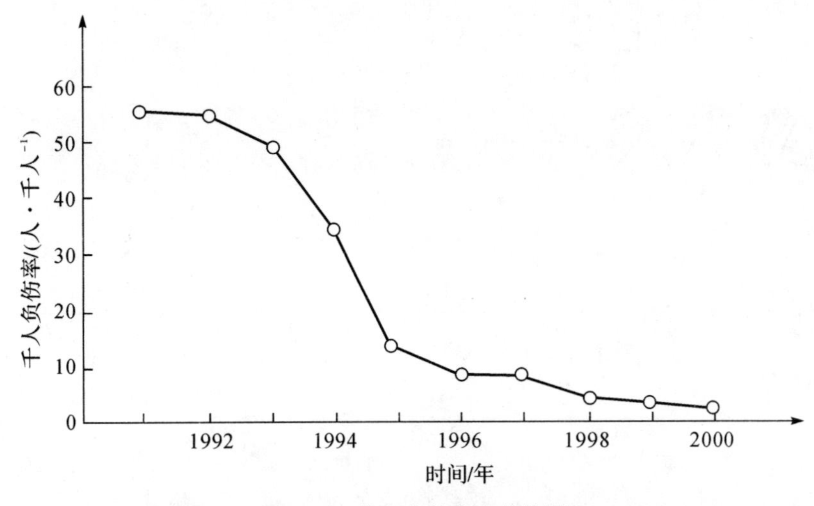

图9-2　伤亡事故发生趋势图

一般来说，一个单位的职工人数在短时间内是稳定的，故往往以伤亡事故次数作为安全管理的目标值。

在一定时期内，一个单位里伤亡事故发生次数的概率分布服从泊松分布，并且泊松分布的数学期望和方差都是λ。这里λ是事故发生率，即单位时间里的事故发生次数。若以λ作为每个月伤亡事故发生次数的目标值，当置信度取90%时，按下述公式确定安全目标管理的上限U和下限L，则有

$$U=\lambda+2\sqrt{\lambda}$$

$$L=\lambda-2\sqrt{\lambda}$$

在实际安全工作中，因为人们最关心的是实际伤亡事故发生次数的平均值是否超过安全目标，所以往往不必考虑管理下限而只注重管理上限，力争每个月里伤亡事故发生次数不超过管理上限。

当绘制伤亡事故管理图时，以月份为横坐标、事故次数为纵坐标，用实线画出管理目标线，用虚线画出管理上限和下限并注明数值和符号，如图9-3所示。把每个月的实际伤亡事故次数点在图中相应的位置上，并将代表各月份伤亡事故发生次数的点连成折线，根据数据点的分布情况和折线的总体走向，可以判断当前的安全状况。

正常情况下，各月份的实际伤亡事故发生次数应该在管理上限之内围绕安全目标值随机波动。当管理图上出现如图9-3所示情况之一时，就应该认为安全状况发生了变化，不能实现预定的安全目标，需要查明原因及时改正。

(4)饼状图。事故饼状图是一种表示事故构成的平面图，可以形象地反映事故发生的原因、种类、地点等在所发生的事故中所占的百分比。图9-4所示为某部门对航班延误数据统计的饼状图。

(5)扇形图。它用一个圆形中各个扇形面积的大小不同来代表各种事故因素、事故类别、统计指标的所占比例，又称作圆形结构图。

(6)玫瑰图。它利用圆的角度表示事故发生的时序，用径向尺度表示事故发生的频数。

(7)分布图。它把曾经发生事故的地点用符号在厂区、车间的平面图上表示出来。不同的

事故用不同的颜色和符号表示，符号的大小代表事故的严重程度。

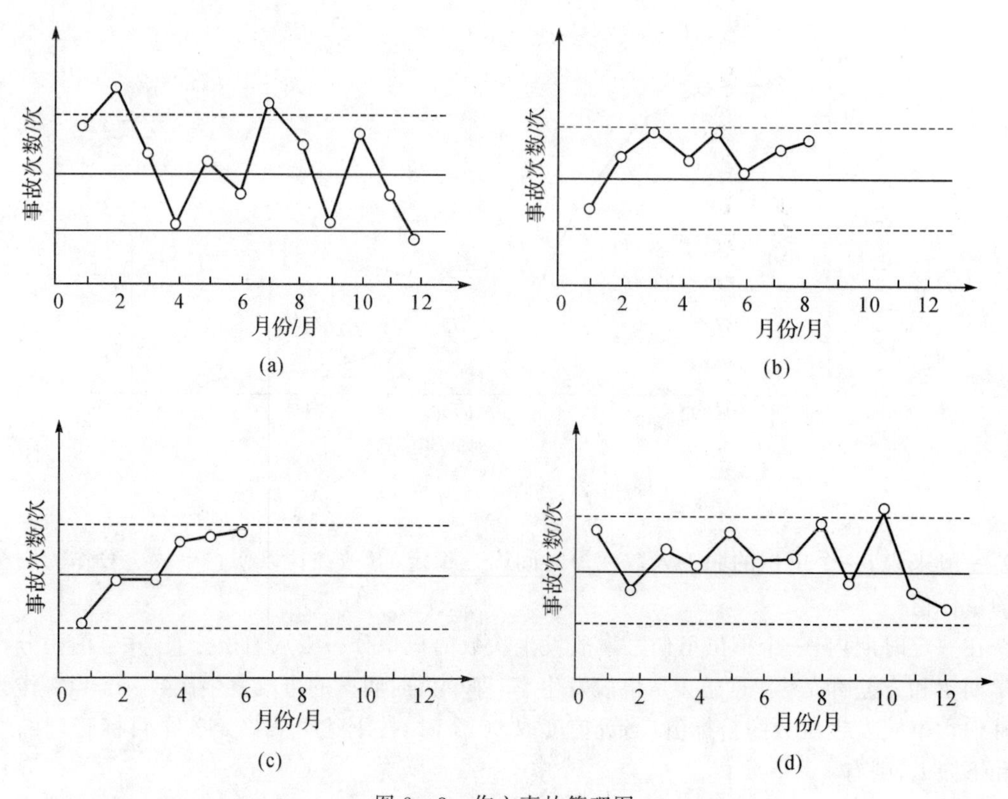

图 9-3　伤亡事故管理图

(a)个别数据点超出管理上限；(b)连续数据点在目标值以上；

(c)多个数据点连续上升；(d)大多数数据点在目标值以上

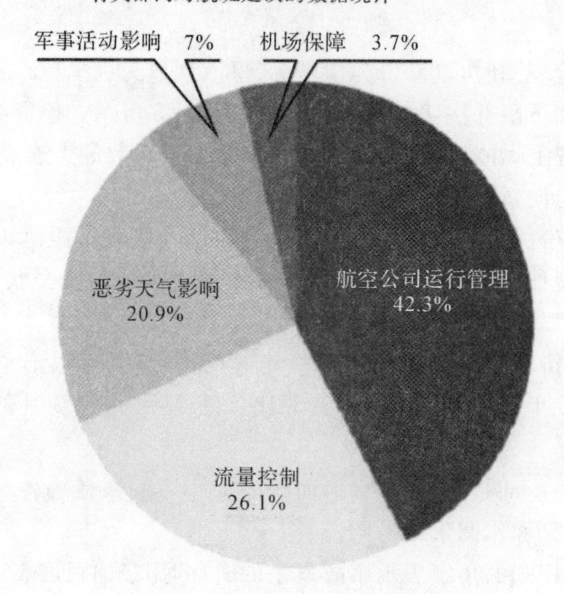

图 9-4　航班延误饼状图

2. 推断统计

推断统计指通过抽样调查等非全面调查，在获得样本数据的基础上，以概率论和数理统计为依据，对总体的情况进行科学推断。通过建立回归模型对现象的依存关系进行模拟，对未来情况进行预测。

预测是人们对客观事物发生变化的一种认识和估计。通过预测可以对事物在未来发生的可能性及发生趋势做出判断和估计，提前采取恰当措施，避免人员伤亡、减少事故损失，防止事故的发生。

事故发生可能性预测是根据以往的事故经验对某种特定的事故，如倒塌、火灾、爆炸等事故能否发生、发生的可能性如何进行预测；而事故发生趋势预测主要依据关于事故发生情况的统计资料，对未来事故发生的趋势进行预测。

在宏观安全管理中，往往利用伤亡事故发生趋势预测方法寻找安全管理目标的参考值。在伤亡事故发生趋势预测方法中，回归预测法简单易行，具有一定准确度，因而应用最为广泛。此外，还有指数平滑法、灰色系统预测法等方法。

(1)回归分析原理。回归分析是研究一个随机变量与另一个变量之间相关关系的数学方法。

当变量间既存在着密切关系，又不能由一个变量的值精确地求出另一个变量值时，这种变量间的关系为相关关系。具有相关关系的两变量 x 和 y 之间的相关程度用相关系数 γ 描述，则有

$$\gamma = \frac{L_{xy}}{\sqrt{L_{xx}L_{yy}}} \tag{9-1}$$

式中

$$L_{xy} = \sum x_i y_i - \frac{1}{n}\sum x_i \sum y_i$$

$$L_{xx} = \sum {x_i}^2 - \frac{1}{n}\left(\sum x_i\right)^2$$

$$L_{yy} = \sum {y_i}^2 - \frac{1}{n}\left(\sum y_i\right)^2$$

当 $|\gamma| = 1$ 时，表明两变量间完全线性相关；当 $y = 0$ 时，表明两者完全无关；一般来说，$0 < |\gamma| < 1$，$|\gamma|$ 越大，线性相关性越好。

当两变量 x 和 y 之间线性相关时，可以用直线方程描述为

$$\hat{y} = a + bx \tag{9-2}$$

根据观测值来求得该直线方程的过程叫作回归，关键在于求出方程中的参数 a 和 b。应用最小二乘法原理，使平方和

$$\sum (y_i - \hat{y}_i)^2 = \sum (y_i - a - bx_i)^2$$

最小的直线是最好的。把该式对 a 和 b 求偏导数并令其为零，整理，得

$$b = \frac{L_{xy}}{L_{xx}} \tag{9-3}$$

$$a = \bar{y} - b\bar{x} \tag{9-4}$$

式中，$\bar{x} = \frac{1}{n}\sum_{i=1}^{n} x_i$，$\bar{y} = \frac{1}{n}\sum_{i=1}^{n} y_i$。

按回归方程外推，可以预测对应于某 $x(x>x_n)$ 的相应的 $\hat{y}$ 值。但是，由于变量 x 与 y 之间不是确定的函数关系，而是相关关系，所以实际的 y 值不一定恰好在回归直线上，应该在某一区间之内。当置信度为 $1-\alpha$ 时，预测区间则为

$$[\hat{y}-\delta(x),\hat{y}+\delta(x)] \tag{9-5}$$

这里

$$\delta(x)=t_{\alpha}(n-2)s\sqrt{1+\frac{1}{n}+\frac{(x-\bar{x})^2}{L_{xx}}} \tag{9-6}$$

式中，$t_{\alpha}(n-2)$——t 的分布值；

s—— 剩余标准差，$s=\sqrt{\dfrac{\sum(y_i-\hat{y}_i)^2}{n-2}}$。

由式(9-6)可以看出，当 $x=\bar{x}$ 时预测精度最好，随着 x 远离 $\bar{x}$，预测精度降低(见图9-5)。

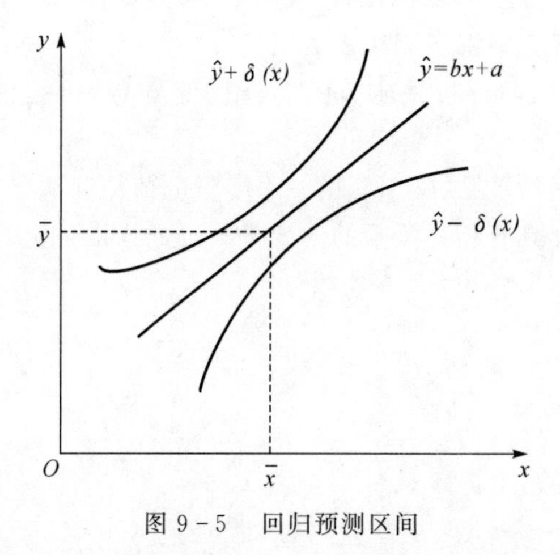

图 9-5　回归预测区间

(2) 伤亡事故预测。伤亡事故发生状况随时间推移的变化呈现出一定的规律性。一般来说，一个企业随着生产技术的进步，劳动生产条件改善及管理水平的不断提高，伤亡事故发生率逐渐降低。大量统计资料表明，伤亡事故发生率随时间变化的规律可表达为

$$\hat{y}=ae^{bx} \tag{9-7}$$

式中，$\hat{y}$—— 伤亡事故发生率；

x—— 时间。

把式(9-7)两端对 e 取对数，并令 $\hat{y}_0=\ln\hat{y}$，$a_0=\ln a$，则

$$\hat{y}_0=a_0+bx$$

这样就变成线性回归问题。

在线性回归中，置信度为 $1-\alpha$ 时的预测区间为 $[\hat{y}-\delta(x),\hat{y}_0+\delta(x)]$，则实际预测区间为 $[e^{\hat{y}_0-\delta(x)},e^{\hat{y}_0+\delta(x)}]$。

9.2.2　事故统计主要指标

为了便于统计、分析、评价企业、部门的伤亡事故发生情况，需要规定一些通用的、统一的统计指标。在 1948 年 8 月召开的国际劳工组织会议上，确定了以伤亡事故频率和伤害严重率

为伤亡事故统计指标。

1. 伤亡事故频率

生产过程中发生的伤亡事故次数与参加生产的职工人数、经历的时间及企业的安全状况等因素有关。在一定的时间内参加生产的职工人数不变的场合，伤亡事故发生次数主要取决于企业的安全状况。于是，可以用伤亡事故频率作为表征企业安全状况的指标，则有

$$a=\frac{A}{NT} \tag{9-8}$$

式中，a—— 伤亡事故频率；

A—— 伤亡事故发生次数，次；

N—— 参加生产的职工人数，人；

T—— 统计期间。

世界各国的伤亡事故统计指标的规定不尽相同。我国的国家标准《企业职工伤亡事故分类标准》(GB 6441—1986)规定，按千人死亡率、千人重伤率和伤害频率计算伤亡事故频率。

(1)千人死亡率。某时期内平均每千名职工中因工伤事故造成死亡的人数，即

$$千人死亡率=\frac{死亡人数}{平均职工数}\times 10^3$$

(2)千人重伤率。某时期内平均每千名职工中因工伤事故造成重伤的人数，即

$$千人重伤率=\frac{重伤人数}{平均职工数}\times 10^3$$

(3)伤害频率。某时期内平均每百万工时由于工伤事故造成的伤害人数，即

$$伤害频率=\frac{伤害人数}{实际总工时数}\times 10^6$$

目前，我国仍然沿用劳动部门规定的工伤事故频率作为统计指标，即

$$工伤事故频率=\frac{本时期内工伤事故人次}{本时期内在册职工人数}\times 10^3$$

习惯上把它叫作千人负伤率。

2. 事故严重率

我国的国家标准《企业职工伤亡事故分类标准》(GB 6441—1986)规定，按伤害严重率、伤害平均严重率和按产品产量计算死亡率等指标计算事故严重率。

(1)伤害严重率。某时期内平均每百万工时由于事故造成的损失工作日数，即

$$伤害严重率=\frac{总损失工作日数}{实际总工时数}\times 10^6$$

国家标准中规定了工伤事故损失工作日算法，其中规定永久性全失能伤害或死亡的损失工作日为6 000个工作日。

(2)伤害平均严重率。受伤害的每人次平均损失工作日数，即

$$伤害平均严重率=\frac{总损失工作日数}{伤害人数}$$

(3)按产品产量计算死亡率。这种统计指标适用于以吨、立方米为产量计算单位的企业、部门。例如：

$$\text{百万吨钢(或煤)死亡率}=\frac{\text{死亡人数}}{\text{实际产量(t)}}\times 10^6$$

$$\text{万立方米木材死亡率}=\frac{\text{死亡人数}}{\text{实际产量}(\text{m}^3)}\times 10^4$$

【例】 某钢厂2005年平均在籍职工60 000人，年产钢250万吨。该年度内因工伤事故死亡2人、重伤3人、轻伤120人。根据《企业职工伤亡事故分类标准》(GB 6441—1986)计算，因重伤损失工作日累计8 000日，轻伤损失工作日累计为9 600日。试计算千人死亡率、千人重伤率、伤害频率、伤害严重率、伤害平均严重率、百万吨钢死亡率(设每人每年工作300天，每天工作8 h)。

【解】 (1)千人死亡率$=\frac{2}{60\ 000}\times 1\ 000=0.033$。

(2)千人重伤率$=\frac{3}{60\ 000}\times 1\ 000=0.05$。

(3)伤亡频率，设每人每年工作300 d，每天工作8 h，则

$$\text{百万工时伤害率}=\frac{2+3+120}{8\times 300\times 60\ 000}\times 10^6=0.868$$

(4)伤害严重率$=\frac{6\ 000\times 2+8\ 000+9\ 600}{8\times 300\times 60\ 000}\times 10^6=205.56$。

(5)伤害平均严重率$=\frac{6\ 000\times 2+8\ 000+9\ 600}{125}=236.8$。

(6)百万吨钢死亡率$=\frac{2}{250\times 10^4}\times 10^6=0.8$。

3.其他统计指标

(1)无事故时间。在实际安全管理工作中，往往用无伤亡事故时间作为统计指标，描述一个单位的安全状况。这是因为当伤亡事故发生频率较低时(如数年发生一起事故的场合)，采用伤亡事故发生频率来描述安全状况比较困难。从指导安全工作角度，计算伤亡事故发生频率是在发生了若干次事故以后。而计算无伤亡事故时间则是安全管理人员把注意力放在推迟每一起事故发生时间上，更能体现“预防为主”的原则。无伤害事故时间是指两次事故之间的间隔时间。它最适合于用来描述伤亡事故发生频率低的单位的安全状况。

(2)死亡事故频率。英国的克莱兹(Kletz)以每12^8工时发生事故死亡人数作为死亡事故频率(Fatal Accident Frequency Rate，FAFR)。它相当于每人每年工作300天，每天工作8 h，每年4 000人中有一人死亡。

4.应用伤亡事故统计指标应注意的问题

按伯努利大数定律，只有样本容量足够大时随机事件发生的频率才趋于稳定。观测的数据量越少，统计出的伤亡事故频率和伤亡事故严重率的可靠性就越差。因此，在实际工作中利用上述指标进行伤亡事故统计时，应该设法增加样本的容量，可以从以下两个方面采取措施：

(1)延长统计的时间。在职工人数较少的单位，可以通过适当增加观测时间来增加样本的容量。一般认为，统计的基础数字如果低于200 000 h，则每年统计的事故频率将有明显波动，往往很难据此做出正确判断。当总的工时数达到100万时，可以得到较稳定的结果。在这种

情况下才能做出较为正确的结论。

(2)扩大统计的范围。为了扩大样本容量,美国、日本等国的一些安全专家主张扩大伤亡事故的统计范围。以往的伤亡事故统计只包括造成歇工一个工作日以上的事故,他们建议,应该把歇工不到一个工作日的事故也包括进去。美国职业安全局规定:损失工作日不只计算损失的工作日数,而且把因受伤调配到临时岗位的事故及受伤人员虽然能够在其本身的岗位上工作但是不能发挥全部效率,或不能全天工作的情况,也作为"须记录的事故"。莱阿梅尔提议把工厂医务所就诊的工伤事故也都统计到伤害事故频率里。

采用这样的措施后,由于统计的伤害事故数增加了,相应的伤亡事故频率也增加了,在同样统计基础数的情况下,统计结果的可靠性也就提高了。

国外也有人主张把极其轻微的伤害事故和差一点受伤的事故包括在统计范围之内,一些研究人员开始把注意力转向统计调查最终会导致伤亡事故的原因——人的不安全行为和物的不安全状态,相应地提出了一些统计指标。但目前,收集这些资料的方法还处于实验研究阶段,有待于进一步研究解决。

9.3　事故经济损失统计

事故一旦发生,往往造成人员伤亡或设备、装置、构筑物等的破坏。这一方面给企业带来许多不良的社会影响,另一方面也给企业带来巨大的经济损失。在伤亡事故的调查处理中,仅仅注重人员的伤亡情况、事故经过、原因分析、责任人处理、人员教育、措施制定等是完全不够的,还必须对事故经济损失进行统计。

伤亡事故的经济损失是安全经济学的核心问题。对伤亡事故的经济损失进行统计、计算,有助于了解事故的严重程度和安全经济规律。除此之外,为了避免或减少工业事故的发生及其造成的社会的、经济的损失,企业必须采取一些切实可行的安全措施,提高系统的安全性。但是,采取安全措施需要花费人力和物力,即需要一定的安全投入。在按照某种安全措施方案进行安全投入的情况下,能够取得怎样的效益,该安全措施方案是否经济合理,是安全经济评价的主要内容。而伤亡事故经济损失的统计、计算是安全经济评价的基础。

事故造成的物质破坏而带来的经济损失很容易计算出来,而弄清人员伤亡带来的经济损失却是件十分困难的事情。为此,人们进行了大量的研究,寻求一种方便、准确的经济损失计算方法。值得注意的是,所有的伤亡事故经济损失计算方法都是以实际统计资料为基础的。

9.3.1　伤亡事故直接经济损失与间接经济损失

一起伤亡事故发生后,给企业带来多方面的经济损失。一般来说,伤亡事故的经济损失包括直接经济损失和间接经济损失两部分。其中,直接经济损失很容易直接统计出来,而间接经济损失比较隐蔽,不容易直接从财务账面上查到。国内外对伤亡事故的直接经济损失和间接经济损失做了不同规定。

1. 国外对伤亡事故直接经济损失和间接经济损失的划分

在国外,特别在西方国家,事故的赔偿主要由保险公司承担。于是,把由保险公司支付的费用定义为直接经济损失,而把其他由企业承担的经济损失定义为间接经济损失。

(1)海因里希的间接经济损失内容。美国的海因里希认为伤亡事故的间接经济损失包括以下内容：

1)受伤害者的时间损失；

2)其他人员由于好奇、同情、救助等引起的时间损失；

3)工长、监督人员和其他管理人员的时间损失；

4)医疗救护人员等不由保险公司支付酬金人员的时间损失；

5)机械设备、工具、材料及其他财产损失；

6)生产受到事故的影响而不能按期交货的罚金等损失；

7)按职工福利制度所支付的经费；

8)负伤者返回岗位后，由于工作能力降低而造成的工作损失，以及照付原工资的损失；

9)由于事故引起人员心理紧张，或情绪低落而诱发其他事故造成的损失；

10)即使负伤者停工也要支付的照明、取暖费等每人平均费用的损失。

(2)西蒙兹规定的间接经济损失内容。海因里希提出间接经济损失内容之后，美国的西蒙兹(Simons)规定，伤亡事故间接经济损失包含如下项目：

1)非负伤者由于中止作业而引起的工作损失；

2)修理、拆除被损坏的设备、材料的费用；

3)受伤害者停止工作造成的生产损失；

4)加班劳动的费用；

5)监督人员的工资；

6)受伤害者返回工作岗位后，生产减少造成的损失；

7)补充新工人的教育、训练费用；

8)企业负担的医疗费用；

9)为进行事故调查，付给监督人员和有关工人的费用；

10)其他损失。

2. 我国对伤亡事故直接经济损失和间接经济损失的划分

1987年，我国开始执行国家标准《企业职工伤亡事故经济损失统计标准》(GB 6721—1986)。该标准把因事故造成人身伤亡及善后处理所支出的费用，以及被毁坏的财产的价值规定为直接经济损失；把因事故导致的产值减少、资源的破坏和受事故影响而造成的其他损失规定为间接经济损失。

(1)伤亡事故直接经济损失。伤亡事故直接经济损失包括以下内容：

1)人身伤亡后支出费用，其中包括医疗费用(含护理费用)、丧葬及抚恤费用、补助及救济费用、歇工工资；

2)善后处理费用，其中包括处理事故的事物性费用、现场抢救费用、清理现场费用、事故罚款及赔偿费用；

3)财产损失价值，其中包括固定资产损失价值、流动资产损失价值。

(2)伤亡事故间接经济损失。伤亡事故间接经济损失包括以下内容：

1)停产、减产损失价值；

2)工作损失价值；

3)资源损失价值；

4)处理环境污染的费用；

5)补充新职工的培训费用；

6)其他费用。

《企业职工伤亡事故经济损失统计标准》(GB 6721—1986)对于实现我国伤亡事故经济损失统计工作的科学化和标准化起到了十分重要的作用。当时颁布、实施这一标准时，我国尚未进行工伤保险和医疗保险改革，特别是原劳动部《企业职工工伤保险试行办法》颁布以后，该标准已经不能适应当前形势的发展，有关内容需要进行修订。

3.伤亡事故直接经济损失与间接经济损失的比例

如前所述，伤亡事故间接经济损失很难被直接统计出来，于是人们就尝试如何由伤亡事故直接经济损失来算出间接经济损失，进而估计伤亡事故的总经济损失。

海因里希最早进行了这方面的工作。他通过对5 000余起伤亡事故经济损失的统计分析，得出直接经济损失与间接经济损失的比例为1∶4的结论，即伤亡事故的总经济损失为直接经济损失的5倍。这一结论至今仍被国际劳联采用，并作为估算各国伤亡事故经济损失的依据。

继海因里希的研究之后，许多国家的学者探讨了这一问题。由于国内外对伤亡事故直接经济损失和间接经济损失划分不同，直接经济损失与间接经济损失的比例也不同。表9-2是国外事故间接、直接损失倍比系数。我国规定的直接经济损失项目中，包含一些在国外属于间接经济损失的内容。一般来说，我国的伤亡事故直接经济损失所占的比例应该较国外大。根据对少数企业伤亡事故经济损失资料的统计，直接经济损失与间接经济损失的比例为1∶1.2～1∶2之间。

表9-2　国外事故直接、间接损失倍比系数

研究者	基准年	事故直接、间接损失倍比系数	说　明
美国海因里希(Heinrich)	1941年	4	保险公司5 000个案例
法国Bouyeur	1949年	4	1948年法国数据
法国Jacques	20世纪60年代	4	法国化学工业
法国Legras	1962年	2.5	从产品销售、成本研究得出
Bird和Loftus	1976年	50	
法国Letoublon	1979年	1.6	针对伤害事故
Sheiff	20世纪80年代	12	
挪威Elka	1980年	5.7	起重机械事故
Leopold和Leonard	1987年	间接损失微不足道	将很多间接损失重新定义为直接损失
法国Bernard	1988年	3	保险费用按赔偿额
		2	保险费用按分摊额
Hinze和Appelgate	1991年	2.06	建筑行业过百家公司，考虑法律诉讼引起的损失
			因行业而异
英国HSE(OU)	1993年	8～36	

9.3.2 伤亡事故经济损失计算方法

伤亡事故经济损失 C_T 可由直接经济损失与间接经济损失之和求出，即

$$C_T = C_D + C_I \tag{9-9}$$

式中，C_D—— 直接经济损失；

C_I—— 间接经济损失。

由于间接经济损失的许多项目很难得到准确的统计结果，所以人们必须探索一种实际可行的伤亡事故经济损失计算方法。这里介绍几种比较典型的计算方法。

1.我国现行标准规定的计算方法

1986 年 8 月 22 日国家标准局颁布了《企业职工伤亡事故经济损失统计标准》(GB 6721—1983)，伤亡事故经济损失的计算方法如下：

$$E = E_D + E_I \tag{9-10}$$

式中，E—— 经济损失，万元；

E_D—— 直接经济损失，万元；

E_I—— 间接经济损失，万元。

其中，工作损失、医疗费用、歇工工资、处理事故的事务性费用、现场抢救费用、事故罚款和赔偿费用、固定资产损失价值、流动资产损失价值、资源损失价值、处理环境污染的费用、补充新职工的培训费用、补助费、抚恤费的计算内容及方法在《企业职工伤亡事故经济损失统计标准》(GB 6721—1983) 及附录中有明确的规定。

2.海因里希算法

海因里希通过对事故资料的统计分析，得出伤亡事故间接经济损失是直接经济损失的 4 倍的结论。进而，他提出伤亡事故经济损失的计算公式为

$$C_T = C_D + C_I = 5C_D \tag{9-11}$$

于是，只要知道了直接经济损失，则很容易算出总经济损失。

如前所述，不同国家、不同地区、不同企业，甚至同一企业内事故严重程度不同时，其伤亡事故直接经济损失与间接经济损失的比例是不同的。因而，这种计算方法主要用于宏观地估算一个国家或地区的伤亡事故经济损失。

3.西蒙兹算法

西蒙兹把死亡事故和永久性全失能伤害事故的经济损失单独计算，把其他的事故划分为以下 4 级。

(1)暂时性全失能和永久性部分失能伤害事故。

(2)暂时性部分失能和需要到企业外就医的伤害事故。

(3)在企业内治疗的、损失工作时间在 8 h 之内的伤害事故，以及与之相当的 20 美元以内的物质损失事故。

(4)相当于损失工作时间 8 h 以上价值的物质损失事故。

根据实际数据统计出各级事故的平均间接经济损失后，按下式计算各级事故的总经济损

失，即

$$C_{\mathrm{T}} = C_{\mathrm{D}} + C_{\mathrm{I}} = C_{\mathrm{D}} + \sum_{i=1}^{4} N_i C_i \tag{9-12}$$

式中，N_i—— 第 i 级事故发生的次数；

C_i—— 第 i 级事故的平均间接经济损失。

由于该算法按不同级别事故发生次数、平均间接经济损失来考虑，其计算结果较海因里希算法的结果准确，因而在美国被广泛采用。

4. 辛克莱算法

该计算方法与西蒙兹算法类似，其不同之处主要在于辛克莱(Sinclair)把伤亡事故划分为死亡、严重伤害和其他伤害事故 3 级。首先，计算出每级事故的直接经济损失和间接经济损失的平均值，然后，按各级事故发生频率和事故平均经济损失计算每起事故的平均经济损失：

$$\bar{C}_{\mathrm{T}} = P_i(\bar{C}_{\mathrm{D}} + \bar{C}_{\mathrm{I}}) \tag{9-13}$$

式中，$\bar{C}_{\mathrm{T}}$—— 每起事故的平均经济损失，元；

P_i—— 第 i 级事故的发生频率；

$\bar{C}_{\mathrm{D}}$—— 第 i 级事故的平均直接经济损失，元；

$\bar{C}_{\mathrm{I}}$—— 第 i 级事故的平均间接经济损失，元。

于是，N 次事故造成的总经济损失为

$$C_{\mathrm{T}} = N\bar{C}_{\mathrm{T}} \tag{9-14}$$

5. 斯奇巴算法

斯奇巴提出了一种简捷、快速的伤亡事故经济损失计算方法。他把经济损失划分为固定经济损失和可变经济损失两部分，分别计算各部分损失的基本损失后，以修正系数的形式考虑其余的损失。该方法的计算公式为

$$C_{\mathrm{T}} = C_{\mathrm{F}} + C_{\mathrm{V}} \tag{9-15}$$

式中，C_{F}—— 固定经济损失，元；

C_{V}—— 可变经济损失，元。

其中，固定经济损失为

$$C_{\mathrm{F}} = aC_{\mathrm{S}} \tag{9-16}$$

式中，C_{S}—— 伤亡事故保险费，元；

a—— 考虑预防事故的固定费用的修正系数，一般取 $a = 1.1 \sim 1.5$。

可变经济损失按下式计算：

$$C_{\mathrm{V}} = bNDS \tag{9-17}$$

式中，N—— 伤亡事故次数；

D—— 每起事故平均损失工作日数，天；

S—— 平均日工资(包括各种补助费)，元；

b—— 考虑企业具体情况的修正系数，一般取 $b = 1.2 \sim 3.0$。

该计算方法省去了大量的统计工作，但是计算结果可能与实际情况差别较大。

6. 直接计算法

该计算方法以保险公司提供的保险等待期为标准，把伤亡事故划分为3级。

(1) 受伤害者能够在发生事故当天恢复工作的伤害事故。

(2) 受伤害者丧失工作能力的时间少于或等于保险等待期的伤亡事故。

(3) 受伤害者丧失工作能力的时间超过保险等待期的伤害事故。

每一级伤害事故的经济损失可按下式计算：

$$C_i = C_P + C_S + C_O + C_M + C_B \tag{9-18}$$

式中，C_i—— 第 i 级伤害事故的经济损失，元；

C_P—— 用于防止伤害事故的投资，包括固定投资、可变投资及额外投资三部分，元；

C_S—— 职业伤害的保险费，包括固定保险费和可变保险费两部分，元；

C_O—— 事务性费用，元；

C_M—— 材料损失费用，元；

C_B—— 因停、减产造成的损失，元。

其中，在企业没有多余人员、满负荷生产的情况下，停、减产造成的损失按下式计算：

$$C_B = BLr \tag{9-19}$$

式中，B—— 按生产计划预计的单位产量净效益；

L—— 由于伤亡事故造成的工作时间损失；

r—— 正常生产条件下的全员劳动生产率。

于是，伤亡事故经济损失等于各级伤亡事故经济损失之和为

$$C_T = \sum N_i C_i \tag{9-20}$$

式中，N_i—— 第 i 级伤害事故发生次数；

C_i—— 第 i 级伤害事故经济损失，元。

9.4 事故分析与验证

9.4.1 事故分析基础

事故的发生是一种随机现象。随机现象是在一定条件下可能发生也可能不发生，在个别试验、观测中呈现出不确定性，但是在大量重复试验、观测中又具有统计规律性的现象。因此，研究随机现象需要借助概率论和数理统计的方法。

在概率论及数理统计中通过随机变量来描述随机现象，随机变量分为离散型随机变量和连续型随机变量。在描述事故统计规律时，需要恰当地确定随机变量的类型。例如，一定时期内企业事故发生次数只能是非负的整数，相应地，其数字分布系统是离散型的；两次事故之间的时间间隔则应该属于连续型随机变量，因为与时间相应的数字分布系统是连续型的。某一随机现象在统计范围内出现的次数称为频数。如果与某种随机现象对应的随机变量是连续型随机变量，则往往把它的观测值划分为若干个等级区段，然后考查某一等级区段对应的随机现象出现次数，在某规定值以下所有随机现象出现频数之和称为累计频数。某种随机现象出现频数与被观测的所有随机现象出现总次数之比称为频率。

频率在一定程度上反映了某种随机现象出现的可能性。但是，在观测次数少的场合，频率呈现出强烈的波动性。随着观测次数的增加频率逐渐稳定于某常数，此常数称为概率，它是随机现象发生可能性的度量。

为了描述随机变量的分布情况，利用数学期望(平均值)来描述其数值的大小，即

$$\bar{x}=\frac{1}{n}\sum_{i=1}^{n}x \quad (i=1,2,3,\cdots,n)$$

利用方差来描述其随机波动情况，有

$$\sigma^2=\frac{\sum_{i=1}^{n}(x_i-\bar{x})^2}{n-1}$$

上述公式中，x_i 为观测值。

一般在事故统计中，属于连续型随机变量的概率分布有均匀分布、指数分布、正态分布；属于离散型随机变量的概率分布有二项式分布、泊松分布。

确定随机变量的分布形式后，需要进一步确定其分布参数，一般来说，总体分布参数只能利用与之对应的样本统计量来推断。把由样本统计量推断总体分布参数的做法叫作参数估计，它包括点估计和区间估计。

通过观测一定容量的事故样本来推断总体分布参数时，得到的是总体分布参数的近似值，为了估计出参数的范围和该值的可靠程度，需要确定其置信度和置信区间。

在分析研究伤亡事故发生规律时，还要利用假设检验来判断总体分布是否具有某种指定的特征。

事故分析是根据事故调查所取得的证据，进行事故的原因分析和责任分析。事故的原因分析包括事故的直接原因、间接原因和主要原因；事故责任分析包括事故的直接责任者、领导责任者和主要责任者。

9.4.2　现场分析

现场分析在事故现场勘察中具有重要作用，是对全部勘察材料的汇总和对勘察工作的检查。由于现场勘察是一项综合性较强的工作，现场各有关人员各自掌握的材料都是分散的、局部的，只有将这些材料汇总到一起，才能为全面查清事故发生的全部事实打下基础。现场分析也是对已收集材料从现象上升到本质的认识过程。虽然通过对现场的勘察获得的材料相当丰富，但这些材料只能反映事故事实的某一方面或表面现象，只有将获取的材料进行综合分析、相互补充，才能得出较为客观、正确的结论。现场分析能够充分发挥所有现场勘察人员的智慧，调动他们的工作积极性，有利于正确认识现场，全面查清事故发生的原因，保证事故处理工作的进一步开展。

(1)基本任务：

1)分析事故性质，决定如何开展下一步工作。

2)分析事故原因包括确定事故的直接原因和间接原因。

3)分析与事故发生有关的其他情况，包括分析事故发生的时间、分析事故发生的过程及分析事故发生造成的后果等。

(2)基本原则：

1)必须把现场勘察中收集的材料作为分析的基础。同时,在分析前应对已收集材料甄别真伪。

2)既要以同类现场的一般规律作指导,又要从个别案件实际出发。

3)充分发扬民主,综合各方面的意见,得出科学的结论。

(3)基本步骤:

1)汇集材料。汇集材料一般采用分门别类的方法进行。

2)个别分析。对全部材料逐一分析、单独考虑,从而查明事故发生的全部情况,包括对各访问材料的分析和对痕迹、物证的分析等。

3)综合分析。在对各方面情况已有了初步了解的基础上,将所有材料集中起来,找出能共同证明某一问题的材料,从而判断事故直接原因。

(4)基本方法:

1)比较,即将分别收集的两个以上的现场勘察材料加以对比,以确定其真实性和相互补充、印证的一种方法。比较的内容通常有比较现场实地勘验所见现场情况和现场目击者、操作者等所述、不同被访问人所述材料;提取痕迹、物证与尸体或伤情检验材料、收集的有关规章制度与实地勘验所见执行情况等。

2)综合,即将现场勘察材料汇集起来,然后就事故事实的各个方面加以分析,由局部到整体,由个别到全面的认识过程。

3)假设,即根据现场有关情况推测某一事实的存在,然后用汇总的现场材料和有关科学知识加以证实或否定。

4)推理,即从已知的现场材料推断未知事故发生的有关情况的思维活动。这要求现场分析人员运用逻辑推理方法,对事故发生的原因、过程及直接责任人等进行推论,这也是揭示事故案件本质的必经途径。

9.4.3 事后深入分析

对于较为严重或复杂的事故,特别是重特大伤亡或损失事故,仅依赖现场分析是远远不够的。大多数事故都应在现场分析及所收集材料的基础上进行进一步的去粗取精、去伪存真、由此及彼和由表及里的深入分析,只有这样才有可能找出事故的根本原因和预防与控制事故的最佳手段。而且由于这类分析相对于现场分析来说时间性不是很强,因而,可以更多、更全面地分析相关资料,聘请一些较高水平但受各种因素限制不能参与现场分析的专家,进行更为深入、全面的分析。

这类事故分析方法可分为综合分析法、个别案例技术分析法和系统安全分析法三大类。

1.综合分析法

综合分析法是针对大量事故案例进行事故分析的一种方法。通过它总结事故发生、发展的规律,有针对性地提出普遍适用的预防措施。该类方法大体上分为统计分析法和按专业分析法。

统计分析法是以某一地区或某个单位历来发生的事故为对象,进行统计综合分析。而按专业分析法则是将大量同类事故的资料进行加工、整理、提出预防事故措施的方法,按专业分析法对不同事故类型(如爆破、煤气、厂内运输、机械及电气等事故)进行分析,得出结论。

2. 个别案例技术分析法

这是针对某个事故案例特别是重大事故，从技术方面进行的事故分析方法，即应用工程技术知识、生产工艺原理及社会学等多学科的知识，对个别案例进行旨在研究事故的影响因素及其组合关系或根据某些现象推断事故过程的事故分析方法。

这种分析法一般分为以下 4 种类型：

(1)根据基本技术原理进行分析。如根据生产工艺原理、工程力学原理、矿山岩体力学原理、燃烧爆炸机理和静电理论等分析事故。例如，某锌厂以粉煤和浸漆罐爆炸为对象，重点从爆炸的条件，即空气、可燃物与空气以特定比例进行混合及具有火源或超限量能量入手进行分析，提出了防范爆炸事故的具体措施。

(2)以基本计算进行分析。如某氧气厂氧气管道与阀门发生的造成 3 人死亡的燃烧事故，通过计算管道流量流速，找出了管道内积存的可燃性杂质是发生事故的基本因素，并提出了有效措施。

(3)从中毒机理进行分析。如某冶炼厂电炉检修时，因炉内洒水降温，产生有毒气体砷化氢，导致 3 人死亡。该厂从中毒机理、产生砷化氢的化学反应及根源上分析事故原因，提出了防范措施。

(4)以责任分析法进行分析。该方法着重从作业者和肇事者、生产指挥者及企业领导及事故涉及的有关人员的个人表现进行分析，重点分析人的不安全行为在管理上和操作上的违章、违纪行为等。

3. 系统安全分析法

系统安全分析法是运用逻辑学和数学方法，结合自然科学和社会科学的有关理论，分析系统的安全性能，揭示其潜在的危险性和发生的概率以及可能产生的伤害和损失的严重程度。

系统安全分析是系统安全的重要内容之一，是进行安全评价和进行危险控制以及安全防护的前提和依据。只有准确地分析，才能正确地评价，也才有可能采取相应的安全措施，消除或控制事故的发生。

系统安全分析当然也适用于在事故调查中进行事故原因的分析。常用的系统安全分析法，如故障树分析(Fault Tree Analysis，FTA)、事件树分析(Event Tree Analysis，ETA)、变化分析等，都可以应用于事故分析中，只是需要在应用时根据具体情况，适当地选用有关方法。各种系统安全分析法，请参考有关系统安全或安全系统工程类书籍，本书不再赘述。

此外，各种事故致因理论也可用于进行事故分析之中，也是系统安全分析法中的一个重要的组成部分。

9.4.4　事故原因分析

1. 事故的原因

根据事故的特性可知，事故的原因和结果之间存在着某种规律，因此研究事故，最重要的是找出事故发生的原因。

事故的原因分为事故的直接原因和间接原因。直接原因是直接导致事故发生的原因，又称一次原因；间接原因是指使事故的直接原因得以产生和存在的原因。主要原因是在本次事故中，直按原因和间接原因中对事故的发生起主要作用的原因。

在判定主要原因时，要注意把管理方面对安全的重视和其效果区别开来。如某厂领导、安全科、车间主任等确实做了不少工作，但发生了一件因未穿工作服被车床上正旋转加工的零件卷击致死的事故。经查，事故发生前，该车间 1/5～1/4 的人经常不穿工作服，显然此事故的主要原因是管理原因。

在“主要原因”的分类中，包括间接原因和直接原因的主要内容。但这并不是说主要原因的分类是直接原因和间接原因分类的“算术和”。

在一般情况下，根据直接原因确定直接责任者；如果不安全状态是直接原因，则造成此状态的人为直接责任者；如果不安全行动是直接原因，则有这种行动的人为直接责任者。

造成间接(管理)原因的人为领导责任者。造成主要原因的人为主要责任者。主要责任者是直接责任者和领导责任者两者之一。

(1)事故的直接原因。大多数学者认为，事故的直接原因只有两个，即人的不安全行为和物的不安全状态。为了统计方便，我国国家标准《企业职工伤亡事故分类标准》(GB 6441—1986)对人的不安全行为和物的不安全状态做了详细分类。

在判定直接原因时，有时较难分清主次，要判断不安全状态和不安全行为与事故发生的关系，通过比较，看哪种因素起了主要作用。如某矿井因运输炸药方法不安全，现场杂乱，使其某“水平”上有散落的炸药，同时某矿工又违反规定把吸剩的烟头扔入井内，掉到该水平上，引起火灾、爆炸、炮烟中毒的连续事故。在这种情况下，要从“本质安全”的思想出发，选择不安全状态为直接原因。

当某次事故中只有物的原因或只有人的原因时，就不需要比较判断，很容易确定事故的直接原因。

据美国有关方面统计，某年全国休工 8 天以上的事故中，有 96%的事故与人的不安全行为有关，有 91%的事故与物的不安全状态有关。日本全国某年休工 4 天以上的事故中，有 94.5%的事故与人的不安全行为有关，83.5%的与物的不安全状态有关。这些数字表明，大多数事故既与人的不安全行为有关，也与物的不安全状态有关。也就是说，只要控制好其中之一，即人的不安全行为或物的不安全状态中有一个不发生，或者使两者不同时发生，就能控制大多数事故，减少损失。这对于事故的预防与控制是非常重要的，因为控制两者和控制两者之一的代价是完全不一样的。

(2)事故的间接原因：现在介绍几种间接原因的分类方法。

1)北川方法。日本学者北川彻三在《安全工程学基础》一书及其作为编辑委员会委员长的《安全技术手册》中这样分类：

a. 技术原因：①建筑物、机械装置设计不良；②材料结构不合适；③检修、保养不好；④作业标准不合理。

b. 教育原因：①缺乏安全知识(无知)；②错误理解安全规程要求(不理解、轻视)；③训练不良、坏习惯；④经验不足、没有经验。

c. 身体原因：①疾病(头疼、腹痛、晕眩、羊角风)；②残疾(近视、耳聋)；③疲劳(睡眠不足)；④酩酊大醉；⑤体格不合适(身高、性别)。

d. 精神原因：①错觉(错感、冲动、忘却)；②态度不好(怠慢、不满、反抗)；③精神不安(恐怖、紧张、焦躁、不和睦、心不在焉)；④感觉的缺陷(反应迟钝)；⑤性格上的缺陷(顽固、心胸狭窄)；⑥智能缺陷(白痴)。

e. 管理原因。①领导的责任心不强；②安全管理机构不健全；③安全教育制度不完善；④安全标准不明确；⑤检查、保养制度不健全；⑥对策实施迟缓、拖延；⑦人事管理不善；⑧劳动积极性不高。

f. 学校教育原因：①义务教育；②高等教育；③师资的培养；④职业教育；⑤社会教育。

g. 社会原因：①法规；②行政；③社会结构。

h. 历史原因：①国家、民族特点；②产业的发达程度；③社会思想的开化、进步程度。

北川认为，最经常出现的间接原因有技术原因、教育原因及管理原因3种，而身体原因和精神原因在实际中是较少出现的。a～e这5种间接原因中，管理原因是基础原因，其他四种都与管理原因有关。f～h可视为其他的基础原因。

2)后藤方法。日本后藤认为妨害生产的原因也就是造成事故的原因，他列出10种原因中主要是管理原因：

①不正确的作业方法；②技术熟练者较少；③机械故障多；④缺勤者多；⑤生产场所脏乱；⑥各工序间配合差；⑦监督人指导方法不好，不会指导；⑧作业工程本身就有问题；⑨物料放置不好、不合理；⑩工作任务安排不合理。

3)《企业职工伤亡事故调查分析规则》(GB 6442—1986)方法。它规定间接原因如下：

①技术和设计上有缺陷——工业构件、建筑物、机械设备、仪器仪表、工艺过程、操作方法、维修检验等的设计，施工和材料使用存在问题；②教育培训不够，未经培训，缺乏或不懂安全操作技术知识；③劳动组织不合理；④对现场工作缺乏检查或指导错误；⑤没有安全操作规程或不健全；⑥没有或不认真实施事故防范措施，对事故隐患整改不力；⑦其他。

这里列出的间接原因即管理原因。

以上几种分类方法有相似之处，一般来说间接原因(管理原因)应当包括以下几方面：

(1)对物的管理，有时称技术原因，包括技术、设计、结构上有缺陷，作业现场、作业环境的安排设置不合理等缺陷，防护用品缺少或有缺陷，等等。

(2)对人的管理，包括教育、培训、指示、对作业任务和作业人员的安排等方面的缺陷或不当。

(3)对作业程序、工艺过程、操作规程和方法等的管理。

(4)安全监察、检查和事故防范措施等方面的问题。

在分析某次事故的间接原因时，要根据事故的具体情况，把直接原因中物的不安全状态、人的不安全行为分别与产生这种不安全状态、不安全行为的管理方面的原因挂起钩来，评审管理方面，还要考查上述(3)(4)所列的问题，这样就能找出管理方面存在的所有问题。如果要求只列一种管理原因，则综合比较上述几方面的问题，找出本次事故中管理方面的主要缺陷，然后对照管理原因的分类，以确定属于哪一种。

2. 事故原因分析

我国事故调查原因分析主要依据国家标准《企业职工伤亡事故调查分析规则》(GB 6442—1986)，标准中对事故的直接原因、间接原因的分析都有明确的规定。

在分析事故时，应从直接原因人手，逐步深入到间接原因，从而掌握事故的全部原因。再分清主次，进行责任分析。在事故原因分析时通常要明确以下内容：

在事故发生之前存在什么样的征兆；不正常的状态是在哪儿发生的；在什么时候先注意到不正常的状态；不正常状态是如何发生的；事故为什么会发生；事件发生的可能顺序以及可能

的原因(直接原因、间接原因);分析可选择的事件发生顺序。

在进行事故调查原因分析时,通常按照以下步骤进行分析:

(1)整理和阅读调查材料。

(2)分析伤害方式,具体有受伤部位、受伤性质、起因物、致害物、伤害方式、不安全状态、不安全行为。

(3)确定事故的直接原因。在国家标准《企业职工伤亡事故调查分析规则》(GB 6442—1986)中规定,机械、物质或环境的不安全状态和人的不安全行为,属于事故的直接原因。

(4)确定事故的间接原因。在企业职工伤亡事故调查分析中规定,以下情况属间接原因:

1)技术和设计上有缺陷——工业构件、建筑物、机械设备、仪器仪表、工艺过程、操作方法、维修检验等的设计,施工和材料使用存在问题。

2)教育培训不够,未经培训、缺乏或不懂安全操作技术知识。

3)劳动组织不合理。

4)对现场工作缺乏检查或指导错误。

5)没有安全操作规程或不健全。

6)没有或不认真实施事故防范措施;对事故隐患整改不力。

7)其他。

9.4.5 事故技术分析

1. 事故统计分析

关于伤亡事故经济损失统计标准、事故伤害损失工作日标准,在国家标准中,有明确的规定。调查事故不仅要注意职工的伤亡情况、事故经过、原因分析和责任划分等,对事故所造成的经济损失也应当认真统计,这样才能比较全面、正确地评价伤亡事故和反映事故对企业经济效益的影响。

(1)伤亡事故的统计。伤亡事故统计工作是安全生产工作的重要组成部分,是安全生产科学决策的基础。为了进一步搞好伤亡事故统计工作,原国家安全生产监督管理局、国家煤矿安全监察局对原有《伤亡事故统计报表制度》进行补充、完善,形成了新的《伤亡事故统计报表制度》,国家统计局以国统函〔2003〕文件批准执行。

伤亡事故统计的范围:中华人民共和国领域内从事生产经营活动的单位。

统计内容:伤亡事故统计,主要包括企业的基本情况、各类事故发生的起数、伤亡人数、伤亡程度、事故类别、事故原因、直接经济损失。

具体伤亡事故统计报表的报送单位及报送时间见表 9-3。

表 9-3 伤亡事故统计报表目录

报表种类	表名	报告期别	报送单位
A1	伤亡事故报表(基层)	及时报送	基层企业
A2	伤亡事故伤亡人员报表(基层)	及时报送	
A3	从业人员、人口及国内生产总值	半年报	各省级安全生产监督管理机构
A4	煤矿从业人员、产量及国内生产总值	半年报	各省煤矿安全监督局

续表

报表种类	表 名	报告期别	报送单位
B1	伤亡事故情况(按经济类型)	月、年报	各省级安全生产监督管理机构、煤矿安全监督局
B2	伤亡事故情况(按行业)	月、年报	
B3	伤亡事故情况(按事故类别)	月、年报	
B4	伤亡事故情况(按事故原因)	月、年报	
B5	伤亡事故情况(按地区)	月、年报	
B6	伤亡事故情况(按时间)	月、年报	
C1	煤矿伤亡事故情况(一)	月、年报	各省级煤矿安全监督局、有关省(自治区、直辖市)安全生产监督管理机构
C2	煤矿伤亡事故情况(二)	月、年报	
C3	煤矿伤亡事故情况(三)	月、年报	
D1	消防火灾事故情况	月、年报	公安部消防局
D2	道路交通事故情况	月、年报	公安部道路交通管理局
D3	水上交通事故情况	月、年报	交通部
D4	铁路运输事故情况	月、年报	铁道部
D5	民用航空事故情况	月、年报	中国民用航空局
D6	农业机械事故情况	月、年报	农业部
D7	渔业及其他船舶事故情况	月、年报	
E1	综合事故报表(按地区)	半年报	各省级安全生产监督管理机构、煤矿安全监督局
E2	综合事故报表(按行业)	半年报	

(2)伤亡事故经济损失统计标准。《企业职工伤亡事故经济损失统计标准》(GB 6721—1986)中规定了企业职工伤亡事故经济损失的统计范围、计算方法和评价指标。

伤亡事故经济损失,指企业职工在劳动生产过程中发生伤亡事故所引起的一切经济损失,包括直接经济损失和间接经济损失。直接经济损失指因事故造成人身伤亡及善后处理支出的费用和毁坏财产的价值。间接经济损失指因事故导致产值减少、资源破坏和受事故影响而造成其他损失的价值。

直接经济损失的统计范围包括人身伤亡后所支出的费用、善后处理费用、财产损失价值。间接经济损失的统计范围包括停产及减产损失价值、工作损失价值、资源损失价值、处理环境污染的费用、补充新职工的培训费用和其他损失费用。

2.事故损失分析

(1)伤亡事故经济损失计算方法。

1)伤亡事故经济损失计算公式为

$$E = E_D + E_I$$

式中,E—— 经济损失,万元;

E_D—— 为直接经济损失，万元；

E_I—— 为间接经济损失，万元。

2）工作损失价值计算公式为

$$V_w = D_L M/(SD)$$

式中，V_w—— 工作损失价值，万元；

D_L—— 一起事故的总损失工作日数，死亡1名职工按6 000个工作日计算，受伤职工视伤害情况按《企业职工伤亡事故分类标准》(GB 6441—1986) 的附表确定，日；

M—— 企业上年税利(税金加利润)，万元；

S—— 企业上年平均职工人数，人；

D—— 企业上年法定工作日数，日。

3）固定资产损失价值计算。报废固定资产，以固定资产净值减去残值计算；损坏的固定资产，以修复费用计算。

4）流动资产损失价值计算。原材料、燃料、辅助材料等均按账面值减去残值计算；成品、半成品、在制品等均以企业实际成本减去残值计算。

5）事故已处理结案而未能结算的医疗费、歇工工资等，采用测算方法计算。

6）对分期支付的抚恤、补助等费用，按审定支出的费用计算，从开始支付日期累积到停发日期。

7）停产、减产损失，按事故发生之日起到恢复正常生产水平时止，计算其损失的价值。

(2) 经济损失的评价指标与经济损失程度分级。千人经济损失率的计算公式为

$$R_s = E/S \times 1\ 000$$

式中，R_s—— 千人经济损失率，‰；

E—— 全年内经济损失，万元；

S—— 企业职工平均人数，人。

百万元产值经济损失率计算公式为

$$R_v = E/V \times 100$$

式中，R_v—— 百万元产值经济损失率，%；

E—— 全年内经济损失，万元；

V—— 企业总产值，万元。

经济损失程度分级如下：

一般损失事故：经济损失小于1万元的事故。

较大损失事故：经济损失大于1万元(含1万元)，但小于10万元的事故。

重大损失事故：经济损失大于10万元(含10万元)，但小于100万元的事故。

特大损失事故：经济损失大于100万元(含100万元)的事故。

(3)事故伤害损失工作日标准。事故伤害损失工作日的计算，在国家标准《事故伤害损失工作日标准》(GB/T 15499—1995)中给出了比较详细的说明。该标准于1995年10月1日实施。

标准规定了定量记录人体伤害程度的方法及伤害对应的损失工作日数值。该标准适用于企业职工伤亡事故造成的身体伤害。

【知识链接】

2017年我国航空安全与服务质量统计

1. 航空安全

2017年，民航安全形势平稳，全行业未发生运输航空事故，运输航空百万小时重大事故率10年滚动值为0.015(世界平均水平为0.175)。发生通用航空事故6起，死亡4人。

自2010年8月25日至2017年底，运输航空连续安全飞行88个月，累计安全飞行5 682万小时。

2017年，全年共发生运输航空事故征候587起，同比上升12.45%，其中运输航空严重事故征候19起，同比上升5.56%。运输航空严重事故征候和责任原因事故征候万时率分别为0.018和0.030，各项指标较好控制在年度安全目标范围内。

2017年，全行业共有41家运输航空公司未发生责任原因事故征候。

2. 空防安全

2017年，全国民航安检部门共检查旅客5.66亿人次，检查旅客托运行李3.19亿件次，检查航空货物(不含邮件、快件)4.43亿件次，检查邮件、快件1.99亿件次，处置编造虚假恐怖威胁信息非法干扰事件52起。

3. 航班正常率

2017年，全国客运航空公司共执行航班403.9万班次，其中正常航班289.5万班次，平均航班正常率为71.67%。2017年，主要航空公司共执行航班298.8万班次，其中正常航班212.9万班次，平均航班正常率为71.25%，见表9-4。

2017年，全国客运航班平均延误时间为24 min，同比增加8 min。

4. 旅客投诉情况

2017年，中国民用航空局、中国民用航空局消费者事务中心和中国航空运输协会共受理航空消费者投诉24 781件。2017年全年受理投诉总量比上年增加5 615件，同比增长29.3%。

表9-4　2017年航班不正常原因统计分析

指标		占全部比例/(%)	比上年相比增减/(%)
全部航空公司航班不正常原因	天气原因	51.28	-5.24
	航空公司原因	8.62	-0.92
	空管原因(含流量原因)	7.72	-0.51
	其他	32.38	6.67
主要航空公司航班不正常原因	天气原因	51.47	-4.99
	航空公司原因	9.26	-0.37
	空管原因(含流量原因)	8.12	-0.17
	其他	31.15	5.53

复习思考题

1.简述事故的分类方法及其分类。

2.事故统计有哪些方法？简述每一种事故统计方法的内容。事故统计主要指标有哪些？

3.国内和国外事故经济损失统计主要区别有哪些？

4.什么是事故的直接原因和间接原因？直接原因和间接原因各包括哪些内容？

第 10 章　航空事故调查与处理

航空事故调查是掌握整个航空事故发生过程、原因和人员伤亡及经济损失情况的重要工作。通过调查可掌握事故发生的基本事实，以便在此基础上进行正常的事故原因和责任分析，对事故责任者提出恰当的处理意见，对事故预防提出合理的防范措施，使人们从中吸取深刻教训，并促使企业在安全管理上进一步完善。

10.1　调查目的和原则

10.1.1　调查目的

事故和事故征候调查的目的是查明原因，提出安全建议，防止事故和事故征候的发生。

10.1.2　调查原则

事故调查处理应当按照实事求是、尊重科学的原则，及时、准确地查清事故原因，查明事故性质和责任，总结事故教训，提出整改措施，并对事故责任者提出处理意见，具体原则如下：

(1)事故是可以调查清楚的，这是调查事故最基本的原则。

(2)独立原则。调查应当由事故调查组织独立进行，任何其他单位和个人不得干扰、阻碍调查工作。

(3)客观原则。调查应当坚持实事求是、客观公正、科学严谨，不得带有主观倾向性。

(4)深入原则。调查应当查明事故或事故征候发生的各种原因，并深入分析产生这些原因的因素，包括航空器设计、制造、运行、维修和人员训练，以及政府行政规章和企业管理制度及其实施方面的缺陷等。

(5)全面原则。调查不仅应当查明和研究与本次事故发生有关的各种原因和产生因素，还应当查明和研究与本次事故或事故征候发生无关，但在事故或事故征候中暴露出来的或者在调查中发现的可能影响飞行安全的问题。

(6)坚持做到“四不放过”的原则，即事故原因分析不清不放过，事故责任者没有受到严肃处理不放过，群众没有受到教育不放过，防范措施没有落实不放过。

10.2 事故调查的组织

10.2.1 调查的组织

1.事故调查分工

民用航空器事故和事故征候的调查应当根据事故等级、事故征候类别和属地化管理原则，分别由国务院、中国民用航空局、事发所在地地区管理局、事发所在地监管局组织实施，具体分工如下：

(1)特别重大事故由国务院或者国务院授权的部门组织调查。

(2)由中国民用航空局负责组织的调查包括以下几个方面：

1)国务院授权组织调查的特别重大事故；

2)运输飞行重大、较大事故；

3)外国航空器在我国境内发生的事故。

(3)由地区管理局负责组织的调查包括以下几个方面：

1)运输飞行一般事故；

2)通用航空重大、较大和一般事故；

3)航空地面事故；

4)中国民用航空局授权地区管理局组织调查的事故。

由地区管理局负责组织的调查，中国民用航空局认为必要时可以直接组织调查。

(4)由监管局负责组织的调查包括以下几个方面：

1)事故征候和严重事故征候；

2)地区管理局授权监管局组织调查的事故。

由监管局负责组织的调查，地区管理局或者中国民用航空局认为必要时可以直接组织调查。

(5)由中国民用航空局组织的调查，事发所在地和事发相关单位所在地的地区管理局，应当根据中国民用航空局的要求参与调查。

由地区管理局组织的调查，事发相关单位所在地地区管理局应当根据组织调查的地区管理局的要求参与调查。

由监管局组织的调查，需要事发相关单位所在地地区管理局和监管局参与的，应当通过本地区管理局进行协调。

(6)由地区管理局或者监管局负责组织的调查，中国民用航空局可以根据需要指派调查员或者技术专家予以协助。

(7)涉及军民双方的事故和事故征候及涉及军民双方的航空器事故和事故征候的调查由负责组织调查的部门与军方协商进行。

(8)涉外事故和事故征候的调查。

根据我国批准的国际公约的有关规定，在民用航空器事故或事故征候的组织调查或者参与调查方面按照下列规定执行：

1)在我国境内发生的民用航空器事故或事故征候由我国负责组织调查。负责组织调查的部门应当允许航空器的登记国、运营人所在国、设计国、制造国各派出1名授权代表和若干名顾问参加调查。事故中有外国公民死亡或重伤，负责组织调查的部门应当根据死亡或重伤公民所在国的要求，允许其指派1名专家参加调查。

如果有关国家无意派遣国家授权代表，负责组织调查的部门可以允许航空器运营人、设计、制造单位的专家或其推荐的专家参与调查。

2)在我国登记、运营或由我国设计、制造的民用航空器在境外某一国家或地区发生事故或事故征候，我国可以委派1名授权代表及其顾问参加他国或地区组织的调查工作。

3)在我国登记的民用航空器在境外发生事故或事故征候，但事发地点不在某一国家或地区境内的，由我国负责组织调查，也可以部分或者全部委托他国进行调查。

4)运营人所在国为我国或由我国设计、制造的航空器在境外发生事故或事故征候，但事发地点不在某一国家或地区境内的，如果登记国无意组织调查的，可以由我国负责组织调查。

2. 事故调查主体划分

(1)中国民用航空局和地区管理局负责组织调查的事故范围如下：

中国民用航空局负责组织的调查包括：①国务院授权组织调查的特别重大事故；②运输飞行重大事故；③外国民用航空器在我国境内发生的事故。

(2)地区管理局负责组织的调查包括：①运输飞行一般事故；②通用航空事故；③航空地面事故；④事故征候；

(3)中国民用航空局授权地区管理局组织调查的事故，由地区管理局负责组织的调查，中国民用航空局认为必要时，可以直接组织调查。

(4)由中国民用航空局组织的调查，事发所在地和事发单位所在地的地区管理局，应当根据中国民用航空局的要求参与调查。

由事发所在地的地区管理局负责组织的调查，事发单位所在地的地区管理局应当给予协助，中国民用航空局可以根据需要指派调查员或者技术专家予以协助。

(5)负责组织调查的部门应当配备必要的调查设备和装备，保证调查工作顺利进行。调查设备和装备应当包括专用车辆、通信设备、摄影摄像设备、录音设备、特种设备、勘察设备、绘图制图设备、危险品探测设备、便携电脑、防护装备以及其他必要的装备。

(6)根据我国批准的国际公约的规定，应调查部门的要求，除航空器登记国、运营人所在国、设计国、制造国外，为调查提供资料、设备和专家的其他国家有权任命1名授权代表参加调查。

10.2.2　事故调查组

(1)调查组的组成应当符合下列规定：

1)负责组织调查的部门应当委派1名调查组组长。调查组组长负责管理调查工作，并有权对调查组组成和调查工作做出决定。重大及重大以上事故的调查组组长由主任调查员担任。一般事故或事故征候的调查组组长由主任调查员或者调查员担任。

2)调查组组长根据调查工作的需要，可以成立若干专业小组，分别负责飞行运行、航空器适航和维修、空中交通管理、航空气象、航空保安、机场保障、飞行记录器分析、失效分析、航空器配载、航空医学、生存因素、人为因素、安全管理等方面的调查工作。调查组组长应当指定1名主任调查员或者调查员担任专业小组组长，负责本小组的调查工作。

3)调查组应当由调查员和临时聘请的专家组成。参加调查的人员在调查工作期间应当服从调查组组长的管理,其调查工作只对调查组组长负责。调查组成员在调查期间,应当脱离其日常工作,用全部精力投入调查工作,并不得带有本部门利益。

4)与事故和事故征候有直接利害关系的人员不得参加调查工作。

(2)调查组应当履行下列职责:

1)查明事实情况;

2)分析事故、事故征候原因;

3)做出事故、事故征候结论;

4)提出安全建议;

5)完成调查报告。

(3)调查组具有下列权利:

1)决定封存、启封和使用与发生事故或事故征候的航空器运行和保障有关的文件、资料、记录、物品、设备和设施;

2)要求发生事故或事故征候的航空器的运行、保障、设计、制造、维修等单位提供情况和资料;

3)决定实施和解除事发现场的监管;

4)对发生事故或事故征候的航空器及其残骸的移动、保存、检查、拆卸、组装、取样、验证等有决定权;

5)对事故或事故征候有关人员及目击者进行询问、录音,并可以要求其写出书面材料;

6)要求对现场进行过拍照和录像的单位和个人提供照片、胶卷、磁带等影像资料。

根据我国批准的国际公约,有关国家授权代表及其顾问应当在调查组组长的管理下进行调查工作,并有以下权利和义务:

1)航空器登记国、运营人所在国、设计国、制造国的授权代表及其顾问有权参加所有的调查工作,包括:①查看事发现场;②检查残骸;③获取目击信息和建议询问范围;④获取有关证据信息;⑤接收有关文件的副本;⑥参加记录介质的判读;⑦参加现场外调查活动以及专项实验;⑧参加调查技术分析会,包括分析报告、调查结果、原因和安全建议的审议;⑨对调查的各方面内容提出意见。

2)蒙受公民死亡或重伤的国家指派参加调查的专家有权:①查看事发现场;②了解事实情况;③参加辨认遇难者;④协助询问本国幸存旅客;⑤接收调查报告的副本。

3)航空器登记国、运营人所在国、设计国、制造国以外国家的授权代表只限于参加与《民用航空器事故和飞行事故征候调查规定》第十条内容有关的调查工作。

4)授权代表及其顾问的义务:①应当向调查组提供所掌握的所有相关资料;②调查期间,未经调查组同意,不得泄露关于调查进展和结果的信息。

(4)调查组在履行职责和行使权力时,有关单位、个人应当予以协助配合,如实反映情况,无正当理由不得拒绝。

10.2.3 事故调查员

(1)中国民用航空局负责主任调查员和调查员的委任。

(2)调查员应当具备以下条件:

1)在航空安全管理、飞行运行、适航维修、空中交通管理、机场管理、航空医学等专业领域具有丰富的工作经历,有较高的专业素质,对民航主要专业知识有广泛的了解;

2)接受过事故调查的系统培训;

3)有一定的组织、协调和管理能力;

4)身体和心理条件能够适应调查工作。

(3)主任调查员应当具有调查员的工作经历,丰富的调查经验以及较强的组织、协调和管理能力。

(4)调查员和主任调查员的培训工作,按照中国民用航空局有关规定进行。

(5)调查员应当实事求是、客观公正、尊重科学、恪尽职守、吃苦耐劳,正确地履行其职责和权利,不得随意对外泄露调查情况。

(6)主任调查员和调查员因不能正确履行其职责或因身体原因、退休、调离时,由中国民用航空局解除委任。

10.3　事故信息的报告和通知

10.3.1　事故的报告

(1)发现事故的单位或者个人应当立即将事故信息报告当地民航管理机构或者当地人民政府。

当地民航管理机构收到事故信息后,应当立即报告中国民用航空局空中交通管理局运行管理中心和中国民用航空局事故调查职能部门,并保持与中国民用航空局联络畅通,同时通报当地人民政府。

中国民用航空局空中交通管理局运行管理中心收到事故信息后,应当立即报告中国民用航空局领导和通知中国民用航空局其他有关部门。

(2)事故发生单位应当在事发后12 h内以书面形式向事发所在地的地区管理局报告,事发所在地的地区管理局应当在事发后24 h内以书面形式向中国民用航空局事故调查职能部门报告,报告内容应当包括以下几方面:

1)事发的时间、地点和航空器运营人;

2)航空器类别、型别、国籍和登记标志;

3)机长姓名,机组、旅客和机上其他人员人数及国籍;

4)任务性质,最后一个起飞点和预计着陆点;

5)事故简要经过;

6)机上和地面伤亡人数,航空器损坏情况;

7)事故发生地点的地形、地貌、天气、环境等物理特征;

8)事故发生后采取的应急处置措施;

9)危险品的载运情况及对危险品的说明;

10)报告单位的联系人及联系方式;

11)与事故有关的其他情况。

上述报告内容暂不齐全的,应当继续收集和补充,但不得因此延误首次书面报告的时间。

一旦获得新的信息,应当随时补充报告。

事故征候的报告按照《民用航空安全信息管理规定》的相关规定执行。当事发地所在国不了解我国航空器在该国发生严重事故征候时,应当将该情况通知有关设计国、制造国和事发地所在国。

(3)中国民用航空局办公厅负责向中共中央办公厅、国务院办公厅和国家安全生产监督管理总局报告事故情况。需要向公安部、外交部、监察部、全国总工会等部委通报事故情况和保持联络的,由中国民用航空局有关职能部门分别负责。

(4)中国民用航空局事故调查职能部门应将事故情况通知航空器登记国、运营人所在国、设计国、制造国和国际民航组织,并负责有关国家参加事故调查的具体联络工作。

(5)当中国民用航空局事故调查职能部门收到其他国家或地区有关事故或事故征候的信息后,应当向有关国家或地区提供如下信息:

1)尽快将所掌握的有关事故或严重事故征候所涉及航空器和机组的资料提供给出事所在国。

2)通知出事所在国是否将任命授权代表,如果任命,提供该授权代表的姓名和详细的联系方法;如果授权代表前往出事所在国,提供其预计到达日期。

3)如果运营人所在国为我国,应当尽快向出事所在国或登记国提供航空器上危险品载运的详细情况。

(6)中国民用航空局事故调查职能部门应当在事故发生后30天内向国际民航组织提交初始报告。事故信息上报应遵照逐级上报原则,必要时允许越级上报。

(7)事发相关单位不能因为信息不全而推迟上报文字报告和民用航空安全信息初始报告表,在上报后如果获得新的信息,应当及时补充报告。

(8)涉及军、民航的事故,中国民用航空局航空安全办公室应当向空军安全局通报。

10.3.2 事故信息的通知

中国民用航空局空管局运管中心接到事故报告后,应按应急预案立即报告中国民用航空局领导,并迅速通知下列部门:

(1)综合司;

(2)航空安全办公室;

(3)政策法规司;

(4)飞行标准司;

(5)航空器适航审定司;

(6)空中交通管理行业办公室;

(7)公安局;

(8)运输司;

(9)机场司;

(10)国际合作司;

(11)财务司;

(12)政工办;

(13)监察局;

(14)工会；

(15)空中交通管理局；

(16)民航科学技术研究院。

中国民用航空局航空安全办公室从其他渠道获得事故信息，经核实后应及时报告中国民用航空局领导并通知空管局运管中心，同时通知事故发生地和事故航空器运营人所在地地区管理局航空安全办公室，并由中国民用航空局空管局运管中心通知上述中国民用航空局有关部门。

地区管理局和监管局接到事故报告后，应按各自应急预案立即报告地区管理局和监管局领导，并迅速通知相关部门。

收到事故通知的单位和部门应当安排专人值班，确定联系人和联系电话，随时与中国民用航空局、地区管理局和监管局航空安全办公室保持联系，做好应急处置和参加事故调查的各项准备。

10.3.3　事故信息的上报、通报

当发生重大以上事故时，经中国民用航空局领导批准，由中国民用航空局综合司向国务院办公厅报告事故情况并抄报国家安全生产监督管理总局，并在收到事故信息后2 h内以书面形式上报有关事故情况。需要向公安部、外交部、监察部、全国总工会等部委通报事故情况和保持联络的，由中国民用航空局有关职能部门分别负责。

中国民用航空局航空安全办公室负责向全行业通报事故信息。

10.4　调查基本步骤

实施事故调查过程是事故调查工作的主要内容。一般的事故调查的基本步骤包括现场处理、现场勘察、人证问询、物证收集等主要工作。由于这些工作时间性极强，有些信息、证据是随时间的推移而逐步消亡的，有些信息则有着极大的不可重复性，因而对于事故调查人员来讲，实施调查过程的速度和准确性显得更为重要。只有把握住每一个调查环节的中心工作，才能使事故调查过程进展顺利。

10.4.1　事故资料封存及保管

与事发航空器的运行和保障有关的飞行、维修、空中交通管理、油料、运输、机场等单位收到事故信息后，应当立即封存并妥善保管与此次飞行有关的下列资料：

(1)飞行日志、飞行计划、通信、导航、气象、空中交通服务、雷达等有关资料；

(2)飞行人员的技术、训练、检查记录，飞行经历时间；

(3)航医工作记录，飞行人员体检记录和登记表、门诊记录、飞行前体检记录和出勤健康证明书；

(4)航空器履历、有关维护工具和维护记录；

(5)为航空器加注各种油料、气体等的车辆、设备以及有关化验记录和样品；

(6)航空器使用的地面电源和气源设备；

(7)旅客货物舱单、载重平衡表、货物监装记录、货物收运存放记录、危险品装载记录、旅客

名单和舱位图；

(8)旅客、行李安全检查记录，监控记录，航空器监护和交接记录；

(9)有关影像资料；

(10)其他需要封存的文件、工具和设备。

事故征候发生后，相关单位应当根据调查工作需要，及时封存并妥善保管相关资料。

应当封存但不能停用的工具、设备，应当用拍照、记录等方法详细记录其工作状态。

有关单位应当指定封存负责人，封存负责人应当记录封存时间并签名。

所有封存的文件、样品、工具、设备、影像和技术资料等未经调查组批准，不得启封。

10.4.2 事故现场管理

1.事发现场保护

事发现场保护应当按照下列规定进行：

(1)民用机场及其邻近区域内发生的事故，其应急救援和现场保护工作按照《民用机场应急救援规则》执行；发生在上述区域以外的事故按照《中华人民共和国搜寻援救民用航空器规定》执行。

(2)参与救援的单位和人员应当保护事发现场，维护秩序，禁止无关人员进入，防止哄抢、盗窃和破坏。救援工作结束后，救援人员无特殊情况不得再进入现场，防止事发现场被破坏。

(3)任何单位或者个人不得随意移动事发航空器或者航空器残骸及其散落物品。如果航空器坠落在铁路、公路或者跑道上，或者为抢救伤员、防火灭火等需要移动航空器残骸或者现场物件的，应当做出标记，绘制现场简图，写出书面记录，并进行拍照和录像，要妥善保护现场痕迹和物证。

(4)对现场各种易失证据，包括物体、液体、冰、资料、痕迹等，应当及时拍照、采样、收集，并做书面记录。

(5)幸存的机组人员应当保持驾驶舱操纵手柄、电门、仪表等设备处于事故后原始状态，并在救援人员到达之前尽其可能保护事故现场。

(6)救援人员到达后，由现场的组织单位负责保护现场和驾驶舱的原始状态。除因抢救工作需要，任何人不得进入驾驶舱，严禁扳动操纵手柄、电门，改变仪表读数和无线电频率等破坏驾驶舱原始状态的行为。在现场保护工作中，现场组织负责人应当派专人监护驾驶舱，直至向事故调查组移交。

(7)现场救援负责人怀疑现场有放射性物质、易燃易爆物品、腐蚀性液体、有害气体、有害生物制品、有毒物质等物品或者接到有关怀疑情况的报告，应当设置专门警戒，注意安全防护，并及时安排专业人员予以确认和处理。

(8)参与救援的单位和人员应当避免对事故现场周边环境造成损害。

2.现场调查内容

调查组到达现场后，应当立即开展现场调查工作并查明下列有关情况：

(1)事发现场勘查；

(2)航空器；

(3)飞行过程；

(4)机组和其他机上人员；

(5)空中交通服务；

(6)飞行签派；

(7)天气；

(8)飞行记录器；

(9)航空器维修记录；

(10)航空器载重情况及装载物；

(11)通信、导航、雷达、航行情报、气象、油料、场道、灯光等各种勤务保障工作；

(12)事发当事人、见证人、目击者和其他人员的陈述；

(13)爆炸物破坏和非法干扰行为；

(14)人员伤亡原因；

(15)应急救援情况。

3.事故现场管理

事故调查组到达事故现场后，应当按照下列规定管理事故现场：

(1)接管现场并听取负责现场保护和救援工作的单位的详细汇报。

(2)负责现场和航空器残骸的监管工作。未经调查组同意，任何无关人员不得进入现场；未经调查组组长同意，不得解除对航空器残骸和事发现场的监管。

(3)进入事发现场工作的人员应当听从调查组的安排，不得随意进入航空器驾驶舱、改变航空器残骸、散落物品的位置及原始状态。拆卸、分解航空器部件及液体取样等工作应当事先拍照或者记录其原始状态，并在调查组成员的监督下进行。

(4)调查组在调查过程中应当采取下列安全防护措施：

1)对事发现场的有毒物品、危险品、放射性物质及传染病源等采取相应的安全措施，防止对现场人员和周围居民造成危害。

2)采取相应的防溢和防火措施，防止现场可燃液体溢出或者失火。

3)防止航空器残骸颗粒、粉尘或者烟雾对现场人员造成危害。

4)组织专业人员将现场的高压容器、电瓶等移至安全地带进行处理。处理前应当测量和记录有关数据，并记录其散落位置和状态等情况。

5)及时加固或者清理处于不稳定状态的残骸及其他物体，防止倒塌造成伤害或者破坏。

6)采取设立警戒线等安全防护措施，隔离事故现场的危险地带。

7)在事发现场配备急救药品和医疗器材。

4.试验、验证项目的规定

对事故或事故征候调查中需要试验、验证的项目，应当按照下列规定进行：

(1)组织调查的部门应当满足调查组提出的试验、验证要求，并提供必要的支持和协助。

(2)由调查组组长指派调查组成员参加试验、验证工作。

(3)采用摄像、拍照、笔录等方法记录试验部件的启封和试验、验证过程中的重要、关键阶段。

(4)试验、验证结束后，试验、验证的部门应当提供试验、验证报告。报告应该由操作人、负责人和调查组成员签署。

5.信息公开

调查组成员和参与调查的人员不得为了调查以外的目的对外公开下列信息：

(1)调查过程中获取的有关人员的陈述记录；

(2)与航空器运行有关的所有通信记录；

(3)相关人员的医疗或私人资料；

(4)驾驶舱语音记录及其记录文本；

(5)与空中交通服务有关的所有记录；

(6)原因分析资料,包括飞行记录器分析资料和技术会议记录。

上述信息仅在与事故或事故征候分析有关时才可纳入调查报告或其附录中,与分析无关的部分不得公布。

6.提供资料

中国民用航空局事故调查职能部门应当根据其他组织事故或事故征候调查的国家或地区的要求,提供所掌握的与调查有关的资料。

10.4.3 调查的方法

1.故障树分析方法

故障树分析(Fault Tree Analysis,FTA)方法是对既定的生产系统或作业活动中可能出现的事故条件及可能导致的灾害后果,按工艺流程、先后次序和因果关系绘制程序方框图,表示导致灾害、伤害事故的各种因素之间的逻辑关系。它由输入符号或关系符号组成,用以分析系统的安全问题或系统的运行功能问题,为判明灾害、伤害的途径及事故因素之间的关系,以及事故分析提供了一种最形象、最简捷的表达形式。

故障树分析方法的程序如下：

(1)熟悉系统,详细了解系统状态及各种参数,绘制工艺流程图或布置图。

(2)分析相关的事故案例,从而设想可能发生的事故。

(3)确定顶上事件,即要分析的对象。

(4)确定目标值,根据经验教训和事故案例,经统计分析后,求解事故发生的概率(或频率),以此作为要控制的事故目标值。

(5)调查原因事件,调查与事故有关的所有原因事件和各种因素。

(6)画出事故树图,从顶上事件起,逐级找出直接原因的事件,直至所要分析的深度,按逻辑关系,画出事故树。

(7)分析,按事故树结构进行简化,确定各基本事件的结构重要度。

(8)确定事故发生的概率,确定所有基本事件发生的概率,标在事故树上,并进而求出顶上事件发生的概率。

2.故障类型和影响分析方法

故障类型和影响分析(Fault Mode Effect Analysis,FMEA)方法是美国在20世纪50年代为分析确定飞机发动机故障而开发的一种方法,许多国家在核电站、石油化工、机械、电子、电气仪表等工业中都有广泛的应用,是系统安全工程中重要的分析方法之一,是一种系统故障的事前考查技术。

故障类型和影响分析方法是按照预定的程序和分析表进行的，步骤如下：

(1)明确分析的对象及范围，并分析系统的功能、特性及运行条件，按照功能划分为若干子系统，找出各个子系统的功能、结构与动作上的相互关系；需要收集有关的资料，如设计任务书、设计说明、有关标准、规范、工艺流程、设备图纸以及同类系统和设备的事故案例等，并了解故障的机理。

(2)确定分析的基本要求，应做到：①分清系统主要功能和次要功能在不同阶段的任务；②逐个分析易发生故障的零部件；③关键部分要深入地分析，次要部分可简捷；④要有可靠的检测方法和处理措施。

(3)详细说明要分析的系统，包括两部分内容：①系统的功能说明，包含各个子系统及其构成要素的功能叙述；②系统功能框图，通过分解方式形象地表示出各个子系统在故障状态时对整个系统的影响。

(4)分析故障类型及影响，这是实施故障类型和影响分析方法的中心环节。通过对系统功能框图所列全部项目进行分析，判明系统中所有实际可能出现的故障类型。为了使所有的故障类型不会产生遗漏，应按照故障类型及影响分析表逐项填写。

(5)根据分析结果填入故障类型等级。

3. 变更分析方法

该技术方法重点在于变更。为了完成事故调查，查找原因，调查人员必须寻找与标准、规范相背离的东西，调查有关预期变更所导致的所有问题。对每一项变更进行分析，以便确定其发生的原因。

这种技术方法应遵循以下步骤：

(1)确定问题，即发生了什么。

(2)相关标准、规范的确立。

(3)辨明发生什么变更、变更的位置以及对变更的描述，即发生什么变更、什么时间发生的以及变更的程度如何。

(4)影响变更的因素具体化的描述和不影响变更的因素描述。

(5)辨明变更的特点、特征及具体情况。

(6)对发生变更的可能原因做一详细的列表。

(7)从中选择最可能的变更原因。

(8)找出相关变更带来的危险因素的防范措施。

10.5　事故处理与调查报告

10.5.1　事故处理

伤亡事故发生后应按照“四不放过”的原则进行调查处理，对于事故责任者的处理，应坚持思想教育从严、行政处理从宽的原则。但是对于情节特别恶劣、后果特别严重及构成犯罪的责任者，要坚决依法惩处。

1. 结案程序

伤亡事故处理工作应当在事故发生后90天内结案，特殊情况不得超过180天。其处理结案程序因事故的严重程度而异。

(1) 轻伤事故由企业处理结案。

(2)重伤事故由事故调查组提出处理意见，征得企业所在地安全生产监督管理部门同意后，由企业主管部门批复结案。

(3)死亡事故由事故调查组提出处理意见，处理前经市一级安全生产监督管理部门同意，由市同级企业主管部门批复结案。

(4)重大伤亡事故由事故调查组提出处理意见，处理前经省、自治区、直辖市安全生产监督管理部门审查同意，由同级企业主管部门批复结案。

(5)特别重大事故由事故调查组提出处理意见，处理前经国务院安全监察部门审查同意，由同级企业主管部门批复结案。

2.结案类型

在事故处理过程中，无论事故大小都要查清责任、严肃处理，并注意区分责任事故、非责任事故和破坏事故。

(1)责任事故。因有关人员的过失而造成的事故为责任事故。

(2)非责任事故。由于自然界的因素而造成的不可抗拒的事故，或由于未知领域的技术问题而造成的事故为非责任事故。

(3)破坏事故。为达到一定目的而蓄意制造的事故为破坏事故。

3.事故责任

对于责任事故，应区分事故的直接责任者、领导责任者和主要责任者。其行为与事故的发生有直接因果关系的，为直接责任者；对事故的发生负有领导责任的，为领导责任者；在直接责任者和领导责任者中，对事故的发生起主要作用的为主要责任者。

(1)领导的责任：有下列情形之一时，应当追究有关领导人的责任。

1)安全生产规章制度和操作规程不健全，职工无章可循，造成伤亡事故的。

2)对职工不按规定进行安全技术教育或职工未经考试合格就上岗操作，造成伤亡事故的。

3)设备超过检修期限运行或设备有缺陷，又不采取措施，造成伤亡事故的。

4)作业环境不安全，又不采取措施，造成伤亡事故的。

5)挪用安全技术措施经费，造成伤亡事故的。

(2)肇事者和有关人员责任：有下列情况之一时，应追究肇事者或有关人员的责任。

1)违章指挥或违章作业及冒险作业，造成伤亡事故的。

2)玩忽职守、违反安全生产责任制和操作规程，造成伤亡事故的。

3)发现有发生事故危险的紧急情况，不立即报告且不积极采取措施，因而未能避免事故或减轻伤亡的。

4)不服从管理、违反劳动纪律、擅离职守或擅自开动机器设备，造成伤亡事故的。

(3)重罚的条件：有下列情形之一时，应当对有关人员从重处罚。

1)对发生的重伤或死亡事故隐瞒不报、虚报或故意拖延报告的。

2)在事故调查中，隐瞒事故真相、弄虚作假甚至嫁祸于人的。

3)事故发生后，由于不负责任、不积极组织抢救或抢救不力，造成更大伤亡的。

4)事故发生后，不认真吸取教训和采取防范措施，致使同类事故重复发生的。

5)滥用职权,擅自处理或袒护、包庇事故责任者的。

10.5.2　事故调查报告

事故调查报告是事故调查分析研究成果的文字归纳和总结,其结论对事故处理及事故预防都起着非常重要的作用。因而,调查报告的撰写一定要在掌握大量实际调查材料并对其进行研究的基础上完成。

1.写作要求

事故调查报告的撰写应注意满足以下要求:

(1)深入调查,掌握大量的具体材料。这是写作调查报告的基础。因为调查报告主要靠实际材料反映内容,所以要凭事实说话,这是衡量事故调查报告写得是否成功的关键要求。从写作方法上来讲,要以客观叙述为主,分析议论要少而精,点到为止。能否做到这一点,取决于调查工作是否深入、了解情况是否全面及掌握材料是否充分。

(2)反映全面、揭示本质且不做表面或片面文章。事故调查报告不能满足于罗列情况及列举事实,而要对情况和事实加以分析,得出令人信服、给人启示的相应结论。为此,要对调查材料认真鉴别分析,力求去粗取精、去伪存真、由此及彼和由表及里,从中归纳出若干规律性的东西。

(3)善于选用和安排材料,力求内容精练且富有吸引力。只有选用最关键、最能说明问题、最能揭示事故本质的典型材料,才能使报告内容精练,富有说服力。强调写作调查报告要以客观叙述为主,不能对事实和情况进行文学加工不等于不能运用对比、衬托等修辞方法,关键要看作者如何运用。某一事实、某个数据放在哪里叙述、从什么角度叙述、何处详叙及何处略叙,都是需要仔细考虑的。

(4)专业小组应向调查组组长提交专业小组报告。调查组组长应当组织审议专业小组报告。

(5)调查组组长负责组织编写调查报告草案。调查报告草案完成后,由调查组组长提交给组织调查的部门。

2.调查报告基本内容

调查报告草案应当包括下列基本内容:

(1)调查中查明的事实;

(2)原因分析及主要依据;

(3)结论;

(4)安全建议;

(5)必要的附件;

(6)调查中尚未解决的问题。

3.调查报告的完成

(1)调查报告应当尽快完成。由地区管理局组织的事故调查,应当在事发后6个月内向中国民用航空局提交调查报告。由中国民用航空局组织的事故调查,应当在事发后12个月内向国务院提交调查报告。不能按期提交事故调查报告的,应当向接受报告的部门提交调查进展情况报告。

(2)中国民用航空局对地区管理局提交的调查报告审查后,可以要求组织调查的地区管理局进行补充调查,也可以由中国民用航空局重新组织调查。

(3)向航空器登记国、运营人所在国、设计国和制造国征询对调查报告草案的意见,应当遵守国际民用航空公约附件13——《航空器事故和事故征候调查》或者国家间双边协议的规定。

(4)调查报告经国务院或者中国民用航空局批准后调查即告结束。

(5)调查结束后,中国民用航空局负责向国际民航组织和有关国家提交调查报告。

(6)调查结束后,发现新的重要证据,可能需要推翻原结论或者可能需要对原结论进行重大修改的,经批准机关同意,可以重新进行调查。

10.5.3 事故资料归档

事故资料归档是伤亡事故处理的最后一个环节。事故档案是记载事故的发生、调查、登记及处理全过程的全部文字材料的总和。一般情况下,事故处理结案后,组织调查的部门应当在调查结束后对调查工作进行总结,并对调查的文件、资料、证据等清理归档,永久保存。

应归档的事故资料如下:

(1)职工伤亡事故登记表;

(2)职工死亡、重伤事故调查报告书及批复;

(3)现场调查记录、图纸和照片;

(4)技术鉴定和试验报告;

(5)物证、人证材料;

(6)直接经济损失和间接经济损失材料;

(7)事故责任者的自述材料;

(8)医疗部门对伤亡人员的诊断书;

(9)发生事故时的工艺条件、操作情况和设计资料;

(10)处分决定和受处分人员的检查材料;

(11)有关事故的通报、简报及文件;

(12)调查组成员的姓名、单位及职务。

【知识链接】

冲八-400型飞机失事事故调查

2009年2月12日,美国科尔根航空(Colgan Air)公司航班由新泽西(New Jersey)州纽瓦克市国际机场飞往布法罗/尼亚加拉国际机场。在夜航目视气象条件下仪表进近着陆过程中因失去控制在距跑道大约5海里处坠毁,机上人员以及地面一人全部遇难。失事飞机型号为庞巴迪公司(Bombardier)生产的冲八-400(DHC-8-400)。

一、事故调查

美国国家运输安全委员会(National Transportation Safety Board,NTSB)对事故进行了调查。经调查,确定事故发生时,机长实际操控飞机,飞机性能正常,未因结冰造成明显影响。但是机组设置的参考速度与“参考速度开关”(Reference Speeds Switch)在“增加”(Increase)(结冰状态)位置不一致,造成飞机在较高空速时即自动触发抖杆失速告警。

由于“参考速度开关”在“增加”位置，当飞机在距跑道接地端6海里处出现抖杆时，实际速度高于失速速度20～22节(1节≈1.852 km/h)，而不是正常情况下高于失速速度5～7节触发抖杆。飞机出现抖杆时自动驾驶仪自动脱开，机长反应为加油门同时快速向后拉杆。结果飞机俯仰角大约+18°时，迎角由+8° 增加到 +13°，导致飞机空速由开始的131节下降到125节。当超过失速迎角时，机翼表明气流分离导致发生机翼下倾，飞机失控。调查报告认为，由于机长对抖杆做出的反应是不恰当的拉杆动作，导致飞机机翼失速。

当迎角达到+18°时，3个自动推杆器快速连续启动。机长对此的反应是不断增加向后拉杆的力量，而这与处置此类情况的标准操作程序(Standard Operation Procedures，SOP)刚好相反，结果导致失去重新控制飞机的机会。

调查报告同时指出，由于失事飞机撞坏了地面的输油管造成燃油泄漏，加剧了事后的火灾强度。

二、调查结果

调查报告共总结了46项调查结果，主要包括以下几方面：

(1)由于机长对抖杆采取不恰当的拉杆动作，导致飞机机翼失速；

(2)飞机因结冰引起的微小的性能下降并未影响机组飞行及操控飞机的能力；

(3)与抖杆器启动有关的明显的指示包括指示空速与低速之间裕度下降的指示、空速趋势矢量向低速下降的指示、飞机指示空速显示数字颜色变化、飞机过大的仰角等都显示在飞机仪表上，为机组采取正确行动提供了足够的时间，但是飞行员没有对此采取行动；

(4)两名飞行员没有履行监视职责，工作负荷分配不当，直接导致两人无法准确判断飞机状态；

(5)机长对抖杆的反应应该是下意识的，但他与所受训练不一致的错误操作令人吃惊与困惑；

(6)机长没有认识到作为从失速中改出的一个步骤，推杆器的动作会降低迎角，而他的错误操作超控了推杆器，导致情况更为恶化；

(7)机长没有实施水平尾翼失速改出的意图；

(8)没有证据显示冲八-400飞机易受水平尾翼失速的影响；

(9)机长飞行管理失误还包括违反驾驶舱纪律，由于机组之间的谈话造成未能及时完成检查单，驾驶舱形成了不能及时判断失误的工作环境；

(10)失事机组在监控方面发生的差错表明需继续加强飞行员在主动监视技巧的训练；

(11)事故发生时，科尔根航空公司标准操作程序不能促进有效监视的措施；

(12)飞行员因为疲劳可能造成了能力下降，但对此次飞行中能力下降的程度以及影响无法最终确定；

(13)科尔根航空公司在主要运行基地地点设置上不能预防因飞行员疲劳造成的风险；

(14)运营人有责任识别与通勤有关的风险，采取措施降低风险，确保通勤飞行员胜任工作；

(15)目前的航空公司冲八-400有关进入失速培训不能确保机组在遇到无法预计的失速时做好充分准备，没有制定从完全失速中改出的措施；

(16)科尔根航空公司冬季运行培训中将国家航空宇航局(National Aeronautics and Space Administration)结冰录像的内容包括在培训中,可能误导飞行员以为冲八-400可能出现水平尾翼失速;

(17)联邦航空局监督航空公司运行能力的监察标准不能保证快速发展和运行复杂性不断增加的航空公司应对这些变化和挑战;

(18)所有运营人都具有识别风险的相关数据以判明运行风险,制定纠正措施,应强制飞行运行质保程序以提高飞行安全水平。

三、造成事故可能的原因

国家运输安全委员会认为事故的可能原因是机长对抖杆的不适当的反应引起无法改出的气动失速。

造成事故的其他因素还有以下几种:

(1)机组没有有效监控与低速指示有关的空速;

(2)机组没有严格遵守驾驶舱程序;

(3)机长没有有效执行飞行管理;

(4)科尔根航空公司没有有效的在结冰条件下进近的空速选择程序和管理程序。

四、安全建议措施

报告提出了25项有新的针对性的安全建议措施:

(1)要求FAR121部、135部及91K部的运营人须对各自的标准运行程序进行审定,以确定遵照咨询通告(AC)120-71A《驾驶舱机组标准操作程序》中关于飞行机组监控技术的规定执行。如果发现不一致,需按照咨询通告指引进行修订,确保提供有效的监控能力。

(2)要求FAR25部认证的所有航空器以及装备电子飞行仪表系统的空速表显示系统,遵照咨询通告(AC)25-11A《电子飞行显示》中规定,在低速提示以上标识为黄色/琥珀色警示带,或者当空速接近低速线时空速表数字由白色转为黄色/琥珀色。

(3)要求FAR121部、135部及91K部所有执行商业运输飞行的飞机装备低速告警系统,当将要发生低速危险情况时为飞行员提供声、光告警。

(4)发出咨询通告,对基于FAR121部、135部及91K部运营人的机长提供领导力培训指南,包括有效领导力的方法与技巧;技术职业标准;飞行前和飞行后讲评;遵守标准与改正错误;其他与飞行运行相关的关键知识、技巧与能力。

(5)根据第4项的咨询通告,要求所有FAR121部、135部及91K部的运营人为机长提供指定的领导力培训课程。

(6)制定并向所有飞行员分发航空器运行职业化的多媒体指导材料,其中包括职业行为规范、驾驶舱纪律的最佳实践、评估与纠正飞行员差错的技巧、有关范例与方案、对包括本次事故在内的各种因违反驾驶舱纪律及其他程序造成的事故进行的详细的事故分析材料。在制定、分发这些指导材料时,应注意收集运营人、运输与通用飞行飞行员的意见。

(7)要求所有FAR121部、135部及91K部的运营人对所有与通勤飞行有关的风险进行评估,包括确定哪些飞行员通勤执勤、制定政策与指南以降低通勤飞行员的疲劳风险、科学排班减少通勤飞行员疲劳的机会、为通勤飞行员提供休息设施等。

(8)要求所有FAR121部、135部及91K部的运营人对飞行员培训及检查进行详细的记录并保留电子/纸质文档,以便主管检查员能够全面评估飞行员的整个培训表现。

(9)要求所有FAR121部、135部及91K部的运营人将第8项要求的培训记录作为安全建议措施A-50-14中要求的补充培训项目的一部分。

(10)要求所有FAR121部、135部及91K部的运营人,根据安全建议,将第8项要求的培训记录提供给相关雇主。

(11)所有FAR121部、135部及91K部的运营人应制定检查、批准、审核、修正飞行员培训记录的工作流程,确保记录准确、完整。

(12)飞机配备有参考速度开关及类似设备的FAR121部、135部及91K部的运营人:

1)制定程序确保在进近和着陆期间参考空速游标与开关位置一致;

2)对飞行员进行指定培训,确保对此熟练掌握。

(13)要求所有FAR121部、135部及91K部的运营人以及FAR142部的培训中心制定、实施有关失速的培训,包括完全失速、突发失速、包括自动驾驶仪脱开,以及对装备特殊设备的飞机,如参考速度开关飞机进行培训等。

(14)要求所有配备有推杆器的FAR121部、135部及91K部的运营人为飞行员提供推杆器模拟机熟悉培训。

(15)制定模拟机模型仿真规范标准以满足系列失速改出培训规定的要求,包括从完全失速中改出的培训。模拟机应具备飞机迎角和侧滑角范围,运动提示,满足型号飞机试飞后失速的数据,以及超出飞行包线的警示等。

(16)确认FAR121部、135部及91K部运行的哪些飞机易受尾翼失速的影响后:

1)要求运营人在培训手册及公司程序中提供有关该类飞机尾翼失速改出程序;

2)对于那些不易受尾翼失速影响的飞机的运营人,要求其在培训及公司手册中明确指明没有包含尾翼失速改出程序。

(17)对快速发展、运行复杂性增加、发生过事故的FAR121部、135部及91K部运营人,应制定更为严格的监控标准提高监管水平:

1)确认有足够的监察员胜任新标准下强化的监管工作;

2)增加监察员编制;

3)在联邦航空局各地区管理局增加具备机型资格的检查员,在142部训练中心增加负责飞行训练大纲质量保证的委任代表。

(18)要求FAR121部、135部及91K部运营人:

1)制定并实施飞行运行质保程序,采集、分析飞行数据、识别系统安全问题并采取相关改正措施;

2)通过适当方式,与业内有关单位分享有关分析数据。

(19)寻求法律与法规当局将联邦航空局与运营人共享的保护数据作为飞行运行质保大纲的一部分。

(20)要求FAR121部、135部及91K部运营人:

1)定期下载、分析有关安全信息,及时查找与现有规范、程序不一致之处;

2)提供适当保护措施,确保有关分析数据的保密性;

3)确保有关信息用于安全目的,而不是用于处罚。

(21)要求FAR121部、135部及91K部运营人采用检查单提醒等方式,明确指示飞行员禁止在驾驶舱使用个人便携式电子设备。

(22)要求FAR121部、135部及91K部运营人通过安全告警等方式对发出的安全信息及时做出反应,采取相关措施。

(23)要求FAR121部、135部及91K部运营人修订恶劣天气现象报告与预报子系统的工作程序,确保该系统生成针对每个航班的天气报告中包含所有的有关天气信息,如飞行员天气报告、特殊天气情报及其他飞行气象报告,同时及时删除过时的天气信息。

(24)要求FAR121部、135部及91K部运营人的主管监察员定期审核有关气象报告,确保有关气象信息满足第23项安全建议中的有关要求。

(25)更新航行情报手册中有关应报告结冰强度的定义,确保与咨询通告91-74A《飞行员指南:在结冰状态下飞行》中有关结冰强度的定义一致。

资料来源:http://www.caac.gov.cn/XWZX/GJZX/201312/t20131204_15990.html

复习思考题

1.事故调查的原则有哪些?

2.事故发生后,如何对事故信息进行报告和通知?

3.事故调查的基本步骤有哪些?

4.事故现场分析方法和技术分析方法有哪些区别?

5.事故调查报告的要求、格式有哪些?

第 11 章　航空事故预防与控制

避免事故发生的根本方法是消除危险，而要消除危险，需要进行重大危险源的辨识与管理，进行事故预防与控制，即采用技术和管理手段，通过危险预防与控制措施，在现有的技术水平上，以最少的成本达到最优的安全水平。

11.1　民航安全隐患

11.1.1　民航安全隐患的定义

国家安全生产监督管理总局《安全生产事故隐患排查治理暂行规定》将安全隐患定义为：生产经营单位违反安全生产法律、法规、规章、标准、规程和安全生产管理制度的规定，或者因其他因素在生产经营活动中存在可能导致事故发生的物的危险状态、人的不安全行为和管理上的缺陷。

国务院安全生产委员会办公室《关于实施遏制重特大事故工作指南构建双重预防机制的意见》将安全隐患表述为：风险管控措施失效或弱化极易形成隐患，酿成事故。

中国民用航空局《民航安全隐患排查治理长效机制建设指南》将安全隐患定义为：风险管理过程中出现的缺失、漏洞和风险控制措施失效的环节，包括可能导致不安全事件发生的物的危险状态、人的不安全行为和管理上的缺陷。

安全隐患是民航企事业单位违反安全生产法律、法规、规章、标准、规程和安全生产管理制度的规定，或者因其他因素在生产经营活动中存在的可能导致不安全事件发生的物的不安全状态、人的不安全行为和管理上的缺陷。

安全隐患是现实存在的危险源，或是一个或多个危险源导致的综合性结果。排查安全隐患后应深入分析和识别与该隐患相关的危险源，并开展风险评估、控制工作。

11.1.2　民航安全隐患分级

民航企事业单位应建立安全隐患的分级标准和治理政策，对安全隐患实施分级管理。安全隐患通常分为一般安全隐患和重大安全隐患：

(1)一般安全隐患，是指风险和治理难度较小，发现后能够立即将风险消除或缓解至可接受水平的隐患。

(2)重大安全隐患,是指风险和治理难度较大,应全部或者局部停止运行,并经过一定时间治理才能将风险消除或缓解至可接受水平的隐患,或者因外部因素影响致使企事业单位自身难以治理的隐患。重大安全隐患的治理措施应由民航企事业单位的主要负责人组织制定和实施。

民航企事业单位可根据本单位业务特点和工作实际,在采用一般安全隐患和重大安全隐患分级标准的同时,充分考虑以下因素,进一步细化安全隐患的分级:

(1)安全隐患的具体内容;

(2)涉及的不安全事件的严重性;

(3)安全隐患治理的复杂程度;

(4)导致不安全事件发生的可能性。

民航企事业单位应在安全隐患分级的基础上,制定安全隐患的分级治理政策,对不同等级的安全隐患采取针对性的治理措施。

11.1.3 民航安全隐患库

民航企事业单位应建立本单位的安全隐患库,对本单位的安全隐患信息进行记录和管理。安全隐患库应详细记录隐患的名称、来源、类型、等级、所属单位、原因分析、治理措施、措施落实情况、治理效果验证标准、治理效果等信息。安全隐患库应与安全隐患治理措施库、危险源库、工作程序标准库、安全绩效指标库之间建立一一对应关系,特别是建立安全隐患与危险源之间的作用路径以及在系统内的影响路径,将风险管理作为安全隐患治理的重要基础和手段。危险源的辨识工作是工业发展的伴生物,各个国家由于各自的工业发展的阶段不同,进行重大危险源研究的进展存在较大差异。

民航安全生产监督管理部门应建立本辖区的安全隐患库,掌握辖区安全隐患及其治理措施的落实、效果情况,确定监管重点和需采取的监管手段,合理分配监管资源。

11.1.4 民航安全隐患与安全管理体系、风险管理的关系

1. 民航安全隐患排查治理与安全管理体系的关系

安全隐患排查治理应结合安全管理体系(Safety Management System,SMS)的实施进行,特别是已经建立 SMS 的民航企事业单位应与安全保证、风险管理、安全绩效管理等工作结合开展,通过安全检查、安全审核、安全审计、事件调查、安全信息分析等安全保证工作排查安全隐患,对排查出的安全隐患,根据实际情况开展危险源识别,查找隐患发生的深层次的原因,制定有针对性的治理措施,通过设置安全绩效指标,监控、验证安全隐患排查治理的效果。

2. 民航安全隐患排查治理与风险管理的关系

按照国务院安委会办公室《关于实施遏制重特大事故工作指南构建双重预防机制的意见》的要求,民航生产经营单位应建立安全隐患排查治理和风险管理的双重预防机制。首先,全面

开展风险管理工作，通过系统工作分析、变更风险管理等方式识别和控制日常运行中的危险源；其次，在此基础上，针对风险管理过程中出现的缺失、漏洞和风险控制措施失效的环节，通过安全保证环节开展安全隐患排查治理，实现把风险控制在隐患形成之前、把隐患消灭在事故前面。

民航生产经营单位可参考图 11－1 和图 11－2 建立双重预防机制，妥善处理安全隐患排查治理与风险管理的关系。

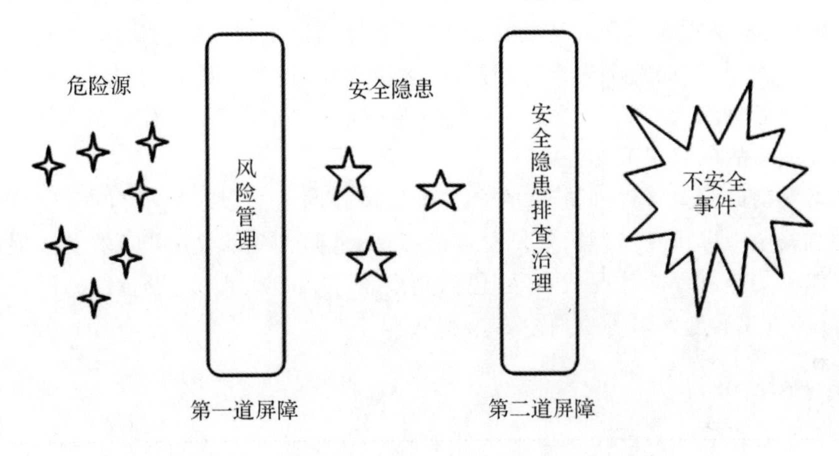

图 11－1　安全隐患排查治理与风险管理的关系

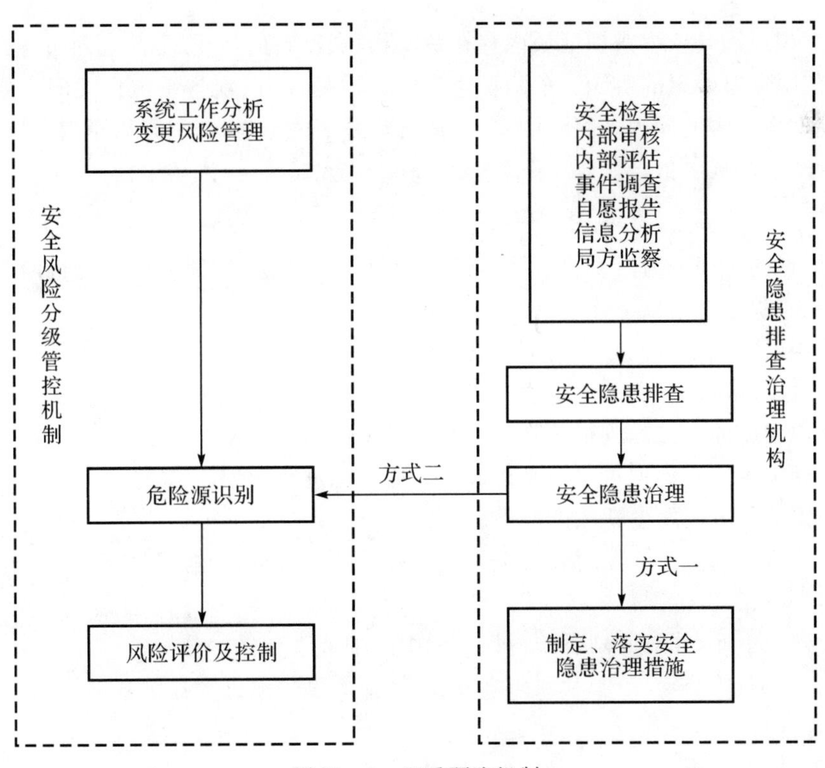

图 11－2　双重预防机制

11.2 危险源辨识

11.2.1 危险源的定义

我国的安全管理理论将危险源划分为两大类，即第一类危险源和第二类危险源。第一类危险源为：系统中存在的、可能发生意外释放而导致不安全事件的能量或有害物质，如能量载体、压力容器和危险物质等。第二类危险源为：可能导致能量或有害物质的约束或限制措施失效或破坏的不安全因素，如安全生产管理制度、人员操作、设备设施、运行环境和生产工艺等。

ICAO《安全管理手册(SMM)》(Doc9859)(第四版)将危险源定义为：可能引发或促成航空器事故征候或事故的状况或物品。

综合考虑我国的安全管理理论、ICAO关于危险源的定义以及民航生产经营单位安全工作实际，《民航安全隐患排查治理长效机制建设指南》危险源定义为：可能引发或促成事故、事故征候或其他不安全事件的状况或物品，包括制度程序、职责、人员、设备设施、物品、落实、监督检查、运行环境和实施效果等方面。

11.2.2 危险源辨识

危险源辨识是控制和降低危险发生的有效手段，本节将简要介绍危险源辨识的程序、步骤和辨识结果。

1. 危险源辨识

危险源辨识原理是依据辨识区域内存在危险物料、物料的性质、危险物料可导致的危险性三方面进行危险危害因素的辨识。危险源辨识的目的是：①识别与系统相关的主要危险危害因素；②鉴别产生危害的原因；③估计和鉴别危害对系统的影响；④将危险危害分级，为安全管理、预防和控制事故提供依据。

2. 危险源辨识的程序、步骤

危险源辨识的程序分为辨识方法及辨识单元的划分、辨识和危害后果分析两个步骤。危险源辨识的工作程序包括以下几条：

(1)对辨识对象应有全面和较为深入的了解；

(2)找出辨识区域所存在的危险物质、危险场所；

(3)对辨识对象的全过程进行危险危害因素辨识；

(4)根据相关标准对辨识对象是否构成重大危险源进行辨识；

(5)对辨识对象可能发生事故的危害后果进行分析；

(6)对构成重大危险源的场所进行重大危险源的参考分级，为各级安全生产监管部门的危险源分级管理提供参考依据；

(7)划分辨识单元，并对所划分的辨识单元中的细节进行详尽分析；

(8)为应急预案的制定、控制和预防事故发生，降低事故损失率提供基础依据。

3. 危险辨识的结果

危险辨识的结果通常是可能引起危险情况的材料或生产条件清单，见表11-1。

表 11－1　危险辨识结果

序　号	结　果	序　号	结　果
1	可燃材料清单	5	系统危险清单，如毒性、可燃性
2	毒物材料和副产品清单	6	污染物和导致失控反应的生产条件清单
3	危险反应清单	7	重大危险源（因素）清单
4	化学品及释放到环境中可监测量清单		

分析人员可利用这些结果确定适当的范围和选择适当的方法开展安全评价或风险评估。评价的范围与复杂程度，直接取决于识别出危险的数量与类型以及对它们的了解程度。如果有些危险的范围不清楚，则在开展评价之前需要开展另外的研究或实验。

11.2.3　重大危险源辨识

1.重大危险源定义

重大危险源是指长期或临时生产、加工、搬运、使用或储存危险物质，且危险物质的数量等于或超过临界量的单元。单元是一个（套）生产装置、设施或场所，或同属于一个工厂的且边缘距离小于 500 m 的几个（套）生产装置、设施或场所。危险物质是一种或若干种物质的混合物，由于其化学、物理或毒性特性而具有易导致火灾、爆炸或中毒的危险。依据《重大危险源辨识》（GB 18218—2000）判定单元是否构成重大危险源。

2.重大危险源的分类

综合考虑多种因素，重大危险源分类遵循以下原则：从可操作性出发，以重大危险源所处的场所或设备、设施对重大危险源进行分类；再按相似相容性原则，依据各大类重大危险源各自的特性进行有层次地展开。按上述原则重大危险源分为七大类，具体分类如图 11－3 所示。

3.重大危险源的危险性分级

目前，国际和国内通用的做法是以辨识单元固有危险性大小作为重大危险源的危险性分级的依据，决定固有危险性大小的因素由辨识单元的生产属性决定。

危险源分级的方法主要有两种：一种是分级的标准不变或分级结果不随参加分级的危险源数目多少而变化，即危险源静态分级方法；另一种是危险源数目发生变化或分级的标准是可变的或两者皆可变，即危险源动态分级方法。

危险源静态分级的方法主要是以打分方式来进行的，如美国道化学公司的火灾、爆炸指数法、ICI 蒙德法、六阶段评价法、中国的机械工厂危险程度分级法、化工厂危险程度分级法、冶金工厂危险程度分级法以及工厂危险程度分级法等。这些危险源分级方法虽然操作简便，但受主观因素的影响大，危险性等级划分的尺度很难把握，影响危险分析的准确性。

危险源的动态分级是按某种原则反复进行分级和修改，直到分级满足某种规则为止。分级的研究对象是全体同类危险源，根据抽样的部分建立分级的标准。分级的标准可随样本数目进行动态调整，也可依据危险源等级划分的数目的改变而进行动态调整。常用的危险源动态分级方法有神经网络方法、DT 动态分级法(DT 法)等。

我国学者林韵梅教授最早提出动态分级法,这种方法是基于聚类分析原理进行的分级方法,与传统分级法最大的区别是它揭示了分级三要素,即分级判据、分级挡数和分级界限之间的内在规律,近年来被一些学者引入危险评价中。

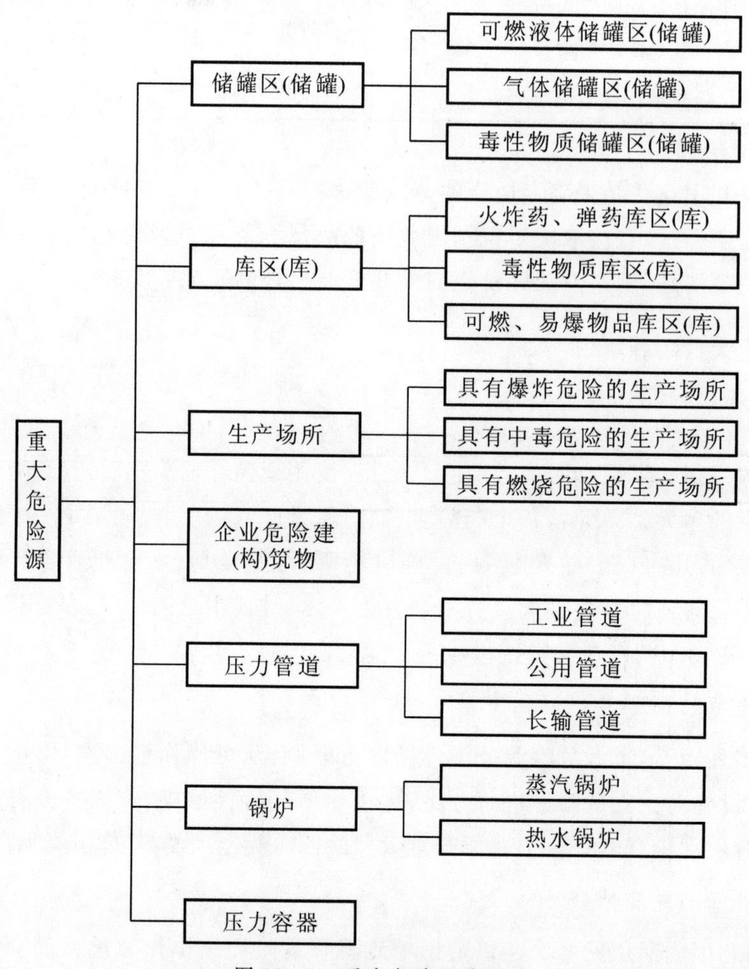

图 11-3　重大危险源分类

目前,我国重大危险源的危险性分级尚未制定统一的分级标准,在易燃、易爆、有毒的生产场所主要是根据重大危险源的死亡半径进行分级。用重大危险源的死亡半径 R 进行分级的分级标准见表 11-2。

表 11-2　按照重大危险源的死亡半径 R 的分级标准

重大危险源等级	死亡半径	控制部门
一级重大危险源	$R\geqslant 200$ m	国家主管部门直接控制
二级重大危险源	100 m$\leqslant R<$200 m	省和直辖市政府控制
三级重大危险源	50 m$\leqslant R<$100 m	县、市政府控制
四级重大危险源	$R<$50 m	企业重点管理控制

4.重大危险源的指标体系

重大危险源普查指标体系应能全面反映重大危险源的客观状况以及影响事故发生的主要因素,包括以下三方面的内容。

(1)重大危险源所在地的基本情况。重大危险源所在地的基本情况包括法人单位名称、单位代码、单位名称、经济类型、占地面积、行业代码、主管机关、通信地址、邮政编码、所属委办、隶属关系及主要产品等有关重大危险源所在地基本情况信息的 17 个指标。

(2)重大危险源的基本情况。依据重大危险源分类,分别制定各类重大危险源的普查指标。各类重大危险源的普查指标见表 11－3。

表 11－3　各类重大危险源的普查指标

序　号	重大危险源类别		普查指标 / 项
1	贮罐区(包括贮罐区名称、面积及贮罐个数等)		9
2	库区(库)	库区基本情况(包括名称、面积等)	4
		库房情况(包括名称、形式和结构等)	7
		储存物品(包括名称、状态、最大存储量、包装形式等)	4
3	生产场所	危险单元(包括名称、面积和正常当班人数等)	3
		危险物质(包括名称、工艺过程中的物质量、存储的物质量和废弃物量等)	4
4	企业危险建(构)筑物	危险建(构)筑物概况(包括名称、用途、面积和高度等)	16
		安全状况包括与建筑物安全状况相关	11
5	压力管道	压力管道概况(包括名称、编号、类别和输送介质等)	23
		调压站(箱)概况(包括名称、类别、位置和数量等)	14
		安全状况(包括与压力管道安全状况相关的指标)	29
6	锅炉	设备概况(包括型号、名称、编号和介质出口温度等)	14
		移装记录(包括日期、验收报告摘要和经办人等)	3
		事故记录(包括日期、原因及损坏情况摘要和经办人等)	3
		检修、改造记录(包括日期、检修、改造内容摘要、经办人和定期检验日期等)	4
7	压力容器(包括名称、编号、容积、介质、安全状况等级等)		32

(3)重大危险源周围环境的基本情况。重大危险源周围环境的基本情况包括危险源周边环境情况和周边情况对危险源的影响两大项,主要考虑危险源一旦发生事故对周围环境的影响以及周边环境中危险因素对危险源的影响。

11.2.4 重大危险源辨识依据

危险源的辨识工作是工业发展的伴生物，各个国家由于各自的工业发展的阶段不同，进行重大危险源研究的进展存在较大差异。

1. 国际上采用的重大危险源辨识标准

(1)英国重大危险咨询委员会(ACMH)重大危险源辨识标准。1976 年，英国 ACMH 首次提出重大危险设施标准的建议书，建议的重大危险源标准有：可能发生相当于 10 t 氯气泄漏事故效应的有毒物质储存或加工设施；可能发生相当于 15 t 可燃气体或蒸气火灾爆炸事故效应的可燃物质储存或加工设施；储存或加工 5 t 以上性质不稳定、放热反应性高的设施；具有高压能量的设施，如10 MPa(100 bar)以上压力的气相反应工艺过程；储存或加工闪点低于 22.8 ℃，总量超过10 000 t的易燃物质的设施；储存或加工总量超过 145 t 液氧的设施；储存或加工总量超过 5 000 t 硝酸铵的设施；储存或加工的物质若发生火灾事故，其效应相当于 10 t 氧气危险性的设施。

1979 年，ACMH 提出了辨识重大危险源的修改标准，见表 11-4。

表 11-4 辨识重大危险源的修改标准

重大危险源类别	物质种类	质量/t
第 1 类为毒物	光气(Phosgene)	2
	氯气(Chlorine)	10
	丙烯腈(Acrylonitrile)	20
	氰化氢(Hydrogen Cyanide)	20
	二硫化碳(Carbon Disulfide)	20
	二氧化硫(Sulfur Dioxide)	20
	溴(Bromine)	40
	氨(Ammonia)	100
第 2 类为极毒物质	1 mg 以内能将人致死的极毒液体、气体及固体物质	10^{-4}
第 3 类为高反应性物质	氢气(Hydrogen)	2
	环氧乙烷(Epoxy Ethane)	5
	环氧丙烯(Propylene Oxide)	5
	无机过氧化物(Inorganic Peroxides)	5
	硝化火药(Nitrocellulose Compounds)	50
	硝酸铵(Ammonium Nitrate)	500
	氯酸钠(Sodium Chlorate)	500
	液氧(Liquid Oxygen)	1 000

续表

重大危险源类别	物质种类	质量/t
第4类为其他物质和工艺过程	上述1～3类未包括的易燃气体	15
	上述1～3类未包括的易燃液体	20
	液化石油气(如民用煤气、丙烷、丁烷)	30
	1标准大气压下沸点低于0℃,未包括在上述1～3类的液化易燃气体	50
	闪点低于21℃,未包括在1～3类的易燃液体	10 000
	复合化肥	500
	泡沫塑料	500
	具有5 MPa以上的压力且容积超过200 m^3 高压能量设施	

(2)其他国家重大危险源辨识标准。1982年6月,欧洲共同体(简称“欧共体”)颁布了《工业活动中重大事故危险法令》(EEC Directive82/501),简称《塞韦索法令》,该法令列出了180种(类)物质及其临界量标准。1996年12月,欧共体通过了82/501/EEC的修正件“Council Directive96/82/EC”,其中修正件的第一部分列出了29种(类)物质及临界量,第二部分列出了10类物质及临界量,临界量从极毒物质甲基异氰酸盐150 kg到极易燃液体50 000 t。如果工厂内某一设施或相互关联的一群设施中聚集了超过临界量的上述物质,则将这一设施或一群设施定义为一个重大危险源,见表11-5。

表11-5 欧共体用于重大危险源辨识的重点控制危险物质

类　别	物质名称	临界量/t	物质名称	临界量/t
一般性易燃物质	易燃气体	200	极易燃液体	50 000
特殊易燃物质	氢气	50	环氧乙烷	50
特殊爆炸性物质	硝酸铵	2 500	硝化甘油	10
	梯恩梯	10	氨气	500
特殊毒性物质	丙烯腈	200	二氧化硫	250
	硫化氢	50	氰化物	20
	二氧化碳	200	氟化氢	50
	氯化氢	250	三氧化硫	75
极毒物质	甲基异氰酸盐	0.15	光气	0.75

国际经济合作与发展组织在OECD Council Act(88)84中列出了20种重点控制的危险物质,见表11-6。

表 11－6　OECD 用于重大危险源辨识的重点控制危险物质

类　别	物质名称	临界量/t	物质名称	临界量/t
易燃、易爆或易氧化物质	易燃气体	200	极易燃液体	50 000
	环氧乙烷	50	氯酸钠	250
	硝酸铵	2 500		
毒物	氨气	500	氯气	25
	氰化物	20	氟化物	50
	甲基异氰酸盐	0.15	二氧化硫	250
	丙烯腈	200	光气	0.75
	甲基溴化物	200	四乙铅	50
	乙拌磷	0.1	硝苯硫磷酯	0.1
	杀鼠灵	0.1	涕天威	0.1

1988 年，国际劳工组织编写了《重大事故控制实用手册》；1991 年，出版了《重大工业事故的预防》，均对重大危险源的辨识方法及控制措施提出了建议；1993 年，通过了《预防重大工业事故公约》，临界量从极毒物质甲基异氰酸盐 150 kg 到极易燃液体 50 000 t。

1992 年，美国劳工部职业安全健康管理局(Occupational Safety and Health Administration, OSHA)颁布了《高度危险化学品处理过程的安全管理》Process Safety management 标准，在标准中提出了 148 种化学物质及其临界量。随后，美国环境保护署颁布了《预防化学泄漏事故的风险管理程序》标准，对重大危险源的辨识提出了规定。

1996 年 9 月，澳大利亚国家职业安全卫生委员会颁布了重大危险源控制的国家标准。定义重大危险源为制造、加工、储存或处理超过临界量的特定物质的设备或设施，特定物质是指被确认可能引发重大事故的物质，重大危险设备或设施包括危险物质制造厂、加工厂、永久性或暂时性储库、排列放置场、仓库、运输管路、浮坞结构、码头等。

2. 中国重大危险源辨识依据

依据《重大危险源辨识》(GB 18218—2000)，我国将重大危险源分为生产场所重大危险源和储存区重大危险源两种。根据物质不同的特性，将危险物质分为爆炸性物质、易燃物质、活性化学物和有毒物质四大类，具体见表 11－7～表 11－10。

表 11－7　爆炸性物质名称及临界量

序　号	物质名称	临界量/t	
		生产场所	储存区
1	雷(酸)汞	0.1	1
2	硝化丙三醇	0.1	1
3	二硝基重氮酚	0.1	1
4	二乙二醇二硝酸酯	0.1	1

续表

序　号	物质名称	临界量/t	
		生产场所	储存区
5	脒基亚硝氨基脒基四氮烯	0.1	1
6	迭氮(化)钡	0.1	1
7	迭氮(化)铅	0.1	1
8	三硝基间苯二酚铅	0.1	1
9	六硝基间苯胺	5	50
10	2,4,6-三硝基苯酚	5	50
11	2,4,6-三硝基苯甲硝胺	5	50
12	2,4,6-三硝基苯胺	5	50
13	三硝基苯甲醚	5	50
14	2,4,6-三硝基苯甲酸	5	50
15	二硝基(苯)酚	5	50
16	环三次甲基三硝胺	5	50
17	2,4,6-三硝基甲苯	5	50
18	季戊四醇四硝酸酯	5	50
19	硝化纤维素	10	100
20	硝酸铵	25	250
21	1,3,5-三硝基苯	5	50
22	2,4,6-三硝基氯(化)苯	5	50
23	2,4,6-三硝基间苯二酚	5	50
24	环四次甲基四硝胺	5	50
25	六硝基-1,2-二苯乙烯	5	50
26	硝酸乙酯	5	50

表 11-8　易燃物质名称及临界量

序　号	类　别	物质名称	临界量/t	
			生产场所	储存区
1	闪点<28℃的液体	乙烷	2	20
2		正戊烷	2	20
3		石脑烷	2	20
4		环戊烷	2	20
5		甲醇	2	20
6		乙醇	2	20

续 表

序 号	类 别	物质名称	临界量/t	
			生产场所	储存区
7	闪点<28℃的液体	乙醚	2	20
8		甲酸甲酯	2	20
9		甲酸乙酯	2	20
10		乙酸甲酯	2	20
11		汽油	2	20
12		丙酮	2	20
13		丙烯	2	20
14	28℃≤闪点<60℃的液体	煤油	10	100
15		松节油	10	100
16		2-丁烯-1-醇	10	100
17		3-甲基-1-丁醇	10	100
18		二(正)丁醚	10	100
19		乙酸正丁酯	10	100
20		硝酸正戊酯	10	100
21		2,4-戊二酮	10	100
22		环己胺	10	100
23		乙酸	10	100
24		樟脑油	10	100
25		甲酸	10	100
26	爆炸下限≤10%气体	乙炔	1	10
27		氢	1	10
28		甲烷	1	10
29		乙烯	1	10
30		1,3-丁二烯	1	10
31		环氧乙烷	1	10
32		一氧化碳和氢气混合物	1	10
33		石油气	1	10
34		天然气	1	10

表 11-9 活性化学物质名称及临界量

序 号	物质名称	临界量/t	
		生产场所	储存区
1	氯酸钾	2	20
2	氯酸钠	2	20
3	过氧化钾	2	20

续表

序　号	物质名称	临界量/t	
		生产场所	储存区
4	过氧化钠	2	20
5	过氧化乙酸叔丁酯(浓度≥70%)	1	10
6	过氧化异丁酸叔丁酯(浓度≥80%)	1	10
7	过氧化顺式丁烯二酸叔丁酯(浓度≥80%)	1	10
8	过氧化异丙基碳酸叔丁酯(浓度≥80%)	1	10
9	过氧化二碳酸二苯甲酯(盐度≥90%)	1	10
10	2,2-双-(过氧化叔丁基)丁烷(浓度≥70%)	1	10
11	1,1-双-(过氧化叔丁基)环己烷(浓度≥80%)	1	10
12	过氧化二碳酸二仲丁酯(浓度≥80%)	1	10
13	2,2-过氧化二氢丙烷(浓度≥30%)	1	10
14	过氧化二碳酸二正丙酯(浓度≥80%)	1	10
15	3,3,6,6,9,9-六甲基-1,2,4,5-四氧环壬烷	1	10
16	过氧化甲乙酮(浓度≥60%)	1	10
17	过氧化异丁基甲基甲酮(浓度≥60%)	1	10
18	过乙酸(浓度≥60%)	1	10
19	过氧化(二)异丁酰(浓度≥50%)	1	10
20	过氧化二碳酸二乙酯(浓度≥30%)	1	10
21	过氧化新戊酸叔丁酯(浓度≥77%)	1	10

注:表中“浓度”均指质量分数。

表 11-10　有毒物质名称及临界量

序　号	物质名称	临界量/t		序　号	物质名称	临界量/t	
		生产场所	储存区			生产场所	储存区
1	氨	40	100	7	硫化氢	2	5
2	氯	10	25	8	羰基硫	2	5
3	碳酰氯	0.30	0.75	9	氟化氢	2	5
4	一氧化碳	2	5	10	氯化氢	20	50
5	二氧化硫	40	100	11	砷化氢	0.4	1
6	三氧化硫	30	75	12	锑化氢	0.4	1

续 表

序　号	物质名称	临界量/t		序　号	物质名称	临界量/t	
		生产场所	储存区			生产场所	储存区
13	磷化氢	0.4	1	38	甲苯-2,4-二异氰酸酯	40	100
14	硒化氢	0.4	1	39	异氰酸甲酯	0.30	0.75
15	六氟化硒	0.4	1	40	丙烯腈	40	100
16	六氟化碲	0.4	1	41	乙腈	40	100
17	氰化氢	8	20	42	丙酮氰醇	40	100
18	氯化氰	8	20	43	2-丙烯-1-醇	40	100
19	乙撑亚胺	8	20	44	丙烯醛	40	100
20	二硫化碳	40	100	45	3-氨基丙烯	40	100
21	氮氧化物	20	50	46	苯	20	50
22	氟	8	20	47	甲基苯	40	100
23	二氟化氧	0.4	1	48	二甲苯	40	100
24	三氟化氯	8	20	49	甲醛	20	50
25	三氟化硼	8	20	50	烷基铅类	20	50
26	三氯化磷	8	20	51	羰基镍	0.4	1
27	氧氯化磷	8	20	52	乙硼烷	0.4	1
28	二氯化硫	0.4	1	53	戊硼烷	0.4	1
29	溴	40	100	54	3-氯-1,2-环氧丙烷	20	50
30	硫酸(二)甲酯	20	50	55	四氯化碳	20	50
31	氯甲酸甲酯	8	20	56	氯甲烷	20	50
32	八氟异丁烯	0.30	0.75	57	溴甲烷	20	50
33	氯乙烯	20	50	58	氯甲基甲醚	20	50
34	2-氯-1,3-丁二烯	20	50	59	一甲胺	20	50
35	三氯乙烯	20	50	60	二甲胺	20	50
36	六氟丙烯	20	50	61	N,N-二甲基甲酰胺	20	50
37	3-氯丙烯	20	50				

实际应用时,参考表11-7～表11-10所示的危险物质及其限量,并将其作为判定重大危

险源的依据。

标准中规定当单元内存在危险物质的数量等于或大于上述标准中规定的临界量,该单元即被定为重大危险源。辨识单元内存在危险物质的数量是否超过临界量,需根据处理物质种类的多少区分。

(1)单元内存在的危险物质为单一品种,则物质的数量即为单元内危险物质的总量,若等于或超过相应的临界量,则定为重大危险源。

(2)单元内存在的危险物质为多品种,按下式计算,若满足,则定为重大危险源,即

$$\frac{q_1}{Q_1}+\frac{q_2}{Q_2}+\cdots+\frac{q_n}{Q_n}\geqslant 1$$

式中,$q_1,q_2,\cdots,q_n$—— 每种危险物质实际存在的量,t;

$Q_1,Q_2,\cdots,Q_n$—— 与各危险物质相对应的生产场所或储存区的临界量,t。

此标准的制定采用了与国外相关标准接轨的方法,辨识重大危险源的依据是物质的危险性及临界量。这种做法与欧盟、美国、加拿大、澳大利亚等国的做法一致。

11.3 民航事故预防与控制的主要方法

本节将从安全管理、安全技术和安全教育等方面探讨事故预防与控制的主要方法。

11.3.1 事故预防与控制的基本原则

事故预防是通过采用工程技术、管理和教育等手段使事故发生的可能性尽可能小;事故控制是通过采用工程技术、管理和教育等手段使事故发生后不造成严重后果或使损害尽可能减小。例如,火灾的预防与控制,通过规章制度的建立和完善,或者采用不可燃、不易燃的材料可以预防火灾发生;采用火灾报警装置、喷淋装置、阻燃装置、应急疏散措施等可以控制火灾发生的后果,减小火灾损失。

从安全目标的实现出发,事故预防与控制体现在以下三方面。

(1)消除事故原因,形成"本质安全"系统,即消除危险源、控制危险源、防护和隔离危险源、保留和转移危险源。

(2)降低事故发生频率。

(3)减少事故的严重程度和事故的经济损失。

从采用的手段出发,事故预防与控制以危险源为对象,运用系统工程的原理,对危险进行控制。其技术手段主要有工程技术措施和管理措施,按措施等级可以分为6种方法,即消除危险、预防危险、减弱危险、隔离危险、危险连锁和危险警告。同时,还可以采用法制手段(政策、法令、规章)、经济手段(奖、罚)和教育手段(长期的、短期的、学校的、社会的)等。

从现代安全管理的观点出发,安全管理不仅要预防和控制事故,而且要为劳动者提供安全的工作环境和安全文化。由此,事故预防与控制可以从安全技术(Engineering)、安全教育(Education)和安全管理(Enforcement)(简称"3E"对策)三方面入手。由于无论是安全教育还是安全管理,人是主要参与者,不可避免地存在着人的失误,因此,安全技术对策应是安全管理工作的首选。

11.3.2 安全技术对策

安全技术对策是采用工程技术手段解决安全问题，预防事故发生，减小事故造成的伤害和损失，是事故预防和控制的最佳安全措施。安全技术对策涉及系统设计各个阶段，通过设计来消除和控制各种危险，防止所设计系统在研制、生产、使用、运输和储存等过程中发生可能导致人员伤亡和设备损坏的各种意外事故。安全技术分为预防事故发生的安全技术和防止或减轻事故损失的安全技术。

1.预防事故的安全技术

根据系统的寿命阶段，为满足规定的安全要求，采用以下7种安全设计方法。

(1)能量控制方法。任何事故影响的程度都是所需能量的直接函数，也就是说，事故发生后果的严重程度与事故中所涉及的能量大小紧密相关。没有能量就没有事故，没有能量就不会产生伤害。能量引起的伤害主要分为以下两类。

1)转移到人体的能量超过了局部或全身性损坏阈值而造成伤害，如36 V电压在人体所承受的阈值之内，不会造成伤害或伤害极其轻微，而220 V电压大大超过了人体的阈值，与其接触会对人体造成伤害。

2)局部或全身性能量交换引起伤害，如因物理或化学因素引起的窒息、中毒等事件。

从能量控制的观点出发，事故的预防和控制实际上就是防止能量或危险物质的意外释放，防止人体与过量的能量或危险物质接触。常用的能量控制方法见表11-11。

表11-11 常用的能量控制方法

能量控制方法	举　例
限制能量	降低车辆的速度，减小爆破作业的装药量
用较安全的能源代替危险能源	用水力采煤代替爆破采煤，用煤油代替汽油作溶剂
防止能量积聚	保证矿井通风，防止瓦斯气体积聚
控制能量释放	将放射源放入重水中避免辐射危害
延缓能量释放	车辆座椅上设置安全带
开辟能量释放渠道	电器安装地线
设置屏障	佩戴安全帽、防护服、口罩
从时间和空间上将人与能量隔离	道路交通的信号灯

(2)内在安全设计方法。避免事故发生有效的方法是消除危险或将危险限制在没有危害的程度以内，使系统达到“内在安全”，也称“本质安全”。“内在安全”技术是指不依靠外部附加的安全装置和设备，只依靠自身的安全设计，即使发生故障或误操作，设备和系统仍能保证安全。在内在安全系统中，可以认为不存在会导致事故发生的危险状况，任何差错，甚至一个人为差错也不会导致事故发生。

在“内在安全”设计中，达到绝对的安全是很难的，但可以通过设计使系统发生事故的风险降至最小，或降低到可接受的水平。常用的方法有以下两种。

1)通过设计消除危险。这类方法通过选择恰当的设计方案、工艺过程和合适的原材料来实现。如可以通过排除粗糙的毛边、锐角、尖角，防止皮肤割破、擦伤或刺破。

2)降低危险的严重性。完全消除危险有时受实际条件的限制难以实现。在这种情况下，可以限制潜在危险的等级，使其不至于导致伤害或损伤，或将伤害和损伤降至可接受的范围内。例如，对电钻引起的致命电击，可以采用低电压蓄电池作为动力，消除电击危险。

(3)隔离方法。隔离是物理分离的方法，用隔挡板和栅栏等将已确定的危险同人员和设备隔离，以防止危险发生或将危险降低到最低水平，同时控制危险的影响。隔离技术常用在以下几个方面。

1)隔离接触在一起将导致危险的不相容材料。例如，氧化物和还原物分开放置可以避免发生氧化还原反应而引发事故；将装在容器中的某些易燃液体的上面“覆盖”氮气或其他惰性气体，以避免这些液体与空气中的氧气接触而发生危险。

2)限制失控能量释放的影响。例如，在炸药的爆炸试验中，为了防止爆炸产生的冲击波对人或周围物体造成伤害和影响，当药量较大时，一般是在坚固的爆炸塔中进行爆炸试验；当药量较小时，则放置在具有一定强度的密封的爆炸罐内进行试验。

3)防止有毒有害物质或放射源、噪声等对人体的危害。例如，铸造车间进行毛坯生产时，为了防止铁屑伤人而穿全密封防护服，隔离高噪声和振动的机械装置采用振动固定机构、屏蔽、消声器等。

4)隔离危险的工业设备，如将护板和外壳安装在旋转部件、热表面和电气装置的上面，以防止人员接触发生危险。

5)时间上的隔离。例如，限定有害工种的工作时间，防止工作人员受到超量有毒有害物质的危害，保障人员的安全。

(4)闭锁、锁定和连锁。闭锁、锁定和连锁的功能是防止不相容事件的发生，防止事件在错误的时间发生或以错误的顺序发生。

1)闭锁和锁定。闭锁是防止某事件发生或防止人、物、力或因素进入危险的区域；锁定是保持某事件或状况，或避免人、物、力或因素离开安全、限定的区域。如弹药的保险和解除保险装置，螺母和螺栓上的保险丝和其他锁定装置，防止车辆移动的挡块，电源开关的锁定装置等。

2)连锁。连锁保证在特定的情况下某事件不发生。常用的连锁技术见表 11－12。

表 11－12　常用的连锁技术

序　号	连锁技术
1	在意外情况下，连锁可尽量降低事件 B 意外出现的可能性。它要求操作人员在执行事件 B 之前，先执行事件 A
2	在某种危险状况下，可用连锁确保操作人员的安全。如打开家用洗衣机的盖板时，连锁装置将自动使洗衣机滚筒刹车停止运转，避免衣物缠手造成伤害
3	在预定的事件发生前，连锁可控制操作顺序和时间。即当操作的顺序是重要的或必要的，而错误的顺序将导致事故的发生时，最好采用连锁

连锁既可用于直接防止误操作或误动作，又可通过输出信号，间接地防止误操作或误动作，如限制电门、信号编码、运动连锁、位置连锁、顺序控制等。

(5)故障-安全设计。当系统、设备的一部分发生故障或失效时，在一定时间内能够保证整个系统或设备安全的安全技术措施称为故障-安全设计。故障-安全设计确保一个故障不会影响整个系统或使整个系统处于可能导致伤害或损伤的工作模式。其设计的基本原则是：首先，保护人员安全;其次,保护环境,避免污染;再次,防止设备损伤;最后,防止设备降低等级使用或功能丧失。

按照系统、设备发生故障后所处的状态,故障-安全设计分为3种类型。3种故障-安全设计的类型见表11-13。

表11-13 故障-安全设计的类型

类 型	特 点	举 例
故障-安全消极设计	当系统发生故障时,能够使系统停止工作,并将其能量降低到最低值直至系统采取纠正措施,不会由于导致不工作的危险产生更大的损伤	电路保险,当系统出现短路时,电路保险断开,系统断电,正在工作的系统会立即停止工作,保证安全
故障-安全积极设计	故障发生后,在系统采取纠正或补偿措施前,或启动备用系统前,保持系统以一种安全的形式带有正常能量,直至采取措施,以消除事故发生的可能性	交通信号灯发生信号系统故障,信号将转为红灯或黄色闪烁灯,以避免发生事故,达到控制交通的目的
故障-安全可工作设计	保证在采取纠正措施前,设备、系统能正常发挥其功能。它是故障-安全设计中最可取的类型	锅炉的缺水补水设计,即使阀瓣从阀杆上脱落,也能保证锅炉正常进水,保证安全运行

值得注意的是,由于故障-安全装置本身也可能发生故障,因此,不能将其与"本质"安全技术混为一谈。

(6)故障最小化设计。采用故障-安全设计使得故障不会导致事故,但这样的设计在有些情况下并非总是最佳选择。故障-安全设计可能会过于频繁地中断系统的运行,当系统需要连续运行时,这种设计对系统的运行是相当不利的。因此,在故障-安全设计不可行情况下,故障最小化可作为设计的主要方法。故障最小化设计有以下3种方法。

1)降低故障率。这种方法是可靠性工程中用于延长元件和整个系统的期望寿命或故障间隔时间的一种技术。利用高可靠性的元件和设计降低使用中的故障概率,使整个系统的期望使用寿命大于所提出的使用期限,降低可能导致事故的故障发生率,从而减少事故发生的可能性,起到预防和控制事故的作用。这种方法的核心是通过提高可靠性的方法来提高系统的安全性。

安全因数和余量是降低故障率的经典方法。例如,飞机和压力容器结构静强度设计的安全因数分别为1.5和3.5,基本上保证了飞机和压力容器的安全性。

2)监控。监控是利用监控系统对某些参数进行检测,保证这些参数达不到导致意外事件的危险水平。监控系统分为检知、判断和响应三部分。

检知部分由传感元件构成,用以感知特定物理量的变化。判断部分把检知部分感知的参数值与预先规定的参数值相比较,判断被检测对象状态是否正常。响应部分在判明存在异常时,采取适当的措施,如停止设备运行、停止装置运转、启动安全装置、向有关人员发出警告等。

3)报废和修复。这种技术是针对意外事故而设计的。在一个故障、错误或其他不利的状况已发展成危险状态,但还未导致伤害或损伤时,采取纠正措施,以限制状态的恶化。

(7)告警装置。告警用于向危险范围内人员通告危险、设备问题和其他值得注意的状态,使有关人员采取纠正措施,避免事故的发生。告警可按人的感觉方式分为视觉告警、听觉告警、嗅觉告警、触觉告警和味觉告警等。

1)视觉告警。视觉告警是一种通过视觉传递危险信息的告警方式,包括以下几种方法。

a. 亮度。使存在危险的地点周围比无危险的区域更为明亮,以至于人们能把注意力集中在该危险区域。

b. 颜色。在建筑物、移动设备或可能被碰撞的固定物体上涂上鲜明的、易辨别的颜色,或亮暗交替的颜色,引起人们的注意,发出告警信息。《安全色》(GB 2893—2008)规定了传递安全信息的颜色、安全色的测试方法和使用方法。

传递安全信息含义的颜色分为红、蓝、黄、绿 4 种颜色。安全色的含义见表 11 - 14。

表 11 - 14　安全色颜色的含义

颜　色	含　义	举　例
红色	传递禁止、停止、危险和消防设备设施的信息	交通禁令、消防设备、停止按钮、危险信号旗
蓝色	必须遵守规定的指令性信息	指令标志涂以蓝色的标记
黄色	注意、警告的信息	各种警告标志和警戒标记
绿色	安全的提示性信息	表示通行、机器启动按钮、安全信号旗

对比色是使安全色更加醒目的反衬色,包括黑、白两种颜色。安全色和对比色的相间条纹为等宽条纹,倾斜约 45°。安全色的对比色见表 11 - 15。

表 11 - 15　安全色的对比色

安全色	对比色	含　义
红色	白色	禁止或提示消防设备、设施位置
蓝色	白色	指令的安全标记,传递必须遵守规定
黄色	黑色	危险位置
绿色	白色	安全环境

黑色用于安全标志的文字、图形符号和警告标志的几何边框,为黄色对比色,如黄色与黑色相间隔的条纹,表示特别注意的意思,用于各种机械在工作或移动时容易碰撞的部位。白色用于安全标志中红、蓝、绿安全色的背景色,也可用于安全标志的文字和图形符号,如红色和白色相间隔的条纹,表示禁止通行、禁止跨越的意思,用于公路交通等方面所用的防护栏杆及隔离墩等。蓝色与白色相间隔的条纹,表示指示方向,用于交通上的指导性标志等。

c. 信号灯。指示灯可以是固定的也可以是移动的,可以连续发光也可以闪光。信号灯颜色代表不同的含义,颜色的含义见表 11 - 16。

表 11 - 16　信号灯颜色的含义

颜　色	含　义
红色	存在危险、紧急情况、故障、错误、中断等
黄色	接近危险、临界状态、注意、缓慢地发展等
绿色	良好状态、继续进行、准备好的状态、正确起动、参数正处在规定的限度内
白色	表示系统可用或正在使用中

d.旗子和飘带。旗子用于表示危险状态;飘带用于提醒、注意。例如,仪表插上小旗时表示该仪表已有故障,不能使用;汽车超宽时在两边均系有飘带,提醒对面的司机注意。

e.标志。利用事先规定了含义的符号表示警告危险因素的存在或应采取的措施。例如,指出具有放射性危险的设备及处理方法,道路急转弯处的标志等。

f.标记。在设备上或有危险的地方可以贴上标记以示警告。

g.符号。常用的符号为固定符号。例如,指出弯道、交叉路口、陡坡、狭窄桥或有毒、有放射源等其他危险的路标。

h.书面告警。它包括操作和维修规程、指令、手册、说明书、细则和检查表中的告警及注意事项。

i.告警词语。告警词语是提醒人们注意的一种手段,它应该通俗易懂、醒目,容易引起人们的注意。告警词语要求尽可能标准、规范。如"注意"用于需要正确的操作或维修程序,防止设备损坏或人员受伤的告警;"警告"用于需要正确的操作或维修程序,防止可能的(但非邻近的)危险造成人员伤害的告警;"危险"用于对可能导致人员伤害的危险告警。

2)听觉告警。常用的听觉告警有报警器、蜂鸣器、铃、定时声响装置等,有时也用扬声器来传递录下的声音信息,或一个人直接用喊声告警另一个人。例如,所传递的信息是简短的、简单的、瞬时的,并要求马上做出响应;视觉告警方式受到限制;信号十分重要,需要多种告警信号相结合时;需要告警、提醒或提示操作人员注意后续的附加信息或做后续的附加响应;习惯或惯例采用听觉信号的场合;进行必要的声音通信时,使用听觉告警效果更好。

3)嗅觉告警。当气体分子影响到鼻腔中约 645 mm^2 的微小敏感区域时,人能闻到气味。利用气味可成功告警的场合见表 11-17。

表 11-17　利用气味可成功告警的场合

告警的场合	举　例
某些毒气的告警	芥子气可给出告警并据此确定气体的类型
无味气体中加入有气味气体	加入微量的气味很强的气体,如硫醇,可以使人迅速发觉易燃和易爆气体的泄漏
设备过热产生告警性的气味	轴承过热时,汽化温度较低的润滑剂就使操作人员闻到气味
燃烧后所产生的气体气味的探测可以发现火灾的部位	塑料和橡胶材料具有特殊的气味,可表明其接近燃烧或发生燃烧以及燃烧物质可能的位置

4)触觉告警。振动感知是触觉告警的主要方法,设备过度振动给人们发出了设备运行不正常并正在发展成故障的告警。

温度感知是另一种通过触觉或感知进行告警的方法。维修人员可以通过手或其他部位或设备的感觉确定设备是否工作正常。

5)味觉告警。味觉告警通常是用以确定或指示放入口中的食物、饮料或其他物质是否有危险存在。味觉作为一种告警手段,对设备设施来说可能是最不重要的,在工业生产中极少用到味觉告警方式。

2.减少和遏制事故损伤的安全技术

采用了预防事故的安全技术措施，并不等于就完全控制住了事故。在实际工作中，只要有危险存在，尽管可能性很小，就存在导致事故发生的可能，而且没有任何方法来准确确定事故将何时发生。事故发生后如果没有相应的措施迅速对局面进行控制，则事故的规模和损失可能会进一步扩大，甚至引起连锁反应，造成更大、更为严重的后果。因此，必须探索尽量减少可能的伤害和损伤的方法，采取相应的应急措施，减少或遏制事故损失。

(1)实物隔离。隔离除了作为一种广泛应用的事故预防的方法之外，还常用作减少事故中能量猛烈释放而造成损伤的一种方法，可限制始发的不希望事件的后果对邻近人员的伤害和对设备、设施的损伤。常用的方法有以下3种。

1)距离。它是涉及爆炸性物质的物理隔离方法，将可能发生事故、释放出大量能量或危险物质的工艺、设备或设施布置在远离人员、建筑物和其他被保护物的地方。如将炸药隔离，使得炸药即使意外爆炸也不会导致邻近储存区和加工制造区炸药的殉爆。

2)偏向装置。它采用偏向装置作为危险物与被保护物之间的隔离墙，其作用是把大部分剧烈释放的能量导引到损失最小的方向。如在爆炸物质生产和装配工房，设置坚实的防护墙并用轻质材料构筑顶部，当爆炸发生时，防护墙承受一部分能量，而其余能量则偏转向上，使其对周围环境的损失减小。

3)遏制。遏制技术是控制损伤常用的隔离方法，主要功能是：①遏制事故造成更多的危险和遏制事故的影响；②为人员提供防护；③对材料、物资和设备予以保护。

(2)人员防护装备。人员防护装备由人们身上的外套或戴在身上的器械组成，以防止事故或不利的环境对人的伤害。其应用范围和使用方式很广，可以从一副简单的防噪声耳塞到一套完整带有生命保障设备的宇航员太空服。

人员防护装备的应用方式主要有以下3种。

1)用于计划的危险性操作。某些操作所涉及的环境中，危险因素不能根除，但又必须进行相关作业，采用人员防护装备可以防止特定的危险对人员伤害。例如，在危险的区域进行检查、计划和预防性维修等工作。必须指出的是，在条件可行的情况下，不应以人员防护装备代替根除或控制危险因素的设计或安全规程。例如，在含有毒气体的封闭空间中工作的人员，在采取了通风措施，排除有毒、有害气体或降低其浓度于危险水平以下的条件下，操作人员就没有必要使用防毒面具。

2)用于调查和纠正。为了调查研究、探明危险源、采取纠正措施或因其他原因进入极有可能存在危险的区域或环境时，应佩戴相应的人员防护装备。例如，有毒的、腐蚀性的或易燃液体泄漏或溢出的中和或净化过程。

3)用于应急情况。应急情况对防护装备的要求最严格。由于意外事故或事件即将发生或已经发生，开始的几分钟可能是事故被控制或导致灾难发生的关键时刻，排除或控制危险和尽量减少危险伤害和损伤的反应时间是极为重要的。因此，为了快速有效地实施应急计划，人员的防护装置起着至关重要的作用。

(3)能量缓冲装置。能量缓冲装置在事故发生后能够吸收部分能量，保护有关人员和设备的安全。例如，座椅安全带、缓冲器和车内衬垫、安全气囊等可缓解人员在事故发生时所受到的冲击，降低对事故中车内人员的伤害。

(4)薄弱环节。薄弱环节是指系统中人为设置的容易出故障的部分。其作用是使系统中积蓄的能量通过薄弱环节得到部分释放,以小的代价避免严重事故的发生,达到保护人员和设备安全的目的。主要有电薄弱环节,如电路中的保险丝;热薄弱环节,如压力锅上的易熔塞;机械薄弱环节,如压力灭火器中的安全隔膜;结构薄弱环节,如主动联轴节上的剪切销。

(5)逃逸和营救。当事故发生到不可控制的程度时,应采取措施逃离事故影响区域,采取自我保护措施和为救援创造一个可行的条件。

逃逸和求生是指人们使用本身携带的资源进行自身救护所做的努力。营救是指其他人员救护在紧急情况下受到危险人员的所做的努力。

逃逸、求生和营救设备,对于保障人的生命安全是极为重要的,但只能作为最后依靠的手段来考虑和应用。当采用安全装置、建立安全规程等方法都不能完全消除某种危险或系统存在发生重大事故的可能性时,应考虑应用逃逸、求生和营救等设备。

11.3.3 安全教育对策

安全教育是通过各种形式的学习和培养,努力提高人的安全意识和素质,学会从安全的角度观察和理解所从事的活动和面临的形势,用安全的观点解释和处理自己遇到的新问题。

从事故致因理论中的瑟利模型中可以看到,要达到控制事故的目的,首先,通过技术手段,用某种信息交流方式告知人们危险的存在或发生。其次,要求人们在感知到有关信息后,能够正确理解信息的意义。例如,能否正确判断何种危险发生或存在?该危险对人、设备或环境会产生何种伤害?是否有必要采取措施?应采取何种应对措施?等等。而这些有关人对信息的理解认识和反应的部分均需要通过安全教育的手段来实现。

安全教育可以分为安全教育和安全培训两大部分。安全教育是一种意识的培养,是长时期的甚至贯穿于人的一生,并在人的所有行为中体现出来,与人们所从事的职业没有直接的关系;安全培训虽然也包含有关教育的内容,但其内容相对于安全教育要具体得多,范围要小得多,主要是一种技能的培训。安全培训的主要目的是使人掌握在某种特定的作业或环境下正确并安全地完成其应完成的任务,故也称生产领域的安全培训为安全生产教育。在这个层面上,安全培训主要是指企业为提高职工的安全技术水平和防范事故能力而进行的教育培训工作,也是企业安全管理的主要内容,在消除和控制事故措施中起着重要的作用。

1.安全教育的内容

安全教育包括以下四方面的内容。

(1)安全思想教育。安全思想教育是从人们的思想意识方面进行培养和学习,包括安全意识教育、安全生产方针教育和法纪教育。

1)安全意识是人们在长期生产、生活等各项活动中逐渐形成的对安全问题的认识程度,安全意识的高低直接影响着安全效果。因此,在生产和社会活动中,要通过实践活动加强对安全问题的认识并使其逐步深化,形成科学的安全观,这也是安全意识教育的基本目的。

2)安全生产方针教育是对企业的各级领导和广大职工进行有关安全生产的方针、政策和制度的宣传教育。我国的安全生产方针是“安全第一,预防为主”。只有充分认识和理解其深刻含义,才能在实践中处理好安全与生产的关系。特别是当安全与生产发生矛盾时,应先解决好安全问题,切实把安全工作提高到关系全局及稳定的高度来认识,把安全视作企业头等大事,从而提高安全生产的责任感与自觉性。

3)法纪教育是安全法规、规章制度、劳动纪律等方面的教育。安全生产法律、法规是方针、政策的具体化和法律化。通过法纪教育，使人们懂得安全法规和安全规章制度是实践经验的总结，它们反映出安全生产的客观规律。自觉地遵守法律法规，安全生产就有了基本保证。同时，通过法纪教育还要使人们懂得，法律带有强制的性质，如果违章违法，造成了严重的事故后果，就要受到法律的制裁。

(2)安全技术知识教育。安全技术知识教育包括一般生产技术知识、一般安全技术知识和专业安全技术知识、

1)一般生产技术知识教育主要包括企业的基本生产概况，生产技术过程，作业方式或工艺流程，与生产技术过程和作业方法相适应的各种机器设备的性能和有关知识，工人在生产中积累的生产操作技能和经验及产品的构造、性能、质量和规格等。

2)一般安全技术知识是企业所有职工都必须具备的安全技术知识，主要包括企业内的危险设备的区域及其安全防护的基本知识和注意事项、有关电器设备(动力及照明)的基本安全知识、生产中使用的有毒有害原材料或可能散发的有毒有害物质的安全防护基本知识、企业中一般消防制度和规划、个人防护装备的正确使用、事故应急方法以及伤亡事故报告等。

3)专业安全技术知识指某一作业的职工必须具备的专业安全技术知识，主要包括安全技术知识、工业卫生技术知识以及根据这些技术知识和经验制定的各种安全操作技术规程等的教育。

(3)典型经验和事故教训教育。先进的典型经验具有现实的指导意义，通过学习使职工受到启发，对照先进找差距，促进安全生产工作的进一步发展。

(4)现代安全管理知识教育。《安全学》《安全科学原理》《安全系统工程》《安全人机工程》《安全心理学》《劳动生理学》等知识随着安全管理的深入开展而被广泛应用。这些理论为辨识危险、预防事故发生、提出有效的对策措施提供了系统的理论和方法，并能够设计系统使其达到最优。

2. 安全培训的内容

安全培训的实质是安全技能的教育。在现代化企业生产中，仅有安全技术知识，并不等于能够安全地从事生产操作，还必须把安全技术知识变成进行安全操作的本领，才能取得预期的安全效果。要实现从“知道”到“会做”的过程，就要借助于安全技能培训。

安全技能培训包括正常作业的安全技能培训和异常情况的处理技能培训。安全技能培训应按照标准化作业要求来进行，有计划、有步骤地进行培训。安全技能的形成分为三阶段，即掌握局部动作的阶段、初步掌握完整动作阶段、动作的协调和完善阶段。这三阶段的变化表现在行为结构的改变、行为速度和品质的提高以及行为调节能力的增强三方面。这 3 个阶段的表现见表 11-18。

为了加强和规范生产经营单位安全培训工作，提高从业人员安全素质，防范伤亡事故，减轻职业危害，根据安全生产法和有关法律、行政法规，2005 年 12 月 28 日，国家安全生产监督管理总局局长办公会议审议通过《生产经营单位安全培训规定》，自 2006 年 3 月 1 日起施行。2014 年 8 月 19 日，国家安全生产监督管理总局局长办公会议审议通过《国家安全监管总局关于修改〈生产经营单位安全培训规定〉等 11 件规章的决定》(以下简称《规定》)，自公布之日起施行。《规定》中指出：生产经营单位主要负责人和安全生产管理人员应当接受安全培训，具备与所从事的生产经营活动相适应的安全生产知识和管理能力。煤矿、非煤矿山、危险化学品、烟花爆竹等生产经营单位主要负责人和安全生产管理人员，必须接受专门的

安全培训，经安全生产监管监察部门对其安全生产知识和管理能力考核合格，取得安全资格证书后，方可任职。

表11-18　安全技能培训3个阶段的表现

阶　段	动作技能表现	智力技能表现
掌握局部动作的阶段	许多局部动作联系为完整的动作系统，动作之间的互相干扰和多余动作逐渐减少	智力活动多个环节联系成一个整体，概念之间的混淆现象逐渐减少以至消失，解决问题时由开展性的推理转化为“简缩推理”
初步掌握完整动作阶段	动作速度加快，动作的准确性、协调性、稳定性、灵活性的提高	思维敏捷性与灵活性、思维广度与深度、思维独立性等品质的提高
动作的协调和完善阶段	视觉控制减弱，动觉控制增强，动作的紧张性消失	智力活动的熟练化，大脑劳动的消耗减少

生产经营单位主要负责人安全培训应当包括下列内容：

(1)国家安全生产方针、政策和有关安全生产的法律、法规、规章及标准；

(2)安全生产管理基本知识、安全生产技术、安全生产专业知识；

(3)重大危险源管理、重大事故防范、应急管理和救援组织以及事故调查处理的有关规定；

(4)职业危害及其预防措施；

(5)国内外先进的安全生产管理经验；

(6)典型事故和应急救援案例分析；

(7)其他需要培训的内容。

生产经营单位安全生产管理人员安全培训应当包括下列内容：

(1)国家安全生产方针、政策和有关安全生产的法律、法规、规章及标准；

(2)安全生产管理、安全生产技术、职业卫生等知识；

(3)伤亡事故统计、报告及职业危害的调查处理方法；

(4)应急管理、应急预案编制以及应急处置的内容和要求；

(5)国内外先进的安全生产管理经验；

(6)典型事故和应急救援案例分析；

(7)其他需要培训的内容。

《规定》中规定了生产经营单位主要负责人和安全生产管理人员初次安全培训时间不得少于32学时，每年再培训时间不得少于14学时。煤矿、非煤矿山、危险化学品、烟花爆竹等生产经营单位主要负责人和安全生产管理人员安全资格培训时间不得少于48学时，每年再培训时间不得少于16学时。

对于其他从业人员的安全培训，《规定》中指出：煤矿、非煤矿山、危险化学品、烟花爆竹等生产经营单位必须对新上岗的临时工、合同工、劳务工、轮换工、协议工等进行强制性安全培训，保证其具备本岗位安全操作、自救互救以及应急处置所需的知识和技能后，方能安排上岗作业。加工、制造业等生产单位的其他从业人员，在上岗前必须经过厂(矿)、车间(工段、区、队)、班组三级安全培训教育。生产经营单位可以根据工作性质对其他从业人员进行安全培训，保证其具备本岗位安全操作、应急处置等知识和技能。

生产经营单位新上岗的从业人员，岗前培训时间不得少于 24 学时。煤矿、非煤矿山、危险化学品、烟花爆竹等生产经营单位新上岗的从业人员安全培训时间不得少于 72 学时，每年接受再培训的时间不得少于 20 学时。厂(矿)级岗前安全培训内容应当包括以下内容：

(1)本单位安全生产情况及安全生产基本知识；

(2)本单位安全生产规章制度和劳动纪律；

(3)从业人员安全生产权利和义务；

(4)有关事故案例等。

煤矿、非煤矿山、危险化学品、烟花爆竹等生产经营单位厂(矿)级安全培训除包括上述内容外，应当增加事故应急救援、事故应急预案演练及防范措施等内容。

车间(工段、区、队)级岗前安全培训内容应当包括以下内容：

(1)工作环境及危险因素；

(2)所从事工种可能遭受的职业伤害和伤亡事故；

(3)所从事工种的安全职责、操作技能及强制性标准；

(4)自救互救、急救方法、疏散和现场紧急情况的处理；

(5)安全设备设施、个人防护用品的使用和维护；

(6)本车间(工段、区、队)安全生产状况及规章制度；

(7)预防事故和职业危害的措施及应注意的安全事项；

(8)有关事故案例；

(9)其他需要培训的内容。

班组级岗前安全培训内容应当包括以下内容：

(1)岗位安全操作规程；

(2)岗位之间工作衔接配合的安全与职业卫生事项；

(3)有关事故案例；

(4)其他需要培训的内容。

从业人员在本生产经营单位内调整工作岗位或离岗一年以上重新上岗时，应当重新接受车间(工段、区、队)和班组级的安全培训。生产经营单位实施新工艺、新技术或者使用新设备、新材料时，应当对有关从业人员重新进行有针对性的安全培训。生产经营单位的特种作业人员，必须按照国家有关法律、法规的规定接受专门的安全培训，经考核合格，取得特种作业操作资格证书后，方可上岗作业。特种作业人员的范围和培训考核管理办法，另行规定。

3.安全教育的类型

按照教育对象的不同，安全教育的类型不同，可以分为管理人员安全教育和生产岗位的职工安全教育两种类型。

(1)各级管理人员的安全教育。

1)厂长(经理)的安全教育。1990 年，原劳动部颁布的《厂长、经理职业安全卫生管理资格认证规定》《厂长、经理职业安全卫生管理知识培训大纲》，对企业厂长、经理安全教育的内容、目标、考核等做了详细、法律性的规定。厂长、经理是本单位安全生产的第一责任者，对本单位的安全生产负全面领导责任。厂长、经理的安全教育实行资格认证制度，只有通过相应安全生产监督管理部门培训，获得资格认证，才可对企业实施劳动安全卫生管理。厂长、经理取得《安全管理资格证书》后每隔 4 年进行一次培训考核，考核情况记入证书中，调动工作时，到新单位仍任厂长、经理职务者，应在到任10天内(遇特殊情况最迟不超过30天)，持发证部门的培训、考核、认证登记表到调入地区的考核发证部门验证。

培训教材应采用有安全生产监督管理部门制定的统编教材，授课时间不少于42学时，应聘请经劳动部门培训考核具有授课资格的人员作为培训教师。

2)安全卫生管理人员安全教育管理。企业安全卫生管理人员必须经过安全教育，并经考核合格后方能任职，安全教育时间不得少于140学时。安全教育由地市级以上安全生产监督管理部门认可的单位或组织进行，安全教育考核合格者由安全生产监督管理部门发给任职资格证书。

安全教育内容包括国家有关的劳动安全卫生方针政策、法律法规和标准，企业安全生产管理、安全技术、劳动卫生、安全文化、工伤保险等方面的知识，职工伤亡事故和职业病统计报告及事故调查处理程序，有关事故案例及事故应急处理措施等。

3)企业职能部门、车间负责人、专业工程技术人员的安全教育。企业职能部门、车间负责人、专业工程技术人员的安全教育由企业安全管理部门负责实施，安全教育时间不少于24学时。安全教育内容包括劳动安全卫生法律法规及本部门、本岗位安全生产职责，安全技术、劳动卫生和安全文化的知识，有关事故案例及事故应急处理措施等项内容。

(2)生产岗位职工的安全教育。

1)三级安全教育。三级安全教育是指企业新职工上岗前必须进行厂级、车间级、班组级安全教育。

厂级教育由企业主管厂长负责，企业安全生产管理部门会同有关部门组织实施，教育包括劳动卫生法律法规、通用安全技术、劳动卫生和安全文化的基本知识、本企业劳动安全卫生规章制度及状况、劳动纪律和有关事故案例等内容。

车间级安全教育是新工人或调动工作的工人被分配到车间后所进行的车间一级安全教育，由车间负责人组织实施。它包括车间劳动安全卫生状况和规章制度、主要危险和危害因素及其注意事项、预防工伤和职业病的主要措施、典型事故案例、事故应急处理措施等。

班组级安全教育是新工作或调动工作的人员到达生产班组之前的安全教育。由班组长组织实施。班组级安全教育内容包括遵章守纪、岗位安全操作规程、岗位间工作衔接配合的安全卫生注意事项、典型事故案例、劳动防护用品的性能及正确使用方法等。

2)特种作业人员安全教育。特种作业是指在劳动过程中容易发生伤亡事故，对操作者本人、他人和周围设施的安全有重大危害的作业。直接从事特种作业的人员就是特种作业人员。

特种作业人员在独立作业前，必须进行安全技术培训。培训的内容和要求按原劳动部颁布的《特种作业人员安全技术培训大纲》执行，培训教材由省级安全生产监督管理部门统一制定。特种作业人员的考核与发证工作，由特种作业所在单位负责遵章申报，安全生产监督管理部门负责组织实施，安全生产监督管理部门对特种作业人员的安全技术考核与发证实施国家监察。取得《特种作业人员操作证》者，每两年进行一次复审，未按期复审或复审不合格者，其操作证自行失效。离开特种作业岗位一年以上的特种作业人员，须重新进行技术考核，合格者方可从事原工作。

3)经常性安全教育。由于人们生产的条件、环境、机械设备的使用状态以及人的心理状态都是处于变化之中的，因此一次性安全教育不能达到一劳永逸的效果，必须开展经常性的安全教育，不断地强化人的安全意识和知识技能。经常性安全教育的形式多种多样，如班前班后会、安全活动月、安全会议、安全技术交流、安全考试、安全知识竞赛、安全演讲等。不论采取什么形式都应该紧密结合企业安全、生产状况，有的放矢，内容丰富，真正达到教育效果。

4)“五新”作业安全教育。“五新”作业安全教育指凡是采用新技术、新工艺、新材料使用新设备，试制新产品的单位，必须事先提出具体的安全要求，由使用单位对从事该作业的工人进行安全技术知识教育，在未掌握基本技能、安全知识前不准单独操作。“五新”作业安全教育包括安全操作知识和技能培训、应急措施的应用等。

5)复工和调岗安全教育。复工安全教育是针对离开操作岗位较长时间的工人进行的安全教育。离岗一年以上重新上岗的工人，必须进行相应的车间级或班组级安全教育。调岗安全教育指工人在本车间临时调动工种和调到其他单位临时帮助工作的，由接受单位进行所担任工种的安全教育。

11.3.4　安全强制管理对策

工业生产中事故的发生，从表面上看是由于生产空间、设备、设施和人为差错等不安全条件所造成的。但是如果从事故原因和更深层分析中进行研究，其根源还是管理上的缺陷，只不过是表现的形式不同而已。

安全强制管理对策是用各项规章制度、奖惩条例来约束人的行为和自由，达到控制人的不安全行为并较少事故的目的。安全管理工作中控制事故的安全管理手段主要有以下 4 种。

1. 安全检查

安全检查是我国最早建立的安全生产基本制度之一，建国初期国家就根据我国的安全生产状况提出了开展安全检查的要求和规定。1963 年，国务院颁布的《关于加强企业生产中安全工作的几项规定》，将安全检查列入企业的主要任务，并对安全检查的内容加以规定。

安全检查是根据企业生产特点，对生产过程中的危险因素进行经常性的、突击性的或者专业性的检查。安全检查的类型分为以下几种形式。

(1)经常性安全检查。经常性安全检查是企业内部进行的自我安全检查，是一种经常性的、普遍性的检查，目的是对安全管理、安全技术和工业卫生情况做一般性的了解。它主要包括企业安全管理人员进行的日常检查、生产领导人员进行的巡视检查、操作人员对本岗位设备和设施以及工具的检查。检查人员是本企业的管理人员或生产操作工人，对生产过程和设备情况熟悉，了解情况全面、深入细致，能及时发现问题、解决问题。经常性安全检查，企业每年进行 2～4 次，车间、科室每月进行一次，班组每周进行一次，每班次每日均应进行。

(2)安全生产大检查。安全生产大检查是由上级主管部门或安全生产监督管理部门对企业的各种安全生产进行的检查。检查人员主要来自有经验的上级领导或本行业或相关行业高级技术人员和管理人员。他们具有丰富的经验，使检查具有调查性、针对性、综合性和权威性。这种检查一般集中在一段时间，有目的、有计划、有组织地进行，规模较大，揭露问题深刻、判断准确，能发现一般管理人员和技术人员不易发现的问题，有利于推动企业安全生产工作，促进安全生产中老大难问题的解决。

(3)专业性检查。专业性检查是针对特种作业、特种设备、特殊作业场所开展的安全检查，调查了解某个专业性安全问题的技术状况。专业性检查除了由企业有关部门进行外，上级有关部门也指定专业安全技术人员进行定期检查，国家对这类检查也有专门的规定。不经有关部门检查许可，设备不得使用。

(4)季节性检查。季节性检查是根据季节变化的特点,为了保障安全生产的特殊要求所进行的检查。自然环境的季节性变化,对某些建筑、设备、材料或生产过程及运输、储存等环节会产生某些影响。因而,为了消除因季节变化而产生的事故隐患,必须进行季节性检查。如春季风大,应着重防火、防爆;夏季高温、多雨、多雷电,应抓好防暑、降温、防汛,检查雷电保护设备;冬季注意防寒、防冻、防滑等。

(5)特种检查。这是一种对采用的新设备、新工艺、新建或改建的工程项目以及出现的新的危险因素进行的安全检查。这种检查包括工业卫生调查、防止物体坠落的检查、事故调查和其他特种检查等。

(6)定期检查。定期检查是指列入计划,每隔一定时间进行的检查。这种检查可以是全厂性的,也可以是针对某种操作、某类设备的。检查间隔时间可以是一个月、半年、一年或者任何适当的间隔期。

(7)不定期检查。这是一种无一定间隔时间的检查。它是对某个特殊部门、特殊设备或某一工作区域进行的而且事先未曾宣布的一种检查。这种检查比较灵活,其检查对象和时间的选择往往通过事故统计分析的方法来确定。

无论采取什么方式的安全检查,其目的都是通过安全检查及时了解和掌握安全工作情况,及时发现问题,并采取措施加以整顿和改进,同时又可总结好的经验,吸取教训,进行宣传和推广。

2.安全审查

安全审查是依据有关安全法规和标准,对工程项目的初步设计、施工方案以及竣工投产进行综合的安全审查、评价与检验,目的是查明系统在安全方面存在的缺陷,按照系统安全的要求,优先采取消除或控制危险的有效措施,切实保障系统的安全。

我国在安全审查工作中已形成了一套“三同时”审查验收制度,即一切生产性的基本建设工程项目、技术改造和引进的工程项目(包括港口、车站、仓库),都须符合国家有关职业安全与卫生法规、标准的规定。建设项目中职业安全与卫生技术措施和设施,应与主体工程同时设计、同时施工、同时投产使用。“三同时”安全审查验收包括可行性研究审查、初步设计审查和竣工验收审查。

安全审查包括以下三方面的内容。

(1)可行性研究审查。建设项目从计划建设到建成投产,一般要经过确定项目、设计、施工和竣工验收四个阶段,项目建议书、可行性研究报告、设计任务、初步设计和开工报告审批五道审批手续。可行性研究审查是对可行性研究报告中的劳动安全卫生部分的内容,运用科学的评价方法,依据国家法律法规及行业标准,分析、预测该建设项目存在的危险、有害因素的种类和危险危害程度,提出科学、合理及可行的劳动安全卫生技术措施和管理对策,作为该建设项目初步设计中劳动安全卫生设计和建设项目劳动安全卫生管理的主要依据,供国家安全生产监管部门进行监察时参考。必须进行可行性研究审查的建设项目见表11-19。

表11-19　必须进行可行性研究审查的建设项目

序　号	建设项目名称
1	火灾危险性生产类别为甲类的建设项目
2	投资规模为大中型和限额以上的建设项目
3	爆炸危险场所等级为特别危险场所和高度危险场所的建设项目

续表

序　号	建设项目名称
4	大量生产或使用Ⅰ级、Ⅱ级危害程度的职业性接触毒物的建设项目
5	大量生产或使用石棉粉料或含有10%以上的游离二氧化硅粉料的建设项目
6	安全监察部门确认的其他危险、危害因素大的建设项目

审查的内容包括生产过程中可能产生的主要职业危害，预计的危害程度，造成危害的因素及其所在部位或区域，可能接触职业危害的职工人数，使用和生产的主要有毒有害物质，易燃易爆物质的名称、数量，职业危害治理的方案及其可行性论证，职业安全卫生措施专项投资估算，实现治理措施的预期效果，技术投资方面存在的问题和解决方案等。

(2)初步设计审查。初步设计审查是在可行性研究报告的基础上，按照劳动部《关于生产性建设工程项目职业安全卫生监察的暂行规定》中《职业安全卫生专篇》的内容和要求，根据有关标准、规范对其进行全面深入的分析，提出建设项目中职业安全卫生方面的结论性意见。初步设计审查涉及9项内容，即设计依据、工程概述、建筑及场地布置、生产过程中职业危害因素的分析、职业安全卫生设计中采用的主要防范措施、预期效果评价、安全卫生机构设置及人员配备、专用投资概算、存在的问题和建议等。

(3)竣工验收审查。竣工验收审查是按照《职业安全卫生专篇》规定的内容和要求对职业安全卫生工程质量及其方案的实施进行全面系统的分析和审查，并对建设项目做出职业安全卫生措施的效果评价。竣工验收审查是强制性的。

3.安全评价

安全评价是对系统存在的不安全因素进行定性和定量分析，通过与评价标准的比较，得出系统的危险程度，提出改进措施，达到系统安全的目的。安全评价是从明确的目标值开始，对工程、产品、工艺的功能特性和效果进行科学测定。根据测定结果用一定的方法综合、分析、判断，并作为决策的参考。

安全评价是对系统危险程度的客观评价。它通过对系统中存在的危险源和控制措施的评价，客观描述系统的危险程度，指导人们预先采取措施降低系统的危险性。它包括确认危险性(辨别危险源，定量来自危险源的危险性)和评价危险性(控制危险源，评价采取措施后危险源存在的危险性是否能被接受)两部分，具体内容如图11-4所示。

安全评价方法的分类方法很多，常用的主要有以下几种方法。

(1)按照工程、系统生命周期和安全评价目的分类。根据工程、系统生命周期和评价的目的进行安全评价，方法有4种。

1)安全预评价。安全预评价是根据建设项目可行性研究报告的内容，分析和预测该建设项目可能存在的危险有害因素的种类和程度，提出合理可行的安全对策措施及建议。其核心是对系统存在的危险有害因素进行定性、定量分析，针对特定的系统范围，对发生事故、危害的可能性及其危险、危害的严重程度进行评价；最终的目的是确定采取哪些安全技术、管理措施，使各子系统及建设项目整体达到可接受风险的要求；最终成果是安全预评价报告。

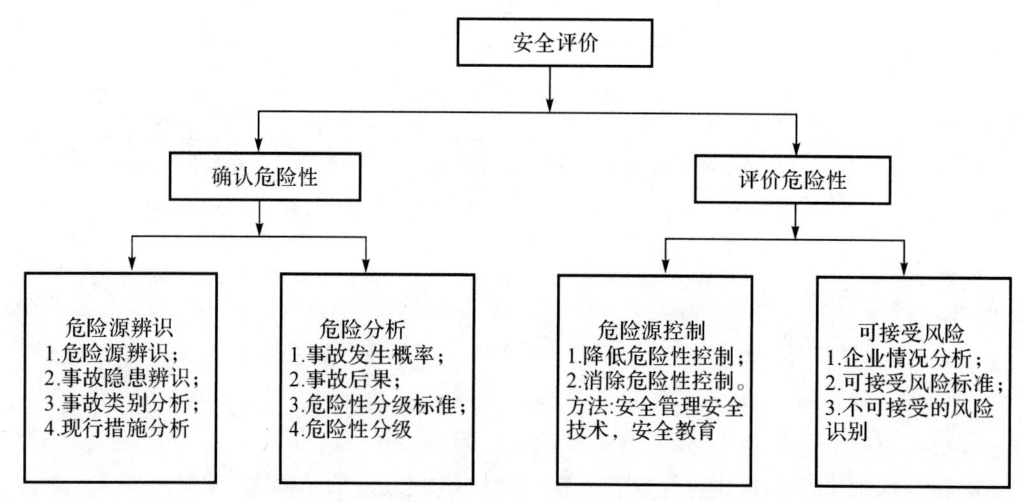

图 11-4　安全评价内容

2)安全验收评价。安全验收评价是在建设项目竣工验收前、试生产运行正常之后，通过对建设项目的设施、设备、装置实际运行状况及管理状况的安全评价，查找该建设项目投产后存在的危险有害因素以及导致事故发生的可能性和严重程度，提出确保建设项目正式运行后安全生产的安全对策措施。

3)安全现状评价。安全现状评价是针对一个生产经营单位总体或局部的生产经营活动的安全现状进行的安全评价，识别和分析其生产经营过程中存在的危险有害因素，评价危险有害因素导致事故的可能性和严重程度，提出合理可行的安全对策措施。这种安全评价不仅包括生产过程的安全设施，而且包括生产经营单位整体的安全管理模式、制度和方法等安全管理体系的内容。

4)专项安全评价。专项安全评价是根据政府有关管理部门、生产经营单位、建设单位或设施单位的某项(个)专门要求进行的安全评价。专项安全评价需要解决专门的安全问题，评价时往往需要专门的仪器和设备。专项安全评价针对的可以是一项活动或一个场所，也可以是一个生产工艺、一件产品、一种生产方式或一套生产装置等。

(2)按评价结果的量化程度分类法。按照安全评价结果的量化程度，安全评价方法可以分为定性安全评价法和定量安全评价法。

定性安全评价方法是根据经验和直观判断能力对生产系统的工艺、设备、设施、环境、人员和管理等方面的状况进行定性的分析，安全评价的结果是一些定性的指标。例如，是否达到了某项安全指标，事故类别和导致事故发生的因素等。

定量安全评价是运用基于大量的实验结果和广泛的事故资料统计分析获得的指标或规律(数学模型)，对生产系统的工艺、设备、设施、环境、人员和管理等方面的状况进行定量的分析，安全评价的结果是一些定量的指标。例如，事故发生的概率、事故的伤害(或破坏)范围、定量的危险性、事故致因因素的事故关联度或重要度。

11.4　保险与事故预防

从安全技术、安全教育和安全管理三个方面入手，采取各项事故预防措施可以尽可能地减少发生事故的可能性，同时，事故控制与应急抢救措施也可以尽可能地减少事故发生的严重性。但从事故特性可知，无论采取怎样先进的技术措施和严密的管理措施，都不可能达到本质安全，事故是不可能完全避免的，仍有可能发生其损失大大超过承受能力的事故。此外，除了由于人为因素以及环境、设备等因素引发的事故外，自然灾害，如地震、飓风、雷击、洪水等更是难以控制和承受。即使到了科学技术更为发达的明天，人们掌握了更多、更好的控制事故发生或控制事故损失的技术，也要面临有些问题不可能完全控制的现状。因而，采取保险的方法，用经济补偿的方式来减少因事故或灾害所造成的经济损失，使企业具有重新恢复生产的能力，使家庭得以休养生息，这已经成为事故损失控制的重要手段之一。

11.4.1　保险的基本概念

在日常生活中常把“保险”一词理解为稳妥或有把握的意思，但在保险学中保险有其特定、深刻和复杂的含义。

从经济角度上来说，保险是分摊意外损失的一种财务安排，即把损失风险转移给保险组织。由于保险组织集中了大量同质的风险，所以能借助大数法则来正确预见损失发生的金额，并据此指定保险费率，通过向所有成员收取保险费来补偿少数成员遭受的意外损失。

从法律意义上来讲，保险是一方同意补偿另一方损失的合同安排，同意赔偿损失的一方是保险人，被赔偿损失的另一方是被保险人。保险合同主要是保险单，被保险人通过购买保险单把损失风险转移到保险人。

《中华人民共和国保险法》把保险的定义表述为：本法所称保险，是指投保人根据合同约定，向保险人支付保险费，保险人对于合同约定的可能发生的事故因其发生所造成的财产损失承担赔偿保险金责任，或者当被保险人死亡、伤残、疾病或者达到合同约定的年龄、期限时承担给付保险责任的商业保险行为。

保险的分类标准多种多样，分类的方法来自保险公司内部业务工作的实践，也来自保险进行财务控制的立法影响。

1. 按保险的实施形式分类

按照保险的实施形式分类，可以把保险分为自愿保险和法定保险。自愿保险是投保人和保险人在平等互利、等价有偿和协商一致的基础上，通过签订保险合同而建立的保险关系。法定保险又称强制保险，它是通过法律规定强制实行的保险。社会保险属于法定保险，但法定保险并不局限于社会保险，例如，新中国成立初期曾实行过国有企业财产强制保险。

2. 按保险的对象分类

按照保险的对象分类，可以把保险分为财产保险、责任保险和人身保险。财产保险的对象是被保险人的财产，是以灾害事故造成的财产损失为保险标的。被保险的财产分为有形财产和无形财产两种，前者如厂房、设备、运输工具和货物；后者如专利、版权、预期利润等。责任保险是以被保险人的民事损害赔偿责任为保险标的的保险，这种赔偿责任包括对他人的人身和财产损害，是由被保险人的过失造成的。人身保险是以人的寿命和身体为保险标的的保险，一旦被保险人遭受人身伤害或死亡，或者生存到保险期满之后，保险人承担给付保险金的责任。

3. 按保障的范围分类

按照保险保障的范围分类，可以把保险分为财产保险、责任保险、信用保险和人身保险四大类。这里责任保险是以被保险人对第三者依法应负的赔偿责任为保险标的的保险。信用保险实际上是保险人为被保险人向权利人提供的一种信用担保业务。信用保险分为两种，凡投保人投保自己的信用的叫保证保险；凡投保人投保他人的信用的叫信用保险。

4. 按经营方式分类

按经营方式分类，可以把保险分为国营保险和私营保险。这是按经营主体的所有权分类，在社会主义国家，国营保险占主导地位。在经济发达的资本主义国家，保险主要由私营保险组织经营。

5. 按业务承保方式分类

按业务承保方式分类，可以把保险分为原保险、再保险、重复保险、共同保险。原保险是保险人与投保人最初达成的保险。再保险是一个保险人把原承保的部分或全部保险转让给另外一个保险人。最初承保业务的公司称作分出公司或原保险人；接受分出公司保险的公司称作再保险人。重复保险是数家保险公司承保了被保险人的相同保险利益，即一个保险标的有几份保险单或被保险人的几份保险单有同一保险责任。共同保险指保险人和被保险人共同分担损失。

11.4.2 保险与风险管理

风险管理起源于美国。在20世纪50年代早期和中期，美国大公司发生的重大损失促使高层决策者认识到风险管理的重要性。经过半个多世纪的发展，已经逐渐形成了一门新的管理科学，风险管理已被公认为管理领域内的一项特殊职能。风险管理是指面临风险者进行风险识别、风险估测、风险评价、风险控制以减少风险负面影响的决策及行动过程。从本质上讲，风险管理是应用一般的管理原理去管理一个组织的资源和活动，并以合理的成本尽可能减少意外事故损失和对组织及其环境的不利影响。

风险管理的范围包括以下五方面的内容。

(1)识别和衡量风险，决定是否投保。如果决定投保，拟定免赔额、保险限额，办理投保和安排索赔事务。如果决定自担风险，则设计自保管理方案。

(2)损失管理工程。设计安全的操作程序，以防止或减轻灾害事故造成的财产损失。

(3)安全保卫和防止员工工伤事故。

(4)员工福利计划，包括安排和管理员工团体人身保险。

(5)损失统计资料的记录和分析。

从这些活动可以看出，风险管理是企业管理重要的一个方面。风险管理与保险不同，风险管理着重识别和衡量纯粹风险，而保险只是对付纯粹风险的一种方法。风险管理中的保险主要从企业或家庭的角度讲怎样购买保险。风险管理也不等同于安全管理，虽然安全管理或损失管理是风险管理的重要组成部分，但风险管理的过程包括在识别和衡量风险后对风险管理方法进行选择和决策，因此，在这个意义上，风险管理的范围大于保险和安全管理。尽管这样，风险管理和保险无论在理论上还是在实际操作中，都有着密切的联系。在实践中，一方面保险是风险管理中最重要、最常用的方法之一；另一方面，通过提高风险识别水平，可以更加准确地评估风险，同时风险管理的发展对促进保险技术水平的提高起到了重要作用。

风险管理主要有以下5种方法。前3种方法是风险控制的措施，后2种方法是风险补偿的筹资措施，对已发生的损失提供资金补偿。

1.避免风险

避免风险有两种方式，一种是完全拒绝承担风险，另一种是放弃原先承担的风险。这是指主动避开损失发生的可能性，这种方法的适用性有限，它适用于对付那些损失发生概率高且损失程度大的风险。一方面，避免风险会使企业丧失从风险中可以取得的收益；另一方面，避免风险方法有时并不可行，如避免一切责任风险的唯一办法是取消责任。另外，避免某一种风险可能会产生另一种风险，例如，以铁路运输代替航空运输。

2.预防风险

预防风险是指采取预防措施，以减少损失发生的可能性及损失的严重程度。对于安全管理来说，就是指事故预防与应急措施两种手段。例如，建造防火建筑物、检查通风设备、产品设计改进、颁布安全条例、提供劳动保护用品等均是减少损失频率的措施。

3.自担风险

自担风险是指企业自有资金或借入资金补偿灾害事故损失。自担风险是指自己非理性或理性地主动承担风险。非理性是指对损失发生存在侥幸心理或对潜在损失程度估计不足从而暴露于风险中；理性是指经正确分析，认为潜在损失在承受范围之内，而且自己承担全部或部分风险比购买保险更经济合算，这适用于对付发生概率小，且损失程度低的风险。

4.转移风险

转移风险是指通过某种安排，把自己面临的风险全部或部分转移给另一方，通过转移风险而得到保障。转移方式有合同、租赁和转移责任条款等。保险就是转移风险的风险管理手段之一。

5.保险

在风险管理中，风险管理人员经常使用保险这一重要工具。企业的保险计划主要有选择保险范围、选择保险人、保险合同条件谈判、定期检查保险计划。

对风险管理的检查和评价有以下两个标准。

(1)效果标准。例如，意外事故损失的频率和程度下降，责任事故损失降低，风险管理部门经营管理费用减少，责任保险费率降低，因提高企业自担风险水平而减少财产保险费用等都是效果标准。

(2)作业标准。它注重对风险管理部门工作的质量和数量的考核。例如，规定设备保养人员每年检查的次数和维修的台数。

单纯使用效果标准来检查和评价风险管理工作会有不足之处，因为意外事故损失发生具有随机性。同样，单纯使用作业标准来检查和评价风险管理工作也有缺陷，因为它没有把风险管理工作对企业的经济贡献或影响联系起来。因此，对风险管理工作的业绩的检查和评价应该综合使用这两个标准。

11.4.3 几种主要的保险

1.财产保险

财产保险是指投保人根据合同约定,向保险人交付保险费,保险人按保险合同的约定对所承保的财产及其有关利益因自然灾害或意外事故造成的损失承担赔偿责任的保险。

财产保险业务包括财产损失保险、责任保险、信用保险等保险业务。财产损失保险是以物质形态的财产及其相关利益作为保险标的的保险。责任保险和信用保险是以非物质形态的财产及其相关利益作为保险标的的保险。值得一提的是,只有根据法律规定,符合财产保险合同要求的财产及其相关利益,才能成为财产保险的保险标的。

2.人身保险

人身保险是指以人的生命和身体为保险标的的,当被保险人发生死亡、伤残、疾病等事故或保险期满时给付保险金的保险。人身保险的保险标的为人的生命或身体。当以人的生命作为保险标的时,保险以生存和死亡两种状态存在。人身保险的保险责任包括生、老、病、死、伤、残等各个方面。这些保险责任不仅包括人们在日常生活中可能遭受的意外伤害、疾病、衰老、死亡等各种不幸事故,而且包括与保险人约定的生存期满等事件。

3.企业职工工伤保险

工伤保险也称为职业伤害保险,是对在劳动过程中遭受人身伤害(包括事故伤残和职业病以及因这两种情况造成的死亡)的职工、遗属提供经济补偿的一种社会保险制度。实行工伤保险的目的,在于预防工伤事故,补偿职业伤害的经济损失,保障工伤职工及其家属的基本生活水准,减轻企业负担,同时保证社会经济秩序的稳定。

【知识链接】

民航安全隐患“零容忍”

安全隐患“零容忍”要秉承实事求是的科学态度,对安全隐患不掩盖、不回避、不推脱,发现一起治理一起,举一反三、防患于未然。落实安全隐患“零容忍”,应深刻理解、领会安全隐患“零容忍”的精髓和内涵,牢牢把握安全隐患排查、安全隐患治理和安全隐患排查治理工作履职的“零容忍”。安全隐患排查治理工作应覆盖到民航运行、保障等所有相关企事业单位,深入到所有安全生产要素,渗透到所有安全管控层面。民航企事业单位应从系统建设高度落实安全隐患“零容忍”,将安全隐患“零容忍”纳入本单位的安全管理体制、机制,作为风险管理的重要抓手和日常安全管理的重要组成部分,将安全隐患排查治理工作落到实处。

一、安全隐患排查“零容忍”

安全隐患排查“零容忍”是指民航企事业单位能够有效识别生产经营中影响安全生产的所有重大安全隐患和一般安全隐患及其状态、影响路径、影响范围,各级管理人员和一线员工对职责范围内的安全隐患有清晰的认识。

1.建立安全隐患排查机制

民航企事业单位应建立安全隐患排查的职责、程序、方法和工具,明确各单位、各部门安全隐患排查的范围、内容和频次,监督指导各单位、各部门定期开展安全隐患排查工作。建立安全隐患库,对排查出的安全隐患进行记录和持续跟踪、管理。

安全隐患排查工作应与现有的SMS结合开展，如风险管理、安全绩效管理、安全信息管理等，将安全隐患排查融入SMS工作中。

2. 掌握职责范围内的安全隐患

民航企事业单位的各级管理人员和一线员工应根据岗位职责，掌握职责范围内的安全隐患信息，并根据安全隐患的特点及发展趋势，及时采取安全隐患治理措施。主要负责人应总体掌握本单位的安全隐患及治理情况；各分管负责人应掌握分管范围内的安全隐患及治理措施；各部门主要负责人应掌握本部门的安全隐患，并组织开展治理工作；一线员工应积极参与安全隐患排查治理工作，掌握工作职责范围内存在的安全隐患，并根据隐患状态主动采取相应的措施。

民航安全生产监督管理部门应及时了解和掌握辖区内的安全隐患及其治理情况。飞标、机场、适航、航务、空管、运输、公安等部门应按照“管行业必须管安全、管业务必须管安全、管生产经营必须管安全”的原则，了解和掌握监管范围内的安全隐患。

3. 持续排查安全隐患

民航企事业单位应将安全隐患排查纳入日常安全管理工作，持续、常态化开展。重点针对日常生产经营中的组织机构调整、运行模式和运行程序变化、运行业务变化、季节更替等影响安全生产的重要变更开展安全隐患排查，针对发生的不安全事件开展安全隐患排查。

二、安全隐患治理“零容忍”

安全隐患治理“零容忍”是指民航企事业单位针对所有排查出的安全隐患应制定技术措施或管理措施，确保相关风险得到有效消除或缓解至可接受的水平。通常的措施包括以下内容。

1. 建立安全隐患分级治理机制

民航企事业单位应明确安全隐患分级、分类的标准和治理政策，针对排查出的安全隐患制定治理措施，包括责任单位、责任人员、治理措施、落实时限、措施落实情况跟踪检查、治理效果验证等内容。

2. 建立安全隐患治理措施的评估、批准机制

民航企事业单位应建立安全隐患治理措施的评估、批准机制，明确各等级安全隐患治理措施的评估职责和批准职责，实行“谁批准谁负责”，保证安全隐患排查治理工作达到预期效果。安全隐患治理措施评估应考虑以下内容：

(1)措施的类型，包括技术手段和管理手段；

(2)成本和效益，措施所需要的投入及其可能带来的安全收益；

(3)可行性，措施在现有的人员、技术、经费、管理、法律和规章等方面是否可行；

(4)预期效果及持久性，措施能否达到风险控制目标，能否产生长久效果；

(5)剩余风险，在措施实施后，是否存在不可接受的风险；

(6)衍生风险，是否由于实施治理措施产生了新的问题或新的安全风险。

3. 建立安全隐患治理措施落实情况跟踪检查和效果验证机制

民航企事业单位在制定安全隐患治理措施后，应明确治理措施落实情况跟踪检查的职责、时间和标准，由专人对措施落实情况、质量情况进行持续跟踪检查，并根据检查结果及时调整、完善治理措施，确保治理措施按照既定的内容、时限、方式和质量完成。

民航企事业单位应结合安全绩效管理工作开展安全隐患治理效果验证，针对安全隐患或其治理措施设置安全绩效指标，通过安全绩效指标的持续监控，对安全隐患治理情况开展效果验证,确保安全隐患排查治理工作达到预期效果。

三、安全隐患排查治理工作履职“零容忍”

安全隐患排查治理工作履职“零容忍”是指民航企事业单位和民航安全生产监督管理部门应明确安全隐患排查治理的工作职责和监管职责,针对安全隐患排查治理工作建立问责机制,对安全隐患排查治理工作中出现的不履职行为追究责任,以保证安全隐患排查治理工作贯彻落实并达到预期效果。

1. 建立安全隐患排查治理工作职责及问责机制

民航企事业单位应建立自上而下,覆盖各单位、各部门、各级岗位的安全隐患排查治理责任体系;明确单位主要负责人为安全隐患排查治理的第一责任人,统一组织领导本单位的安全隐患排查治理工作;明确各单位、各部门、各级岗位在安全隐患排查治理中出现不履职行为的问责标准及程序。

2. 建立安全隐患排查治理监管机制

民航安全生产监督管理部门应建立安全隐患排查治理监督检查机制和安全监管持续完善机制。

复习思考题

1. 怎样理解事故预防与控制在民航安全管理中的地位和作用?
2. 在事故预防与控制的3种安全对策中,为什么说安全技术对策是首选安全措施?
3. 试述保险与事故预防的关系和保险补偿在事故控制中的作用。
4. 我国应从哪些方面加强民航重大危险源的管理?
5. 在重大危险源的管理措施方面,你有什么想法和建议?

第12章 安全管理方法的新发展

安全生产是人类进行生产活动的客观需要，是企业管理永恒的主题。随着中国加入世界贸易组织(World Trade Organization，WTO)，市场竞争已呈现出全方位、全球化的态势。运用现代安全管理方法指导安全生产工作，可以减少和杜绝事故发生，逐步提高企业本质安全水平。因此，探索一些先进的管理方法，研究这些管理方法与安全管理的结合已成为人们关注的焦点。在现代众多管理方法中，6σ、9S、标杆管理、精细化管理具有广泛的适用性，本章将针对这四种管理方法进行重点阐述。

12.1 6σ安全管理

12.1.1 6σ管理方法的产生

1. 6σ的定义

6σ是一项以数据为基础，追求几乎完美的管理方法。6σ在统计学中用来表示标准偏差，即数据的分散程度。对连续可计量的质量特性，用“σ”度量质量特性总体上对目标值的偏离程度。几个σ是一种表示质量的统计尺度。任何一个工作程序或工艺过程都可以用几个σ表示。6σ表示每一百万个机会中有3.4个出错的机会，即合格率为99.999 66%，而3σ的合格率只有93.32%。

6σ管理的工作方法重点是将所有工作作为一种流程，采用量化的方法分析流程中影响质量的因素，找出最关键的因素并加以改进，从而达到更高的客户满意度。

6σ是在20世纪90年代中期从一种全面质量管理方法演变成为一个高度有效的企业流程设计、改善和优化技术，并提供了一系列同等适用于设计、生产和服务的新产品开发工具，继而与全球化、产品服务、电子商务等战略齐头并进，成为全世界追求管理卓越性的企业最为重要的战略举措。6σ逐步发展成为以顾客为主体来确定企业战略目标和产品开发设计的标尺，追求持续进步的一种质量管理哲学。

2. 6σ的发展史

6σ最早作为一种突破性的质量管理战略在20世纪80年代末在摩托罗拉(Motorola)公司成型并付诸实践，3年后该公司的6σ质量战略取得了空前的成功：产品的不合格率从百万分之6 210件(约4σ)减少到百万分之32(5.5σ)，在此过程中节约成本超过20亿美元，平均每年提高生产率12.3%，因质量缺陷造成的损失减少了84%，摩托罗拉公司因此取得了巨大的成功，成为世界著名跨国公司，并于1998年获得美国鲍德里奇国家质量管理奖。

真正把6σ的质量战略变成管理哲学和实践，从而形成一种企业文化的是在韦尔奇领导下的通用电气(General Electric,GE)公司。该公司在1996年初开始把6σ作为一种管理战略列在其三大公司战略举措之首(另外两个是全球化和服务业)，在公司全面推行6σ的流程变革方法。而6σ也逐渐成为世界上追求管理卓越性的企业最为重要的战略举措。GE公司由此所产生的效益每年呈加速度递增：每年节省的成本为1997年3亿美元、1998年7.5亿美元、1999年15亿美元；利润率从1995年的13.6%提升到1998年的16.7%。GE公司的总裁韦尔奇因此说："6σ是GE公司历史上最重要、最有价值、最赢利的事业。我们的目标是成为一个6σ公司，这将意味着公司的产品、服务、交易零缺陷。"

6σ管理模式在摩托罗拉和GE两大公司推行并取得立竿见影的效果后，立即引起了世界各国的高度关注，各大企业也纷纷效仿、引进和推行6σ管理，从而在全球掀起了一场"6σ管理"浪潮。

12.1.2 6σ安全管理执行成员

6σ安全管理的一大特色是要创建一个实施组织，以确保企业提高绩效活动具备必需的资源。一般情况下，6σ管理的执行成员组成如下：

(1)倡导者(Champion)：由企业内的高级管理层人员组成，通常由总裁、副总裁组成，他们大多数为兼职。一般会设1～2位副总裁全面负责6σ推行，主要职责为调动公司各项资源，支持和确认6σ全面推行，决定"该做什么"，确保按时、按质完成既定的安全目标，管理、领导黑带大师和黑带。

(2)黑带大师(Master Black Belt)：与倡导者一起协调6σ项目的选择和培训，该职位为全职6σ人员。其主要工作为培训黑带和绿带、理顺人员，组织和协调项目、会议、培训，收集和整理信息，执行和实现由倡导者提出的"该做什么"的工作。

(3)黑带(Black Belt)：为企业全面推行6σ的中坚力量，负责具体执行和推广6σ，同时负责培训绿带。一般情况下，一名黑带一年要培训100名绿带，该职位也为全职6σ人员。

(4)绿带(Green Belt)：为6σ兼职人员，是公司内部推行6σ众多底线安全项目的执行者。他们侧重于6σ在每日工作中的应用，通常为公司各基层部门的负责人。6σ占其工作的比例可视实际情况而定。

以上各类人员的比例一般为：每1 000名员工，应配备黑带大师1名，黑带10名，绿带50～70名。

12.1.3 6σ安全管理方法实施原则

1. 真正以顾客为关注焦点

尽管许多公司也十分强调以顾客为关注焦点，声称"我们满足并超越顾客的期望和需求"，但是许多公司在推行6σ时经常惊骇地发现，他们对顾客真正地理解少得可怜。

在6σ中，以顾客为关注的焦点是最重要的一件事情。举例来说，对6σ业绩的测量首先从顾客开始，通过对供方、输入、过程、输出、顾客模型分析，来确定 6σ 对象。6σ 管理法的改进程度是由其对顾客满意度和价值的影响来定义的。因此，6σ 改进和设计是以对顾客满意所产生的影响来确定，6σ 管理比其他管理方法更能真正地关注顾客。

2. 以数据和事实驱动管理

6σ 把"以数据和事实为管理依据"的概念提升到一个新的、更有力的水平。虽然许多公司在改进安全信息系统、安全知识管理等方面投入了很多注意力，但很多经营决策仍然是以主观观念和假设为基础。6σ 原理则从分辨什么指标是测量业绩的关键开始，然后收集数据并分析关键变量。这时问题能够被更有效地发现、分析和解决——永久地解决。

说得更加实际一些，6σ 帮助管理者回答两个重要问题，来支持以数据为基础的决策和解决方案：①真正需要什么安全数据/信息？②如何利用这些安全数据/信息以使安全最大化？

3. 对过程的关注、管理、提高

在 6σ 中，无论把重点放在安全设施设备和服务的设计、安全的测量、效率和顾客满意的提高上或是业务经营上，6σ 都把过程视为成功的关键载体。6σ 活动最显著的突破之一是使领导们和管理者(特别是服务行业和服务部门中的)确信过程是构建向顾客传递价值的途径。

4. 主动管理

主动即意味着在事件发生之前采取行动，而不是事后做出反应。在 6σ 管理中，主动性的管理意味着对那些常常被忽略的安全活动养成习惯：制定有雄心的目标并经常进行评审，设定清楚的优先级，重视问题的预防而非事后补救，询问做事的理由而不是因为惯例就盲目地遵循。真正做到主动性的管理是创造性和有效变革的起点，而绝不会令人厌烦或觉得分析过度。6σ 将综合利用工具和方法，以动态的、积极的、预防性的管理风格取代被动的管理习惯。

5. 无边界的合作

无边界是 GE 公司的前任 CEO・韦尔奇经营成功的秘诀之一。在推行 6σ 之前，GE 公司的总裁们一直致力于打破障碍，但是效果仍没有使韦尔奇满意。6σ 的推行，加强了自上而下、自下而上和跨部门的团队工作，改进了公司内部的协作以及与供方和顾客的合作。

6. 对完美的渴望，对失败的容忍

怎样能在力求完美的同时还能够容忍失败？从本质上讲，这两方面是互补的。虽然每个以 6σ 为目标的公司都必须力求使结果趋于完美，但同时也应该能够接受并管理偶然的挫折。这些理论和实践使全面质量管理一直追求的零缺陷和最佳效益的目标得以实现。

6σ 安全管理是一个渐进的过程，它从一个远景开始，接近完美的本质安全和服务以及极高的顾客满意的目标。这给传统的全面安全管理注入新的动力，也使依靠安全取得效益成为现实。

12.1.4　6σ 安全管理方法实施步骤

为了达到 6σ，首先要制定标准，在安全管理中随时跟踪考核操作与标准的偏差，不断改进，最终达到 6σ。现已形成一套使每个环节不断改进的简单的流程模式——定义、测量、分析、改进和控制。

定义(d):陈述问题。需要黑带大师以市场为导向,以企业现有资源为依据,利用顾客反馈的数据及从与机器直接打交道的员工处获得的信息作出相应曲线,进行数据比较,从而确定改进目标,如零事故目标等。

测量(m):测量的目的是识别并记录那些对顾客关键的过程业绩及对安全(即输出变量)有影响的过程参数,量化客户需求,对从顾客中获取的数据进行分类、归组,以便分析时用。了解现有的安全水平,确认顾客,用户对改进后的预期安全进行评估,此阶段是数据的收集阶段。一旦决定该测量什么,其组成人员就必须制定相应的"数据收集计划",并计算和量化实际业务中的各种事件。通过过程流程图、因果图、散布图、排列图等方法来整理数据。

分析(a):对数据分析,找出问题的主要原因和关键因素。在此阶段中,团队成员要分析过去和当前的安全数据及明确将来应该取得的安全目标,通过分析来回答测量阶段的问题所在,确定关键问题的置信区间,进行方差分析,通过假设检验的方法来获取其需求价值,还可以通过头脑风暴法、直方图、排列图等方法对所采集的数据进行分析,找到准确的因果关系。在此阶段,必须准确分析数据,建立输入与输出数据的数学模型,并追踪和核查解决方案的有效性。

改进(i):改进是基于分析之上的,针对关键因素确立最佳改进方案。在此阶段,可通过功能展开,策划试验设计,进行正交试验等来对关键问题进行调整和改善。此阶段需注意,应从小入手,找关键问题逐一解决。所有这些工作要建立在安全绩效的数学模型基础上,以确定输入的操作范围及设定过程参数,并对输入的改进进行优化。

控制(c):主要对关键因素进行长期控制并采取措施以维持改进结果。定期监测可能影响数据的变量和因素、制定计划时所未曾预料的事情。在此阶段,要应用适当的安全原则和技术方法,关注改进对象数据,对关键变量进行控制,制定过程控制计划,修订标准操作程序和作业指导书,建立测量体系,监控安全工作流程,并制定一些对突发事件的应对措施。

12.2 9S安全管理法

一个良好的工作现场、操作现场有利于企业吸引人才、创建企业文化、降低损耗和提高工作效率,同时可以大幅度提高全体人员的素质和敬业爱岗精神。9S作为一种科学的管理思想、管理方式,目前在发达国家应用广泛,被认为是一种最基本、最有效的现场管理方法,是企业提高生产效率、降低成本,树立竞争优势的关键,也是防止事故发生的基础。

12.2.1 概述

1. 9S管理方法的产生和发展

9S管理方法是由5S管理方法演化而来,9S是5S的深入拓展和升华。5S起源于日本,是整理、整顿、清扫、清洁、素养5个项目的整合,因日语的拼音均以"S"开头,简称"5S"。5S是指对生产现场的各种要素进行合理配置和优化组合的动态过程,即令所使用的人、财、物等资源处于良好的、平衡的状态。1955年,日本5S的宣传口号为"安全始于整理,终于整理整顿"。当时只推行了前两个S,其目的仅为了确保作业空间的安全。后因生产和品质控制的需要又逐步提出了3S,也就是清扫、清洁、素养,进一步拓展了其应用空间及适用范围。日本企业将

5S 运动作为管理工作的基础，推行各种品质管理手法，使其产品品质得以迅速提升，奠定了日本经济大国的地位。到了 1986 年，日本的 5S 著作逐渐问世，这对整个现场管理模式起到了冲击作用，并由此掀起了 5S 的热潮。同时，在日本丰田公司的倡导推行下，5S 对于塑造企业的形象、降低成本、准时交货、安全生产、高度的标准化、创造令人心旷神怡的工作场所、现场改善等方面发挥了巨大作用，逐渐被各国的管理界认可。随着世界经济的发展，5S 已经成为企业管理的一股新潮流。近年来，人们对这一活动的认识不断深入，对 5S 中的素养进行分解与扩伸，增加了 4 个 S，称为 9S。

9S 不仅包含 5S 的全部内容，而且还通过增加 4 个 S，即节约(Saving)、安全(Safety)、服务(Service)和满意(Sa Tisfication)，使得 5S 的核心思想得到了升华。9S 既讲究个体素养的培养和提高，又强调相互间的团结协作，促进组织方方面面的满意。

9S 运动在我国也甚为流行。9S 的精神在我国很早就有体现，从古人对修身养性的教诲中便能看出，如“千里之行始于足下”“一屋不扫何以扫天下”“勿以善小而不为，勿以恶小而为之”“愚公移山，锲而不舍”等。9S 运动就是对这些思想的继承和演绎，只是使其理论化、系统化，并用于企业经营活动，进而上升为企业的管理理念。因此，9S 管理法在我国的应用将会有光明的前景。

2. 9S 的内涵

(1)整理(Seiri)。整理是彻底把需要与不需要的人、事、物分开，再将不需要的人、事、物加以处理，这是改善生产现场的第一步。整理的关键是对“留之无用，弃之可惜”的观念予以突破，必须摒弃“好不容易才做出来的”“丢了好浪费”“可能以后还有机会用到”等传统观念。整理的要点如下：

1)对每件物品都要经过这样的思考：“看看是必要的吗?”“非这样放置不可吗?”

2)如果是必需品，也要适量，将必需品的数量要降低到最低程度。

3)如果是在哪儿都可有可无的物品，不管是谁买的，有多昂贵，都应坚决处理掉。

4)如果是非必需品，即在这个地方不需要的东西但在别的地方或许有用，并不是“完全无用”，应寻找它合适的位置。

5)要区分对待马上要用的、暂时不用的、长期不用的。

6)当场地不够时，不要先考虑增加场所，要先整理现有的场地。

整理的目的如下：

1)改善和增加作业面积；

2)现场无杂物，行道通畅，提高工作效率；

3)减少磕碰的机会，保障安全，提高质量；

4)消除管理上的混放、混料等差错事故；

5)有利于减少库存，节约资金；

6)改变作风，提高工作情绪。

(2)整顿(Seiton)。整顿是把需要的人、事、物加以定量和定位，对生产现场需要留下的物品进行科学合理的布置和摆放，以便在最快速的情况下取得所要之物，在最简洁有效的规章、制度、流程下完成事务。简而言之，整顿就是人和物放置方法的标准化。

整顿是研究提高效率方面的科学，它研究怎样才可以立即取得物品，以及如何能立即放回原位。整顿可以将寻找的时间减少为零，使异常（如丢失、损坏）马上发现，能让其他人员明白要求和做法，即其他人员也能迅速找到物品并能放回原处，将其标准化。

整顿的目的如下：

1）工作场所一目了然；

2）整齐的工作环境；

3）消除找寻物品的时间；

4）消除过多的积压物品；

5）有利于提高工作效率，提高产品质量，保障生产安全。

（3）清扫（Seiso）。清扫是将工作场所、环境、仪器设备、材料、工具等上的灰尘、污垢、碎屑、泥沙等脏东西清扫、擦拭干净，创造一个一尘不染的环境。

清扫过程是根据整理、整顿的结果，将不需要的部分清除掉，或者标示出来放在仓库之中。清扫活动的关键是按照企业具体情况确定清扫对象、清扫人员、清扫方法以及准备清扫器具并实施清扫的步骤，做到自己使用的物品，如设备、工具等，要自己清扫，而不要依赖他人，不增加专门的清扫工，而且设备的清扫要着眼于设备的维护保养。

清扫的目的如下：

1）改善环境质量，消除脏污，保持职场内干净、明亮；

2）稳定品质；排除异常情况的发生，减少工业伤害。

4）清洁（Seiketsu）。清洁是在整理、整顿、清扫之后，认真维护、保持环境的最佳状态，即形成制度和习惯。清洁是对前三项活动的坚持和深入，以消除安全事故根源、创造一个良好的工作环境为目的，使员工能愉快地工作，有利于企业提高生产效率，改善管理的绩效。

清洁活动实施时，需要秉持以下 3 个观念：

1）只有在清洁的工作场所才能生产出高效率、高品质的产品；

2）清洁是一种用心的行动；

3）清洁是一种随时随地的工作。

清洁活动的要点则如下：

1）坚持“三不要”的原则——“不要放置不用的东西，不要弄乱，不要弄脏”。

2）不仅物品需要清洁，现场工人同样需要清洁，工人不仅要做到形体上的清洁，而且要做到精神上的清洁。

在产品的生产过程中，永远会伴随着没用物品的产生，这就需要不断加以区分，随时将其清除，这就是清洁的目的。

（5）节约（Saving）。节约是指减少企业的人力、成本、空间、时间、库存、物料消耗等因素，就是对时间、空间、能源等方面合理利用，以发挥其最大效能，从而创造一个高效率的，物尽其用的工作场所。

节约的目的如下：

1)避免场地浪费,提高利用率;

2)减少物品的库存量;

3)减少不良的产品;

4)减少动作浪费,提高作业效率;

5)减少故障发生,提高设备运行效率等。

(6)安全(Safety)。安全是指为了使劳动过程在符合安全要求的物质条件和工作秩序下进行,防止伤亡事故、设备事故及各种灾害的发生,保障劳动者的安全健康和生产、劳动过程的正常进行而采取的各种措施和从事的一切活动。

在作业现场彻底推行安全活动,即要制定正确作业流程,配置适当的工作人员监督;对不合安全规定的因素及时举报消除;重视员工安全教育,培养员工的安全意识。让员工对安全用电、确保消防通道畅通、佩戴安全帽、遵守搬用物品的要点养成习惯,建立有规律的作业现场,那么安全事故次数必定大大降低。

安全的目的是清除隐患,排除险情,预防事故的发生,同时还有对员工的培养,员工建立了自律的心态,养成认真对待工作的态度,必能极大地减少由于工作马虎而引起的安全事故。

(7)服务(Service)。服务是指要经常站在客户(外部客户、内部客户)的立场思考问题,并努力满足客户要求。作为一个企业,服务意识必须作为对其员工的基本素质要求来加以重视,每一个员工也必须树立自己的服务意识。企业的品牌和形象来源于产品的质量、服务。通过各项专业技术知识学习,从实践中获取本职技能,同时不断地向同事及上级学习,提升自己综合素质。爱企如爱家,完善产品,服务生产,有职业奉献精神。

许多企业都非常重视外部客户的服务意识,却忽视对内部客户(后道工序)的服务,甚至认为都是同事,谈什么服务。而在9S活动中的服务,尤其是工厂管理中,需注意内部客户(后道工序)的服务。

服务的目的是要深入企业方方面面,让他们从心里接受客户就是上帝的观念并身体力行,而不是停留在口头上。

(8)满意度(Satisfication)。满意是指客户(外部客户、内部客户)接受有形产品和无形服务后感到需求得到满足的状态。满意活动是指企业开展一系列活动以使各有关方满意。

1)投资者的满意。通过9S,使企业达到更高的生产及管理境界,投资者可以获得更大的利润和回报。

2)客户满意。客户满意表现为高质量、低成本、交货期准、技术水平高、生产弹性高等特点。

3)员工满意。效益好,员工生活富裕、人性化管理使每个员工可获得安全、尊重和成就感;一目了然的工作场所,没有浪费、勉强、不均衡等弊端;明亮、干净、无灰尘、无垃圾的工作场所让人心情愉快,不会让人疲倦和烦恼;人人都亲自动手进行改善,在有活力的一流环境工作,员工都会感到自豪和骄傲。

4)社会满意。企业对社区有杰出的贡献,热心公众事业,支持环境保护,这样的企业会有良好的社会形象。

(9)素养(Shitsuke)。素养就是培养全体员工良好的工作习惯、组织纪律和敬业精神,提高人员的素质,营造团队精神。这是9S活动的核心,也是各项活动顺利开展、持续进行的关键。在开展9S活动中,要贯彻自我管理的原则,具体应做到:①学习、理解并努力遵守规章制度,使它成为每个人应具备的一种修养;②领导者的热情帮助与被领导者的努力自律相结合;③有较高的合作奉献精神和职业道德;④互相信任,管理公开化、透明化;⑤勇于自我检讨反省,为他人着想,为他人服务。

9S的具体含义,可简洁地表示为表12-1。

表12-1　9S的具体含义

中　文	日文/英文	含　义
整理	Seiri	移走不必要的物件,腾出现场的空间
整顿	Seiton	对现场必要的物件,进行有序摆放
清扫	Seiso	对工作现场进行彻底的清扫
清洁	Seiketsu	巩固前三项成果,持续维护现场整洁
节约	Saving	排除一切浪费的活动
安全	Safety	排除一切安全隐患
服务	Service	为企业外部客户、企业内部客户服务
满意	Satisfication	检视各方不满意来源,提高满意程度
素养	Shitsuke	员工养成良好的职业习惯

9S现场管理方法记忆口诀如图12-1所示。

9S现场管理方法记忆口诀
整理:要与不要,一留一弃;整顿:科学布局,取用快捷;
清扫:清除垃圾,美化环境;清洁:清洁环境,贯彻到底;
节约:减少浪费,降低成本;安全:安全操作,以人为本;
服务:换位思考,考虑全面;满意:客户满意,社会满意;
素养:形成制度,养成习惯。

图12-1　9S现场管理方法记忆口诀

3. 9S的目的

9S现场管理可以改善提高企业形象;促成工作效率的提高;减少直至消除故障,保障品质;保障企业安全生产;降低生产成本;改善员工的精神面貌,使组织活力化;革除马虎之心,养成凡事认真、遵章守纪的习惯;养成文明礼貌的习惯,形成良好企业文化等作用。总之,推行9S的根本目的就是通过规范现场、现物,营造一目了然的工作环境,培养员工良好的工作习惯,最终提高人的品质,达到提高企业效率的目的。9S活动的目的如图12-2所示。

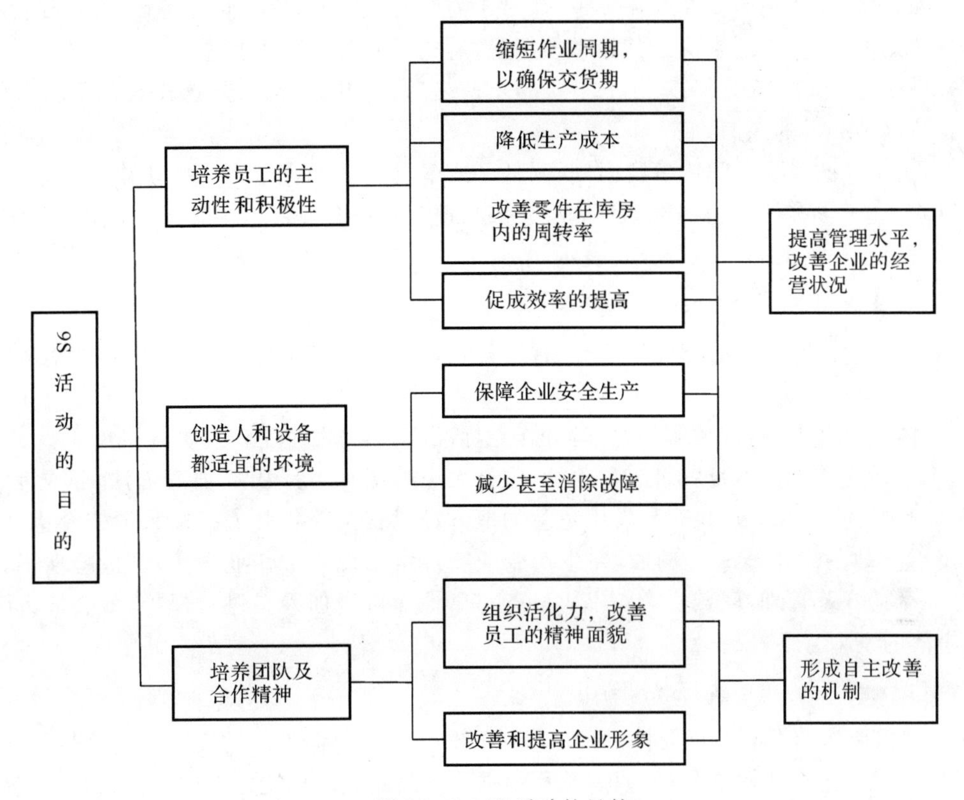

图 12-2　9S 活动的目的

综上所述，9S 管理法一个很重要的目的是实现安全生产，安全是一切工作的前提。以实现安全为最终目的的 9S 管理法称为 9S 安全管理法，它主要针对危险行业，如煤矿行业、化工行业等。目前，有部分企业正在接受这一管理方法，但因为实施的广泛性和效果有待增强，所以 9S 的知识有待普及和推广。

12.2.2　9S 的效用

成功的管理模式必须要得到全体员工的充分理解，并亲自参与进去，使之成为该系统中的一员，管理模式才能奏效。9S 管理法简单明了，每一个员工都能理解，为安全、效率、品质以及减少故障提出了简单可行的解决方法。9S 的效用也可归纳为 5 个 S，即 Sales，Saving，Safety，Standardization 和 Satisfaction。

1. 9S 是最佳推销员(Sales)

9S 管理法可以提高企业的管理水平，是一种基础管理方法，是企业其他管理方法运用和实现的根本。它使企业具有干净整洁的环境，这样一方面使顾客对企业会更有信心，乐于下订单，而且能不断提高企业的知名度和口碑，扩大了企业的声誉和产品的销路；另一方面，一个良好的工作现场、操作现场有利于企业吸引人才，使企业具有广阔的发展空间。

2. 9S 是节约家(Saving)

(1)9S 活动大大降低了很多材料以及工具的浪费，在进行“整理”活动时，要区分需要和不需要的东西,不需要的东西要及时清除掉,而对于需要的东西要保存,同时还必须进行调查,主要调查其使用的频度,以此来决定其日常使用量,避免了无谓的浪费。

(2)9S 节省了工作场所,在区分出不要的东西之后,对其进行清理,这样腾出了很多的空间用于存放其他必需的东西。

(3)减少工件的寻找时间和等待时间,降低了成本,提高了工作效率,缩短了加工周期。例如,仓库中存放了很多规格的螺母,混乱放在一起,逐个查找会浪费很多时间。在对其进行"整理"之后,对每个规格的螺母进行分类表示,节省了寻找时间,提高了效率。

3. 9S 对安全有保障(Safety)

(1)在推行 9S 的场所,必然宽广明亮、视野开阔,可降低设备的故障发生率,减少意外的发生。

(2)全体员工根据 9S 的要求,自觉遵守作业标准,就不易发生工作伤害。

(3)有些设备和操作本身就带有危险性,这是无法避免的。运用 9S 管理方法,养成良好的习惯,采取必要的防护措施,在容易发生危险的地方设置安全警告牌或提前采取安全措施,可以大大降低事故的发生概率。例如,在生产企业会经常出现高空作业现象,其危险性不言而喻。按照 9S 的规范管理,佩戴安全帽,系好安全带,地面再增加人员进行保护,就会最大限度地减少事故的发生。

4. 9S 是标准化的推动者(Standardization)

9S 管理强调作业标准的重要性,规范了现场作业,使员工都正确的按照规定执行任务,养成良好的习惯,促进企业标准化的进程,从而增强了产品品质的稳定性。同时由于在制定标准的时候,经过了管理者与作业人员的反复思考,结合现场操作中可能存在的问题及如何在操作中加以解决来制定的,这就最大限度地减少了操作过程中问题的发生。

5. 9S 可以形成令人满意的职场(Satisfaction)

(1)"人造环境,环境育人",员工对明亮、清洁的工作场所动手改善,有成就感,能造就现场全体人员进行改善的气氛,整个企业的环境面貌也随之改善。

(2)明朗的环境可使人工作时的心情愉快,员工有被尊重的感觉,工作更加有精神,效率也会提高,工作质量也会得到提升。

(3)员工的归属感增强,使员工真正积极地去完成每一份工作,人与人之间、主管和部属之间均有良好的互动关系,促进工作的顺利开展。

(4)通过全员参与 9S 活动,环境更加整洁有序,员工素质提高,为塑造企业文化形象奠定了基础。

12.2.3 9S 的推行步骤

掌握了 9S 的基础知识,尚不具备推行 9S 活动的能力。因推行步骤、方法不当导致事倍功半,甚至中途夭折的事例并不少见。因此,掌握正确的步骤、方法是非常重要的。9S 活动的推行有以下 10 个步骤。

1. 成立推行组织

开展如下工作:

(1)成立推行委员会及推行办公室;

(2)组织职能确定；

(3)委员的主要工作；

(4)编组及责任区划分。

建议由企业主要领导出任 9S 活动推行委员会主任职务，以视对此活动的支持。具体安排可由副主任负责。

2. 拟定推行方针及目标

方针制定：推动 9S 管理时，制定方针作为导入的指导原则。方针的制定要结合企业具体情况，要有号召力，一旦制定，要广为宣传。例如，“推行 9S 管理、塑一流形象”“告别昨日，挑战自我，塑造企业新形象”“于细微处着手，塑造公司新形象”“规范现场、现物，提升人的品质”等。

目标制定：先预设期望目标，作为活动努力的方向以及便于活动过程中进行成果检查。例如，“第 4 个月各部门考核 90 分以上”等。

3. 拟定工作计划及实施方法

①拟定日程计划作为推行及控制的依据；②收集资料，借鉴其他企业的做法；③制定 9S 活动实施办法；④制定要与不要的物品区分方法；⑤制定 9S 活动评比的方法；⑥制定 9S 活动奖惩办法；⑦其他相关规定(9S 时间等)。

大的工作一定要有计划，以便大家对整个过程有一个整体的了解。项目责任人应清楚自己及其他担当者的工作是什么及何时要完成，相互配合，造就一种团队作战精神。

4. 教育

①每个部门对全员进行教育，包括 9S 的内容及目的、9S 的实施方法、9S 的评比方法；②新进员工的 9S 训练。

教育非常重要，让员工了解 9S 活动能给工作及自己带来好处从而主动地去做，这与被强迫着去做效果是完全不同的。教育形式要多样化，如讲课、放录像、观摩他厂案例等。

5. 活动前的宣传造势

9S 活动要全员重视和参与才能取得良好的效果：①最高主管发表宣言(晨会、内部报刊等)；②海报、内部报刊宣传；③宣传栏。

6. 实施

①前期作业准备，包括方法说明、道具准备等；②工厂“洗澡”运动(全体上下彻底大扫除)；③建立地面画线及物品标识标准；④定点摄影；⑤做成“9S 日常确认表”，并将其实施等。

7. 查核

查核包括：①现场查核；②9S 问题点质疑、解答；③举办各种活动及比赛(如征文活动等)。

8. 评比及奖惩

依照 9S 活动竞赛办法进行评比，公布成绩，实施奖惩。

9. 检讨与修正

各责任部门依据缺点项目进行改善，不断提高，并适当地导入一些实用的方法，使 9S 活动推行得更加顺利、更有成效。

10. 纳入定期管理活动中

①标准化、制度化的完善；②实施各种 9S 强化月活动。

需要强调的一点是，企业因其背景、架构、企业文化、人员素质的不同，推行时可能会有各种不同的问题出现，推行办公室要根据实施过程中所遇到的具体问题，采取可行的对策，才能取得满意的效果。

12.2.4 9S管理实施时应注意的地方

9S的成功应用将给企业的各方面绩效带来显著改善，包括塑造企业的形象，降低成本，准时交货，安全生产，高度的标准化，创造令人赏心悦目的工作场所等方面。一些企业在实施9S管理法时，常会出现“虎头蛇尾”甚至“不了了之”的情况，最终以失败告终。因此，在实施9S管理法的过程中，要对9S有全面的认识，其中要注意以下几方面：

(1)9S活动是一种品性提高、道德提升的“人性教育”运动，其最终目的在于修身，在于提高员工素质。9S强调细节，并不代表它是小事。摒弃“9S管理是大扫除”的观念，从树立形象的高度宣传和推动9S比较有效，把9S提升到企业形象的高度有利于全员更彻底地展开活动，也更有利于检验效果。

(2)大家都是工作现场的管理者，每个人都要和自己头脑中的习惯势力做斗争。现场的好坏是自己工作的一部分，并且要做到相互提醒、相互配合、相互促进。尽快完成变被动为主动、从“要我做”向“我要做”的转变。

(3)9S源于素养，始自内心而形之于表，由外在表现而至塑造内心。9S贵在坚持，一时做好不难，长期做好不容易，而长期的坚持靠的是全体员工素养的提高，9S活动需要不断地创新和强化。

(4)要充分调动员工的积极性，做到全员参与。9S是一种管理活动，需要各个环节的相互配合，缺一不可。因此，必须全员发动，才能使活动得到推行，进而不断改善，真正提高企业各项工作的管理水平。

(5)推行9S不能急于求成，必须建立正确的可达到的目标。目标的设定要结合本企业的9S基础，切合实际遵从循序渐进、定期、定量的原则，逐步提高和完善。

12.3 安全标杆管理

中国有句古训，“以铜为鉴，可以正衣冠；以史为鉴，可以知兴替；以人为鉴，可以明得失”。在管理企业的过程中，只有明得失、找差距，而后才能进步。这就说明了比较参照的作用。在现代企业管理当中，这种思想就体现于西方管理学界三大管理方法之一的标杆管理(20世纪90年代，西方管理学界提出企业再造、战略联盟、标杆管理三大管理方法)。

标杆管理的实质是模仿创新，是一个有目的、有目标的学习过程。企业要生存，要获得竞争能力，就要全面实施标杆管理。随着我国社会主义市场经济体制的不断发展和完善，标杆管理必将成为企业管理活动的日常工作。在安全领域内，以安全为主要目标的标杆管理即安全标杆管理。

12.3.1 概述

1.标杆管理的产生与发展

标杆管理是在20世纪70年代末由施乐公司首创，之后，美国生产力与质量中心将其系统化和规范化。1976年以后，一直保持着世界复印机市场实际垄断地位的施乐遇到了来自国内外，特别是日本竞争者的全方位挑战。施乐公司最先发起向日本企业学习的活动，开展了广泛而深入的标杆管理。通过全方位的集中分析比较，施乐弄清了这些公司的运作机理，找出了与佳能等主要对手的差距，全面调整了经营战略、战术，改进了业务流程，很快见到了成效——把失去的市场份额重新夺了回来。成功之后，施乐公司开始大范围地推广标杆管理，并选择15个经营同类产品的公司逐一考查，找出了问题的症结并采取措施。

但是对于分销、行政、服务的部门，很难直接模仿产品管理分析的那种做法，于是这些非生产部门开始在公司内部开展标杆管理活动。例如，公司在不同地区的分销中心和后勤部门就地区间生产率、生产存货管理、仓储管理进行了比较。而后推广到公司外部，包括对于同行竞争者的管理和跨行业的非竞争对手的管理。

随后，摩托罗拉、IBM、杜邦、通用等公司纷纷效仿，实施标杆管理，在全球范围内寻找业内经营实践最好的公司进行标杆比较和超越，成功地获取了竞争优势。因此，西方企业开始把标杆管理作为获得竞争优势的重要工具，通过标杆管理来优化企业实践，提高企业经营管理水平和市场竞争力。据美国1997年的一项研究表明，1996年世界500强企业中有近90%的企业在日常管理活动中应用了标杆管理，其中包括AT&T，Kodak，Ford，IBM，Xerox（施乐）等，那些通过标杆管理实现系统突破的企业，其投资回报在5倍以上。调查表明，英国有60%～85%的企业参与了标杆管理活动，84%的美国企业参加了标杆管理活动。

由于标杆管理的广泛适用性，人们不断地开发出新的应用领域，如安全领域。安全是与人的生命直接相连的，是人在温饱之后的第二需要。因此，认识并在企业广泛开展安全标杆管理对企业的持续发展具有重要的意义。

2.标杆管理的定义和内涵

标杆管理的英文是Benchmarking。它的名词形式Benchmark的意思是水准、基准。作为一种新的管理技术，汉语有许多不同的翻译，诸如“标杆制度”“竞争基准”“标杆瞄准”“定点超越”等。本书认同翻译为“标杆管理”，它是一项通过衡量比较来提升企业竞争地位的过程。

“标杆”最早是指工匠或测量员在测量时作为参考的标记，泰勒在他的科学管理实践中采用了这个词，其含义是衡量一项工作的效率标准，后来这个词渐渐衍生为基准或参考点。标杆管理方法产生于企业的管理实践，目前对于标杆管理还没有统一的定义。下面是一些权威学者和机构对标杆管理的诠释。

施乐公司的坎普是标杆管理的先驱和最著名的倡导者，他将标杆管理定义为“一个将产品、服务和实践与最强大的竞争对手或是行业领导者相比较的持续流程”。

坎普提出了“标杆管理是组织寻求导致卓越绩效的行业最佳实践的过程”。这个定义涵盖如此广泛以至包括所有不同水平和类型的标杆管理活动，应用于跨国度、跨行业的产品、服务以及相关生产过程的可能领域。该定义简单易于理解，可运用于任何层次以获取卓越绩效。此定义为国际标杆管理中心所采用。

美国生产力与质量中心（American Productivity and Quality Center，APQC）对标杆管理给出了如下定义：“标杆管理是一项系统的、持续性的评估过程，通过持续不断地将组织流程与全球行业领导者相比较以获得协助改善营运绩效的信息。”该定义得到了100余家大型公司的认可。

Vaziri（1992）对标杆管理给了如下的定义：“标杆管理是将公司关于关键顾客要求与行业

最优(直接竞争者)或一流实践(被确认在某一特定功能领域有卓越绩效的公司)持续比较的过程以决定需要改善的项目。"该定义强调标杆管理与内部顾客和外部顾客的满意相关。

综合以上各个定义的精髓,本书认为,标杆管理是企业将自己的产品、服务、生产流程、管理模式等同行业内或行业外的优秀企业做比较,借鉴、学习他人的先进经验,改善自身不足,从而提高竞争力,追赶或超越标杆企业的一种良性循环的管理方法。

标杆管理的内涵可归纳为4个要点:①对比;②分析和改进;③提高效率;④成为最好的。标杆管理是一种模仿,但不是一般意义上的模仿,它是一种创造性的模仿。它以别人的成功经验或实践为基础,通过定点超越获得最有价值的观念,并将其付诸自己企业的实践。它是一种"站在别人的肩上再向上走一步"的创造性活动。

标杆管理本质是一种面向实践、面向过程的以方法为主的管理方式,它基本思想是系统优化、不断完善和持续改进。标杆管理可以突破企业的职能分工界限和企业性质与行业局限,它重视实际经验,强调具体的环节、界面和流程。同时,标杆管理也是一种直接的、中断式的、渐进的管理方法,其思想是企业的业务、流程、环节都可以解剖、分解和细化。企业可以根据需要,或者寻找整体最佳实践,或者发掘优秀"片断"进行标杆比较,或者先学习"片断"再学习"整体",或者先从"整体"把握方向,再从"片断"具体分步实施。通过标杆管理,企业能够明确产品、服务或流程方面的最高标准,然后做必要的改进来达到这些标准。

12.3.2 标杆管理的类型与作用

1.标杆管理的类型

标杆管理的应用范围极其广泛,从原则上讲,凡是带有竞争性的活动都可以应用标杆管理方法,而且新的管理方法还在不断地创造出来。根据标杆管理应用的层次和范围,可以将其分为以下4类:

(1)内部标杆管理(Internal Benchmarking)。内部标杆管理是以企业内部操作为基准的标杆管理,是最简单且易操作的标杆管理方式之一。辨识内部绩效标杆的标准,即确立内部标杆管理的主要目标,可以做到企业内信息共享。辨识企业内部最佳职能或流程及其实践,然后推广到组织的其他部门,是企业提高绩效最便捷的方法之一。但是单独执行内部标杆管理的企业往往持有内向视野,容易产生封闭思维。因此,在实践中内部标杆管理应该与外部标杆管理结合起来使用。

(2)竞争标杆管理(Competitive Benchmarking)。竞争标杆管理是以直接竞争对手为基准的标杆管理。它的目标是与有着相同市场的企业在产品、服务和工作流程等方面的绩效与实践进行比较,直接面对竞争者。这类标杆管理的实施较困难,原因在于除了公共领域的信息容易接近外,其他关于竞争企业的信息不易获得。

(3)职能标杆管理(Functional Benchmarking)。职能标杆管理是以行业领先者或某些企业的优秀职能操作为基准进行的标杆管理。这类标杆管理的合作者常常能相互分享一些技术和市场信息,标杆的基准是外部企业(但非竞争者)及其职能或业务实践。由于没有直接的竞争者,因此合作者往往较愿意提供和分享技术与市场资讯。它的不足之处是费用高,有时难以安排。

(4)流程标杆管理(Procedural Benchmarking)。流程标杆管理是以最佳工作流程为基准进行的标杆管理,其对象是类似的工作流程,而不是某项业务与操作职能或实践。这类标杆管理可以在不同类型的组织中进行。虽然被认为有效，但进行有一定的难度。它一般要求企业对整个工作流程和操作有很详细的了解。

2. 标杆管理的作用

标杆管理为企业提供了一种可行、可信的奋斗目标以及追求不断改进的思路，企业可以通过实施标杆管理不断发现自身同目标企业的差距，寻找缩小差距的工具和手段。标杆管理的重要特征是它具有合理性和可操作性。首先，它会让企业形成一种持续学习的文化，让企业认识到“赶”“学”“超”的重要性。企业的运作业绩永远是动态变化的，只有持续追求最好，才能获得持续的竞争力，才能始终立于不败之地。其次，标杆管理为企业提供了优秀的管理方法和管理工具。

国外企业特别是众多的全球知名企业，如IBM、摩托罗拉、杜邦等，已将标杆管理这一管理工具充分运用，认为标杆管理是一种形成创造性压力的最佳途径，也是真正创新的先决条件。

标杆管理的作用及影响具体表现在以下几方面：

(1)标杆管理是企业绩效评估的工具。标杆管理是一种辨识世界上最好的企业实践并进行学习的过程。通过辨识最佳绩效及其实践途径，企业可以明确自身所处的地位、管理运作以及需要改进的地方，从而制定适合的有效的发展战略。标杆管理通过设定可达到的目标来改进和提高企业的经营绩效。目标有明确含义，有达到的途径，使企业坚信绩效可以提高到最佳。研究表明，标杆管理可以帮助企业节省30％～40％的开支，为企业建立一种动态测量各部门投入和产出现状及目标的方法，达到持续改进薄弱环节的目的。

(2)标杆管理是企业增长潜力的工具。企业通过标杆管理能克服不足，增进学习，使企业成为学习型团队。树立基准，经过一段时间的运作，任何企业都有可能将注意力集中于寻求增长的内在潜力，形成固定的企业文化。通过对各类标杆企业的比较，不断追踪把握外部环境的发展变化，从而能更好地满足最终用户的需要。

(3)标杆管理是衡量企业工作好坏的工具。标杆管理已经在世界范围内展开且变化迅速，不同企业的标杆管理者已经或正在结为一体，形成知识网络，相互体验标杆管理的方法以及成功与失败的经验教训。标杆管理通过对企业产品、服务及工作流程的系统而严格的检验，达到工作的高度满意，进而产生巨大成就感。企业要想知道其他企业为什么或者是怎么样做得比自己好，就必然要遵循标杆管理的概念和方法。

12.3.3　标杆管理的应用

标杆管理的具体实施内容要区别行业、企业的差异，因为不同行业、企业有不同的衡量标准。企业要根据自身所处行业的发展前景，结合企业发展战略，考虑成本、时间和收益，来确定企业标杆管理的计划，一定要注重实施的可操作性。但标杆管理的基本思路大致一样，企业应用标杆管理方法的过程大致可分为4个阶段，即规划阶段、数据收集及分析阶段、实践阶段和提升阶段。

1. 规划阶段

规划阶段的工作包括成立标杆管理小组，确定标杆管理的内容，选择标杆管理的“基准”企业，建立企业竞争力评价指标体系，并收集相关的情报信息。

(1)标杆管理的内容。标杆管理的内容是指企业需要改善或希望改善的方面,标杆管理的内容有产品标杆管理、过程标杆管理、管理标杆管理、战略标杆管理 4 种。标杆管理是一个将自身的情况和本组织内部的最佳部门,竞争对手或者行业内外的最佳组织进行比较,并向它们学习,吸收它们的成功经验和做法的过程。因此,标杆管理的前提是了解企业自身的情况,确定需要改进、能够改进的产品、流程、管理或者战略。一般来说,要选择那些对利益至关重要的环节进行标杆管理。不同的企业由于其性质不同,因此盈利的关键环节也有所不同,如影响制造类企业的首要环节是产品质量,而影响服务类企业的首要环节则是客户满意度等。因此,一个组织需要根据自己的实际情况选择标杆管理的内容。

(2)选择标杆管理的"基准"目标。企业确定了标杆管理的内容后就要选择标杆管理的"基准"企业。标杆管理的"基准"目标,即标杆管理的"杆",是企业想要模仿和超越的对象,它可以是本企业内部的最佳组织,也可以是竞争对手或者行业内外的最佳组织。产品标杆管理中,"基准"目标多为竞争对手,在某些情况下,为本行业的领袖企业。过程、管理、战略标杆管理的"基准"目标可以是竞争对手,也可以是企业及行业内外部的企业。

(3)建立企业竞争力评价指标体系。企业竞争力评价指标体系是标杆管理之"标",是竞争产品(服务)和企业竞争力量比较的基础。在确定指标体系内容时,应在力求反映影响企业及产品(服务)竞争力要素全貌的基础上突出重点,尽量精简,以减少工作量和复杂程度,但选择保留的指标至少应涵盖该产品(服务)的所有关键成功因素。例如,我国某家电企业在进行标杆管理的过程中,确定数字高清晰度电视为竞争产品,建立了一个包含 10 个大类指标、68 项子指标的企业竞争力评价指标体系。

2.数据收集及分析阶段

在完成规划阶段的工作后,企业的标杆管理工作就进入了数据收集及分析阶段,通过这个阶段的工作,寻找企业标杆管理项目与"基准"目标之间的差距,提出企业标杆管理所要达到的目标以及未来工作的标准。本阶段的具体工作包括收集数据、数据处理及情报分析。

(1)收集数据。在完成规划阶段指标体系内容后,需要开展调研,以收集支持指标体系内容的数据。收集数据是标杆管理的重要环节,是进行情报分析的重要基础。收集数据之前,必须明确几个问题。首先,必须确定收集哪方面的信息以及所需信息的具体程度,从而在众多的数据中识别有用信息。其次,必须确定信息源,这样才能快速、有效的收集到所需数据。通常信息来源至少有 3 个渠道,即企业内部信息、公开披露的信息和企业外非公开信息。再次,还要根据具体情况确定收集数据的途径。收集数据一般可通过实地调查、文献资料检索、网络检索等途径进行。数据收集之后,应该以合理的格式和易于处理的方式进行保存。

(2)数据处理。收集完数据后,需要进行数据处理。数据处理的具体工作包括对所收集数据的鉴别、分类、整理、计算、排序等,还包括利用收集到的数据对各项指标的计分工作。在需要整体计分的情况下,需要按照调查表中的计分原则,将数据转化成无权重状态下相应的分值。由于各指标对产品竞争力影响程度不同,所以还需要对各大类指标和各项子指标加权重,以准确评判各指标分值对竞争力的影响。数据处理是情报分析的前期工作。

(3)情报分析。情报分析是标杆管理的关键环节,只有通过对收集到的信息和情报进行全面深入的分析,才能真正认识"基准"目标的运作为什么比本企业更好,好到如何程度,现在或预期以后采用何种最优实践,企业应如何学习或创新才能达到或超过"基准"目标的水平。情报分析的工作包括利用数据处理的结果确定标杆管理项目与"基准"目标绩效的差距,找出产生差距的原因以及“基准”目标取得最佳绩效的关键成功因素，识别本企业的优势及劣势，从而达到标杆管理预期的目标。情报分析的方法有比较分析、SWOT分析和关键成功因素分析等。

3. 实践阶段

标杆管理实践阶段包括制定计划、实施计划和评价。

(1)制定计划。在标杆管理小组应根据本企业现阶段的具体情况，包括企业文化因素、资金因素、技术因素、人员因素等，结合情报分析的结果，形成可操作的计划方案，有针对性地确定行动。计划内容应包括标杆管理所要达到的发展目标、具体的改进对策、详细的工作计划和具体的措施、计划实施的重点和难点、可能出现的困难和偏差、计划实施的检查和考核标准等。

(2)实施计划及评价。计划制定出来后，接下来就是对计划的实施。标杆管理项目的进行需要企业领导和员工的积极参与和配合。因此，标杆管理小组应利用各种途径，将情报分析的结果、拟定的方案、所要达到的目标前景告知企业内的各个管理层及有关员工，争取他们的理解和支持，使其在计划实施过程中保持目标一致，行动一致。

在实施标杆管理计划的过程中，需要不停地对这种实施进行监控和评价。监控是为了保证实施按计划进行，并随时按照环境的变化，对计划进行必要的调整。而评价则是为了评价标杆管理实施的效果。如果无法取得满意的效果，就需要返回以上一个环节进行检查，找到原因并重新进行新的标杆管理项目。

4. 提升阶段

企业通过实施某一标杆管理项目在一定的时期及范围内提高了竞争力，取得了竞争优势，并不意味着企业标杆管理工作的彻底结束。一方面，企业应及时总结经验、吸取教训；另一方面，企业就针对环境的新变化或新的管理需求，持续进行标杆管理活动，确保对“最佳实践”的跟踪。此时，标杆管理工作就进入了提升阶段，这一阶段的工作通常包括总结经验和再标杆两项。这个阶段的工作有利于企业保持持续的竞争优势，施乐公司就是一个典型的例子。施乐公司在对日本企业进行了标杆管理后，并没有停止不前，而是开始了对其他竞争对手、一流企业的标杆管理，且受益匪浅。

12.3.4　标杆管理实施中应该注意的问题

(1)提高标杆对象选择范围的广泛性。标杆的选择应站在全行业甚至更广阔的全球视野上，打破传统的职能分工界限和企业性质与行业局限，重视实际经验，强调具体的环节、界面和流程，可以寻找整体最佳实践，也可以发掘优秀“片断”进行标杆比较。

例如，美孚石油公司在选择标杆对象的时候，首先通过调查分析，确定了三样顾客需求，简称为“速度”“微笑”“安抚”。接着选择了Penske公司、丽嘉-卡尔顿酒店、“家庭仓库”公司这3个企业性质截然不同的公司。Penske公司为印地500大赛提供加油服务，以速度见长；丽嘉-卡尔顿酒店号称全美最温馨的酒店，每位员工都将招牌般的微笑带入工作；全美公认的回头客大王“家庭仓库”公司，它一贯奉行支持一线员工，强调对直接与客户打交道的员工的培训。美孚石油公司在此次标杆管理活动中，整体绩效有了长足的提升。

(2)注重数据的收集，更要着重分析阶段。标杆管理是一种面向实践、面向过程的以方法为主的管理方式。数据只是实践结果的反应，因此对于企业及标杆对象的实践、流程的分析应放在重要的位置。

(3)树立瓶颈思想。复旦大学华宏鸣教授指出,标杆来源于水利工作中水位的标记,代表的是整个水域中水平面的高度。标杆管理原意是不断地找出最低水坝的位置,并将它提高到所需要高度的过程或方法。企业的运作水平虽然与多个因素相关,但其中必有几个因素是影响企业整体水平的关键因素,只有找到这些关键因素并将它提高,才能提高整体水平。这类似于约束理论中的瓶颈考虑。任何企业要想有效的发展,在现有资源环境条件限制下,必须找出关键因素,将有限的资源用于消除薄弱环节才能有效地提高自己的经营水平。

(4)要将标杆管理同市场分析结合起来使用。随着产品寿命周期的缩短,标杆管理的一些缺陷就暴露出来,其中最大的缺陷就是缺乏市场预测能力。为了解决这一问题,企业必须将标杆管理方法同市场的分析方法结合起来,从而达到不断地满足顾客需求的目的。

(5)意识和观念的提升。首先,要有系统优化和持之以恒的思想。标杆管理的成功很大程度上取决于持续改进的企业文化和追求"比最优者更好"的价值观,而安于现状、小富即安的价值观念恰恰是中国企业,特别是中小民营企业现有公司文化中存在的最大问题。此外,企业需要在不同的发展阶段、发展水平下,选择最适合的标杆。标杆目标的实现很少能一步到位,而是一个多次反复的循环过程。其次,要培养学习创新的精神。标杆管理的本质是学习和创新,各个企业只有不断结合本企业的实际情况,在分析优秀企业或优秀片断的同时适时调整策略,进行永续标杆的循环,走一条不断发展、持续提升绩效的路。因此必须树立两大观念:"重在潜学""贵在渐变"。

12.4 精细化安全管理

精细化管理是一种理念,是一种文化。它是源于发达国家(20 世纪 50 年代的日本)的一种企业管理理念,它是社会分工的精细化,以及服务质量的精细化对现代管理的必然要求,是建立在常规管理的基础上,并将常规管理引向深入的基本思想和管理模式,是一种以最大限度地减少管理所占用的资源和降低管理成本为主要目标的管理方式。企业安全管理应当引进"精细化"管理的理念,重视细节、精确定位、细化责任、量化考核。通过精细化安全管理,可以减少工作的盲目性和随意性,避免盲目和随意造成的诸多安全隐患,从而减少企业安全事故的发生,实现企业安全发展。

12.4.1 概述

1.精细化安全管理的产生与发展

精细化管理思想的产生与发展,大致分为三阶段。第一阶段,以 19 世纪早期美国的"科学管理之父"泰勒所创立的"科学管理"理论为代表。泰勒早年做过学徒,后来不断从杂工、技工、技师、维修工长一路成长为总工程师。1881 年,25 岁的泰勒在钢铁工厂工作期间,通过对工人操作动作的研究和分析,消除不必要的动作,改正错误的动作,确定合理的操作方法,选定合适的工具。这些让泰勒总结出来一套合理的操作方法和工具培训工人,使大多数人都能达到超过定额。1911 年,泰勒发表了《科学管理原理》一书,这是世界上第一本精细化管理著作。

第二阶段,发展于 20 世纪,以美国质量管理专家戴明博士所提出的"为质量而管理"的理念为代表。第二次世界大战后,随着企业规模的扩大,生产技术日趋复杂,产品更新换代周期缩短，生产协作要求更高。在这种情况下，对企业经营者管理提出了更加精细化的要求。于是，包括决策理论、运筹学、系统工程在内的很多理论被引用入经济管理领域。这些理论和方法以决策过程为着眼点，因为特别注重定量分析与数学的应用，以及系统结构与整体协调，所以被称为管理科学。

第三阶段，成熟于 20 世纪中期的日本，以丰田公司的“精益生产方式”为代表。丰田生产方式（TPS - Toyota Production System），始于丰田佐吉，经丰田喜一郎，到大野耐一成形。20 世纪 40 年代，在大野耐一主持下中开始的“多品种，少批量”的丰田生产方式，目的在于“杜绝企业内部各种浪费，以提高生产效率”。丰田公司的任何一个工厂几乎所有的机器设备（包括新的和旧的）都装有自动停止装置：“定位停止方式”“全面运转系统”“质量保险装置”。人只是在机器发生异常情况、停止运转的时候才需要，一个人可以管理好几台机器。自动化的关键在于赋予机器以人的智慧，同时还要设法让操作者的单纯“动作”变成“工作”，使人与设备有机联系起来。

随着社会分工和社会服务日益精细化，专业化程度越来越高，企业精细化管理成为一种必然要求。精细化管理既是一种管理理念，也是一种社会文化，是建立在传统常规管理的基础上，并将常规管理引向深入的基本思想和管理模式，是以最大限度地减少管理所占用的资源和降低管理的成本为主要目标的一种管理方式。它通过规则的系统化和细化，运用程序化、标准化、数据化和信息化的手段，使组织管理各单元精确、高效、协同和持续运行。

改革开放以来，以海尔集团为代表的众多企业，通过对国外先进管理模式的吸收与实践，并经过一些优秀管理专家的总结、提炼，目前，正在形成符合中国国情的精细化管理模式。

2. 精细化安全管理的定义和内涵

精细化安全管理是企业为适应集约化和规模化生产，而建立的一种严谨、扎实和科学的安全管理模式。精者，去粗也，不断提炼，精心筛选，从而找到解决问题的最佳方案；细者，入微也，究其根由，由粗及细，从而找到事物的内在联系和规律性。“细”是精细化的必经途径，“精”是精细化的自然结果。

在精细化安全管理模式的设计过程中，应紧紧把握住安全精细化管理的内涵——“精确定位、合理分工、细化责任、量化考核”。

“精确定位”是指对每个岗位的安全职责都要定位准确，对每个系统的各道工序和各个环节中的安全环节都要规范清晰、有机衔接；“合理分工”是指细分安全工作职责和办事程序，从而建立制衡有序、管理有责、高效运行的内部安全管理系统；“细化责任”是指将各部门安全目标进行层层分解，将指标细化落实到人，专岗有专人，安全责任具体化，对安全行为与结果进行控制的过程；“量化考核”是指考核时做到定量准确，奖惩及时兑现。

12.4.2　精细化安全管理的作用

（1）唤起员工强烈的安全价值观。在员工中树立“以人为本”的安全价值观，使员工把安全作为个人价值和成就的一部分，真正激发基层单位和广大员工自主管理的积极性，消除员工对安全检查的抵触情绪，使员工对于生产和生活过程中出现的各种安全问题达成共识，坚持以人为本，追求达到最高安全水平的最终奋斗目标。

（2）促进安全行为养成。使员工真正明确“上面抓不如自己做”的道理，使无须监督、无须要求、自觉主动地搞好安全成为每个员工的内在需求和动力。精细化安全管理的实施，将加入安全元素细化后的标准化要求下沉到工序、岗位、个人，使每项工作、作业工序、环节、岗位及每个员工的工作都有标准可供遵循，都必须在标准的指导和约束下进行，让员工明确上岗做什么、为什么做、由谁来做、什么时间做、在什么地方做、怎么做、做到什么程度等。真正把岗位作业安全标准化落到实处，进而消除操作行为的随意性，培育员工标准化意识，规范员工的操作行为，促进员工标准化行为的养成，克服员工的习惯性违章行为，减少事故的发生概率，实现人、机、物、环的和谐统一，保证安全生产。摒弃过去那种人盯人式的检查、监管方式，使员工逐渐成为安全生产活动过程及每个环节的主体，促进员工安全观念的深刻转变。

(3)塑造员工的团队精神。精细化安全管理方法的推行，可以规范员工的操作行为，形成自上而下、环环相扣的安全隐患排查体系，使安全管理工作呈现出人人有责任、时时有检查、事事有人管、处处有服务的良好局面。特别是在工程质量方面，使员工充分认识到只做好本岗位工作并不能保证整个工程的安全质量，必须形成团队合力，保证每道工序、每个环节的安全质量，才能交出满意的合格产品。从而使员工都把保证工程的安全质量作为一项集体荣誉，规范群体的安全质量行为，工作中员工不仅自己保证安全质量，还帮助别人遵守各项规章制度和标准；员工在工作中不但观察自己岗位，而且留心他人岗位上的不安全行为，提醒安全操作，将自己的安全知识和经验分享给其他同事。过去以牺牲工程内在安全质量为代价加快工程进度的现象消失了，上标准岗、干标准活、交标准班成为每名员工的自觉行为，真正实现由过去靠活动“搞标准化”向靠管理“做标准化”的转变，实现本质安全。

总之，通过实施精细化安全管理，激发员工主动参与安全管理的潜能，促进制度管理向自主管理的转变，实现安全管理“主体回归，自动自发；主体规范，自我完善；主体锻造，自我超越；主体提升，自我实现”的目标，为塑造本质型安全人搭建有效的机制平台，形成安全工作良性互动的局面。

12.4.3 精细化安全管理的实施

1.建立健全安全管理规章制度，增强制度的执行力

规章制度是企业员工的行为准则，它在企业管理中具有强制性和约束力。健全的规章制度和完善的安全生产岗位责任制，可以很好地形成全方位管理、全过程控制和全员参与的安全管理格局，真正实现从上到下一级抓一级、从下到上一级对一级负责。

精细化的规章制度应体现出以下特点：

(1)有极强的针对性和适应性，制度内容切合企业实际；

(2)有清晰的管理流程和职责分工，要明确工作程序及各级人员的职责；

(3)有较强的操作性和可执行性，制度执行过程简单快捷，便于各级人员参与管理；

(4)系统性和全面性，将一项管理内容所涉及的方方面面都包含其中，内容细致全面；

(5)合法性和权威性，制度内容不仅符合国家法规和标准，还要对其进一步细化和延伸；

(6)规范性和统一性，制度的制定引导着企业文化的形成，同时也与企业文化相统一，企业各项制度要相互统一、相互补充，不得互相矛盾；

(7)时代性和从众性，不同时代的生产技术水平和人文思想不一样，在制定制度时应抛弃不适应时代的守旧做法，寻找新的方法，同时还应兼顾广大职工的习惯做法等。

好的规章制度可以给企业带来良好的管理环境和高效的运转机制。企业不但要通过建立和健全规章制度来规范各项管理程序，统一管理思路，明确管理职责，而且要通过完善和优化规章制度，来优化管理程序和方法，使其精细化，做到管理标准明确，工作标准准确，操作规程精确，让员工明白哪些能做，应该怎么做，哪些不能做，为什么不能做。同时，还要增强制度的执行力。制度是基础，但执行才是关键。企业并不缺少制度，缺少的是把那些“讲在嘴上、写在纸上、挂在墙上”的规章制度和作业文件不折不扣地落到实处。只要制度没有执行，制度也就是一纸空文，形同虚设。安全管理人员应该以身作则，在企业中起到良好的表率带头作用。古语云：“己不正，焉能正人。”安全管理人员应该带头遵守制度，严格执行制度，制度面前人人平等。

2.加强安全教育培训，提高安全管理队伍的整体素质和员工的安全操作技能

教育培训作为企业管理的一项基础工作，是提高职工素质，减少违章现象，促进企业安全生产的一种有效措施。教育培训要注重实效，内容要精、措施要细，要有针对性，针对不同的对象，开展不同形式的教育。

对员工层，一方面要加强对员工的安全理论知识培训。外请安全培训专家，根据不同岗位、不同层次的人员的实际情况，有针对性地加强培训，让一线员工掌握本岗位所必需的安全知识和实际操作技能。另一方面要发扬“传、帮、带”精神。通过“师带徒活动”等方法，让有知识、有技术、有经验的老员工不失时机地向新员工传授技艺和知识，帮助新员工在企业这块沃土上尽快地成长，达到一个能人带出一批能人的目的。

同时，要搞好企业安全管理工作，必须培养造就一支高素质的安全管理队伍。对于管理层，一方面要加强安全管理人员的法律法规知识培训，让他们掌握安全生产相关的法律法规知识，提高他们依法决策、依法管理、依法组织生产的水平；另一方面要加强安全生产管理和安全生产技术知识的培训，让他们掌握安全管理的方法和技巧，熟悉安全生产相关技术规范，达到用安全专家管理并指导安全生产的目的。

在教育培训的形式上，应力求做到生动活泼，避免空洞无味。为了合理安排培训时间，避免工学矛盾，可采取课堂教育、现场教育、网上教育、技术示范、外请教育和外送培训等多种方式，结合一日一题、一周一案例、一年一考试等有效措施，循序渐进。通过广泛而深入的教育培训，让每位员工做到应知、应会，真正达到懂技术、通安全、会管理。

3.强化现场监督检查，促进安全管理精细化工作深入实施

监督检查是安全管理工作中不可缺少的一部分，是消除隐患、防止事故发生、改善劳动条件的重要手段。加强监督检查精细化管理，通过对生产过程每个细节的严格监督和控制，及时查堵漏洞，及时发现并消除安全隐患，是抓好安全生产的关键环节。

监督检查一方面要依靠监督体系，从公司、车间到班组，一级对一级，扎扎实实做好常规的基础监督检查工作。通过每日现场巡查、每周重点抽查、每月定期检查，及时发现和制止违章现象，排除生产过程中不安全因素，消除事故隐患。另一方面，还要依靠保证体系，通过各级管理人员日常严格的管理，保证各项生产活动得以有序开展；通过技术人员严格的检查和维护，及时消除设备缺陷和技术隐患；通过专业管理人员、领导干部组织的专项检查、专项治理行动等各项活动，查找生产管理工作中存在的薄弱环节，及时分析和解决生产过程中出现的问题，真正实现群防群治的监管局面。

对检查中发现的问题，要根据轻重缓急，落实责任人，限期予以解决和处理。对一时不能解决的问题，可以制定整改计划预期完成，并对整改结果进行两级复查验收，确保整改项目百

分之百整改到位。要通过分析和总结,查找问题存在的深层次原因,并从根本上加以解决,以便弥补管理中的不足和漏洞,进一步提高管理水平。

4. 强化考核,推进精细化管理纵深发展

企业要严格落实各级人员的岗位责任制,狠抓各项工作标准、工作任务的考核,对企业内部的各个安全管理流程和安全管理要素,制定准确的、易于量化的、相对先进的安全考核指标体系,实现安全管理工作的目标管理制度,从目标分解、到层层落实,应该覆盖企业的各个生产单元。同时还应及时总结分析本企业在推行精细化管理方面所取得的成效和存在的问题,并制定具体措施加以改进,推进精细化管理的实施。

从企业实际和精细化管理体系构成来讲,凡负责实施考核控制的环节,都是班组长以上的管理岗位,这就要求企业各级管理人员必须对工作高度负责,严肃认真,实事求是地实施考核,兑现奖罚,做到按章办事,不徇私情,持久以恒,这是确保精细化管理能够纵深发展的根本保证。

企业安全管理,是一个全员参与、全过程控制、全方位管理的系统工程,实施精细化安全管理,必须强化“认真做事、精益求精”的工作理念,提倡“在认真的态度下将工作做细,在做细的基础上将工作做精”的精品意识,要求每一名员工认真负责,将岗位工作一点一滴做细、做实;每一个环节严格控制,将细节、过程管理一步一步抓牢、管严;每一个层面精心管理,将专业、领域管理一项一项抓准、做精,使企业安全管理从粗放式管理,逐步转变到精细化管理,真正达到“凡事有人负责、凡事有章可循、凡事有人监督、凡事有据可查”的最佳安全管理状态,形成一个良好的精细化安全管理机制。

12.4.4 精细化安全管理的实施原则

企业精细化安全管理模式是实现企业安全管理自主运行机制的一种新模式,是具备现代管理理论和安全管理技术的安全管理长效机制。精细化安全管理在实施中应注意以下几个基本原则。

1. 按层级管理

尽管企业的安全管理涉及企业的所有工作场所,安全生产的实现是由所有员工的共同努力才能保证的,但是,在安全管理工作的具体实施中,应该抓住主要矛盾,有重点、分层级进行,使每个班组与个人的安全责任与管理范围相对明确。明确层级原则就是按照企业各级管理责任和管理范围的差别,本着“谁主管、谁负责”的管理流程,上级管理下级,下级对上一级负责。因此,一般实施安全精细化管理的企业,管理程序为企业经理—主管安全的副总经理—安全管理部门—分专业职能的科室—基层区、队—班组长—生产作业人员。在程序设计上不允许越级管理或考核,但当企业的生产过程出现重大安全隐患,或已经出现的安全事故造成的经济损失较严重时,将由上层安全管理部门直接追究相关责任。

2. 保证目标实现的管理

保证目标实现的管理原则就是要逐级落实安全管理目标,对区队、班组、个人在安全管理中的隐患问题进行分解,落实到人,以达到解决安全管理中的隐患问题为目标。当前企业生产条件、设备的现代化程度、从业人员的素质差别很大,保证目标实现的管理原则,基本能保证生产安全隐患问题出现时,企业一方面能及时发现问题,另一方面能迅速解决问题。

3.坚持“以人为本”的管理

企业加强安全管理，其基本出发点就是要在企业内部实施“以人为本”的基本原则，确立“以人为本”理念。企业实施精细化的安全管理，根本目的是维护企业从业人员的生命财产安全，使员工在安全、相对舒适的环境中工作，确保从业人员的基本生产条件良好，使员工享受工作环境和工作过程中的安全健康保障，从而保证安全生产的每项任务顺利完成，努力追求卓越的安全生产成果。

【知识链接】

精细化安全管理案例

某煤炭企业以科学的安全发展观为指导，坚持“安全第一、生产第二、预防为主”的原则，通过进一步推进以人为本的精细化管理，抓好集团公司“精细化管理突破月”活动的落实，努力实现采掘装备机械化、安全管理市场化、隐患排查定期化、检修检查制度化、安全培训正常化、技术管理和岗位作业标准化，从“人、机、物、环境”等各个方面全面提升矿井的安全生产管理水平，探索安全管理长效机制，为本质安全型矿井和和谐矿区建设奠定坚实的基础。

1.精细化安全管理工作重点

(1)整章建制，完善各项工作标准和考核细则。各专业、各单位从遵章守纪、正规操作、危险源辨识、定置化管理、安全市场化管理等各个方面进一步制定和完善各类人员岗位责任制、各项管理制度、岗位作业标准、精细化管理标准及相关考核办法，实现量化考核，做到人人、事事、时时、处处有标准、有考核，全面提高岗位作业水平。

(2)推行ABC三卡考核。各单位以“制度→标准→考核”的管理思路，通过开展ABC三卡管理、实施走动式管理、落实“三工并存、动态转换”办法、修订计分和工资分配办法等方式方法，狠抓工作考核和责任落实，最大限度地调动和激发员工的工作热情和积极性。

(3)强化安全质量标准化工作。各专业由分管副总师负责，组织专业管理人员参照集团公司的要求，重新修订专业安全质量标准化工作标准，并进一步强化现场落实兑现，确保矿井在集团公司的安全质量标准化检查中取得优异成绩；同时，继续开展“精品工程”创建活动，强化各作业场所的质量管理，确保各施工作业地点均满足《企业标准》的要求。

(4)实施安全整治。针对矿井安全生产实际，按照集团公司的要求，在影响安全生产的重点地点实施安全整治，确保矿井安全生产环境得到全面改善。

(5)推进机电事故向零进军活动。各专业、各单位针对现场设备管理实际，制定各类机电设备及备件的周期更换计划或检修日历，并严格按照更换计划及“日历化检修”的要求抓好落实。把好机电设备管理“四关”，即把好新进设备质量关、设备进厂维修质量关、设备现场使用关和设备停产检修关；及时整改现场事故隐患，做到“五有”，即有排查、有落实、有整改、有反馈、有记录，形成闭环；严格落实设备点检制，按照点检制要求对运行设备实行“八定”检查，即定人、定点、定量、定标、定路线、定周期、定方法、定检查记录，做到分工明确，责任到人；及时召开会议，对活动开展情况进行分析、总结和考核，确保矿井机电管理水平有较大提高。

(6)抓好全员教育培训。各专业、各单位以集团公司的岗位技能大赛为契机，制定各工种培训计划，并严格实施；本着理论学习和技能培训相结合的原则，从设备或工程的质量标准、企业标准(完好标准和安装标准)、相关安全技术管理规定、本专业安全生产基本知识、企业文化、员工道德和行为规范、安全常识、管理制度、支持性文件(包括设备点检制、岗位责任制、操作规程、危险源辨识、隐患排查、联责联保、定置化管理、“三工”评定办法)等各个方面强化对员工的教育,努力提升全员生产、安全素质,提高工作能力。

2. 精细化安全管理保证措施

(1)强化宣传教育。各专业、各单位为了提高对精细化管理的认识,充分利用班前会、学习日、安全活动日等时间,强化对职工的宣传教育,努力提高全员实施精细化管理的主动性和自觉性;各单位制定精细化管理体系文件和员工手册,并发放到每名员工手中。

(2)强化考核。各专业、各单位按照“一月一总结、一季一评比”的思路,按时召开会议,及时分析、总结本专业、本单位在推行精细化管理方面取得的成效和存在的问题,并制定具体措施加以改进,对于行动迟缓、成效不显著的单位,要网上通报批评,并严格落实处罚;不定期安排专人,对单位和班组的工作落实情况进行现场抽查,发现问题时及时督促、落实整改。

(3)召开现场会议。矿每季度、专业每月召开一次精细化管理现场会,对基层单位中涌现出的好经验、好做法进行总结、推广,或对工作落实缓慢、问题较多的单位进行解剖、分析,在分析、总结正反两方面经验、教训的基础上,制定改进措施,推进全矿精细化管理的实施。

(4)抓好责任落实。各专业、各单位严格落实各级人员的岗位责任制,狠抓各项工作任务的考核、落实和现场监督检查,确保在较短的时期内,通过深化实施精细化管理,矿井各方面的工作都有较大进步。

3. 精细化安全管理的组织领导

为了确保精细化管理工作有较大突破,矿成立精细化管理工作领导小组,矿长、党委书记任组长,矿班子其他成员任副组长,各生产副总师、生产部(科)室主任为成员。领导小组在安监处设立办公室,安监处长兼任办公室主任,具体负责矿井精细化管理工作的实施。

各专业、各单位成立以党政负责人为首的工作机构,指定专人负责,制定工作规划,并抓好本专业、单位精细化管理工作的落实。专业逐级落实负责人,单位制定具体考核细则。安监处不断组织人员,依据其考核细则对各专业、各单位精细化管理工作的进展情况进行检查。

4. 精细化安全管理考核奖惩

(1)生产单位有下列情况之一者,视情节罚款 1 000～5 000 元,对党政负责人联责处罚10%,并进行电视曝光。

1)未执行 ABC 三卡考核,管理制度、岗位作业标准不完善,体系文件不健全,或未按照精细化管理的要求进行考核时;

2)工作现场安全质量标准化方面问题多,走动式管理落实不力时;

3)出现重伤以上安全事故,工作地点存在重大安全隐患,或被集团公司停产整改时;

4)安全整治工作未按期、保质保量完成时;

5)未落实机电设备维修制度,影响安全生产的事故多发,或出现重大事故时;

6)对员工教育培训组织不力,集团公司考核中有不及格人员时;

7)单位区域利益管理流于形式,责任落实不到位时;

8)精细化管理推行不积极,成效不明显时。

(2)生产专业有下列情况之一者,视情节罚款 1 000～5 000 元,对专业分管人员罚款100～500元,对分管副总师联责处罚 100～200 元。

1)未能制定精细化管理考核细则报安监处时;

2)专业安全质量标准化工作影响矿井达标,或存在重大问题时;

3)安全整治项目组织落实不力、不按期完成时;

4)专业机电事故多发、影响安全生产时;

5)专业对员工的教育、培训工作组织、引导不力,在集团公司的岗位技能大赛中没有人员进入前三名,或有人员列最后三位时;

6)专业出现重大安全事故或幸免事故时;

7)没有按期召开精细化管理工作会议时;

8)专业精细化管理进展缓慢、成效不明显时。

5.精细化安全管理成效

该矿精细化安全管理成效显著,经集团公司验收、评议达到预期效果时,对领导小组给予了一定的奖励。各专业、单位要提高对实施精细化管理重要意义的认识,旗帜鲜明地狠抓精细化管理制度和工作措施的落实,努力开创"人人、事事、时时、处处有标准、有考核"的工作新局面,全面提高矿井安全生产管理水平,为本质安全型和和谐矿区建设创造良好的环境。

复习思考题

1.简述6σ安全管理方法的实施原则和步骤。

2.9S安全管理法在实际中应如何应用?

3.安全标杆管理的内涵是什么?你对安全标杆管理的应用有何理解?

4.精细化安全管理实施的基本原则有哪些?

参考文献

[1] 田水承,景国勋.安全管理学[M].2版.北京:机械工业出版社,2016.
[2] 钟科.民航安全管理[M].北京:清华大学出版社,2017.
[3] 李奎.航空安全管理[M].北京:航空工业出版社,2011.
[4] 周长春.民航安全管理[M].2版.西安:西安交通大学出版社,2017.
[5] 李洋.我国民航安全管理系统研究[D].青岛:中国海洋大学,2013.
[6] 韩熠鹏.中国民航安全管理体系理性选择的建立[J].科技创新导报,2017(11):202-205.
[7] 孙慧.我国民航安全管理体系建设研究:基于长荣航空安全管理系统的分析[D].上海:华东政法大学,2011.
[8] 关兵,薛燕.对构建民航安全管理体系的研究[J].中国新技术新产品,2016(7):188.
[9] 万怡.中国民航航空安全管理信息系统[J].民航经济与技术,1999(7):43-45.
[10] 杨贇.我国民航安全管理存在的问题与对策[J].现代经济信息,2017(7):133.